【北京社科名家文库】

治学清历

BEIJING SHEKE MINGJIA WENKU

傅璇琮自选集

傅璇琮◎著

首都师范大学出版社
CAPITAL NORMAL UNIVERSITY PRESS

图书在版编目（CIP）数据

治学清历：傅璇琮自选集/傅璇琮著．—北京：首都师范大学出版社，2010.6（2014.04 重印）
（北京社科名家文库）
ISBN 978-7-81119-995-6

Ⅰ.①治…　Ⅱ.①傅…　Ⅲ.①编辑工作—文集　Ⅳ.①G232—53

中国版本图书馆 CIP 数据核字（2010）第 097080 号

北京社科名家文库
ZHIXUE QINGLI
治学清历
傅璇琮自选集
傅璇琮　著

项目统筹：杨林玉　　　责任编辑：丁晓山
责任设计：王征发　　　封面绘画：王征发
责任校对：李佳艺　　　责任印制：何景贤
首都师范大学出版社出版发行
地　址　北京西三环北路 105 号
邮　编　100048
电　话　68418523（总编室）　68982468（发行部）
网　址　www.cnupn.com.cn
印　刷　三河市博文印刷厂
全国新华书店发行
版　次　2010 年 6 月第 1 版
印　次　2014 年 4 月第 2 次印刷
开　本　710mm×1 000mm　1/16
印　张　38.25　　插　页　1
字　数　390 千
定　价　89.00 元

《北京社科名家文库》编委会

出版说明

1978年，中国改革开放的元年。自那一年开始，中国已经走过了波澜壮阔的30年。这是伟大的30年，是改变中国的30年，是震惊世界的30年，也是哲学社会科学蓬勃发展的30年。

在哲学社会科学这30年的辉煌成就里，浸透着为新中国哲学社会科学奠基的老一辈专家呕心沥血的求索，也镌刻着寻着他们足迹的后来者追求真理的步伐。“学之大者，国之重器”。我们有责任将这些“大者”潜心研究的成果，重新编辑出版以飨读者。为此，北京市社会科学界联合会和首都师范大学出版社将这一套《北京社科名家文库》奉献给读者。她以自选集的体例形式，每年推出一批，争取在几年内达到百种以上。《北京社科名家文库》将系统展示当代哲学社会科学名家学者30年来的学思精华，展示他们的学术探索历程和风采。同时，为使这套《北京社科名家文库》更加丰富，编委会决定在首都师范大学出版社已出版的《当代著名学者自选集》中挑选符合体例的图书，编辑成《北京社科名家文库·纪念辑》，这将更完整地反映北京学人在学术风范和学术使命上的历史延续。

我们相信，《北京社科名家文库》将能够成为具有文化传承价值的经典性大型出版工程，成为集中展示首都哲学社会科学重要成果的一个窗口。由于我们水平所限，定有不足之处，希望读者和同仁给予批评指正。

编　委　会

2009年11月

傅 璇 琮 先 生

目录

北京社科
名家文库

北京社科
名家文库

北京社科
名家文库

北京社科
名家文库

北京社科
名家文库

“精思劬学，能发千古之覆”*

——傅璇琮先生学术访谈录

曾广开：1978年底，您完成了《唐代诗人丛考》，这是您的第一部专著，它体现了您对唐代文学什么样的认识？

傅璇琮：“文化大革命”前，我曾为王仲闻先生点校的《全唐诗》写过一篇《点校说明》，这是我涉足唐诗研究领域的开始。通过阅读《全唐诗》，参照文学史的有关论述，我发现通行的几种文学史著作缺乏史的叙述，而是像一个个作家评传、作品介绍的汇编。受西方文艺理论家丹纳《艺术哲学》的影响，我觉得应该从文学的整体出发来研究唐代诗歌，要研究在社会生活和社会思潮影响下产生的不同流派的作家群。具体地说，应该以某一发展阶段为单元，叙述这一时期的政治和经济，这一时期的群众生活和风俗特色。为什么我们不能这样来叙述，在哪几年中，有哪些作家离开了人世，或离开了文坛，而又有哪些年轻的作家兴起？在哪几年中，这一作家在做什么，那一作家又在做什么，他们有哪些交往，这些交往对当时及后来的文学具有哪些影

---

* 原载于《中国文化研究》2008年冬之卷。

响？在哪一年或哪几年中，文学创作的收获特别丰硕？而在另一些年中，文学创作又是那样的枯槁和停滞，这些又都是因为什么？

我当时设想通过编年体的形式来研究和叙述文学史，但要实现这种构想，必须从积累材料着手，先编唐代文学的编年资料，同时为每一个有成就的作家撰写比较信实可靠的传记。所以，从20世纪60年代初，我就开始积极准备进行这方面的研究。在阅读《旧唐书·文苑传》、《新唐书·文艺传》、《唐诗纪事》、《唐才子传》等文献记载时，不断地发现其中存在不少缺漏和错误。这些错误，却一直为一些文学史著作和唐诗选本所沿袭。这种情况，使我对作家事迹考辨的工作发生了兴趣，并由此搜集了有关的资料，重点考证了肃宗、代宗时期作家的事迹，间或论其创作。我认为，过去对大历时期的研究是不够的，简单地给大历诗风贴上形式主义的标签更是武断的。大体上说，大历诗人可以从地域上划为南北两个风格不同的群体，许多诗人都存有反映现实的诗歌作品，其创作直接开启元和时期的韩孟、元白两大诗派和众多的元和诗人。

1974年回到北京后，我就集中精力进行这一课题的研究。1978年底完成这部著作，等到中华书局出版发行时，已经是1980年元月了。

曾广开： 近来许多评论者从文化学的角度给予这部书极高的评价。我认为，尽管您自己也主张"历史文化的综合研究"，这部书也体现了您对唐代文学研究的整体思考，您提出要注意研究中小作家、注意从地域和群体的角度来理清唐代文学发展的基本脉络，均为创见。但这些都不必与文化学攀扯关系。这部书应该说是一部比较纯粹的文献学专著，书中资料丰富，不仅有许多细密的考订，还详细论述了这批中小诗人在诗歌发展史上的地位，正如钱锺书先生称赞的那样："其精审密察，功力更胜于《江西诗派》之仅以渊博出人头地者。"也就是说，您对考据方法的运用已经达到浙派“通贯”的境界，能够用通识的眼光统摄考据。一般说来，学术研究的目的，要尽可能地还原历史真实，或者揭示历史演进的成因。文献学研究重在还原历史真实，其本身就具有历史文化的品格。不知道您是否认可我这种理解。另外，从学术演进的历程看，我认为这部书具有引领学术风气的作用，其示范作用远远超过了论著本身的研究价值。诚如同门学长蒋寅教授所说，您应该属于新中国成立后的第二代学者，“文化大革命”刚结束时，第一代学者早已凋零大半，残存者也是劫后余生，心衰力竭，尚未恢复学术元气。第二代学者大多刚刚起步。这部专著的问世，犹如空谷足音，不仅预示着一个新的学术局面的到来，更以其上乘的学术品位成为第三、第四代学者效法的典范。

傅璇琮：我非常钦佩闻一多先生对唐代诗歌所做的艺术分析，希望在继承乾嘉学派考据传统的同时，能够具有陈寅恪、闻一多先生等的通识，把考证与作家思想、创作道路、作品分析、时代背景等方面的研究结合起来。也就是说，对传统的治学方法不仅要继承，还要有所突破，才能适应新时期学术研究的需要。

曾广开：1984年，您出版了《李德裕年谱》，后来又出版了《李德裕文集校笺》，这两部著作，都是文献学的典范之作。您有意识地通过文献的梳理，逐步解决唐诗研究的一些重大问题，选择研究李德裕，表达了您对中晚唐文学的基本观念。请您谈谈这方面的情况好吗？

傅璇琮：我在研究中唐诗人的同时，认识到唐朝中后期对时局影响产生重大影响的“牛李党争”应该给予高度重视。中晚唐文学的复杂情况，需要从“牛李党争”的角度加以说明，而要研究“牛李党争”，最直接的方法则是研究党争的核心人物李德裕。

唐代的“牛李党争”发生在9世纪的前半叶，也就是唐朝的中后期。牛党的首领是牛僧孺和李宗闵，李党的首领是李德裕。牛僧孺、李宗闵、李德裕三人都曾任过宰相。两党的一些重要成员，也有的作过宰相，有的担任过中央和地方上的要职。因此，他们之间的斗争，必然会对当时的政治产生重大影响。怎样来区分牛党和李党？用什么标准来评判这两党的功过是非？过去，著名史学家陈寅恪先生提出过一种说法，说牛党重进士科，李党反对进士科而重门第；李党代表两晋、北朝以来的山东士族，牛党代表唐高宗、武则天之后由进士词科进用的新兴阶级(《唐代政治史述论稿》中篇《政治革命及党派分野》)。这一说法过去在史学界很有影响。但这种仅仅以对进士科举的态度来作为划分两种不同政治集团的标志，在理论上是难以说通的，在实际上也不符合客观材料。进士科唐初就开始实行，到这时已经经历了200年，为什么到这时偏偏发生了牛李两党的争论呢？李德裕固然不是进士出身，但李党的其他重要成员很多是进士出身的。牛僧孺是隋朝贵族大官僚宰相牛弘之后，李宗闵是唐朝的宗室，论门第都要比李德裕显赫。所谓牛党重进士，李党重门第，这种传统说法看来是不能成立的，现在有些历史学家已不主张此说。

牛李党争并不是什么偶然事件，它是当时历史条件的产物；它也不是单纯的个人权力之争，而是两种不同政治集团、不同政见的原则分歧。唐代中后期政治生活中一个突出的问题是藩镇割据。藩镇与中央政权的矛盾，是当时统治阶级中的主要矛盾。李德裕是反对藩镇割据，维护中央集权的。会昌年间他当政时，力排众议，坚决主张对拥兵擅命、盘踞泽潞的刘稹进行军事讨伐，就是明显的例子。与此相对立，大和五年(公元831年)牛僧孺为相时，卢龙节度使李载义被部将杨志诚所驱逐，杨志诚拥兵自立，牛僧孺却是姑息偷安，承认这一既成事实。宦官专权是唐代中后期政治腐败的又一表现。宦官主持了好几个皇帝的废立，操纵朝政，并且直接与一些朝臣勾结。李德裕是主张抑制宦官的权力的，他在抗击回纥、平定刘稹的战争中，不许宦官干预军政，加强了将帅的权力，使得指挥统一，保证了战争的胜利。他在会昌时的一些举措，都可看出是主张抑制和削夺宦官干政的。而李宗闵等人，就是由于依靠宦官的帮助，才得以排挤掉李德裕而做上宰相的。唐朝中后期，西北和西南边防相当紧张，经常受到回纥、吐蕃和南诏的侵扰。李德裕在文宗大和年间任剑南西川节度使，整顿巴蜀的兵力，成绩斐然，并使得沦陷已久的西川入吐蕃的门户维州归附唐朝；而这时牛僧孺为相，却执意放弃维州，结果是平白丢掉重要的边防重地，并使得降人受到吐蕃奴隶主贵族残酷的报复性杀戮。在对回纥的战争中，李德裕主张积极巩固国防，保护边疆地区的正常生产，在此基础上与一些有关的少数民族政权保持和好关系；而牛僧孺则一味主张退让，所执行的完全是一种民族投降政策。佛教在唐中期以后大为发展，使得"中外臣民承流相比，皆废人事而奉佛，刑政日紊"(《通鉴》卷 223)。李德裕明确指出，释氏之教"殚竭财力，蠹耗生灵"(《祈祭西岳文》)。他赞助武宗禁佛。当时还俗僧尼四十一万多人，充作国家的两税户，收寺院良田数千万顷，有的分给"寺家奴婢丁壮"耕种，有助于农村生产的发展。但宣宗即位，牛党白敏中等人执政，马上宣布兴佛，恢复佛教势力。由此可见，李德裕的一些在重大政策问题上的主张和行动，在历史上是进步的。他是一个要求改革、要求有所作为的政治家。

牛李党争对于当时的文学也有很大影响，尤其与当时一些作家的政治态度和身世遭遇直接有关。中晚唐文学上的几位大家，除了韩愈、柳宗元因去世较早以外，其他如白居易、元稹、李绅、李商隐、杜牧，都牵涉到党争。另外如李翱、皇甫湜、孙樵等，也都在作品中涉及这一斗争。以白居易和元稹为例，元稹的某些方面是被人忽略的。他由江陵召回不久，在起草贬令狐楚为衡州刺史的制词中，指责令狐楚在元和时“密隳讨伐之谋，潜附奸邪之党”。这两句是说令狐楚附和李逢吉，阻挠对淮西的用兵，又巴结权臣皇甫镈，排斥裴度等贤臣。李逢吉正是李宗闵、牛僧孺等人早期的庇护者。元稹后来又直接与李宗闵发生冲突，指斥李宗闵等人利用科场弊端，为贵要子弟考取进士而奔走说情。据说元稹为此事起草的诏令，使李宗闵等朋党之徒切齿痛恨。正因如此，牛党人物把元稹视为李德裕一党，屡加排斥。白居易的妻子是牛党骨干杨汝士从父之妹，正因为他与杨家有姻亲关系，就在文宗一朝牛李斗争激烈之际，他主动请求出居洛阳，过着安闲不问世事的生活。白居易后期之所以未能写出如前期《新乐府》、《秦中吟》那样的诗篇，与他的这种不问牛李党争、消极逃避的政治态度极有关系。我们当然不能简单地说元稹是李党，白居易是牛党，但如果脱离牛李党争的现实，元、白政治态度的变化也就得不到合理的解释。

因此，在《李德裕年谱》中，我紧紧围绕“牛李党争”这条主线展开，希望通过李德裕一生事迹的考订和历史功过的评述，让读者可以了解到当时的社会矛盾、政局变动，并折射出当时知识分子的精神生活和文学创作的基本风貌。而对牛李党争性质的正确评价，将有助于对当时一些作家政治态度和作品思想内容的研究。

曾广开：这部书的出版，立即得到学术界的好评。您对“牛李党争”的看法，深化了这一课题的研究。但我也看到许多人读了您的书，没有进一步思考，把您的结论教条化，简单划线，一味地褒扬李党，贬低牛党。古来党争，情况复杂，有君子间的政见之争和意气之争，也有君子与小人之争，更有小人之间的互相争斗。20世纪90年代初，我在程千帆、周勋初先生指导下研究元和时期的诗歌，也颇为重视您的《李德裕年谱》。我曾系统地研究过这一时期的历史文献，发现以前被划入牛党的也不全是保守昏庸之辈，其中颇有些才俊之士，牛僧孺就是谦谦君子，颇为时人敬重。我的同门学长程奇立教授(笔名丁鼎)后来出版了《牛僧孺年谱》，对于"牛李党争"提出过一些耐人寻味的看法，对牛僧孺的政绩也有许多肯定之处。另外，诚如业师卞孝萱先生所言，"牛李党争"应该是"二李党争"(详见1993年第3期《"牛李党争"正名》一文)，牛僧孺并非党魁。我认为：牛李党争开始应该是由政见之争掺杂上意气之争，最后才演变成不问青红皂白的派系倾轧。然而，所谓"牛李党争"，其影响主要是集中在武宗、宣宗两朝，并与君主更替、皇权移易、时局变化有着密切关联。元稹、白居易、韩愈、李绅等在宪宗元和至敬宗宝历年间尽管也遭遇党争倾轧，但与后来的"牛李党争"不是一回事。元稹在做翰林承旨学士时利用往日与同年、同门以及同僚的亲密关系，互相援引，形成一个颇有势力的政治集团。元稹的政治主张有许多地方接近李德裕，但元稹决非李党中人，此时的李德裕却可以说"元党"中人。长庆元年(公元821年)制科案不仅是日后牛李党争的起因，也造成了元稹与裴度的失和。元、裴二人随即又因幽、镇罢兵之事政见不同加剧了冲突，李逢吉乘机玩弄权术，借"于方"案使裴度、元稹二人同时罢相，将二人排挤出朝廷；李德裕也受排挤，出为浙西观察使。裴度属下的韩愈与元稹的好友李绅也受李逢吉愚弄，因"台参"事失和，李绅也差一点被挤出朝廷。不久，元稹好友李景俭醉后使酒怒斥李逢吉，被远贬漳州，温造、独孤朗、李肇、王镒亦受累被贬，冯宿、杨嗣复受累罚俸。李绅等人，再加上先前被贬为杭州刺史的白居易，在翰林院的蒋防、庞严，都可说是元稹的至交。他们有的与李德裕相善，有的却和牛僧孺相善，或者如李绅这样的人与牛僧孺和李德裕二人关系都非常好。所以说，并非所有的士大夫都卷入“牛李党争”。即使是有些人受到政敌的打击，不一定就是“李党”“牛党”之间的朋党倾轧，也许是由于其他原因。如文宗大和三年后，李宗闵、牛僧孺与李德裕都曾一度为相，但他们都审时度势，采取明哲保身的做法，不肯协助文宗与宦官势力做生死之搏，故文宗视为朋党，两罢之，无论“李党”还是“牛党”都遭到痛贬。可见，在文宗开成之前，“牛李党争”并不是朝中朋党斗争的主体。随着时间的推移，有关“牛李党争”的研究将会越来越深入，但无论是扬李抑牛者，还是扬牛抑李者，都是在《李德裕年谱》的引导下展开自己的研究的，这是不争的事实。

我不厌其烦地讲这么多，主要是想充分说明《李德裕年谱》的确影响深广，它推动了学术界对中、晚唐文学的研究。

傅先生，在《李德裕年谱》出版16年后，您又完成了《李德裕文集校笺》(河北教育出版社2000年版)，可以说，这部书更鲜明地体现了您对古籍整理的高标准要求。请您具体谈一下《李德裕文集校笺》的校勘原则，我想这对所有从事古籍整理的人都是一个良好的示范。

傅璇琮：这部书是我与周建国先生合作完成的。自宋代以来，李德裕的文集一直没有人系统整理过。《李德裕年谱》完成以后，我就有计划重新整理李德裕的整个集子。1980年以后，唐代文学在史料建设上取得许多重要的成果，一时形成了考证的风气。我为此曾有些担忧，担心会出现乾嘉学派的流弊，考据渐渐流于琐碎。《李德裕文集校笺》也是文献整理方面的著作，如何提高其学术品位呢？我们特别注意做到以下几点：

第一，要从历史文化的角度统摄考据，根据作家本身的基本情况来合理地修正体例。李德裕是中、晚唐重要的政治家，其文集中大量作品是历史政治文献而不是一般的文学作品。因此，我们没有采用传统的文学类著作的整理模式，去花费大量精力考释典故、词语的出处，探询作品的艺术意蕴，而是把校笺的重点放在作品的系年及历史背景的考订上，通过相关人物、历史事件、地理等方面的考证，透射出这些历史政治文献在当时发挥的重大作用，从而为中、晚唐的社会历史的研究提供足资采信的原始资料。为了充分体现我们的意图，书中"附录"部分主要是"李德裕诗文编年目录"、"李德裕年表"、"有关本书的李德裕集题跋"和"史书所载李德裕奏事及纪事"等。这也是考虑到有关李德裕研究的许多问题已经在《李德裕年谱》和《李德裕文集校笺》前言中得到解决，此处理当然地删繁就简，各有侧重。

第二，要充分利用和借鉴学术界的研究成果。《李德裕文集校笺》是《李德裕年谱》的姊妹篇，《李德裕年谱》中的许多考证成果都可以采用。但从唐代文史典籍整理的角度来说，近 30 年来出现了许多高水平的著作，如果不注意吸收这些研究成果，《李德裕文集校笺》也很难达到现在的水平。如我主编的《唐才子传校笺》，集合当代二十几位研究唐代文献的专家，以全书所收近 400 位唐代重要诗人的生平和创作为基本架构，逐条考证基本史料的来龙去脉、是非真假，误者正之，阙者补之，可以说起到了有唐一代诗人事迹资料库的作用。另外，郁贤皓先生的《唐刺史考》、戴伟华先生的《唐方镇文职僚佐考》、吴汝煜先生的《全唐诗人名考》、周勋初先生主编的《唐诗大辞典》、周祖谟先生主编的《中国文学家大辞典(唐五代卷)》，以及我与友人合编的《唐五代人物传记资料综合索引》，方积六、吴冬秀合编的《唐五代五十二种笔记小说人名索引》，对于考订作家行迹、交游及唐人别集注释等，是必备的参考书或工具书。另外，河南大学唐诗研究室编的《全唐诗重篇索引》、佟培基先生的《全唐诗重出误收考》、陶敏先生的《全唐诗人名考证》、陈尚君先生的《全唐诗补编》等，这些著作亦为唐代文史考证的必备之书。

第三，选好底本和校本。自从万曼先生的《唐集叙录》问世后，唐人别集版本源流的研究也取得较大的成果，如陈伯海、朱易安编撰的《唐诗书录》、孙琴安《唐诗选本六百种提要》等，均足资参考。但如何选取工作底本，仍需要具备一定的眼光并付出艰苦的劳动。一般说来，要选择善本做底本和校本。何谓善本？就是足本、精注精校本和宋元旧本。通过对现存的李德裕文集的版本进行系统的梳理，我们最终选定流传在日本的皕宋楼本《李文饶文集》本做底本，此本是陆心源用月湖丁氏影宋本钞本校订过的明嘉靖本，尚存宋本旧貌。我们根据李德裕文集的流传情况，选定15种刊本做参校本。其中最具有价值的是黄丕烈、翁同龢曾经收藏过的宋残本《会昌一品制集》与北图的傅增湘校本《李文饶文集》。充分利用陆心源、傅增湘的校勘成果，使得这部书具有一个较高的起点，保证了质量。

第四，遍校群书。为了毕其功于一役，除了运用校本、校记来校勘外，我们还以竭泽而渔的方式来占有文献资料。采用新旧《唐书》、《册府元龟》、《太平御览》、《唐会要》、《资治通鉴》、《唐大诏令集》等相关文献以及唐宋类书、笔记、近数十年出土的碑志文字来参校、集佚，发现了一些前人未曾注意到的问题。

第五，对李德裕的作品作全面的编年。全书405题作品，仅有两题未能确定系年。但为了保持底本原貌，没有根据作品系年打乱原书编次，重新编排；另外，对即使是已经确认为伪作的《冥数有报论》和《周秦行纪论》等，也没有删除，一仍其旧，目的是让读者更全面真实地了解《李德裕文集》的流传过程，从而更准确地理解作品及反映的时代。当然，为了方便读者，附录中特意增加“李德裕诗文编年目录”，这也是前人常用的方法。

曾广开：从文献学的角度来看，《李德裕年谱》和《李德裕文集校笺》如同珠联璧合，令人叹为观止。

傅先生，您的每一部学术著作都受到学术界普遍的关注。对您主编的《唐五代文学编年史》，程千帆师曾在序中给予高度评价：“总的说来，在本世纪最后三十年中，傅先生所取得的成绩是卓著的，影响也是非常巨大的。从他的实践看，几十年中，他是在不知疲倦地有目的地追求。他的追求看来很明确，用成语来说，就是《孟子》所说的‘善与人同’；《荀子》所说的‘学不可以已’；《礼记》所说的‘在止于至善’。”这部书在文学史的模式、体例诸多方面的创新引起学术界的广泛关注，请您谈谈其整体构思以及如何体现您所追求的学术境界好吗？

傅璇琮：我一直呼吁中国古代文学的研究要从文学艺术的整体出发，强调从社会史、文化史的角度来建构文学史。这就要求从中国古代文学的传统出发重新树立大文学史观，充分尊重各个时代人们所持的文学观，全面、辩证地对待一切文学史现象，对待一切可以搜寻的文学史料，包括注意研究一切在历史上存在过并有所建树的文学文体及其作家，真实、准确、细致地描述出文学发生、发展以及演变的全部过程。如何才能达到这一目标呢？我在开始研究唐代文学之初，就设想通过编年体的形式来研究和叙述文学史，并一直通过文学史料的建设做着基础工作。我的基本思路是：首先把唐五代数百位作家的行踪搞清楚，然后将一个个作家的个人年谱、交游情况、作品系年加以综合排列，这是完成《唐五代文学编年史》的先决条件。在此基础上，借用传统的编年体史书的范式，把唐朝的文化政策，作家的活动（如生卒、历官、漫游等)，重要作品的产生，作家间的交往，文学上重要问题的争论以及与文学邻近的艺术样式如音乐、舞蹈、绘画以及印刷的门类的发展；扩而大之，如宗教活动、社会风尚等等，择取有代表性的资料，一年一年地编排，就会看到文学史上“立体交叉”的生动图景，而且也可能会引发出现在还想不到的新的研究课题。

我的想法，得到几位朋友的支持。我们经过几年的不懈努力，终于完成了这部250万字的大书。书中采用传统的编年体史书的体例，稍加变通，采取一种纲和目互见互联的办法，先用概括的语句叙述一件事，作为纲；然后引用有关材料，注明出处；有时另引资料进行辨证。纲与叙述、辨证采用不同的字体以示区别。与现在通行的文学史著作比较，这部书类似文学史料的“长编”，基本上是述而不作，没有大段的叙述评析文字，只是如实地排列那些具有文学史意义的人物活动与创作的原始史料，严谨地辨析这些史料的可信度与价值所在。同一年发生的事件，有时表面上似乎没有关联，但如果你把它放在动态的文学流变的过程中，就会凸显出它的意义。如唐太宗贞观元年的文学，从正月到八月，该书共列了5条纲，另有14条月份不明，凡19条，依次是：太宗宴群臣，始奏《秦王破阵乐》；僧法琳与慧静唱和；陈子良为相如县令，作《祭司马相如文》；玄奘西行求法；太宗作《秋日》诗，袁朗有合作；上官仪等进士登第；谢偃对策及第；褚亮为弘文馆学士；许敬宗为著作郎，与太宗唱和；李百药为中书舍人；隋遗臣刘子翼不应诏；于阗国画工尉迟乙僧到长安；窦德明为常州刺史，与僧唱和；著《经典释文》《老子疏》的陆德明去世；孔绍安、庾抱、蔡允恭、贺德仁、袁朗等卒，皆有集。这19条所叙的事情，绝大部分不见于通行的纪传体文学史。但正是由于叙述了这些人物的活动，才使得唐太宗对初唐文学发展的作用清晰可见。

曾广开：我很赞同董乃斌先生对这部书的评论，认为其中贯穿着一种明白通达而又更为现代和科学的思想观念，这是全书的灵魂和轴心。因而那些被记录的历史事实才不是单纯的历史事实，其中蕴涵着记录者的判断或加工。那些原本散乱无序的材料经过编排者的精心组织，已经构成一个经纬细密的知识网络，从中可以窥见唐五代三百五六十年间文学嬗变演进之迹。所以说，这部书不仅仅是以考辨精细、史料丰富见长，其中蕴涵着深邃的思想，还有待于我们进一步的发掘。相信正如您所说，“可能会引发出现在还想不到的新的研究课题”。

亦文亦史，难割难舍“翰林”情

曾广开：傅先生，您特别关心唐代知识分子的命运，一直都在进行相关课题的研究。据我所知，最早注意到唐代科举对文学产生巨大影响的是陈寅恪先生。后来，程千帆师在《王摩诘〈送綦毋潜落第还乡〉诗跋》一文中，对唐代科举制度作了详细的说明。诸如进士的地位、考试的难易、考期的变化等，都作了考证。1980 年又出版了《唐代进士行卷与文学》，深化了这一课题的研究。程先生后来说：“傅先生读书范围很广，很博雅”，他说他在研究这一课题时所涉及的资料，您“都注意到了”，并且“把题目扩大了，写成《唐代科举与文学》”（《劳生志略》）。在您的影响下，文史学界开始关注相关课题。请谈谈您是如何展开这一课题研究的，这对深入研究这一课题会有很大帮助。

傅璇琮：1982 底完成《李德裕年谱》后，我觉得自己前几年重点是在做史料辨析方面的研究，想把笔放开一些，作一部稍具文采、略带感情的轻松之作，于是又花两年时间写了《唐代科举与文学》，约 37 万字。我想通过科举制度来展示唐代知识分子的生活道路与心理状态，以进而探索唐代文学的历史文化风貌。

此书于1986年由陕西人民出版社出版，得到学界的首肯。使我感到欣慰的是，好几位中青年学者，仿我的写作格局，撰写类似的选题。如王勋成教授的《唐代铨选与文学》、薛亚军博士的学位论文《唐代进士与文学》、陈飞教授的《唐代策论考述》。也有学者在研究"宋代科举与文学"。1992年，台湾大学的学者徐志平，为这部书写一书评，刊于台湾的《汉学研究》第10卷第1期。文中详细地介绍了这部书17章的每章内容，以便当地读者有具体的了解。文中指出，当时台湾学者在这方面有相当成果，他列举了11种，如罗龙治《进士科与唐代的文学社会》(《台大文史丛刊》)、台静农《论唐代士风与文风》(《中国文学史论文选集》三)、罗联添《唐代进士科试赋的开始及相关问题》(收入《唐代文学论集》)等，都与我的这部书内容相切，但当时我都未看到。不过徐志平君仍认为："但以上所列，对唐代科举都只有片面的讨论，没有一本论文能较全面的对整个唐代科举加以说明，即使将这些论文集合起来，也无法一窥唐代科举的全貌。而傅先生此书，不但对唐代科举有完整的讨论，更将其与当时的文学、社会结合起来说明，使读者读后不只是对唐代科举有抽象的了解而已，更能非常形象的认识其真实面貌，这一点，实在是本书极为可贵的价值与特色之一。"

曾广开：您的这部著作，是运用文史互证的方法来研究唐代文学的又一典范之作。通过史学与文学的相互渗透或沟通，掇拾古人在历史记载、文学描写中的有关社会史料，做综合的考察，从而展示唐代士子的生活道路、思维方式和心理状态，努力再现当时的时代风貌和社会习俗，可以说为唐代文学的研究提供了广阔的文化背景。更为重要的是，程千帆师与您的研究，开拓了文学研究的领域，对后来的研究具有重要的启示意义。

傅先生，此后您继续关注并深化这一课题，尤为重视“翰林学士”这一特殊的知识分子群体，先后出版《唐翰林学士传论·盛中唐卷》、《唐翰林学士传论·晚唐卷》，进一步从文化的角度切入，来揭示有唐一代士人的文化心态。请您谈谈“翰林学士”这一群体对唐代文学发展的特殊意义。

傅璇琮：我在《唐代科举与文学》序言中写道：“如果可能，还可以从事这样两个专题的研究：一是唐代士人是怎样在地方节镇内做幕僚的；二是唐代的翰林院和翰林学士。这两项专题的内容，其重点也是知识分子的生活。”

唐代士人参加地方节镇幕僚，人数很多，其在幕府的仕历对文人的生活道路与文学创作也很有影响。不少翰林学士在其早期，也曾做过方镇的文职僚佐。但翰林学士的社会地位与政治作用，是大大高于方镇幕僚的。唐朝翰林学士是文士参预政治的最高层次。在盛唐设置的这一颇有文采声誉的职位，一直延续到清朝末世，也就是20世纪初。作为社会政治文化的一种重要现象，作为封建时代文人的必然就仕之途，科举制与翰林院，进士与翰林学士，是研究唐至清一千二三百年历史文化所不可回避的。但自20世纪80年代以来，唐翰林学士研究却不如方镇幕府研究成果多，功夫扎实。已有的论著，则大多属于史学研究，有些则偏向于宏观角度，对唐代翰林学士的政治作用作过高失实的估价。这当然还可另作专题探讨。问题是，很长时期还没有像研究唐代科举与文学、唐代幕府与文学那样，把重点放在当时文士即知识分子的生活境遇与心理状态，并以此为中介环节，把它与文学沟通起来，以便进一步研究唐代文学进展的文化环境。正因如此，现在我们对唐代翰林学士确有深入研究的必要。从我个人的治学思路着眼，我现在研究唐代翰林学士，注意这样两点：一是把重点放在当时文人参预政治的方式及其心态，从而以较广的社会角度来探讨唐代的文人生活及文学创作；二是着重于个案研究，避免笼统而又不适当的所谓宏观概括。就第二点而言，我想按不同的时段，来探索翰林学士群体在不同时期所处的政治环境与文化世态，并对有代表性的人物作某种典型性的剖析，然后可以作出总体性的、有学术价值的结论。从以上的考虑出发，我就计划作“唐翰林学士传论”的专题项目，为有唐一代二百几十个翰林学士一一立传。这可能更有助于提供全面情况，也可为整个中国古代翰林学士研究提供一个文史结合的实例。我在具体操作中，尽可能扩大史料的辑集面，除两《唐书》及《全唐诗》、《全唐文》等基本材料外，还较广泛地涉及诗文别集、杂史笔记、石刻文献等。这样做，既可纠正史书中的某些误载，又可从这二百余位翰林学士的经历中获取值得思考的历史文化现象。众所周知，两《唐书》除“儒学”专传外，又各列有“文苑”“文艺”传，我希望也为当前唐史研究补一“翰学”传，以使唐翰林学士自玄宗开元二十六年(公元738年)建置起，至唐末哀帝天祐四年(公元907年)止，有一个完整的列传全书。这也算是新世纪所补作的一种唐代史书，堪为自慰。

曾广开：由于受主客观条件的限制，两《唐书》的编纂、传刻中有许多错误，然就体例而言，《史》《汉》以下，尚无“翰学”传。自盛唐起，至清朝末年，翰林学士群体在社会政治生活中发挥了重要作用。因此，《唐翰林学士传论》的完成，不仅推进了“唐代科举与文学”的研究，更重要的是通过对两《唐书》的修订补充，为唐代文史研究提供了翔实可信的史料，继而对廿四史体例的进一步完善都将起到很好的推动作用，本身就是历史文化建设的重大成果。

从这两部书所呈现的学术风格来看，您的考据早已达到出神入化的境界，钱锺书先生曾称赞说：“璇琮先生精思劬学，能发千古之覆”，确是至评。您立志要继承“浙东之学，言性命者必究于史”（章学诚《文史通义》卷五）的传统，这部《唐翰林学士传论》充分体现那种深挚的人文关怀和宽广的文化视野。

从心所欲，盛世修典展长才

曾广开：傅先生，我读过一些研究您的学术思想的文章，有的认为称您是考据学专家或者只称许您在文献学领域的成就与您国学大师的身份不般配，于是纷纷从“大文化”的角度来评说。我以为大可不必。文献整理的工作，有哪一项不与“文化”有关？从“文化”角度来研究问题，难道就是吕祖点石成金的手指头？戴逸先生分析晚清浙派时说：晚清，“传统的考据之学在社会变动以及西方文化的撞击中衰落蜕变，但尚未完全消歇，浙派学术即其嫡传。其代表人物有俞樾、黄以周、孙诒让、章太炎、王国维。”（《汉学探析》，见《清史研究集》第2集，中国人民大学出版社1992年版）浙派“因受西方学术的影响，力求与西学沟通，其杰出代表能够中西兼纳，推陈出新，故其特点在创新。”（《吴、皖、扬、浙——清代考据学的四大学派》，《人民政协报》，1999年9月29日）傅先生所服膺的前辈学者陈寅恪、岑仲勉、闻一多，都是继承这一学术传统并与时俱进的杰出代表。作为浙派的传人，您是学术界公认的具备文史哲通识的文献学大师。正因为如此，随着改革开放的日趋深入，盛世修书，众望所归，您相继担任《全宋诗》、《续修四库全书》和影印文津阁本《四库全书》主编，为新时期的中华文化建设作出了巨大贡献。

请您介绍一下这几项浩大的文化工程的实施过程好吗？

傅璇琮：我先来谈谈《全宋诗》的编纂经过。《全宋诗》是国家八五重点文化项目，也是全国高校古籍整理委员会规划与资助的重点项目，由北京大学古典文献研究所承担。1986年，该所邀请我来参与并担任主编。我当时认为主编非钱锺书先生莫属，就和该所所长孙钦善教授一起去拜访钱先生，力请钱先生出来主持这一重大工程。不料钱先生婉拒，说他只能自己写书，绝不出门当主编，更不能挂虚名。于是，我只好勉为其难，承担起主编的责任。

编纂一代诗歌总集，一是求其"全"，要网罗放佚，使零章残什，并有所归。二是求其"真"，删汰繁芜，使莠稗咸除，菁华毕出。与唐代相比，宋代虽然立国仅比唐代长20多年，但存世文献的数量，则数倍于唐代。《全唐诗》共收2 200余人；《全宋诗》所收诗人达8 900余人。清康熙年间编纂《全唐诗》，借鉴了明代胡震亨的《唐音统签》、清初季振宜的《全唐诗》稿本、明代吴琯《唐诗纪》等大型总集，又有宋代以来的许多文献研究成果可以参考。但《全唐诗》的缺收和重出误收，仍有数千例，小传也是错误百出，至今为人诟病。《全宋诗》是筚路蓝缕的工作，几乎没有任何依凭，必须依赖现存的600多种别集，并广泛采集各种选集、类书、方志、笔记、诗话，以及家乘、族谱、书录等各类图书，去搜集大量单篇零句。于是，书籍的搜罗，底本的选择，佚诗的辑录，异文的校勘，真伪的甄别，以及作家生平事迹的考订，千头万绪，一一须从头做起，其难度可以想见，我的确感受到沉重的压力。

为了避免重犯《全唐诗》的错误，《全宋诗》主编委员会制订了一个科学而又切实可行的编纂体例。首先，在时代断限上，皆以是否宋诗为准。凡五代人入宋后有诗者，将其入宋前所作之诗一并收录；凡宋亡以前有诗者，将其入元以后所作之诗亦一并收录。其次，皆以作者生年先后为序。生年无考者，则或参以登第、仕履之年，或参以其亲属、交游之有关年代，或就其诗作推其大致生活的年代，据以编次。郊庙朝会歌辞与时代无考者之诗，另立专卷，置于卷末；神鬼依托之诗，则暂附阙如，将来编入《补编》。第三，诗人小传叙其生卒年代、字号、籍贯、科第、主要仕履、封赠、著述等，务求明白无误，并一一注明出处，以征其信。第四，在编卷方法上，一以诗章多寡为准。凡据别集、总集收入者，为存原本旧貌，悉仍其旧；杂取诸书者，约略50首左右编为一卷。第五，在具体诗的编排上，辑得之诗，先整句，后零句，后存目。诗、句一般各以有题者居前，无题者居后；有题、无题两类中又略以出处成书先后为序。末皆详注出处，包括时代、著者、书名、卷次；一时难明出处者，则标明转引之书。一诗为诸家所录者，则选择其中时代较早、记录完整、文字较胜者为其出处。另外，考虑到宋代诗歌保存、流传的实际状况，成集之作必考察版本源流，选择善本、足本为底本。确定有价值的本子为参校本，并于诗人小传之后专段叙述版本依据。凡辑录之诗，出校以校是非为主，兼校异同。关于辑佚，暂时划定范围，集中在宋元诗话、笔记、类书、总集、方志，《宋诗纪事》和《宋诗纪事补遗》所引书，敦煌遗书及佛藏中《语录》、《灯录》等现存文献中去搜寻。

我和《全宋诗》的全体编辑人员，经过12年的艰苦努力，《全宋诗》正编共72册，于1999年全部出齐。这是迄今中国最大的一部断代诗歌总集，收诗人8 900余家，总字数4 000万。它的编成问世，使宋诗这一巨大的冰山浮出海面，世人得窥有宋一代诗歌全貌，也给当代及后世治古代文化、历史、思想、政治、民俗种种学科的研究者们提供了丰富的资料。

曾广开：宋代是中国古代文化发展的重要阶段，宋诗则是宋代文化最具代表性的一部分。《全宋诗》的编纂，可以说是完成了中国文化史上的一项浩大的基础建设工程。由于主客观条件的限制，这部书也难免出现一些错失。前修未密，后出转精，随着研究的进一步深入，《全宋诗》也会进一步完善与提高。从文献学的角度看，陈尚君先生在《断代文学全集的学术评价——〈全宋诗〉成就得失之我见》的评价非常准确，他说："《全宋诗》的成就，我想特别指出以下几点。一是首次完成了宋一代诗歌的全面结纂，为有文集的作者补充了大量集外诗，对 9 000 多位无集作者作了诗作的首次汇集。二是对所有宋人别集中的诗歌作了认真校理，一般都曾利用了传世的主要善本，作了全面的校勘。各集整理都有文本交代，且一律保存别集原编的先后次第，从而最大限度地保存原集的信息，如北宋诸集中诗，分古近体后大致保存了作品先后写作的次第，对学者考定作品系年和写作动机，是极重要的线索。三是所有散见作品都说明文献来源。四是为近万名作者作了生平勾勒，并说明依凭，虽不完备，已很可贵，因为其中绝大部分作者此前没有任何研究基础可言。五是对部分作品的作者归属、真伪歧异、题序及本文有显著别本等情况，有所考按和甄辨。"我想，《全宋诗》编纂的体例及成就得失，对于汇集古代某一朝代的诗文总集这样的文化建设工程来说，无疑具有重大的借鉴作用。

傅先生，续修《四库全书》是学界企盼已久的事情。但一般读者对其原委不甚了解，请您详细介绍一下。

傅璇琮：《四库全书》是清乾隆时期完成的。乾隆三十七年(1772)正月，乾隆下诏令各省征集历代及本朝图书。翌年二月，清政府组织了当时在各学术领域中最有成就的 360 位学者，由纪昀等担任总纂官，历时 10 年编纂出中国历史上规模最大的一部百科性大型丛书《四库全书》。由于它收录了乾隆以前的重要文献典籍，因此成为后世学人了解先秦到清前期共数千年中国学术思想、文化的最重要的典籍。

然而，由于《四库全书》成书的特殊背景，使这部巨著存在着无法弥补的缺憾：一是寓禁于徵，在整个徵集图书的过程中，凡是认为有"违碍"、"悖逆"的文字，概予摒弃，直至销毁。在修纂过程中，约共毁禁书籍3 000种，几乎与《四库全书》的数量接近；二是删改原文，凡是被认为对金、元、清人有诋毁侮辱处，则多加改纂，甚至成段成篇地删除。另外，由于社会条件限制，当时民间的许多善本藏书并未被访徵到，再加上编纂者的学术偏见，一些应该选录的优秀著作没有入选。所以，20世纪以来，学术界重修《四库全书》的呼声始终不绝于耳。但由于社会一直不稳定，各方面条件不具备，只好不了了之。1980年以后，随着改革开放的深入，经济比较发展，社会比较稳定，学术也比较繁荣，时机终于来临。从《四库全书》到《续修四库全书》，仅仅是多了两个字，却包含着巨大的时代变迁，体现了一个国家传承民族文化的神圣责任。

1993年，一些研究《四库全书》的学者，与上海古籍出版社等出版单位开始策划出版《续修四库全书》。1994年7月4日，成立了由出版界、图书馆界、学术界以及投资方深圳南山区的代表共同组成的工作委员会，由中国出版工作者协会主席宋木文、副主席伍杰统筹《续修四库全书》的编纂，组成了王世襄、任继愈、侯仁之、徐苹芳、张岱年、戴逸、饶宗颐、钱存训、王振鹄等著名学者的学术顾问班子，推举顾廷龙先生和我担任主编，李致忠先生担任常务副主编。

《续修四库全书》沿袭《四库全书》体例，按经、史、子、集四部分类，总共收书5 213种，比《四库全书》增加51%，用绿、红、蓝、赭四色装饰封面，精装1 800册，每册平均700页。为保持古籍原貌，全部采用影印的方式。其中补选之书主要是被《四库全书》遗漏、摒弃、禁毁，或列入"存目"而确有学术价值的图书；也有部分《四库全书》已收而版本残劣，有善本足可替代的书籍；还首次把曾备受四库馆臣鄙视的小说、戏曲收录进来，如马致远、关汉卿、王实甫、汤显祖、孔尚任等人的传世名剧和古典四大名著《西游记》、《三国志通俗演义》、《忠义水浒传》、《红楼梦》均被收入。续选之书中既有清代中期以纪昀、戴震、翁方纲等人为代表的乾嘉学派的著作，也有清代后期以康有为、梁启超、严复等人为代表的"新学"著作。此外，新从海外访回而合于本书选录条件的古籍，以及新出土的整理成编的竹简帛书也酌予选收。其中大量的宋元刻本、名家稿本，为四库馆臣所未见。这是继 18 世纪清朝编修《四库全书》后，又一次在全国范围内对中国古典文献进行大规模的清理与汇集。

在《续修四库全书》编纂的那八年间，我一直都是"如临深渊、如履薄冰"。大家知道，《四库全书》是官修，而《续修四库全书》则完全是民间行为。《续修四库全书》工作规模浩大，需巨额投资，虽有主管部门支持并被批准为国家重点出版工程，但国家并不投资，政府主管部门也不直接出面组织，整个工程基本属于"民间运作"。如果没有专家们的无私付出，没有全国 100 多家藏书单位的倾力协助，那真是个"想也不敢想的文化工程"。以前的《四库全书》是满清皇帝做的，现在则完全是我们这些知识分子做的，现在终于做成了这样一部大书。我们总算对当代、对后人，做了一件意义重大的事。

曾广开：这部书的完成，整个学术界也都感到骄傲。前全国政协主席李瑞环称之为"功在当代，泽及后世"的盛举。他说，《续修四库全书》和《四库全书》相配套，构筑起一座中华传统文化的大型书库。这是一项了不起的工程，对保存、研究和弘扬中华民族的传统文化，必将产生重大影响(《人民日报》2002 年 5 月 10 日)。

《续修四库全书》的出版，推动了四库学研究的深入和《四库全书》

的继续出版，商务印书馆与国家图书馆合作，重新影印文津阁《四库全书》，并请您与任继愈先生担任编纂委员会主任，这是新世纪又一项浩大的文化工程。请您谈谈文津阁《四库全书》的出版有何重要意义？

傅璇琮：台湾商务印书馆于20世纪80年代曾影印出版文渊阁《四库全书》，后上海古籍出版社曾据此本在内地印行。文渊阁《四库全书》印出后，确为教学、研究带来很大的方便。现在北京商务印书馆与国家图书馆合作，影印文津阁《四库全书》，又是一件浩大的工程。

《四库全书》的编纂，文津阁本是北方四阁本中最后一部抄成的，且距第一部文渊阁本成书有三年之久，这其中当会有所正补。除北方四阁本外，乾隆又下令再抄写三份全书，分别庋藏于扬州文汇阁、镇江文宗阁、杭州文澜阁。应当说，这七部书，保存最稳妥的还是文津阁本。正因如此，也就引起重视，其他三阁本曾分别据文津阁本加以抄补。如1917年，时尚贮存于清内务府的文渊阁本，经检查，有9种书缺佚，共缺23卷，就据文津阁本补抄。1934年，藏于沈阳的文溯阁本，也发现有缺卷，就特地派人到北京，据文津阁本补抄了《挥麈录》等三书。至于杭州文澜阁，被毁后则据文津阁本补了更多。可见文津阁本在历史上已起了相当大的文献补辑作用。也正因如此，20世纪前期，文津阁本就受到学者的重视。1920年，前辈知名学者陈垣就曾亲自对文津阁本进行清查，还细阅文津阁本所收书的提要，发现与《四库全书总目提要》有不少差异，因此与几位学者共同撰写《景印四库全书提要缘起》一文，建议将文津阁本的提要汇集影印出来。这可以说是提议影印文津阁本的首例，至今已有80多年。

遗憾的是，文津阁本以善本贮存于图书馆，不对外开放，一般研究者无法借阅，因此长时期来对文津阁本，只能仰而慕之，不能阅而研之。20世纪90年代初，国家图书馆研究员杨讷先生提议并主持了文渊阁《四库全书》影印本与文津阁《四库全书》原书核对录异的工作。核对从集部开始，后由北京图书馆出版社出版《文渊阁四库全书补遗(集部)》。据该书统计，文渊阁本集部共收书1 273种，其中与文津阁本有差异的有788种，而宋代诗文集，文渊阁本失收、可据文津阁补入的有1 160条，涉及118种书。例如前些年四川大学古籍所编纂《全宋文》，曾据文渊阁本有所辑录，但当时还未能检阅文津阁本。据台湾学者黄宽重复核，《全宋文》宋祁文失收的还有394篇。又据黄氏校核，文津阁本还可补正1984年出版的孔凡礼校辑本汪元量《湖山类稿》22条。可见文津阁本对我们现代从事古籍整理与专题研究，将提供前所未有的丰富资料。

文津阁本可补正文渊阁本，文渊阁本也可补正文津阁本。文津阁本全部印出，必将再次推动四库学的研究。

曾广开：我们知道，《四库全书》编成后，前后抄成正本7部，此外，翰林院有一部“副本”。今仅有文津阁本、文溯阁本和文渊阁本存世。文澜阁本在历史战乱中散失三分之二，后配补三次始齐，亦为全本，今存杭州。最近，文澜阁本也引起了学界的关注，请您再谈谈文澜阁本的情况。

傅璇琮：文澜阁《四库全书》也具有其他几个现存的《四库全书》版本不可代替的价值。《四库全书》是乾隆四十六年十二月编纂完成的，总共抄了七部正本。北方四阁都是宫廷藏书，不准他人抄阅。乾隆考虑到江浙一带是人文中心，许多人很愿意看书，为了使《四库全书》广为流传，南方三部分别藏于扬州文汇阁、镇江文宗阁和杭州文澜阁，允许普通士子去借抄。应当说，这是我们中国文化事业的一大创举，客观上起到了中国传统文化的传播作用，推动了文化事业的发展。

文澜阁《四库全书》开放以后，当时浙江有不少学问家都到文澜阁来看书、抄书。后来遭受战乱，文澜阁的书散佚许多，自然有许多学者来校书、增补，文澜阁本才能得以恢复旧观。特别是光绪年间，丁氏兄弟从各个藏书楼借书抄补，其中有许多善本，其文献价值，有不少高于他处《四库全书》所收的版本。如元人辛文房的十卷本的《唐才子传》，到明代中叶以后就失传了，乾隆时期修《四库全书》已经没有这部书了，当时只能从《永乐大典》里辑录出来，这也很了不起了。可是，原书记录的是398位作家，从《永乐大典》所辑只有二百几十位。所以乾隆时期修书，《唐才子传》是不全的。庆幸的是十卷本的《唐才子传》在元代流传到日本，一直保存完好。晚清时，有学者从日本把十卷本的《唐才子传》传过来，丁氏兄弟就把它补抄在文澜阁《四库全书》里。就这部书来说，文渊阁、文津阁《四库全书》是不全的，文澜阁《四库全书》则是全的，是其他几部所不能代替的。顾志兴先生在其《文澜阁与四库全书》中举了好些例子，包括史部里面的、集部里面的，有的书在别的地方残缺了，失传了，只有文澜阁本里面补充了好几卷，特别是明朝的一些文集，有好几种在文澜阁里是全的。

前几年，浙江图书馆编了个浙江图书馆《善本书目》(2002年)。这本书后面曾经有个目录，是文澜阁《四库全书》一览表。它把文澜阁本《四库全书》分成三部分：一是原抄，就是《四库全书》保留的原抄部分；另外就是丁抄，就是丁氏兄弟补抄的；还有钱抄、张抄，就是后来民国时期补抄的。我认为：把丁氏兄弟补抄的部分版本做进一步研究，与文渊阁、文津阁仔仔细细地比较一下，这样我们就能够发现文澜阁《四库全书》的价值到底怎么样。现在大家还看不到，我想等到文澜阁本《四库全书》印出来后，大家就可以看到更好的东西了，这样我们就能更好地促进整个《四库全书》的研究。

曾广开：傅先生，我知道，尽管您现在年事已高，却依然承担着许多重要的研究工作，如为全国古籍整理出版规划领导小组的《中国古籍总目》担任主编，又为浙江宁波市级文化建设项目《宁波通史》担任主编。我衷心地祝愿您健康长寿，能够带领学术界同仁在文化建设上取得新的成就。我代表《中国文化研究》编辑部，再次感谢您多年来对我们刊物的支持，谢谢您接受采访。

上　　编

《邢襄题稿、枢垣初刻》出版说明*

《邢襄题稿》和《枢垣初刻》，是明末李永茂于崇祯十五年至十六年（公元 1642～1643 年）在兵科给事中任内的疏稿。

崇祯十五年松山战役以后，清军对明的包围形势已经形成。皇太极曾说："取北京如伐大树，先从两旁斫，则大树自仆。……今明国精兵已尽，我四围纵略，北京可得矣。"就在这年十一月，清兵分道入关，先陷蓟州，深入畿南，直趋曹、濮，连下山东八十余城，鲁王以派自杀（见《明史》卷二四）。明朝政府面对这样紧张的局势，一面派人督师抗击，一面遣六科给事中分别察理近畿各府城守情形。李永茂当时即奉命视察顺德府（府治今河北邢台市）属的城守，并以其察理所得的闻见及对防守的意见，奏报朝廷，结集成为《邢襄题稿》。永茂后以崇祯十六年正月事毕返京，上奏对待李自成农民起义军和清兵的攻守策略，约三十几疏，为《枢垣初刻》。

---

* 原载于傅璇琮点校《邢襄题稿、枢垣初刻》，中华书局，1958。

这两部疏稿保存了一些有用的资料，对研究明末的历史有一定的参考价值。

首先，它反映了明代末叶农民在土地兼并与苛重剥削下的悲惨生活。如《奏报入境日期等事疏》中说："三十日入内丘，一望荆榛，四郊瓦砾，六十里荒草寒林，止有道路微迹，并无人踪行走，此出都九百里第一荒残之地也。"《奏报察过沙南平广四县疏》中说："四望村野，白沙黄茅，渺无边际。……自戊寅(即崇祯十一年)至今，五载灾荒，士民之死于奴酋、土贼、疫饥、差役者，已十分之九。即本年稍稍告熟，而东作无人，西成安望？其时亦有子衿十数人来见，率皆鹄形鸠面，百结鹑衣。……盖不意辇毂之下，尚有此魍魉世界也。"明朝统治者对广大农民进行残酷的剥削，田租田赋之外，又有许多加派，崇祯时又有辽饷、剿饷、练饷等三项主要加派，以至"私派多于正派，民不堪命，怨声四起"(孙承泽《春明梦余录》)。《明史·五行志》详细记录了从万历到崇祯七十年间灾荒频仍民不聊生的景象，当时浙江、山东、陕西等地赤地千里，人相食，几于无年不旱。崇祯十五年《兵部题为江南之危形孔棘等事》中也提到："数年以来，旱魃为虐，赤地千里；蝗蝻肆毒，烟寒万灶；百姓之转沟壑者，不可侧目。"(《明末农民起义史料》)可见，李永茂在这里所说民生凋敝的情况，是有典型性的。

其次，李氏在这两部疏稿中尖锐地指出了明末吏治的极端败坏。明朝自万历以后，整个统治机构已经日趋崩溃，上自皇族、勋臣、宦官，下至各级各地的官吏，都只知背公植党，贿赂诛求，穷耳目之好，极声色之娱，政治的腐败与堕落已达极点。在这种情势下，一旦外敌入侵，文武官吏为了保全自己的身家财产，不是畏葸观望，拥兵不前；就是土崩瓦解，率先倡逃。《邢襄题稿》的第一疏《奏陈应责应催事宜疏》中说："年来文武将吏，玩愒日甚，重金钱则甘轻性命，徇情面则忍欺君父。以致兵刃未接而溃，战不成战；风鹤无迹而逃，亦守不成守。"当时畿南一带的守土官吏，如平乡知县袁梦吉升补多时，规避不前，印务久付寒毡(《奏报察过沙南平广四县疏》)。如蓟督赵光抃，清军已陷山东等地八十余日，而尚驻军于千里之外的良乡(《策励两督击奴疏》)。更令人发指的，如镇兵白广恩、驸马刘有福等，率领部下家丁抢掠行人，杀害良民。"沿途行人之骡马行李，城民之衣粮鸡犬，所过一空。甚有火民之居，掳民之妻者；更有不走正道，迂转旁掠者。"遂致"百姓率弃家而逃，有司但闭关以谢"(《奏报守具粗备战事当明疏》)。无怪李永茂感慨地说："吏治之渝，至今日为已甚，至今日之邢、襄为更甚。"其实，这种情况也不只畿南，而是遍及于全国的。

第三，对于人民坚决抗敌的英勇事迹，李氏的疏稿中也有某些具体的反映。面对着外来敌人的侵略而奋起抗击的，只有广大的人民群众，如顺德府民众组织起来保卫乡里，"四千之众，人人鼓跃，虽无坚铠精骑可备征逐，而长矛白梃已自气勃神旺。令奴到之日，昼则山高林密，张疑设伏；夜则鼓角钲铙，互相牵制"(《奏报邢民感激皇恩疏》)。清兵到山东冠县，"县民辛武四围伏炮，匹马驰入奴营，大呼官兵已到。奴从鼾梦中惊怖而起，伏炮齐发，自相残戮，数以千计，卒不敢窥冠而去"(《策励两督击奴疏》)。明朝统治阶级只知遇敌规避和趁火打劫，而平时受到惨重的压迫和剥削的人民群众，一旦遇到强敌压境，却能人人振奋，发扬中华民族反侵略反强暴的优良传统。这些都是研究明末人民抗清史的很好材料。

最后必须指出的，李永茂是明朝的官吏，他是站在统治阶级的立场上说话的。对待外来的侵略，他有爱国心，而对农民起义却采取对立的态度，表现了地主阶级的反动性。如他说：“寇□之患不与奴较细，剿寇之事不与奴较缓。”(《汝宁失陷疏》)他主张积极镇压的政策。李永茂的家乡邓州(今河南邓县)，是农民军屡次出入之地。《襄阳再陷疏》中说：“臣家世邓州，再破之城，庐舍尽焚。望人父母，如鸟失栖，率臣妻子，飘泊孤艇，盘桓村舍。伪官到后，尚未知如何行动？使臣老亲幼子，倘膏锋刃，天下有无父母、无妻子、无庐舍填墓之人乎！兴言及此，不啻烈火烧身、众镝攒体矣。”李永茂这种仇视农民起义的立场是反动的。但从另一方面来看，疏稿中的确也不自觉地反映了农民军的锋刃已逼近统治集团的咽喉，在人民反抗力量的磅礴气势前面，统治阶级表现了举棋不定、张皇失措的情况；在这些有关明末实际政治的第一手材料中所反映出来的当时的阶级关系，是可以看得很清楚的。

为了帮助读者了解李永茂的生平，我们选录了王夫之《永历实录》里的一篇《李永茂传》。但这篇传文尚有错误之处。如李永茂中进士，据《邓州志》(乾隆二十年蒋光祖等纂修)及《邢襄题稿》，是在崇祯十年丁丑，并非天启五年乙丑。李氏在通籍后，即任浚县知县。崇祯十五年，为兵科给事中。王夫之所谓“崇祯末……丁艰家居”，也是没有根据的。永茂丧父在弘光元年南赣巡抚任内，《邓州志》卷十五《人物》云：“顺治二年(公元1645年)……丁外艰。葬事毕，奉母至端州。”这可见“隆武中……永茂以母丧解官，侨寓岭南”，也并不确实。又如桂王立于肇庆，李永茂拜为东阁大学士、知经筵，并非文渊阁大学士。这些都是王夫之疏忽的地方。

徐鼒《小腆纪年》卷十一载：“(顺治二年七月)，大清兵既克南昌，袁州、临江、吉安相继下，已又取建昌，惟赣州孤悬上游独存。(杨)廷麟乃与(刘)同升谋邀赣抚李永茂集绅士于明伦堂，劝输兵饷，刻期大举。”卷十二又谓：“（顺治三年六月），前南赣巡抚李永茂遣副将吴之藩、游击张国祚将粤兵五千援赣，战于李家山、九牛山之间，连战皆捷。”李永茂的一生活动，主要投入于反清入侵的斗争中，在当时，他不失为一位气节之士。据《邓州志》，李永茂生于神宗万历二十九年（公元1601年），卒于永历二年（公元1648年）。所著有《邢襄题稿》、《枢垣初刻》、《西掖焚余》、《抚虔议草》、《伾上吟》、《南北咏》、《哀余初草》等，大都散佚。

《邢襄题稿》计二十二疏，其中两疏已佚，《枢垣初刻》原三十七疏，现存十三疏，旧藏开封李雅轩先生处。孔宪易先生为我们介绍这份材料，并给我们不少帮助，谨此致谢。稿中称清为“奴”、“虏”、“酋”，并不避讳，似系原稿的初钞本。现即据此钞本排印，并加断句，间亦订正其讹落等字数处。漏落错误可能还不少，尚请读者指教，以便再版时改正。

《诗经通论》出版说明*

《诗经》是我国文学史上第一部的诗歌总集，而从汉朝开始，儒家定于一尊，《诗经》奉为经典，于是在“经师”们凿空推索和迂腐传注之下，人民的诗歌就被蒙上重重叠叠的瓦砾灰尘。毛、郑的《传》、《笺》和卫宏的《诗序》，在从汉到唐一千多年的时期中，一直成为说诗的权威。在这期间，虽然有王肃、孙毓等人对毛、郑的《传》、《笺》表示个别不同的意见，但他们仅仅只争毛、郑之间的得失，不能跳出《诗序》的圈子，一致承认《诗》的大旨是在“止乎礼义”，即合于封建统治的政教明训和伦理准则。

宋代的学者开始对《传》、《笺》、《诗序》的本身发生怀疑。最初是欧阳修的《毛诗本义》和苏辙的《诗经传》，后来又有郑樵的《诗辨妄》和王质的《诗总闻》，而集大成的是朱熹的《诗集传》。郑樵大胆地提出《诗序》出于“村野妄人”所作；朱熹更进而认为：“凡《诗》之所谓《风》者，多出于里巷歌谣之作，所谓男女相与咏歌，各言其情者也。”在两宋时

* 原载于中华书局点校本《诗经通论》，1958。

代，汉儒解经的迂腐和固凿，已经不能再像从前那样地支配人心，在学术思想的进步和社会发展的新情况下，封建时代某些头脑比较清醒的学者，对《诗经》进行了较为切合实际的解释。但是，《诗经》中的一些民间恋歌，仍然被朱熹目为“淫奔之诗”，稍后于朱熹的王柏在其《诗疑》一书中，更主张把它们从《诗经》中删除出去，这表明了他们只不过企图用新的伦理观念来代替两汉经师们的注解，以期适合于当时的封建统治的要求。

姚际恒的《诗经通论》在《诗经》研究中是一部重要的著作。宋代以后，也有一些祖述毛、郑的人据《诗序》来攻击朱熹，如马端临明白地提出“《书序》可废，《诗序》不可废”，“《雅》、《颂》之序可废，而十五《国风》之序不可废”；在清朝汉学大盛的时候，像陈启源的《毛诗稽古篇》、陈奂的《诗毛氏传疏》等都是以攻朱尊《序》著名的。尊《序》与宗朱，是几百年《诗经》学研究中激烈争论的中心。在这期间，能够不牵涉到这个聚讼纷争中去，而能从诗的本义说诗的，只有姚际恒、崔述、方玉润等几个人。崔述写《读风偶识》时有否见到过《诗经通论》，我们还不得而知，但方玉润的《诗经原始》，却是明显地受到姚氏的影响。

姚际恒，字立方(《四库提要》谓字善夫)，号首源，祖籍安徽新安，长期居住在浙江的仁和，康熙时诸生，与毛奇龄同时，也是毛的学问上的诤友。《武林道古录》中谓：“少折节读书，汎滥百家，既而尽弃词章之学，专事于经。年五十，曰：向平婚嫁毕而游五岳，余婚嫁毕而注《九经》。遂屏绝人事，阅十四年而书成，名曰《九经通论》。”《浙江通志·经籍门》载，《九经通论》一百七十卷。此外并有《古今伪书考》、《好古堂书画记》、《庸言录》等著作，足见其治学范围之广。据阎若璩《古文尚书疏证》与张穆《阎潜丘先生年谱》所载，阎若璩对于伪古文《尚书》的考证，多引证姚际恒《尚书通论》的见解，《礼记通论》也多散入杭世骏的《续礼记集说》各篇。毛奇龄《西河诗话》中盛称其经学根柢的深厚。可见在清初，姚际恒即以博淹通敏与大胆疑古为学术界所见重。其所著除《九经通论》中的《诗经》、《仪礼》两种，以及《古今伪书考》、《好古堂书画记》等几种外，大多已亡佚。

《诗经通论》的可贵之处，在于它不依傍《诗序》，不附和《集传》，能从诗的本文中探求诗的意旨，从而对《诗经》的内容作了比较实事求是的解释。作者在《自序》中谓"惟是涵咏篇章，寻绎文义，辨别前说，亦从其是而黜其非"；摆脱汉、宋人的门户之见，大胆地怀疑古人的说法，置《诗经》于平易近人之境，这种自由立论、不拘拘于朴学家繁琐饾饤的考据，开辟了说《诗》的新风气。譬如《卫风·硕人》一诗，《毛诗序》以为是"闵庄姜"，《集传》因仍《序》说，各家的注疏也都无异词；至姚际恒才力辟其说的无稽，指出《诗序》明明依据《左传》的"庄姜美而无子，卫人所为赋《硕人》也"几句附会而成。又如《召南·小星》，齐、鲁二家之说固已不可详知，《韩诗》以为是劳人行役之作(见《韩诗外传》卷一)，这是较近于诗意的，《毛诗序》却认为是"惠及下也"，《集传》也说是"南国夫人承后妃之化，能不妬忌以惠其下"；这些都遭到《诗经通论》作者的有力驳斥。姚氏指出《集传》虽然表示力反《序》说，但因袭旧说之处仍然不少，甚至于"时复阳违之而阴从之"。元、明以后，朱熹的《诗集传》被封建朝廷定为科举取士的准则，同样成为拘囿知识分子头脑的工具，姚际恒的这种抨击，客观上起了一种启懵破惑的作用。

姚氏对于诗旨的诠释，有汉学家穷委竟原、谨严自守的优点，而无其固滞胶结的毛病。最明显的如《邶风·击鼓》，《诗序》以为怨州吁用兵，郑《笺》更以为鲁隐公四年卫国与宋、陈、蔡伐郑之事，历来都认为如此，独姚际恒破几千年的疑案，据《左传》所记，详为剖析，谓是鲁宣公十二年宋伐陈、卫穆公出兵救陈时事。而对于《雄雉》、《蝀蝃》、《叔于田》、《遵大路》、《皇矣》等诗，诸说纷纭，他不赞成前人的说法，但也没有新见，于是都以“不得其解”存疑，这种态度比起汉宋说诗家的迂腐穿凿，要通达信实得多了。

但姚际恒终究是一个封建时代的读书人，他不得不受到封建礼教思想和传袭的《传》、《疏》学说所局限。对于一些天真活泼的男女恋歌，他都认为是“刺淫之诗”。他在书前的《诗旨》中说：“‘《诗》三百，一言以蔽之，曰思无邪。’如谓淫诗，则思之邪甚矣，曷为以此一言蔽之耶？盖其时间有淫风，诗人举其事与其言以为刺，此正思无邪之确证。何也？淫者，邪也，恶而刺之，思无邪矣。今尚以为淫诗，得无大背圣人之训乎？”对于一些男女相思之情的作品，姚氏同毛、郑一样，硬加上君臣或朋友思念等等的封建教条，将正面的描写说成反面的讽刺。可见他虽然可以攻《诗序》，攻朱熹，而对于封建社会的基本伦理系统是不能打破的。这不只是姚氏是这样，连后来态度比他激烈得多的崔述、方玉润两人也不免如此，《读风偶识》认为这些作品都是“惩淫荡之风”，方玉润以为“《溱洧》则刺淫，非淫者所自作”(《诗经原始》卷五)。其他像《绿衣》、《日月》、《七月》、《鱼丽》等篇，姚氏驳斥《集传》，虽有是处，实近枝节，态度不无偏激，使人感到好像专为攻朱而作的。这都是《诗经通论》一书的疵病。

《诗经》收辑了西周初年到春秋时期五六百年中的歌谣乐章，其中大部分是民间的创作。它们最朴素而又最生动地表现了人民的生活和真淳的感情，反映了当时社会生活以及各个阶级、阶层间的变化，真实地揭示了阶级社会产生以后不可调和的矛盾。“诗三百篇”是人民集体创作的宏伟的史诗，是我国古典文学现实主义和人民性传统的最早源头。只有在马克思列宁主义思想的光辉照耀下，才能对这些诗篇予以正确的阐明。而在这同时，对于过去的注本，辨别其糟粕，吸取其精华，指出长时间封建时代的学者对于《诗经》的种种歪曲与误解，两千多年来《诗经》研究中曲折发展的过程，也都是值得深入研究的工作。我们整理、重印这部书，目的就在此。

本书有道光十七年(1837 年)韩城王笃刻本，又有 1927 年双流郑璋覆刻本；顾颉刚先生在三十余年前曾据王刻本加以校点，我们现在就采用他的校点本重印。原书中有题“增”字的数条，多和姚氏的意见不同，似乎不是姚际恒自己后来所补，可能是刻书者王笃的手笔，也可能是在未刻前别人传钞时所加而误刻入者。因为没有确切的证据，现在不加删除，仍照旧附印。

影印本《史通》出版说明*

刘知几字子玄，徐州彭城(今铜山县)人，生于唐高宗龙朔元年(公元661年)，卒于玄宗开元九年(公元721年)，是我国古代一位杰出的历史学家。今年是他诞生的1300周年，我们为了纪念他在史学上作出的重要贡献，并为读者提供研究的资料，特影印他的代表著作——《史通》(明张之象刻本)。

刘知几的一生，大半用于研究我国古代的历史和史籍。差不多还在儿童时，他就对历史发生浓厚的兴趣。20岁左右登进士第，任获嘉县主簿，他有充裕的时间研读史书。42岁时，他以著作佐郎兼修国史，不久即迁左史。在这以后到他的晚年，在将近20年的时间内，虽然有时因官阶的迁转，离开过史馆，但多半仍兼史职，参加修史的工作。《史通》写成于中宗景龙四年(公元710年)，前后花了7年的工夫，写成后又经过不断的修改。刘知几自著及与别人合编的书，除《史通》外，还有好几种，如《刘氏家史》、《刘

* 原载于中华书局影印本《史通》，1961。

氏谱考》、《刘子玄集》、《三教珠英》、《姓族系录》及高宗、武则天、中宗、睿宗等几朝实录，这些书都已散佚，《史通》是他唯一流传至今的专门著作，也是他一生研究史学的结晶。

《史通》的撰作，正如作者在《自叙》中所说“盖伤当时载笔之士，其义不纯，思欲辨其指归，殚其体统”，是一部有与夺、褒贬、鉴诫、讽刺的历史评论的著作。全书共五十二篇(原缺三篇)，分内篇、外篇两部分。内篇主要论述修史的体例书法，资料采撰，文字剪裁，以及历史语言的应用，等等。外篇著重论述史籍的源流和评介旧史的得失。《史通》一书充满大胆疑古的精神，对过去的历史学作了综合的批判，无论在史学思想方面，或在历史编纂学方面，作者都表示了自己的创造性的意见，正如作者自己所说“其为贯穿者深矣，其为网罗者密矣，其所商略者远矣，其所发明者多矣”。

我们今天所能见到的最早的《史通》版本，是明嘉靖十四年(公元1535年)的陆深刻本。陆深是上海人，嘉靖十三年他在江西得到一部蜀刻本《史通》，便开始加以校订，于次年完成，并为重新刻版。陆深所见的蜀刻本，不知刻于何年，现在已无法查考。他因为没有别本可供比勘，对于书中不能解释的字句也只能不予改动，因此虽然他自序说“订其错简，还其缺文”，实际上却并未能完全做到。

陆深以后，第二个校刻《史通》的便是张之象。张之象，字玄超，华亭(今松江县)人，生于明正德二年，卒于万历十五年(公元1507～1587年)，曾任浙江按察司知事(据莫如忠所作墓志铭)。他一生刻过许多书，但现在流存的却很少。张之象见到无锡秦柱家藏的宋版《史通》，与同郡徐球、冯继可诸人参合众本校勘，也参考了陆深的刻本，刻版于万历五年(公元1577年)。其自序中说：

梁谿友人秦中翰汝立(秦柱字汝立)视予家藏宋刻本，字整句畅，大胜蜀刻，俨山先生(陆深字俨山)所未及睹者。乃相与铨订，寻讨指归，将图不朽。复与郡中徐君、冯君等参合众本，丹铅点勘，大较以宋本为正，馀义通者，仍两存之。反覆折衷，始明润可读。

但张之象所见到的宋本，从秦氏散出后，就不知下落，又加以明人刻书常有自称根据宋本而又随意改动的习气，因此，一般人对张之象刻本仍不免怀疑。清初的藏书家，还是重视陆刻，而极少提及张之象刻本，如钱曾《读书敏求记》单收陆深刻本，就是一个明显的例子。直至康熙、乾隆以后，经过校勘家何堂用朱氏影宋钞本核对，才证明张之象刻本确系依据宋本校刻。何堂跋："从从叔小山假得李氏所藏华亭朱氏影宋钞本，与此张氏刻互勘，无大相乖舛，知序中所云曾见梁谿秦氏家藏宋本不虚也。"卢文弨《群书拾补》也曾引用了朱氏钞本，说"其体例较古雅"，又说"凡宋本皆可从，然时有别字，自是唐人所习用"。卢文弨没有见到张之象刻本，所以不提宋本和张刻本的异同，但据他上面所说，足以证明宋本的优点。华亭朱氏是明中叶的大藏书家，主人朱邦宪与秦柱、张之象都是同时好友。他的钞本，当系据秦氏所藏的宋本影钞而得。

我们知道，北宋以前，《史通》是深受人们重视的。《旧唐书》刘知几本传说："太子右庶子徐坚深重其书，尝云居史职者宜置此书于座右。"徐坚就是《初学记》的编写者，也就是"居史职"的人。北宋时宋祁虽然讥诮过刘知几"工诃古人而拙于用己"，然而在他编写的《新唐书》里，有不少处却也采用了刘知几的意见(见钱大昕《十驾斋养新录》卷一三)。但是自南宋，经元代，直至明初，约二百年，学术风气受到道学思想的影响，像《史通》那样疑古惑经的著作就不太为人所注意。那时除了王应麟等少数学者以外，一般人很少提及《史通》。宋时《史通》虽然刻过一次版，但流传极少。明成祖时纂修《永乐大典》，把可能见到的书全都收了进去，却没有《史通》。自明中叶以后，《史通》才又逐渐引起了较多人的注意，刻版渐多，而在这之中，张之象的刻本对《史通》是有着摧陷廓清之功的。因为陆深虽是明朝第一个整理《史通》的人，但由于他所见的本子少，校订工作因此也做得不多，而张之象根据完整的宋本校正重刻，就比陆深“抱残守缺”的方式要好得多了。

在张之象以后的刻本，还有万历三十年(1602 年)张鼎思刻本，曾经影印在《四部丛刊》中，此本比陆刻已有所校补，但第五卷中《补注》、《因习》两篇，仍有大段脱误(后来郭延年刻《史通评释》，即据张之象本补刻了这两篇的全文)。至于就书中文义加以评释的，则有郭延年刻本《史通评释》，王惟俭刻本《史通训故》，黄叔琳刻本《史通训故补》，浦起龙刻本《史通通释》等。他们的校订、评释各有其价值，但《史通》正文，都是采用张之象刻本，或就张刻本加以校改的。在现代流传的各种版本中，张之象刻本无疑是一部较为完善的祖本。因此，我们这次影印，就选用了这个刻本。

影印本《四库全书总目》出版说明*

清朝政府从乾隆三十七年(1772 年)开始，用了十年左右的时间，集中了大批人力物力，纂修成一部规模庞大的丛书，名叫《四库全书》。在纂修期间，对采入《四库全书》的书籍和一些没有采入的书籍，都曾分别编写内容提要；后来把这些提要分类编排，汇成一书，就是这部《四库全书总目》(又称《四库全书总目提要》)。

为了纂修《四库全书》，当时在北京设立了一个专门机构，称为"四库全书馆"。每当一部书籍校订完成，就由馆臣拟写一篇提要，放在书的前面。提要的内容，除了论述"各书大旨及著作源流"外，还要"列作者之爵里"，"考本书之得失"，以及辨订"文字增删，篇帙分合"，等等。各书前面的提要在编入《总目》时，又经过较大的修改补充，最后由总纂官纪昀和陆锡熊综合、平衡，并在文字上加以润饰。纪昀在四库全书馆内最久，提要的整理加工，也以他的力量为多，因此，这部《总目》虽然以乾隆第六子永瑢领衔编

* 原载于中华书局影印本《四库全书总目》，1965。

撰，实际上却是纪昀总其成的。

《总目》全书共二百卷，按中国古代传统的分类法，分经史子集四大类，每一大类又分若干小类，其中一些比较复杂的小类再细分子目。每一大类、小类的前面有小序，子目的后面有按语，扼要地说明这一类著作的源流以及所以分这一类目的理由。每一类的后面，还附有“存目”，“存目”中的书籍，是经纂修官们校阅，认为价值不高，或它们的思想内容有对于封建统治不利，因而不曾收入《四库全书》中的。《总目》卷首还分列乾隆的所谓“圣谕”，四库馆臣所上的“表文”，以及“职名”、“凡例”等，大致记载了《四库全书》和《总目》的纂修经过和编写体例。

乾隆四十七年(1782 年)七月，《总目》初稿完成。在以后大约七八年的时间内，《总目》的内容，随着《四库全书》的不断补充和抽换，也有过几次增改。据现在所知，《总目》在乾隆五十四年(1789 年)已经写定，并在这年由武英殿刻版(见 1933 年出版的《故宫所藏殿版书目》)。乾隆六十年(1795 年)，浙江的地方官府又根据杭州文澜阁所藏武英殿刻本翻刻。从此以后，这部《总目》就得到广泛的流传。

《总目》对书籍的评价，是从封建主义的观点出发的。它一方面标榜当时盛极一世的“汉学”，其中有些提要偏于琐屑字句的考证；一方面又宣扬作为封建社会上层建筑的理论基础的孔孟之道，提要虽然在一些具体问题上不尽同意程颐、朱熹的意见，但实质上还是恪守程、朱理学，而对某些不合封建正统思想的著作竭力攻击。另外，一部分提要在涉及国内少数民族的地方，对他们表示了蔑视的态度；涉及对我国一些友邻国家的记载，又流露出封建大国沙文主义的思想。这些都是书中的缺陷，应该加以批判。

但同时我们还应该看到《总目》的另一面。《总目》著录的书，据我们这次整理时的仔细统计，收入《四库全书》中的有三千四百六十一种，七万九千三百零九卷，存目中的有六千七百九十三种，九万三千五百五十一卷。这些书籍，基本上包括了乾隆以前中国古代的重要著作(尤以元代以前的书籍收辑更为完备)。这一万余种的书籍，每一种有介绍其大致内容的提要，而且又有系统的分类编排，这就对于我们了解古代的各类著作提供了不少方便。另外，当时参加纂修《四库全书》和编写提要的人，像戴震、邵晋涵、周永年、姚鼐等，都在某一方面有所专长，《总目》中对于一些古籍的考订，也在一定程度上吸收了当时的研究成果，订正了前人的某些缺失(《总目》的考证也仍有不少纰缪疏漏，可参考近人余嘉锡《四库提要辨证》等书)。因此，《总目》作为一部较有系统的、内容比较充实的书目工具书，它对我们今天还有查阅参考之用。我们现在把它影印出版，目的也就在此。

以下谈谈这次整理影印中的一些情况。

一、《总目》过去有几个比较主要的刻本，即武英殿本、浙江杭州本，同治七年(1866 年)的广东本。浙本据殿本重刻，校正了殿本的不少错误。粤本由浙本为底本覆刻，个别字句又据殿本校改，但同时又沿袭了殿本之误。浙本当然还留有不少错字，但比较起来错字较少，因此这次我们用浙本作底本，参用殿本和粤本相校，作校记附后。

二、乾隆五十二年(1787 年)，清朝政府发现收入《四库全书》中的明李清《诸史同异录》一书有诋毁清朝统治的字句，于是又派人重新检查收入的书，就把李清的其他几种著作，像《南北史合注》、《南唐书合订》、《列代不知姓名录》，以及周亮工的《读画录》、《书影》、《闽小纪》、《印人传》、《同书》，吴其贞的《书画记》，潘柽章的《国史考异》等撤毁，并把这十一种书的提要也从《总目》中删除。但这十一种书虽然从《四库全书》中撤出，清朝宫殿中却仍然留有副本，书前的提要也依旧保存(《诸史同异录》和《同书》未见)。我们这次就从故宫博物院中把《南北史合注》等九份提要补录在《总目》的后面，题为“四库撤毁书提要”。

三、嘉庆时，浙江巡抚阮元先后征集了四库未收的书一百七十多种，向清廷进呈，并仿《总目》的体例，每一书写有提要。道光二年(1822年)，阮元的儿子阮福就把这一百七十多篇提要编成五卷，列在阮元《揅经室集》的后面，题为外集。我们这次就用它影印，并接在“四库撤毁书提要”之后。

四、本书由王伯祥先生断句。我们自己又编制了书名及著者姓名索引，附于书末，以便检寻。

影印本《清人考订笔记》出版说明*

清代考据之学盛行，不少学者以毕生精力用于考订文字，诠释名物。有些人把他们的研究撰成专门著述，同时还将平日的读书心得，以漫谈杂话出之，写成笔记。另外有些人则终生未有专门著述，或者撰而未成，而仅以笔记名世。据现在所知，清代的这类考订笔记，较著名的，约有一二百种。笔记的内容，有的有明确的分类或大致有个类别，有的则是作者死后，由亲友或门生子弟从杂碎遗稿中拼凑而成，并无系统可言。这些笔记的价值，也因作者学识高下、工力浅深的不同，相去悬殊。

清代考据学家以考订古书为一大学问，垂老头白，孜孜不倦。他们之中，有的人确是花了不少力气，在古代文献的训诂考证和资料的排比编纂方面，在某些具体问题上，取得了一定成绩，给我们今天研究古代的历史、文化提供了某些方便。但这些考据学家研究学问，带有复古主义和形而上学倾向。他们的工作常常重床叠屋，彼此雷同，烦

* 原载于中华书局影印本《清人考订笔记》，1965。

琐支离，不切实用，为考证而考证。他们脱离现实，埋首古书堆中，往往用功愈深，就越钻入牛角尖。他们的这种治学倾向，我们必须加以坚决探索，而对他们著作中的具体成果，就应当批判地加以继承和利用。对清代考订笔记，也应该这样看待。

清代考订笔记中，有些卷页较多，流传较广，而且参考价值较大的，如《日知录》、《十驾斋养新录》等，可以单独出版，或加必要的校勘和断句。另外有些笔记，或附列全集，或收入丛书，刻本少，流传不多，而其内容则仍可资参考，我们现在选择一些，稍加汇集，不加校点，影印出版。此次影印的，是邵晋涵、汪中、沈涛、李详四人所著，共七种。如果研究者认为这些笔记对自己的工作尚有所裨益，而这种出版方式也还比较合宜，我们将根据需要和可能，以后再酌加选辑和影印。

现将所收邵晋涵等四人的笔记，简略介绍如下：

(一)邵晋涵(1743～1796 年)，字与桐，又字二云，号南江，浙江余姚人。乾隆三十六年(1771 年)进士，与周永年、戴震等同召入四库全书馆任纂修。史部要籍的提要，大都由他拟稿。所著《尔雅正义》和所辑《旧五代史》，皆刊行。邵晋涵曾有志改修《宋史》，拟先作《南都事略》，以续宋王偁的《东都事略》；惜稿佚不传，仅有儒学、文艺、隐逸三类列传的目录，保存在钱大昕《十驾斋养新馀录》中。

《南江札记》是邵晋涵死后，其子秉华从遗稿中辑出的，并与所著《南江文钞》合刻。《札记》大体依所读的书分类，卷一为《左传》、《谷梁传》，卷二为《仪礼》、《礼记》、《三礼》，卷三为《孟子》，卷四为《史记》、前后《汉书》、《三国志》、《五代史》、《宋史》，大都标举异同，存而不断。这些笔记，原是作者为了著书而所作的准备，并非定稿。我们现在据原刻本影印。其中关于《孟子》的部分，有汪中子喜孙的批识。

(二)汪中(1744～1794年)，字容甫，又自署颂夫。乾隆四十二年(1777年)选拔为贡生。其著述以《述学》和《广陵通典》为代表作，另外又有《经义知新记》、《大戴礼记正误》、《国语校文》等。《旧学蓄疑》为其子喜孙从遗稿中掇拾而成，凡未收入以上诸书的零星随札，即辑为一编，分子、史、评诗、杂录四类。原稿历经喜孙及刘文淇、刘恭冕、王萱龄、成蓉镜等人传阅，并有签注意见。当时未及付刻，直到光绪初年，才刻入《木犀轩丛书》中。

(三)沈涛(？～1861年)，原名尔振，字季寿，一字西雍，号匏庐，浙江嘉兴人。肄业诂经精舍，嘉庆十五年(1810年)举人，由知县荐升府、道。所著《论语孔注辨伪》、《说文古本考》、《常山贞石志》、《十经斋文集》等，皆刻行。后又有人辑刻其未刊诸稿，为《遗集》七卷。

沈涛颇着力于笔记的撰述。其《瑟榭丛谈》和《交翠轩笔记》分别作于官宣化府知府和大名府知府的时候，瑟榭及交翠轩即其官署中居室之称。两书杂载当地掌故，而仍以考订见长。《铜熨斗斋随笔》为晚年所刻，纯系考订古籍的笔记，其中不乏新见，如考《汉书艺文志》“六弢”为“大弢”之误，自后遂为定论。以上三种由沈涛自刻，他别有《柴辟亭读书记》一卷，为《遗集》的第四种。此书所记，见于《瑟榭丛谈》和《交翠轩笔记》的各一则，见于《铜熨斗斋随笔》的十六则，复重几半，当是校辑《遗集》者疏于检核之故。现在一并汇印，以见沈涛笔记的全貌。

(四)李详(1859～1931年)，字审言，初号窳生，后改媿生，江苏兴化人。县学廪膳生，历任前南京高等学堂及安徽存古学堂教习、江楚编译官书局纂修等职。晚年馆贵池人刘世珩家，协助他校刻丛书或代撰校记。李详所著有《世说小笺》、《选学拾沈》、《文心雕龙黄注补正》等，曾陆续在《国粹学报》上发表，但都未完成。《媿生丛录》系宣统元年(1909 年)自加删定，刻版于南京。其中考订古书，间亦谈及清代学者的掌故，又因为他长于《文选》之学，因此古代文集中一些不易理解的典故，书中有较清楚的注释。

《杨万里范成大资料汇编》前记*

杨万里和范成大是宋代的著名诗人。当时在南宋的诗坛上，陆游、杨万里、范成大、尤袤号称“四大家”。陆游的作品较为阔大，其思想和艺术的成就驾乎其他三人之上。尤袤的诗篇散失很多，从流传下来的看来，特色无多，似还不足称大家。杨、范两人在当时是颇负盛名的，两人的创作，概括地说来，从内容反映现实的深度看，杨不如范，从诗歌的表现方法看，范则不如杨有较多的独创性。但他们两人有许多相似之处。他们的诗歌最初都曾受到过江西诗派的影响，缺乏现实内容，艺术上也较生涩粗硬。后来逐渐增多了社会内容，表现了热烈的爱国主义思想。范成大作品中还有一些集中地描述农民生活的诗篇，杨万里虽然大量写作山水风景诗，但也有一部分作品涉及了农村生活。他们作品的风格，一般来说也比较清新明朗，接近口语。至于他们两人作品中的缺点，大体也是相类的，即有不少诗篇抒写了伤感颓废、拜佛参禅等思想情调，道学气

* 原载于傅璇琮编《杨万里范成大资料汇编》，北京，中华书局，1964。

味相当浓厚，一部分作品艺术上又较粗糙。正因为如此，杨万里和范成大两人，无论当时或以后，习惯上他们的名字总是并称的，人们也常常把他们两人的作品进行比较研究。因此，本书也就把有关他们的资料汇辑在一起，作为古典文学研究资料汇编的一种，供研究者参考。

我们今天该运用马克思列宁主义的观点和方法，来批判地审查古代的一些评论家如何从他们各自的政治标准和艺术标准出发来探讨这两个作家。这不但能丰富我们对杨、范作品的认识，而且也能加深对文学史和文学理论发展史的研究。譬如在所收的评论资料中，固然有不少是正确肯定了杨、范作品中的爱国热忱和民族思想，探讨了他们作品中一些艺术上的成功之处，但也有相当多的评论错误地赞扬了杨、范脱离现实的、消极感伤的作品，片面地讲究一字一句的所谓“尖新”和“妩媚”，甚至有些人把范成大描写农民生活困苦的《四时田园杂兴》诗，引导到“谁知农圃无穷乐，自与莺花有旧期”，“栗里久无彭泽赋，松江唯有石湖诗”的所谓“田园乐”的吟咏(见宋末《月泉吟社》所收梁相、杨本然等人的诗)。可见，无论对于杨、范的作品，或是对于古代评论的资料，都应该持分析态度，这样才能正确地利用这些资料，而不致受其错误观点的影响。

本书分两部分，即杨万里和范成大，各人名下按宋元明清的朝代次序，列诸家的记述和评论。所收书约二百余种。大体上看来，宋代的资料最多，有些是杨、范的友人，他们写的多是唱酬之作；元、明两代最少，清代也并不很多。某些材料，同时牵涉到两人的，视其重要与否，或一见，或两见。除诗评外，有评论其文、词、书法等等的，也酌加采录。书末附范成大佚文的篇目，至于对这些佚文所作的较多的说明，请参考我写的一篇题为《范成大佚文的辑集与系年》的文章(署名徐甫，载《文学遗产增刊》第十一辑)。

书中疏失错误之处，在所难免，希望读者指正。

《杨万里范成大资料汇编》重印后记*

本书编成于1960年至1962年间，当时我正从事于宋代诗文的探讨，想从资料积累着手，整理出一些诗文发展的头绪。那时我在业务上似乎还有些雄心壮志，想在年纪还轻的时候，对宋代诗文作一些较为全面的探索。其时我对唐代文学也还不很熟悉，但总觉得，宋诗研究的基础，比起唐诗来，是不够坚实的，其中原因很多，但资料准备不足是一个重要的原因。在20世纪50年代末、60年代初，搞宋代诗文的资料，在古典文学研究界中，似乎还是一个冷门，很多人是不屑一顾的。比起那时的一些轰轰烈烈的情况，我本人也算是“冷门”中人，因此觉得，以我这样的人来搞这一冷门，倒是十分相宜的。于是白天做编辑工作，阅看上起《诗经》，下至《人境庐诗草》的稿子，晚上和星期天，就看我所喜爱看的宋人集子及有关材料，不仅不以为苦，反而自得其乐，觉得冷热搭配，颇有陶渊明“时还读我

* 原载于傅璇琮编《杨万里范成大资料汇编》重印本，北京，中华书局，1985。

书"的那种味道。就在这几年中，我"偷空"搜集了黄庭坚和江西诗派，以及杨万里和范成大的研究资料。我至今还铭感那时在中华书局主持古典文学编辑室工作的徐调孚先生，他冒着一定的风险，把这些资料列入《古典文学研究资料汇编》的大项目之中。《杨万里范成大卷》出版于1964年2月，《黄庭坚和江西诗派卷》的字数较多，有七十几万字，在1964年间也已付型，但因故到1979年才正式出版。这部书出版时，把一生的全部心血献给出版事业的调孚先生却已于"文革"中被强迫退休，迁至远在四川北部的江油居住。我马上寄呈一部给调孚先生，记得当时还得到他的一封简短的回信，过了不久，他就在江油去世；后来我有机会检寻《黄庭坚和江西诗派卷》的校样，看到他那时用毛笔在上面改正错字的旧迹，不禁泪下。

往事真似流水，一晃20年就过去了，确如苏东坡所说，"事如春梦了无痕"，繁杂的日常生活是会把过去的喜怒哀乐逐渐冲淡的，现在重新提起，我只不过借重印的机会回顾一下宋代诗文研究情况的一个极小的侧面，并想说明搞资料工作是要有坐冷板凳的精神准备的。同时，也希望借此纪念徐调孚先生，他早已是位名人，但平时在办公室内却做着极细琐平凡的事情，正是这点，是使人难以忘怀的。

这些年来，宋代诗文的研究有了很大的进展，"冷门"似乎变成了"热门"，这未始不是事物发展的正常现象。当初我为了辑集范成大的佚文，把出版不久的《永乐大典》残存影印本翻阅了一遍，虽然有所收获，但这种单打一的工作方法终究是不足取的。近些年来，有关范成大诗文的辑集又有所进展，如1983年7月，中华书局出版了孔凡礼先生的《范成大佚著辑存》一书，承孔先生在《前言》中提到我过去做过的工作，实际上他所辑集的已远超过了我。就在这一极小的范围内，也可以见出我们的古典文学的研究是在怎样的进展着。至于对于杨万里、范成大生平事迹的考订，对他们作品的思想内容和艺术特点的论析，则已有一些文章在报刊上刊登。我现在的研究重点已经不在宋代，但对宋代文学仍有浓厚的兴趣，看到宋代文学研究的新成就，总有一种欣悦之情，会使我想起二十多年前犹似荒漠中摸索行进的情景，这或许也是一种怀旧吧。

本书最初出版于1964年2月，1965年6月重印过一次，那次重印时对《前记》作了较大的修改，是重排了的。1964年2月的《前记》中有一处说："宋诗在唐诗以后，开拓了新的局面。人们一提起宋诗，就会产生与唐诗不同的感受。唐诗中有各种不同的风格，不同的流派，宋诗中也有各种不同的风格，不同的流派，但是很奇怪，在各自的错综复杂的诗歌群中，确有一种稳定的共同体存在，形成一个时代的诗风。"当时我写这一段话，对唐宋诗风的认识还很肤浅，说得不是很明确，只不过表示我对唐宋两代诗歌特点的一种直感，这种认识在学术研究上应当是允许的。但书出版后刚好碰上批判所谓"合二而一"论，以及什么"时代精神汇合"论。出版界照例是"城门"下之"池鱼"，不要说是"火"，就是一有"火光"，也要殃及的。于是在普查出版物之际，也就说上述这段话有这两论之嫌，要改，于是1965年重印时改掉了。现在重提这一旧事，倒不是什么翻案，因为这实在成不了一个案，而且原来的意见也远谈不上什么深刻，我只不过说明，健康的、正常的政治环境对于学术研究是多么的重要，而这也使我们更加珍惜改革开放以来的新局面；我们应当在已取得的基础上有所前进，以不辜负时代和人民对我们的要求。

本书出版后，当时还在中华书局工作的王仲闻先生(即人民文学出版社出版的《李清照集校注》的作者)，特从《永乐大典》卷二千二百六十六湖字韵中抄录杨万里的儿子杨长孺所撰的《石湖词跋》给我。从这篇跋文中，可以进一步见出杨、范二人的交谊；南宋人对范成大的词评价较少，他的词名为诗文所掩，而这篇跋文却可以向我们提供南宋时人对范成大词的某些看法，今将全文迻录于此，以供参考：

石湖先生文章翰墨，其视坡、谷，所谓鲁君之宋，呼于垤泽之门者。今留天地间，已贵珍之，况后世子云耶！吟咏馀思，游戏乐府，纵笔落纸，不琱而工，较之于诗，似又度骅骝前也。淳熙戊戌，先生归自浣花。是时家尊守荆溪，置酒卜夜，触次从容。先生极谈锦城风景之盛，宦情之乐，因举似数阕，如赋海棠云："马蹄尘扑。春风得意笙箫逐。欸门不问谁家竹。只拣红妆高处，烧银烛。碧鸡坊里花如屋。燕王宫下花成谷。不须悔唱关山曲。直为海棠，也合来西蜀。"如忆西楼云："怅望梅花驿，凝情杜若洲。香云低处有高楼，可惜高楼，不近木兰舟。缄素双鱼远，题红片叶秋。欲凭江水寄离愁，江已东流，那肯更西流。"此盖先生之最得意者。长孺耳剽，恨未饱九鼎之珍也。后九年，忽得余妍亭稿二百十有二阕，遂入宅于石湖无尽藏中，毫发无遗恨矣。又五年，长孺系官二水，丞相益国周公罗致幕下。偶为乡人刘炳光、继先伯仲言之，炳光曰："昔蘧伯玉耻独为君子，足下独私先生之制作，可乎?"长孺对曰："不敢。"乃以授之，俾传刻云。绍熙壬子六月二日，门下士修职郎永州零陵县主簿权湖南安抚使准备差遣杨长孺谨跋。

另外，程毅中同志也曾就他平时披阅所及，就本书所漏收的，向我提供了一份有关范成大的材料线索，计有：《诚斋集》卷八十一《千岩摘稿序》；《诗人玉屑》卷二十一引游次公《送范制置成大入蜀》词；《永乐大典》卷一五一三九引李洪《送范至能帅桂林》诗；明王鏊《范文穆公祠记》，见乾隆修《江南通志》卷三十八，又卷一四〇人物志有范传；叶盛《水东日记》卷十有引范成大为李结记澮塘浦及昆山水利序。其他如《娱书堂诗话》卷上、《定香亭笔谈》卷二、《茶馀客话》卷九等，都有范成大的评述资料。

我自己也在平日读书时，发现了一些本书未收的资料。杨万里部分，有宋罗大经《鹤林玉露》卷二“世事翻覆”条、卷十六“诚斋夫人”条等；清人汪伉《小眠斋读书日札》也有杨的材料。又日本人岛田翰《古文旧书考》卷三宋椠本部分有题诚斋，所记甚详，可参，并附该书卷尾刘涣跋语，后署“淳熙丙午十二月朔，门生承事郎新权通判肇庆军府兼管内劝农事刘涣谨启”。关于范成大的部分，计有：宋刘昌诗《芦浦笔记》，《澹庵集》中之《送范至能使金序》，《吴文肃集》之《送范石湖序》。刘将孙《养吾斋集》卷九《送临川二艾采诗序》中也提及范。清马曰璐《南斋集》卷二有《题范石湖复水月洞铭拓本》，为五言古诗。其他如彭遵泗《蜀故》卷九，《昆山志》卷一、卷三、卷四等。

以上这些，这篇后记中就不拟抄录，也不打算作为补编附于书末，读者如需参考，可按上述书目加以翻检。

这里拟加补充说明的是，关于范成大的《四时田园杂兴》的组诗，历史上仿效的，还可举出一些来，如南宋叶绍翁有《田家三咏》(《南宋群贤小集》本《靖逸小集》)，其二、其三两首云：“田园水坏秧重插，家为蚕忙户紧关。黄犊归来莎草阔，绿桑采尽竹梯间。”“抱儿更送田头饭，画鬓浓调灶额烟。争信春风红妆女，绿杨庭院正秋千。”又如明代嘉靖时人区大相的《田家吟》(《区太史诗集》卷二十七)，显然也是摹仿范成大的，其中两首云：“农务虽闲未敢安，近来生事日艰难。旧租未了新租急，又责金钱供内官。”“海内传闻有赐酺，醵钱相就醉枌榆。诏书又报天南下，不是宽租是索租。”这些诗都程度不等地接触到社会现实，是范成大《田园杂兴》诗的积极影响。又像清代沈涛在《交翠轩笔记》(卷二)中提到，他在大名书院试士时，也曾以“春日田园杂兴”命题，以七律体裁，让诸生和作，沈涛自己也拟作了一首：“蒲芽短短柳依依，雨足郊原麦渐肥。新水陂头闲射鸭，夕阳村落竞呼豨。采桑女浴红蚕箔，荷锸人归白板扉。正是故乡农事起，当年深悔裂荷衣。”也可见出范诗对后世那些与农村生活尚有一定联系的知识分子的思想上的启示和感情上的共鸣。

最后我还想提到的是，1958 年上半年，我刚到商务印书馆工作，百无聊赖，竟对清末名士李慈铭产生好感，他的《越缦堂日记》成为我床头的消遣品，而那时任商务古籍编辑室主任的吴泽炎先生正好指导我整理《越缦堂读书记》一书，他后来又向我提供了不少范成大的资料，这里就不再列举。我谨向帮助过我的几位师友表示诚挚的谢忱。

《黄庭坚和江西诗派资料汇编》前记*

江西诗派是宋代具有影响的一支诗歌流派。在中国古典诗歌的历史上，提出比较明确的主张，形成一个大体相同的风格，在一个较长的时期内成为一时诗风的，可以说江西诗派是较早的一个。当然，江西诗派的内部是很复杂的，不仅有好些个作家不是江西人，而且有好些人提出的某些具体作诗主张与这个流派的共同主张是矛盾的；江西诗派也因当时社会政治的变化，在其发展的历史上，前后有所不同，这在他们的具体创作实践上更为显著。然而这并不妨碍我们把它(江西诗派)作为当时一个比较稳定的诗歌流派的认识。在北宋末以及整个南宋时期，几乎没有一个稍有成就的诗人不和它在创作上有过或多或少的联系，而且它的影响也带到南宋的词坛上去，在某些词人的作品中染上了这个流派所特有的那种色彩(如姜夔)。诗歌史的材料说明，一直到晚清时期，它的理论和主张在相当多的作家中还有着较大的支配力，同光体诗人所标榜的"宋诗"，

* 原载于傅璇琮编《黄庭坚和江西诗派资料汇编》，北京，中华书局，1978。

其实就是江西派的诗。

正式提出“江西诗派”这个名称的，是南北宋之际的吕本中。他把北宋末年的著名诗人黄庭坚作为诗派的创始人，又把陈师道等二十四人作为这一诗派的成员。在他以后，也就有人把吕本中列入江西诗派中去。宋末元初的诗评家方回，倡一祖三宗之说，一祖指杜甫，三宗为黄庭坚、陈师道、陈与义。江西诗派诗人推尊杜甫，方回则进一步认为江西诗派即是继承杜甫的衣钵。另外，南宋初年负盛名的诗人曾几，在当时也被人认为是江西派诗人；他的诗歌风格确实与诗派其他人相似。

为了使读者较系统地研究这个诗派的理论、主张和创作，本书辑集了有关的资料。江西诗派的作诗主张和创作实践，有很大的缺点，也有它一定的贡献；它的影响，也相当复杂。对这个诗歌流派进行理论的分析和概括，应当掌握比较丰富的原始资料。本书所辑集的，说不上丰富和完备，只不过提供一些基本资料，使研究者能省却翻检之劳而已。

江西诗派诗人中，有些人并没有站得住脚的作品流传于世，南宋后期的诗人刘克庄，在他作《江西诗派小序》的时候，就感叹其中的几个诗人的作品已不可复见。宋以后的评论，也不是对诗派中所有的人都评及到的。今大体依《江西诗派小序》的次序，并益以陈与义和曾几，就所录的资料，分上下两卷：卷上为黄庭坚；卷下为江西诗派，分江西诗派总论，陈师道，韩驹，徐俯，潘大临，潘大观，三洪（洪朋、洪刍、洪炎），夏倪，二谢（谢逸、谢薖），二林（林敏功、林敏修），晁冲之，汪革，李彭，三僧（饶节、祖可、善权），高荷，江端本，李錞、杨符，王直方，吕本中，陈与义，曾几。每一部分则依资料时代先后排列。凡有关诗人生平事迹、作品评论、考证等，均加辑录。同一资料牵涉到两人或两人以上的，视重要与否，或一见，或互见。除诗歌评论外，有些评论文、词、书法等艺术的，也酌加采录。所收书约五百四十余种，附编引用书目，以备检寻。

对于黄庭坚和江西诗派应当如何评价，对历代的评论资料应该怎样加以分析，这是专门研究的题目，不是这篇短短的前记所能胜任的，编者愿意写专文来探讨这些问题。至于本书中资料的辑集与编排，疏失之处，恐怕难免，希望读者指正。

又，这部资料稿于1962年编成，并交中华书局出版。在这之后，我又陆续搜得一些资料，并发现原来已查阅过的书籍中有部分遗漏，因一并补辑。由于排版已竣，为了不致影响版面，故作为补编各附于上下两卷之后。王幼安先生在本书编辑过程中曾提供不少宝贵的线索，给编者以很大的帮助，谨致谢意。

《黄庭坚和江西诗派资料汇编》重印后记*

《黄庭坚和江西诗派资料汇编》，我于1962年编成，随即由中华书局排校，于1964年夏付型。但由于当时政治环境的影响，涉及对黄庭坚的评价，又一次把黄庭坚与江西诗派贬得极低，编辑部有所顾虑，就把出书日期压了下来。这样经过十年的"文革"动乱，至1978年8月，才正式出版，耽搁了十四五年。现在中华书局从整体考虑，重新印行《古典文学研究资料汇编》，我所编的原《黄庭坚和江西诗派卷》、《杨万里范成大卷》也列入此次重印计划。这两部书是我于1960年至1962年辑集的，那时还不到30岁。在那几年中，我尚不顾所遭受的政治压力，仍然潜心于中华书局图书馆、北京图书馆的古书堆中，编出了这两部共约90万字的资料书，得到学术界的首肯，这对我是最大的欣慰。因为我总以为，我们作学问的，不管是理论探讨，或者是资料考索，一要求真，二要创新，力求出原创性的作品，这样才能真正在历史上站得住脚。

* 原载于《黄庭坚和江西诗派资料汇编》重印本，北京，中华书局，2003。

这套《古典文学研究资料汇编》，是中华书局于20世纪60年代前期开始陆续出版的，至现在已出了二十余种。我觉得这是中华书局一个极有长远意义的学术构思。每一种书，凡作家生平事迹的记述，作品的评论，作品本事的考证，版本流传的著录，文字、典故的诠释，包括各种不同甚至互有争议的意见，都尽可能加以辑集。这样做，一方面可以省却研究者翻检之劳，另一方面，更为重要的，是为作家作品的研究史提供系统的材料。这是一种高水平的古籍整理，也是文学研究的基础性工程。

这一选题，一开始我就参与。现在中华书局知道的人恐已很少，我想借此介绍有关情况，也可为中华书局提供值得研索的史料。

中国社会科学院文学研究所的前辈学者陈友琴先生，是20世纪50年代著名的白居易研究专家。他在撰写白居易的研究论著以外，辑集自唐至清有关白居易的评论、记述资料，于1958年在科学出版社出版《白居易诗评述汇编》一书。此后他又有所修订、补充，准备出一新版，但当时因出版社分工关系，科学出版社不再出版这方面的书，陈先生就于1959年与中华书局联系。当时中华书局古典文学编辑室主任为徐调孚先生。徐先生于解放前长期在上海开明书店工作，既是编辑名家，又是文学专家，曾为王国维《人间词话》作过校注，又翻译过《木偶奇遇记》，都是传诵的名作。徐先生很有器识，马上就同意接受陈友琴先生的书，并叫我作为责任编辑来加以审读、加工。我是1958年3月由北京大学中文系转至商务印书馆，同年7月又因商务、中华分工，又移调至中华书局，在徐调孚先生直接指导下工作。这时正好宋诗研究专家孔凡礼先生受到陈友琴先生的启发，也编有一部《陆游评述资料汇编》。他先于1959年8月到文学研究所拜访陈先生，后由陈先生推荐，介绍给中华书局。当时中华书局在东总布胡同十号，几个编辑室环绕一个小院子，都是平房，是一个很为雅致的四合院。孔凡礼先生今年已 80 高寿，当时还不到 40 岁。他进入院子，跨进文学室，与徐先生及当时任总编室主任的俞筱尧同志联系。我当时也在室内，对他的亢直言谈印象很深。

徐调孚先生接到此稿后，也转给我阅看。这时正好另有一位陆游研究者齐治平先生也向中华书局提交同类的书稿。我经过比较，认为孔凡礼先生所辑的资料较为翔实，编排也较合理，但齐治平先生的书稿也有孔先生所未及的。我就向徐调孚先生提出，因都是资料稿，可以合为一书，共同署名，而以孔先生之稿为主。徐调孚先生也就将合并的工作交我做，并以“编者”的名义叫我写一篇“前言”。将两稿合在一起，须互相比较，去其重复，并查阅时代先后，工作量是很大的，等于重编。但正因此，我倒熟悉了陆游的资料，很快就于 1960 年 1 月将“前言”写出，并送交孔凡礼先生复审。

2002 年为中华书局成立 90 周年，孔凡礼先生特为此写了两篇纪念文章，一为《我和中华书局因陆游结缘》（编入《我与中华书局》，2002 年 5 月出版）。孔先生详细记述这一过程，其中特别提到了我起草的“前言”，有云：“我看了这篇文章，不禁拍案叫好。这篇文章给我解了围，帮了大忙。后来才知道，这篇文章出自傅璇琮先生之手。在我写这篇回忆文字的时候，重温了这篇文章，和 40 年前一样，赞叹不已。这篇文章经住了时间的考验。”孔先生的赞誉之辞，我读了当然很感激。由此我也重读了这篇“前言”，心中难免有不可解之情，觉得我那时不过二十七八岁，年纪还轻，且对陆游并无研究，倒能有勇气写出这篇文字，如果现在要我来执笔，是绝对写不出来的。

陈友琴先生、孔凡礼先生的书是差不多同时交给中华书局的，这倒给我们一个很大的启示。因我是责任编辑，通阅全稿，引发我的思考。我向领导提议，由中华书局搞一套《中国古典文学作家研究资料汇编》，作为一套丛书，而把陈先生的书标为《白居易卷》，孔、齐两先生的书标为《陆游卷》。中华书局领导多方征求意见，经过认真考虑，同意这一方案，于是这套书就展开来作。“文革”之前，60 年代前期，相继出版有《陶渊明卷》、《柳宗元卷》、《韩愈卷》，我自己于工作之余编纂《黄庭坚和江西诗派卷》、《杨万里范成大卷》。1958 年后，王国维先生次子王仲闻先生，也受错误的政治冲击，被误列为“右派”、“国民党反动分子”，被原单位开除。当时中华书局领导是注重人才的，不顾这些政治情况，却把王仲闻先生招来。王先生先为《全宋词》作订补，大大提高了《全宋词》的质量。1960 年后金竹槐(后改名金涛)、曾伟强两位年轻同志从北大中文系研究生毕业过来，王仲闻先生在《全宋词》订补工作大体完成后，经文学编辑室商议，就由编辑室自己动手，作李白、杜甫资料汇编，由王仲闻先生主持，金、曾两位具体看书、辑录，其他编辑也有时介入。此书署名为“华文轩”编，是徐调孚先生与我们商议确定的，意为“中华书局文学编辑室”。“文轩”谐音为“文学”，这是徐调孚先生的浙江口音。正如王仲闻先生于 1958、1959 年为中华书局校订《全唐诗》，后由我起草写一前言，徐调孚先生于前言后署名为“王全”，“王”指王仲闻，“全”谐音我姓名的第二个字“璇”，他按南方口音把“璇”读为“全”的。

我写这一篇后记，是想说明，一个编辑，是可以从来稿中引发思考的，我们应该从出版社发展的长远前景来考虑，同时也当蕴含学术胸怀，编辑要有学者化的抱负和气质。过去常常把编辑工作比喻为“为他人作嫁衣裳”，我长期做编辑工作，认为这句话并不全面。编辑固然要认真阅稿、加工，提高书稿质量，这是我们的本职。但我们一边阅读，一边还能学到不少东西，有时还会有意想不到的收获。我曾说过，我就从孔凡礼先生的《陆游卷》获得一条难得的材料，因而撰写一文，即刊发于《文史》第一辑的《高明的卒年》(1962年中华书局出版)，署名湛之。《陆游卷》中有清人陆时化《吴越所见书画录》卷一高明、余尧臣《题〈晨起〉诗卷》两文。《晨起》是陆游之诗，孔先生是作为后人对此诗的评议资料收入的，但我在阅读过程中却注意到高明(则诚)这篇文章是过去有关其诗文辑集的材料中未曾见到的，这也算是对其佚文的补辑。尤其是余尧臣的一篇，其中说高明作这篇题记为元至正十三年，越六年即病逝于明州(今浙江宁波)。我由此考出高明的卒年在元至正十九年(1359年)。这离明代建国即洪武元年(1368年)还有九年，而过去的记载，从明代的《南词叙录》、《留青日札》、《闲中古今录》，至现代人著作，包括一些文学史，都说这位《琵琶记》的作者曾应明太祖朱元璋之召征修元史，后以老病辞归。这篇文章刊出后引起学界的注意，曾有异议，但后来逐渐得到认可，浙江大学徐朔方先生与中山大学黄仕忠先生都赞成此说，并进一步补充了论据。我不是专门研究戏曲的，但高则诚卒年的新证应当说是这些年来戏曲研究的一个收获，而就我来说却得之于编辑的阅稿。这就是说，为他人作嫁衣裳，自己并非一无所得，而且有时所得还可能超过这所“嫁”之“衣”。由此可见，这套《古典文学研究资料汇编》，对我们来说，裨益是多方面的。

《唐代诗人丛考》前言*

若干年前，我读丹纳的《艺术哲学》(中译本见人民文学出版社1963年1月版，傅雷译)，印象很深刻。丹纳在他的书中写道：

> 艺术家不是孤立的人。我们隔了几世纪只听到艺术家的声音；但在传到我们耳边来的响亮的声音之下，还能辨别出群众的复杂而无穷无尽的歌声，像一大片低沉的嗡嗡声一样，在艺术家四周齐声合唱。(第一章《艺术品的本质》)

又写道：

> 艺术家本身，连同他所产生的全部作品，也不是孤立的。有一个包括艺术家在内的总体，比艺术家更广大，就是他所隶属的同时同地的艺术宗派或艺术家

* 原载于傅璇琮著《唐代诗人丛考》，北京，中华书局，1980。

> 家族。例如莎士比亚，初看似乎是从天上掉下来的奇迹，从别个星球上来的陨石，但在他的周围，我们发见十来个优秀的剧作家，……在画家方面，卢本斯好像也是一个独一无二的人物，前无师承，后无来者。但只要到比利时去参观根特、布鲁塞尔、尔鲁日、盎凡尔斯各地的教堂，就发觉有整批的画家才具都和卢本斯相仿……到了今日，他们同时代的大宗师的荣名似乎把他们湮没了；但要了解那位大师，仍然需要把这些有才能的作家集中在他周围，因为他只是其中最高的一根枝条，只是这个艺术家庭中最显赫的一个代表。（同上）

作为19世纪法国资产阶级美学思想家，丹纳当然不可能从经济基础与上层建筑的关系，从阶级与阶级斗争的角度，来阐述文学艺术发展的历史，更不可能懂得“在现在世界上，一切文化或文学艺术都是属于一定的阶级，属于一定的政治路线的”这一马克思列宁主义原理。但丹纳还是在他那一时代资产阶级美学理论所能达到的高度，力求在上层建筑这一范围内，对欧洲艺术发展的某些阶段，从整体出发，作了细致的叙述。他对意大利文艺复兴期的绘画，对尼德兰的绘画，对希腊的雕塑，作了细腻的、富有才学的分析，读来使人感到新鲜，具有吸引力。

由丹纳的书，使我想到唐诗的研究。唐代的诗歌，在我国古代文学上，是一个重大的发展。在唐代的诗坛上，往往会有这样的情况，即每隔几十年，就会像雨后春笋一般出现一批成就卓越的作家，其中还产生了像李白、杜甫、白居易那样有世界声誉的伟大诗人。譬如7

世纪后50年，相当于高宗、武则天时期，先是王、杨、卢、骆“四杰”，再则是陈子昂，并辅以杜审言、沈佺期、宋之问等，正式展开了唐诗发展的独特的道路。8世纪前半期，主要是开元、天宝以及稍后肃宗、代宗时期，唐诗到了它的繁荣发展时期，名家辈出，佳篇竞传，除了李白、杜甫外，如王维、王昌龄、孟浩然、李颀、高适、岑参、王之涣、元结、韦应物、刘长卿等等，一口气可以说出二三十人来。8世纪的后半期和9世纪的头二三十年，先是以钱起、卢纶等为代表的“大历诗风”，后是以白居易、元稹为代表的“元和体”诗以及韩愈、柳宗元倡导的古文运动，韩愈、李贺提倡的浪漫主义诗歌，形成风格多样的文学流派交相辉映、竞放异彩时期。可以注意的是，在这些发展阶段，有才能的作家，不是一二个、三四个出现，而是成批地产生，而且有些诗人还兼备其他出众的才具，如王勃的博学，王维深湛的绘画和音乐修养，李白的懂得多种西域少数民族语言，等等。在这同时，绘画、雕塑、音乐、舞蹈、书法以及各种实用工艺美术，在经济发展、文化繁荣的基础上，都达到了非常高级的程度。丹纳说：“个人的特色是由于社会生活决定的，艺术家创造的才能是以民族的活跃的精力为比例的”(《艺术哲学》，第三编《尼德兰的绘画》)，同样可以来说明唐代的艺术发展。

对于这样的一种文学现象，如果只是以诗论诗，以文论文，显然是不够的。另外，我们现在的一些文学史著作的体例，对于叙述复杂情况的文学发展，似乎也有很大的局限。我们的一些文学史著作，包括某些断代文学史，史的叙述是很不够的，而是像一个个作家评传、作品介绍的汇编。为什么我们不能以某一发展阶段为单元，叙述这一时期的经济和政治，这一时期的群众生活和风俗特色呢？为什么我们不能这样来叙述，在哪几年中，有哪些作家离开了人世，或离开了文坛，而又有哪些年轻的作家兴起；在哪几年中，这一作家在做什么，那一作家又在做什么，他们有哪些交往，这些交往对当时及后来的文学具有哪些影响；在哪一年或哪几年中，创作的收获特别丰硕，而在另一些年中，文学创作又是那样的枯槁和停滞，这些又都是因为什么？

我想，如果我们这样研究和叙述文学史，可能会使研究更深入一步的。我在若干年前，曾希望在唐代文学这一范围内作这种尝试。我想先从材料积累着手，先编唐代文学的编年资料，与此平行的，是为每一个有成就的作家撰写比较信实可靠的传记。这是一项大工程，决非短短几年所能够完成的，而且可能也非一人之力所能胜任。但我愿意为此努力，贡献自己的一点微力。我经常参考的，是《旧唐书·文苑传》、《新唐书·文艺传》、《唐诗纪事》、《唐才子传》等。在工作进行过程中，我逐渐感到，过去的这些文献记载，固然可以有依据的地方，但却有不少缺漏和错误。如《唐才子传》，它集中记载唐代诗人的事迹，其中的登第年确可参据，但其谬误之多是很使人吃惊的。而这些错误，却一直为一些文学史著作和唐诗选本所沿袭。又如闻一多先生的《唐诗大系》，这是解放前较早的一个有特色的唐诗选本。闻一多先生有很高的艺术鉴赏力，《唐诗大系》所选的诗，在艺术性方面是很可以作唐诗选的借鉴的，但书中有关作家生卒年的记载却往往很不可靠。经过比较核对，我发现现在的不少文学史著作和唐诗选本，有关生卒年的记载，却大都本《唐诗大系》。这种种情况，使我对作家事迹考辨的工作发生了兴趣，并由此搜辑了有关的材料，后来把高宗至德宗前期的部分加以整理成文，就是呈献在读者面前的这本《唐代诗人丛考》。这本书偏重于资料的辑集和考证，它只不过是研究工作的初步阶段。我希望我们的文学史研究工作者，在马列主义、毛泽东思想指导下，比丹纳更进一步，从文学艺术的整体出发，来深入研究唐代诗歌的发展。我自感能力和基础较差，只能为这样的一种研究提供经过审核、整理的资料，盼望有成熟的研究著作产生。

在工作进行中，我不得不接触历史记载，因此查阅和参考了建国前后的一些史学著作。这方面，陈寅恪、岑仲勉等学者的有关著作给我很多启发和帮助。从资料考据的角度说，岑仲勉先生的书对我尤有帮助。这真是一位勤勉的学者，他的著作中材料的丰富是使人获益匪浅的。我觉得，对唐代的研究，史学方面的成绩要比文学方面大得多，研究唐代诗歌一定要批判地掌握和继承已有的史学研究成果。

本书共收文 27 篇，其中 7 世纪的两篇，即《杨炯考》和《杜审言考》；开元、天宝时期的比前一时期多，而属于肃宗、代宗时期的则占较大的比例。我个人认为，过去对大历时期诗歌的研究是不够的；一说到大历诗风，往往作为形式主义加以批判。这样作未免有些简单化。本书不仅对大历十才子诗人尽可能考证其事迹，还论到了他们作品反映现实的某些方面；此外，还考核了大历时期的其他一些诗人，希望在这方面能以补充过去研究的不足。

本书尽可能吸收建国前后文学史研究的成果，有些并已在文中作了说明；对于研究者的某些论述，本着百家争鸣的精神，也表示了不同的看法。建国以来的实践已经证明，毛主席为我们党制定的百花齐放、百家争鸣的政策，确实是促进社会主义文学艺术繁荣发展的可靠保证。正因如此，我也期待着学术界和广大读者的批评，以纠正本书的缺失和错误。

本书主要是考证诗人的事迹，间也论述其创作，那也是从文学批评史的角度，引用前人的一些论说，帮助说明某些作家在文学史上的地位和影响，而并不是全面评论其作品的思想与艺术。对于作家的事迹，凡所能接触的，择其可资参考者尽可能加以引用，这或许对某些查获资料不便的读者会有些帮助。——但由此也使得引文显得冗长，文字单调，这当是本书的一个很大缺点。

清初著名的思想家和学者顾炎武，在他的《日知录》一书自序中曾说过：

> 尝谓今人纂辑之书，正如今人之铸钱，古人采铜于山，今人则买旧钱，名之曰废铜，以充铸而已，所铸之钱既已粗恶，而又将古人传世之宝舂挫碎散，不存于后，岂不两失之乎？承问《日知录》又成几卷，盖期之以废铜，而某自别来一载，早夜诵读，反复寻究，仅得十馀条，然庶几采山之铜也。

这番话表现了顾炎武对当时有些人以贩卖现成旧材料自诩的讽刺，以及对自己治学的严格要求，是很可为作学问的参考的。本书参考和吸收了不少研究成果，但尽可能作到不依傍成说，并对引用的材料经过检核，希望对研究者有所帮助，不敢望“采山之铜”，但希望免于“买旧钱”之讥。

本书《刘长卿事迹考辨》曾刊载于《中华文史论丛》第八辑，《韦应物系年考证》曾刊载于《文史》第五辑，《王昌龄事迹考略》曾刊载于《社会科学战线》所编《中国古典文学研究丛刊》第一辑，这次收入本书时，都作了修改和补充。

中华书局编辑部在审阅本书时，提出了宝贵意见，并改正了书中不少材料上的错误；另外，又承蒙启功先生为本书封面题签，谨此一并致谢！

（1978 年 11 月）

《唐代诗人丛考》摭谈*

关于唐代文学，我在70年代中期曾有个设想，即大致用10年的时间，编著成5部书，那就是：《唐代诗人丛考》、《唐五代人物传记资料综合索引》、《李德裕年谱》、《唐代科举与文学》、《唐才子传校笺》。现在，前两种已分别于1980年和1982年由中华书局出版(第二种与张忱石、许逸民同志合编)。第三种于1984年由齐鲁书社出版。第四种将于1986年内由陕西人民出版社印出，纳入该社的“唐代文学研究丛书”。第五种《唐才子传校笺》拟分四册，前两册已完稿，正由中华书局排印中，后两册将在1987年初定稿；这部书除由我承担一部分外，其他则邀约国内的有关学者撰写。上述5部书，总计字数将近400万字。其进度与规模大致与我原来的设想相接近。

唐代文学研究要做的事情很多，我所做的只是极小的一部分。不过我感到自慰的是，这些书对于研究唐代文学和唐代历史，还是切实有用的，不是一些凿空之言和浮泛

* 原载于《书品》1986年第4期，北京，中华书局。

之辞。它们可以是学术进程中的一个新的序列，提供给研究者作为继续探讨的材料，而尚不致成为如顾炎武讥笑过的辗转贩卖的旧铜。

回头来看，《唐代诗人丛考》出版后，曾得到过一些不虞之誉。我觉得，它的社会反应超过了它本身的价值。这主要决定于时机。前言写于1978年11月，书则出版于1980年1月。这时虽然距离粉碎“四人帮”已有4年，报纸杂志上已陆续有学术文章刊登，但是应该看到，我们新时期的学术是在十年劫难后的荒漠上起步的，在这之前，不少老专家和中年学者被迫停笔，多年积累的资料散失殆尽，研究者学术上的探讨精神遭到长时期的和严重的打击，而新一代的学术工作者还未能得到培养，我们形成整整一代的空白。在这种情况下，要求有分量的学术专著成批地产生，显然是不可能的，而如果有少数几种问世，就会受到学界的瞩目。

另外，由于“左”的思想的影响，在过去一个相当长的时期内，古典文学研究中也存在一种假、大、空的学风，再加上后来“四人帮”所推行的文化专制主义，强使学术研究为他们的篡权阴谋服务，使人们对一些空论产生反感，对某些所谓实学感到兴趣。《唐代诗人丛考》是一部考辨性的著作，虽然所用的方法还是旧的，却使人产生某种新鲜感，就因为正是在那一时际出版的缘故。

形成我对古典文学研究的某些想法的，还是60年代初。那时我因胃出血住院，随身携带一本新出版的丹纳《艺术哲学》的傅雷译本在病床上阅读。胃出血似乎是一种很惬意的病，它毫不影响思维的正常活动。从丹纳的书我得到很大启发，我觉得研究文学应当从文学艺术的整体出发，这所谓整体，包括文学作为独立的实体的存在，还应包括不同流派、不同地区互相排斥而又互相渗透的作家群，以及作家所受社会生活和时代思潮的影响。这牵涉到总的研究观念的改变，但具体如何着手呢？我就想到了编年史。我觉得文学编年史将会较好地解决研究整体的问题。这也是对于当时文学史著作的体例所感到的一种不足，后来就写入《唐代诗人丛考》的前言中，那就是："我们现在的一些文学史著作的体例，对于叙述复杂情况的文学发展，似乎也有很大的局限。我们的一些文学史著作，包括某些断代文学史，史的叙述是很不够的，而是像一个个作家评传、作品介绍的汇编。为什么我们不能以某一发展阶段为单元，叙述这一时期的经济和政治，这一时期的群众生活和风俗特点呢？为什么我们不能这样来叙述，在哪几年中，有哪些作家离开了人世，或离开了文坛，而又有哪些年轻的作家兴起；在哪几年中，这一作家在做什么，那一作家又在做什么，他们有哪些交往；这些交往对当时及后来的文坛具有哪些影响；在哪一年或哪几年中，创作的收获特别丰硕，而在另一些年中，文学创作又是那样的枯槁和停滞，这些又都是因为什么？"

在这篇短文中当然不可能来详细说明文学编年史的种种问题，不过我到现在还是认为这一体裁是会有生命力的，有志从事于斯者定将大有所获。在这之前，我本来在宋代文学资料中徘徊，编了两本资料书(《黄庭坚和江西诗派资料汇编》、《杨万里范成大资料汇编》)，这时却突发奇想，拟在中国古代文学充分发展的时代唐朝来作一番试验。于是病愈出院之后，陆续看了一些唐代史书和唐人别集。但不久"文革"事起，天翻地覆，救死不暇，这些想法也就烟消云散，无从谈起了。

不料到"文革"后期，我却忽然有读古书的机会，那是在文化部的湖北咸宁五七干校，紧张的劳动已经过去，大部分人已复归于京华，只剩下一小部分人，于"农耕"之隙，竟大有馀暇，可以"时还读我书"起来，而且相当自由，爱读什么就读什么。云梦大泽的平芜广野，似乎也给读书提供一个舒展宽松的气氛。我就继续思考一些问题，感到要弄清唐代文学的来龙去脉，非上溯魏晋南北朝不可，陈寅恪先生在撰写《唐代政治史述论稿》以外，还得写一本《隋唐制度渊源略论稿》，是不无道理的。我就弄来了一些书，杨伯峻先生还特地从北京给我寄来裴注《三国志》和范注《文心雕龙》。这一段静心专注的读书生活是难以忘怀的。那时我就开始积累魏晋南北朝文学系年的资料，而且竟然在一灯(煤油灯)如豆的情况下写了两三篇魏晋作家的考证文章。

1973年年中回到北京，参加"二十四史"点校本的编辑工作，我一边继续查阅魏晋至初唐的有关文献。这时我对编年工作又产生了另一种想法。我逐渐发觉，我们搞了那么多年的作家评论，文章和著作也已不少，但细究起来，众多作家的生平却仍然若明若暗，有些事迹叙述不确切，有些则基本上搞错了。有些大作家可能还有大致的轮廓，不少中小作家却无人过问，不知道他们在当时社会上是怎么生活过来的。显然，在这种情况下，要做精确的编年工作是不可能的。一定要有作家事迹研究的基础，才能再加概括和综合，编年史也才有符合历史实际的内容。这就使我从编年中回过头来做作家考证的工作，而又因为有编年的基础，事迹的考辨就易于收到纵横参照的效果。《唐代诗人丛考》就是这样产生的。

总的说来，作家研究是文学史研究的基础。具体地说来，我觉得又可补充两点：第一，作家研究中，作家生平事迹的考辨是整个研究的支撑点，没有这个支撑点，思想评论和艺术分析就难免落空。如近年来李白研究中，我认为有两大进展，一是考证出李白曾两入长安，除了传统的天宝说以外，还有在此之前的开元十八九年的一次；二是李白于天宝初应诏进京，并非如传统所说的由吴筠推荐，吴筠根本与李白没有交往。这两点的确认，影响李白思想变化的评价，也牵涉到对其名篇《蜀道难》、《将进酒》等的论述。可惜我们有些研究者还未能正视这些考证工作的成就，这就会大大影响他们论说的科学性。在历史学上，这种情况是更明显的：如果今天的历史学家不重视、不随时注意考古发掘的新情况，那将会产生什么样的后果呢？当然，我并无意夸大作家事迹考证的意义，我只是说它是一个支撑点，有才华的研究者尽可以凭借这个支撑点来展开他宏大而华丽的论述，把文学研究推向一个又一个新的高度，但如果没有这个支撑点，那就不难想象，会发生什么情况。

第二点，无论理论阐发还是资料考证，都要考虑到作家群。我们过去对作家群的观念是较为淡薄的。视角只落在少数几个大家身上，于是文学史往往形成孤立的点的连缀，而不是永流不歇的作家群体的发展。我们可以闭目想一想，历史上哪一个伟大的、杰出的作家周围没有好几个较为不大杰出的或次要的作家呢？他们有的是好朋友，在创作上互相切磋和支持，有些又可能是对立面，在思想和艺术上又常有诘难和竞争。大作家往往受到小作家的影响。时代特色往往在一些小作家的作品中更能体现出来。研究大家与小家的关系，研究他们怎么共同承受社会的影响而又如何各异地表现出时代的音响和色彩，这会给文学史研究带来多少吸引人的新鲜题材。《唐代诗人丛考》的前言中丹纳《艺术哲学》第一章《艺术品的本质》的两段话，就是有感于此而引录的。在《丛考》中，我较为注意了唐诗发展的两个转折阶段，即初唐向盛唐的转变，盛唐向中唐的过渡。特别是后一阶段的大历时期，过去的叙述大都模糊，或者作笼统的判语式的否定，加一顶空洞的“形式主义”的帽子。这其实是不顶事的。我在书中分别考核了这一时期的十几位诗人，指出他们怎样由个人的特殊经历而影响其创作的复杂面貌，并由皎然《诗式》的议论，对当时的作家分布作了群体的分析："在当时众多的诗人中，除了李白、杜甫、高适、岑参、元结少数杰出的以外，大致可以分为两大群，一是以长安和洛阳为中心，那就是钱起、卢纶、韩翃等大历十才子诗人，他们的作品较多地呈现当时的达官贵人。一是以江东吴越为中心，那就是……刘长卿、李嘉祐等人，他们的作品大多描写风景山水。当然，这其间也有交错，如卢纶、司空曙也写过南方景色，皇甫冉、严维等也曾在洛阳做过官。但据诗歌史的材料，大致可以分为这两大群，两个地区，诗歌的内容和风格也有所不同。"这样做也是作家群研究的一种尝试，后来有些评论者对此给予肯定，有些研究者并以此为起点，对大历时期的南北两派作了进一步的发挥。我觉得，小作家的考证和研究，不仅仅是面的扩大，更重要的是探索的深入，使我们更能把握文学主体在交错发展中的复杂契机。

在这里，我想附带谈一下《唐才子传》。《唐才子传》是元代辛文房所作。辛文房是西域人，但从书中记述的广博和文笔的隽洁看来，他的汉文化的修养是相当高的。全书十卷，立专传者二百七十八人，附见者一百二十人，共三百九十八家。辛文房为一代诗人写传，其中绝大多数是小作家，他写这部书，应当看作是一项开拓性的工作。在中国古代，似乎只有钱谦益的《列朝诗集小传》能与它相并比。这部书一直为唐诗研究者所重视，就是因为他搜集并排比了这众多小家的生平材料。但是，这部书的缺点实在也是很多的，有些唐诗研究者为图省事，引用时不作复核，以致踵谬增讹，产生新的错误。马茂元先生曾告诉我，他在"文革"前曾有志于作《唐才子传》笺证，材料已搜集了不少，十年浩劫，马先生身心受到极大的摧残，一气之下，把积稿都毁了。这实在是莫大的损失。

应该说，日本学者对《唐才子传》所作的努力和取得的成绩是受人注目的。这部书的最早刻本存在日本，日本学者对此书所作的版本考证，切实详确，足资参考。1972 年又出版了布目潮沨、中村乔两位所作的《唐才子传之研究》，用力所在在“资料探源”一节。关于此书的研究，前一阶段，日本学者是走在前头的。《唐才子传》是中国古代的一部著名的著作，作为本国的文化遗产，中国的学者有义务对此作出更大的努力。有鉴于此，也为了全面研究唐代诗人的事迹，我就在《唐代科举与文学》告一段落后，即着手规划此书的校笺。我认为，为《唐才子传》作笺证，实际上是一部扩大了的《唐代诗人丛考》。我用了好几年的积累，才为初唐至肃、代时期二十八位诗人作了事迹考证，现在要对从唐初到五代将近四百位诗人作全面考辨，工程浩大，由于精力和条件所限，由一个人来作，即使是怎样的辛勤，也不可能取得理想的成绩。于是先由我拟订体例，写出几个样子，邀约各有关学者专家共同来做。这样既发挥各自的长处，保证一定的学术质量，又能争取在较短的时间内完成。鉴于《唐才子传》的具体情况，我个人觉得，这是目前所能采取的最好的方式，是个人单独进行所远不能相比的。开放型的学术研究应当鼓励多种样式的试验，按照内容的要求，选择最佳的工程程序和组织方式。从已完成的两册看来，情况是良好的。

由此我有一个希望，就是是否可由有关的研究机构或出版社出面，来组织一套中国古典作家传记丛书，凡在中国文学史上有过贡献、有其特色的作家，从屈原开始，到清末，分别写出传记。这套传记丛书，要立足于信实，要吸收已有的研究成果，又经过撰写者的独立研究，对作家的生平事迹能写得清清楚楚，不回避矛盾，也不强作解人，从材料出发，而这些材料又是经过核验的。无论今后对作家的思想、艺术评价有何等样的变化，要做到这套丛书所写的基本事实是推翻不掉的，而无论评论是如何的花样翻新，它们对这些作家的生平必须以这套传记丛书为依据。要做到这一点是不容易的，但不是不可达到的，而如果我们真的做成了，则将是一项中国文学史研究的基本工程，在世界上也会产生影响。一个作家传记丛书，一个历代的文学编年，我们有了这些，中国古代文学的研究，就有了雄厚的基础，尽可以在这上面做出鸿文巨制来了。

末了我想再谈一下有关考证的问题。《唐代诗人丛考》出版后，从听到的一些反映看来，这本书对古典文学研究的治学方法是有一些影响的，作家事迹考证的文章多了起来，尤其是前几年中一些研究生的学位论文，有不少也以作家考证作为基本内容。这曾引起我某种担心和顾虑，怕形成不好的风气，也担心会招致一些人的责难。通过几年来的观察，我认为担心和顾虑是不必要的，虽然也有一些考证文章流于烦琐，但大多数是有价值的。有些人担心社会上有所谓“回到乾嘉学风”的口号，我觉得这种担心也属多余。乾嘉考据学有它产生的社会条件和思想文化环境，在我国目前开放的情况下，各种学术思想多元存在，中外文化又处于频繁接触和交流之中，那种原来形态的乾嘉考据学不可能恢复，更谈不上占主导地位。我认为我们应当树立两种观念：第一，考据并不神秘，更不必害怕，考据不仅不会对学术的整体有害，而且是有利的，微观与宏观只是相对而言，有时也是很难截然分开的。陈寅恪先生治学，时下有些人认为是微观，殊不知他的这些“微观”论著却牵涉唐代历史与文化的基本问题。又如陈垣先生的《通鉴胡注表微》，表面看起来是考析胡三省注《通鉴》的几种体例，似乎很细小，但实际上，这部书牵动到宋元之际一代知识分子的出处进退，可以作宋元之际知识分子活动史来读；假如再联系到这部书又写于抗战时期，它的现实意义就更为明显。这能说搞考据必然要脱离现实吗？第二，年轻人搞考据，实际上就是练习对文献材料的搜集、整理和辨析，是一种调查研究工作，这是整个研究工作的起始点。如果方法对头，路子走得正，将对今后的深入研究带来方便。这里也根本不存在方向或学风问题。

通过对唐代诗人事迹的研究和考辨，我愈来愈感觉到，我们现在的问题不是谈论应不应该搞考据，而是如何力求扩大我们的知识面，怎样尽可能学会多种的研究手段。举例来说，文学与历史的密切关系，是为很多人所深知的，但我们搞唐代文学的人往往对唐代的历史缺乏具体的了解。写文学史，介绍某一作家，在论到历史背景时，往往只根据通行的几部通史著作概括几条，显得与后面的内容很不协调。不是说要我们从头去研究历史，而是说要对所研究的作家作品或文学现象，他们那时的社会环境，有一个具体的认识，进行一定程度的独立的研究。如果不知道两税法产生的根据和它在施行过程中的变化，怎么能对白居易的《重赋》有深切的了解呢？西安乾陵地区章怀太子墓壁画的发现，对我们研读唐人描写宫中生活及打马球的诗篇，会增进多少新鲜的认识。读沈从文先生《中国古代服饰研究》，从对传世《宫乐图》的评析就会对白居易《元和时世妆》一诗有感性的认识，而从陕洛唐墓出土的实物——妇女头上金银牙玉小梳，就能对温庭筠“小山重叠金明灭”有确切的解释。至于沈从文先生在这部书中从男子圆领内加衬领的变化及“叉手示敬”的姿态，来论证《文苑图》、《韩熙载夜宴图》的时代，看过这部书的人对此当更有深切的印象。

《唐代诗人丛考》重印题记*

我的这部《唐代诗人丛考》，最近被列入“中华书局学术精品丛书”而再次重印，我感到衷心愉悦。近日另使我感到欣慰的，恰好还有三件事：一是大百科全书出版社通知我，《大百科全书·中国文学卷》于20世纪80年代出版，现已时隔二十年，经研究，计划出新版，以体现新的学术水平；而这次新版现当代的学术著作，拟将我的《唐代诗人丛考》和《唐代科举与文学》收入，作为单列条目。同时列为专条的，还有任二北先生的《唐声诗》、《唐戏弄》，程千帆先生的《唐代进士行卷与文学》，共五种。二是今年7月底8月初，《文学遗产》编辑部与西北师范大学文学院合作，共同举办古典文学学术论坛，我作为《文学遗产》的编委，应邀参加。在兰州开会与至甘南考察期间，一位文学院研究生丁宏武受赵逵夫教授委托，一直陪伴、照顾着我。有一天晚上，他突然拿来一本多处破损的旧书，即我的这本《唐代诗人丛考》，是1980年1月的初版书。他说这是几年前在

* 原载于《唐代诗人丛考》重印本，“中华书局学术精本丛书”，2002。

一个旧书摊上买来的，一直保存着，这次正好见到我，拿来给我看看，并让我写几句话。我的这部书，1980 年 1 月出版后，已重印过几次，至 1996 年 2 月再印时，印数已达 32 200 册，为数确已不少，但初版书已难于找到，我自己手头也没有，这次恰从兰州的这位青年学者手中看到。三是 8 月中旬，忽然接到湖北省十堰市五堰北街 5 号一位与我同姓的傅天斌同志寄来的书，也是初版《唐代诗人丛考》，虽已很旧，却较完整，封面盖有某单位资料室的印章，大约也是从旧书摊上收购来的。从五堰北街 5 号的地址来看，正是当地新华书店所办《书友》报刊的所在地，这位傅天斌同志当是《书友》的工作人员，他也叫我写几个字。

以上都是近两个月内的事。使我深有感触的是，我二十几岁时在北京大学中文系当助教，就受到政治冲击，戴上右派帽子，幸亏后来长期在中华书局工作，免受欺侮。当时总经理兼总编辑金灿然同志当面给我说："你就在工作中好好改造吧，安心看稿。"这样，我在编辑工作中学到了那时大学环境中也学不到的许多实在学问，这也得力于中华书局在学术界的特殊处境。但后来却又受到一种莫名其妙的压抑、欺凌，以及因所谓世态炎凉而致的落井下石的遭遇。但我这个人毕竟是个书生，从 50 年代起，不管环境如何，总是抓时间读书作文。我的两部资料书，即近七十万字的《黄庭坚与江西诗派资料汇编》，近二十万字的《杨万里范成大资料汇编》，就是在 50 年代末 60 年代初，戴着帽子时，于夜间、假期，从图书馆借出成堆的古书中辑出而成的。这部《唐代诗人丛考》，1978 年成稿（自序即作于 1978 年 8 月），而其中几乎一半是写于"文革"后期。1973 年 4 月我从湖北咸宁"五七"干校调回，参与"二十四史"点校工作，任山东大学王仲荦先生校点的《宋书》的责任编辑。那时虽已是"文革"后期，但政治运动仍很频繁，且当时还没有个人著作出版的希望，但我不管这一切，日夜躲在书室中，读书写文。“文革”刚结束，我就将已写就的《刘长卿事迹考辨》一文寄交上海古籍出版社编印的《中华文史论丛》，后于1978年10月的第8辑上刊出。我后来听说，那时在上海古籍出版社工作的老编辑、唐代文学研究前辈朱金城先生，审阅我这篇文稿，颇为欣赏，即很快采用。今年由傅杰同志主编，云南人民出版社出版的《二十世纪中国文史考据文录》，收录清末民初至90年代约百位学者每人一文，我的这篇关于刘长卿的文章也被选入。现在回想起来，那时，即“文革”中，有些人干劲很足，日夜投入，实在是浪费时间，运动一过，自己也就不免两手空空。我在那时所作的积累，以及后来的一些成果，确是对我一直主张的“时还读我书”的一种回报。

我觉得，我们这样的读书人或学者，不必有什么需求，更不必有什么做官、致富的奢望。如果有什么需求，那就应该是，自己所作的，要在时间历程上站得住，在学术行程中得到认可。我于1990年6月在《唐诗论学丛稿》的后记中曾说：“近十年来，我有两个收获，一是写了几本书，二是结识了不少学术上的朋友；在某种意义上说，第二个收获比第一个更宝贵，更值得忆念。”前面提到的兰州西北师大的丁宏武、湖北十堰的傅文斌，更使我有这样的收获感。我曾几次说过，我希望自己能做一些实事，使这些实事犹如扶梯，让有志于学者循此而上，达到更高一层，这就是我最大的欣慰。

应该说，此书主要成于20世纪70年代中期，在此后二十几年中，学界友人对我所考述的，多有所辨证。如蒋寅同志对刘长卿、戴叔伦所作的新考，赵昌平同志对顾况等所作的新证，都是超越于我的。后来居上，这也是我的欣慰之一。

这里要交代的是，原版书后曾专有一篇《后记》，写于1979年7

月。在这之前我一边读书有得，拟作新的补充；一边又求教于前辈学者，如《崔颢考》中提及崔颢诗“十五嫁王昌，盈盈入画堂”，曾写信给钱锺书先生询问诗意，钱先生特地写一长信，引用不少典故，甚至还提及《儿女英雄传》，其治学之精博，我很受启发，就写入《后记》(可惜钱先生此信，我并未珍藏，今已不存)。又如我的《韦应物系年考证》在《文史》第5辑刊出(1978年)，南京师范大学孙望先生特地给我寄来《千唐志》中韦应物所作墓志一篇，这是他书所未见的。这些，本可在各有关文中补入，但因当时全书都已排定，版面不能变动，只得将所得材料写于书后。这次中华书局重印，乃重排，为使读者阅读方便，就将《后记》分散列于有关各篇之后。又，《卢纶考》一文，对于卢纶的生年与进士登第年，后觉得所考有不妥之处，正好有一位中学教师寄赠我在陕西蓝田发现的一篇卢绶墓志，我曾作有专文，对《卢纶考》有所订正，这次也就约略写一后记，附于文末。

另，我于1986年9月应中华书局总编室所编的《书品》之约，撰有《〈唐代诗人丛考〉余论》一文，介绍我写这部书的前后情况及我对唐代文学研究的一些看法(刊于《书品》1986年第4期)。今改题为《〈唐代诗人丛考〉摭谈》，列于书前，也谨请学界与对此书有兴趣的读者参阅、指正。

《学林漫录》第一集题记*

不少文史研究者或爱好者，愿意在自己的专业领域内，就平素所感兴趣的问题，以随意漫谈的形式，谈一些意见，抒发一些感想。而不少读者，也希望除了专门论著之外，还可读到学术性、知识性、趣味性相结合的作品，小而言之，可资谈助，大而言之，也可以扩大知识面，开阔人们的眼界，启发人们的思想，丰富人们的精神生活。《学林漫录》的出版，正是为了适应这样的要求。

中国古代的学人，除了撰写系统周密的专著外，还往往将其治学的心得、成果以随笔或札记的形式出之。譬如，中国古代的文学批评，诗话就是常见的一种体裁。宋代人许颉在他写的《彦周诗话》中，开宗明义第一条，就说："诗话者，辨句法，备古今，记盛德，录异事，正讹误也。"这几句话差不多包括了古代文学批评，特别是诗话一类著作的全部内容。古代的笔记，情况亦复如此，只不过内容更为广泛罢了。如明清之际大学问家、思想家顾炎武，就十

* 原载于傅璇琮主持编纂的《学林漫录》第一集，北京，中华书局，1980。

分重视他自己所著的笔记著作《日知录》，他在回答朋友谈及自己著书的情况时说：“承问《日知录》又成几卷，盖期之以废铜，而某自别来一载，早夜诵读，反复寻究，仅得十馀条，然庶几采山之铜也。”顾炎武是把他所谓经世致用之说托之于《日知录》的，并且郑重其事地把这部笔记体著作比之为采山之铜。由此可见，中国古代，用笔记写严肃的社会内容，是有悠远而深厚的传统的。

当然，时代不同了，社会发展了，那种原来意义的诗话或笔记的形式，恐怕已不能容纳日益复杂的社会生活的内容，但那种轻松平易的文笔，那种信手拈来、随意铺叙的写法，那种精练短小而又兴味盎然的格调，还是值得我们借鉴，富有启发的。

《学林漫录》的编辑，拟着重于“学”和“漫”。所谓“学”，就是说，要有一定的学术性，要有一得之见，言之有物，不是人云亦云，泛泛而谈，如顾炎武所说的“废铜”。所谓“漫”，就是上面说过的不拘一格的风格与笔调。杜甫在他定居于成都时，写了一首《江上值水如海势聊短述》的七律，有这样两句：“老去诗篇浑漫与，春来花鸟莫深愁。”是很有意义的。杜甫在他后期，诗律是愈来愈细了，但自己却说是“漫与”，似乎是说诗写得不怎么经心了。这是不是谦词呢？不是。老杜经历了大半生的戎马战乱，在离乱的生活中积累了丰富的实践知识，稍有闲暇，又读了不少书，只有在这样的深厚的基础上，才能写出“浑漫与”三字，就是说，看来不经心，其实正是同一篇诗中所说的“语不惊人死不休”的。拿杜甫这首诗中的诗句，来为我们这本书的“漫”字作注脚，恐怕是合适的。

这样说来，《学林漫录》的内容确是十分广泛的。如这次初集所收，像启功先生的《记齐白石先生轶事》，王永兴先生的《怀念陈寅恪先生》，吴小如先生的《朱佩弦先生二三事》等，他们以亲身经历，记述了我国近代有建树的艺术家、学者、作家的事迹，读来使人感到亲切，而又受到教益。其他的文章，有述掌故，记异闻，品诗评画，谈艺说文，以及正讹误，论得失，等等，不一而足，均有可采。有些书刊，往往有编辑凡例、征稿启事那样的告白，说明所刊文章的范围。这无疑是有必要的，但我们想，最好的说明，还是其所刊载文章的本身；好比我们走进一家店铺，并不是先要看店铺门首写的所售商品“一览表”，而是要看橱窗内或柜台里摆的究竟是什么货色，来决定买回去什么东西。这就是说，读者看了我们这一初集的目录和文章，就可了然这本书所收文章的性质了。

我们采取书的形式，不定期出版，稿件多就多出，稿件少就少出。希望读者寄赐佳作，使这一小书在学术之林中得占其片地。

封面“学林漫录”四字，系钱锺书先生题签，谨此致谢。

《学林漫录》第三集题记*

《学林漫录》的出版，在文史研究者和爱好者当中，引起了广泛的兴趣。初集出版不久，书店里就不易买到，出版社收到许多来信，要求办理邮购。编辑部也收到不少相识和不相识者的来信，称许《学林漫录》为别具一格，新颖可喜。这无疑是对我们极大的鼓励。

在初集的编者的话中，我们曾说："我们采取书的形式，不定期出版，稿件多就多出，稿件少就少出。"在我们最初的设想中，这样的书，一年编两本也就差不多了。但实际情况却打破了原来的估计。初集是 1980 年 1 月发稿，同年六七月间出书的；接着，二集于 9 月发稿，而仅隔数月，现在是 11 月，又要发第三集的稿了。作者与读者的寄赐佳作，使我们对继续办好这一书刊更有了信心。

读者欢迎已出的初集和二集，大约就在它的别具一格吧。所谓别具一格，从内容上说，就是所收文章的面较宽。举凡近当代一些学者、作家、艺术家事迹的记述，诗文书

* 原载于《学林漫录》第三集，北京，中华书局，1981。

画的考析和鉴赏，古今著作的推荐和评论，以及读书随笔、序跋札记，只要有一得之见，言之有物，均可登载。另外，从文章的风格上，我们主张不摆架子，不作姿态，希望如友朋之间，促膝交谈，海阔天空，不受拘束。我们不敢保证初集至三集的文章能篇篇如此，但相信至少有一大半是读者所爱读，并且是读后有所得的。

读者可以看到，《学林漫录》第三集的内容，比起已出的两集来，有所变化。这个变化，如果用一句话来概括，就是把《学林漫录》办成一个学术“窗口”。窗口是眺望窗外的景物的，人们站在高楼上，从窗口眺望远近，景色俱收于眼底。我们也希望海内外的读者，从《学林漫录》这一窗口，能对国内文史研究的情况及时有所了解。具体说来，今后我们拟增加这样一些内容：

一、在一些专文中，我们想陆续刊登某一学科或某些学术领域研究情况的综述。这一集刊出了北京大学历史系张广达同志记述唐代禅宗传入吐蕃及敦煌文书研究的文章。这篇文章所谈的问题虽然专门一些，但提供了不少材料，对研究者是有启发的。我们希望，这样的文章，既回顾过去研究的成绩，也能略谈其经验与教训，指出今后发展的方向。当然，这绝非什么居高临下式的学术总结，它只不过是以一个普通研究者的身份，谈谈他所了解的这一方面的情况，以及他个人的某些见解，供友朋参考。此外，我们将用适当的篇幅介绍外国学者对于中国古代文学、历史等方面的研究，还拟刊登一些有关中外文化交流的文稿，如第三集关于意大利学者利玛窦的两篇文章，就是如此。

二、专辟书评与书讯一栏，对近期内出版的文史哲古籍及今人的学术专著，加以评介，有时则介绍出版社的一些计划和打算。

三、专辟文史哲研究工作者简介一栏，每集介绍五六人、七八人不等。当今从事文史哲研究的，有些是前辈老先生，不少是新中国成立以后培养出来的中青年学者。读者很想知道他们的一些情况，包括简历，研究范围，有过哪些论著，今后的研究方向，等等。从第三集起，我们连续刊登这一方面的介绍，借以交流学术情况，活跃学术空气，并加强出版社与著作者的联系。除了介绍老一辈的研究者以外，我们拟着重介绍中年学者，他们是当代学术行列中的骨干。这些介绍以提供基本事实为主，不事虚张，不尚浮夸，希望取得各地研究者的支持和合作。

四、每集刊出“古籍与学术著作书目”。这一书目由版本图书馆的同志们所编，他们具备优越的客观条件，掌握全国各地的书籍出版情况，我们相信这一书目是详尽而可靠的。这次刊出的是 1980 年 1 月至 6 月，下一集则是 1980 年 7 月至 12 月，以后我们定期公布，以供读者了解全国古籍整理和学术著作的出版概况。

另外，我们拟利用书末和文间的空白，多刊登一些书籍的广告。由于时间匆促，这一集只是中华书局出版的书。我们也希望与兄弟出版社合作，准备提供篇幅，刊登其他出版社所出的文史哲古籍和今人学术著作。应当说，书籍的广告主要不是商业活动，而是为读者和研究者提供方便，并且是从另一角度显示我们在整理和研究祖国文化遗产中的成绩和繁荣发达的景象。

我们希望从以上所说的这种种方面，构成一个窗口，借以眺望正在发展中的我国文史研究的现状。这项工作光靠编辑部的几个人是不够的，我们期望各地研究者的积极合作和大力支持，为我们撰稿，向我们提供情况，不断向我们提出改进的意见，使这本小书在文史研究界中能起到它一定的作用。

“何时一樽酒，重与细论文”*

——杂忆《学林漫录》

中华书局曾于80年代编辑、出版一套别具一格的学术随笔，共十三集，名曰《学林漫录》。这套书后来未能继续编印，使得文化界、读书界不少人深为惋惜。使人欣慰的是，这十三本书近日将一次性重印，并还有可能再编下去。80年代末我曾写过《学林漫录琐忆》一文，收于姜德明先生主编的《书香集》(华夏出版社)。最近因整理书籍，发现一些与此有关的信札，故特撰此短文，以抒缅怀之情。

《学林漫录》的具体编辑工作由我和当时古代史编辑室张忱石、文学编辑室许逸民两位同志共同担任的。初集的“编者的话”由我起草，其中说：“不少文史研究者或爱好者，愿意在自己的专业领域内，就平素所感兴趣的问题，以随意漫谈的形式，谈一些意见，抒发一些感想。而不少读者，也希望除了专门论著之外，还可读到学术性、知识性、趣味性相结合的作品，小而言之，可以资谈助，大而

* 原载于《中华读书报》1998年1月21日。

言之，也可以扩大知识面，开阔人们的眼界，启发人们的思想，丰富人们的精神生活。《学林漫录》的出版，正是为了适应这样的要求。”1979年筹备组稿时，我先是向素所敬仰的启功先生求助，他欣然交下两篇，一是《记齐白石先生轶事》，一是《坚净居题跋》。启先生这两篇可以说是代表《学林漫录》的两大部分内容，即一为记述近现代有建树的艺术家、学者、作家事迹，二为包括各种内容的学术漫笔。这些，对不少人来说，都有一种新鲜感。《学林漫录》初集于1980年6月出版，就在同月6日，启功先生即给我一信：“陈老纪念文，尚未着笔，本月必交卷。”果然，启先生不几天就把稿子寄来，这就是刊于第二集的《夫子循循然善诱人——陈垣先生诞生百年纪念》一文。

我还保存了谢国桢先生的几封信，其中之一是1979年11月6日写的，说：“昨日电谈至快。兹附去拙文两篇，即希审阅后，以当补白如何?”另一信是1980年3月24日写的：“《学林漫录》何日问世?亦望示及，无任感盼。”可见谢老对《学林漫录》的出版十分关注。此时，谢老已为八十高龄。他的《说沈涛的著述》一文亦于初集刊出。初集的作者，除了启功、谢国桢两位先生外，还有王永兴、王绍曾、吴小如、王仲荦、周振甫、钱伯城、黄裳、郁贤皓、朱金城、金性尧、陈友琴、杨廷福、蒋天枢、郑逸梅、黄苗子、刘叶秋、舒芜、王利器、刘世德、邓绍基、卞僧慧等，真是名家荟集，美不胜收。

我这里想提出的是，黄裳先生对《学林漫录》特别予以支持。一听说出此书，就把《关于柳如是》一文寄给我（刊于初集）。他写此文时，陈寅恪先生的《柳如是别传》还未出版，黄裳先生当然未能见到，但黄先生的论点，大多与寅恪先生不谋而合，依我私见，有些还较《别传》更为通脱。我曾请他写关于钱谦益一文，他来信说：“承命新题，确亦重要人物，但研究太少，读此翁著作不够，不敢贸然下笔，况陈寅恪先生巨著将出，必于此人有所论列，更宜谨慎也。”但他还是写了明清之际文人的一篇极为精彩的文章(即《鸳湖曲笺证补记》)，并在信中说：“曾少读吴梅村，新中国成立后颇有人论梅村诗，唯无较深之看法，至为可惜。此文请指教。”《学林漫录》初集印出后，黄裳先生于同年10月间特地给我一信，说：“刊物印刷装帧皆佳。尊撰‘大政方针’极是。近来‘正经’学术刊物甚多，然质量殊不足与招牌相符。原因可能是人才寥落，后继者少。鲁迅有言，不妨大家降一级试试看，即试写此种小文，不端架子，反能可有新意。”我想，黄先生这番话，不仅对当时，即使对今天也是值得人们思考的。

《学林漫录》的组稿信发出，不少前辈学者确是“不端架子”而寄赐文章。黄苗子先生于1979年9月间给我一信中说：“前嘱关于《酉阳杂俎》一文，一时尚无法整理。先检附此稿，系从旧笔记中整理出者，送请察阅。”这就是初集中的《画史识微》一文。舒芜先生不但自己撰文，还特地推荐同为“五七战士”的安徽两位学者：吴孟复、程仁卿。令人遗憾的是，程先生一文未及刊出，即已去世，舒芜先生后来信深致惋惜之情。我本想请冯其庸先生写关于无锡国专一文，冯先生于1980年12月来信说：“承惠《漫录》，随手翻阅，觉琳琅满目，美不胜收。”但他解释说他入无锡国专不久即离开参加革命工作，不好写，就谨重推荐上海杨廷福先生写。《漫录》四集刊载了杨廷福、陈左高两位的《无锡国专杂忆》后，引起极大反响，后来九集刊出黄汉文的《无锡国专杂忆补正》，开头说，读了杨、陈两位之文后，“如临故地，如温旧事，如聆师训，如对旧友”。我想，不少学友对此是会有同感的。

不少学者的信都对《学林漫录》表示关切之情。如苏仲翔先生信云：“特寄上一份博粲，此种体裁，未悉尚合时宜否？如获发表，固所愿也。”陈友琴先生信云：“《学林漫录》不知最近有出版消息否？顷缮《李清照及其漱玉词》拙文一篇，请是正。”特别是初集刊载了蒋天枢先生《〈烟屿楼文集·记杭堇甫〉辨证》一文后，他给我来信，说此文原系在复旦大学所作的学术报告，复旦的人不知，又收入学报增刊，他闻讯后急令其抽出，已来不及，特此告知，希望不寄稿费。蒋天枢先生后来还寄来一文(《旧校本〈世说新语〉跋》，刊于七集)。现在重读诸位先生的书札，真有一种“高山仰止”之感。

《唐五代人物传记资料综合索引》前言*

一

若干年来，我在工作之余，一直以唐代文学为主要研究课题。我想先从材料积累着手，对唐代有关的文献资料，作一些初步的系统的整理，编写出一部较为信实可靠的唐代作家的传记，再进而作综合的深入一步的研究。近年来除发表一些单篇论文外，1980 年 1 月出版了《唐代诗人丛考》一书，对唐初至肃、代时期的一些诗人事迹，作了考索，纠正了历史记载中的某些错误，补充了前人未曾涉及的若干史实。德宗以后，也就是中唐和晚唐时期，我也已经作了一些材料准备。中晚唐的文学，是在较前期更为复杂的社会斗争中发展的，研究这一时期的文学，或许会比研究初唐和盛唐更能引人入胜。但另一方面，它也要求有更为广博的历史知识，更为充实的资料基础。作家是社会

* 原载于傅璇琮与张忱石、许逸民合编的《唐五代人物传记资料综合索引》，北京，中华书局，1982。

的人，文学作品是社会生活的反映，脱离具体的社会历史的研究，不了解作家与当时社会生活的联系，不清楚作家当时的各种人事关系，要确切理解作品的内容，它的思想倾向，它在整个文学发展中的地位与影响，是不可能的。在这点上说来，中晚唐文学的研究，又要比初盛唐困难得多。

我在研究初盛唐诗人时，已经感到自己历史知识的贫乏。这一缺陷对文学史工作者来说，可能一时会感觉不到，但如果我们作稍为深入的发掘，定会觉得，它必将越来越影响研究工作的开展，——如果他并不是浅尝辄止的话。现在要进行中晚唐文学的研究，必须着重弥补这一缺陷。我在阅读唐代文献资料时，对陈寅恪、岑仲勉这两位唐史研究专家治学的精博，实感骇异。这一点，我在《唐代诗人丛考》的前言中曾有过表示。要达到他们对唐代史事熟悉的程度，是非常不容易的，对于他们来说，他们的这几部著作是多年潜心研究的结果。以我这样的一个业余研究者来说，无论时间、精力等条件，都是不允许完全按照他们的研究程序走的。这就使我想到，必须尽最大的可能来掌握有关的工具书，首先应该是有关历史人物传记资料的工具书。

前哈佛燕京学社引得编纂处曾编印了几本人物传记的综合引得，这就是《四十七种宋代传记综合引得》、《辽金元三十种传记综合引得》、《八十九种明代传记综合引得》、《三十三种清代传记综合引得》。那是几十年以前的事了，不知道是什么原因，当时并未编唐五代的传记引得。中华书局于前些年出版的《全唐诗》、《唐诗纪事》以及《唐才子传》等，书后附有人名索引，颇便于检寻。岑仲勉先生的《唐人行第录》重印时，书前有姓氏笔划目录，也可起到索引的作用。其他似乎就没有什么可查的索引工具书了。有些很有用的资料书，如劳格的《唐郎官石柱题名考》、《御史台精舍题名考》，徐松的《登科记考》，以及《元和姓纂》(包括岑仲勉《元和姓纂四校记》)，由于没有索引，就很难在短时间内查获到所需要的资料。如果我们再想利用《新唐书·宰相世系表》，夸大地说，就更无异于大海捞针，——我自己就有这样体会，为了复核《新表》的材料，只有逐页用手指一行一行地寻检，这种纯粹手工业方式的操作，在电子计算机充分发展和应用的今天，是如何的不相适应啊！

为了工作的方便，我曾自己动手，编了一些人名索引，如对《唐郎官石柱题名考》、《御史台精舍题名考》、《登科记考》等，都分别编过索引。由于这些纯粹是为自己使用而编的，也就缺乏统一的体例，查检不便，而且这样零散的索引，对于想要研究一代的文学和历史，显然也是极其不够的。于是，就想填补前引得编纂处的空白，编制一部整个唐五代的人物传记资料的综合索引。这样，我便邀约张忱石、许逸民二同志合作，共同进行这部书的编制工作。

有些人可能一听到编工具书，便会习惯地流露出不屑一顾的神情，他们觉得，搞学问，应该就是写文章，写专著；不要说自己编工具书，即使去查一查工具书，也会亵渎研究学问这一门行当似的。这实在是一种传统的偏见。时至今日，各门学科的发展已非过去单纯的记诵之学所能适应。现在，人类知识的门类日益繁多，学科的分工越来越细，这就要求在较短的时间内掌握和利用较多的和有用的知识资料，——工具书就是这样应运而生的。不管有些人如何对此加以轻视，它是客观发展要求的产物，而且我们相信，它必定会成为一门独立的学科而存在和发展。

当然，查检工具书并不能代替研究，有些人仅仅依靠几本工具书，拼凑一些零碎的材料，就写成文章，这是不足为训的。但无论如何，工具书给研究者提供查获资料的方便，提高研究工作的效率，这是明白无疑的。如果一个人明明放着《十三经索引》不去查，为了查检《礼记》的一句话，非得从头去读一遍《礼记》，对这种“不惮烦”的精神，能说什么好呢？再进一步说，编制工具书，也不单纯是技术的工作，而是需要一定的研究基础，在工作进行过程中也必须与学术研究紧密相结合。我们的一些前辈学者，常常是自己动手编制工具书的，如陈垣先生，是人们熟知的有深厚基础和精湛修养的史学家，他撰写过多种著作，也编过好几部工具书，早年如《中西回史日历》和《二十史朔闰表》，以后又编《释氏疑年录》。他编《释氏疑年录》一书，引书几百种，费了多年时间，对自晋至清初二千八百名僧人的生卒年作了记载，提供了所据的材料线索，这本身不就是一部高水平的学术著作吗？

张忱石和许逸民同志都有较丰富的编纂索引的经验。张忱石同志编有《晋书人名索引》，与吴树平同志合编有《二十四史纪传人名索引》，均已由中华书局出版，他的《南朝五史人名索引》接近完工。许逸民同志编有《初学记索引》，已经出版。他们二人，一是治魏晋南北朝史的，一是治魏晋南北朝文学的，张忱石同志写的《阿大中郎考》等文章，有助于《世说新语》词语的诠解，许逸民同志校点的《庾子山集》即将出版，他近年来写过几篇关于庾信诗文集的文章，说明他在这方面工夫的扎实。他们都有兴趣把研究的时限延续至唐五代，与我一起编这部唐五代人物的传记索引。我们共同商订体例，确定书单，分工合作，取长补短，终于完成了这部百万字的索引稿。我们在工作进行了一定阶段以后，还就索引工作中碰到的问题，分别写了一些论文，计有：《谈全唐文的修订》（傅璇琮、张忱石、许逸民，《文学遗产》第一期），《读全唐诗小札》（张忱石、许逸民，《文史》第十一辑），《宋元方志举正》（署名忱民，《文史》第十一辑），《两唐书校勘拾遗》（傅璇琮、张忱石、许逸民，《文史》第十二辑），这说明，索引工作与学术研究是完全可以结合的，也可以说是能够互相促进的。我们的工作也说明，在研究工作中，适当采用集体合作的方式，确实能提高效率，提高质量；这部唐五代人物传记资料索引，如果由我们三人中任何一人来独立进行，就难免要旷日持久，说不定还会半途而废。

二

编唐五代人物传记资料索引，比起编宋以后各朝的索引，有两个较大的困难。第一，它除了新旧《唐书》、新旧《五代史》等几部正史外，不像宋、元、明、清那样有其他较详实记载的史籍材料。要编唐五代的传记索引，势必打破一些旧的框框，把范围扩大到某些带有传记性质的文献资料。前哈佛燕京学社引得编纂处所以只编宋、辽金元、明、清部分，而未编唐五代，很可能考虑到资料搜集不易这一因素。第二，正因为资料搜集不易，因此区分同姓名人物就特别困难。编一代历史人物的索引，一定会碰到不少同姓名的人物，较具一定水平的索引，遇见这种情况，决不能不加区分，照书即录。由于唐五代文献资料较为零散，这种区分工作的难度就比较大，但却必须做得十分细心，既要吸收前人已有的研究成果，还要由编者自己去进行独立的考证研究。

考虑到以上这两种情况，我们决定把资料的面扩大，不受前哈佛燕京学社几部引得的局限。除正史外，我们大量采用了与传记资料有关的各种体裁的文献，结果，这部《唐五代人物传记资料综合索引》共收书八十三种，收书数量之多，仅亚于《八十九种明代传记综合引得》；且燕京的几部引得，于正史中只收纪与传，我们则兼收志（《旧唐书·经籍志》、《新唐书·艺文志》）与表（《新唐书·宰相世系表》）。

另外，我们在编纂过程中，化了不少工夫对异人同名加以区分，必要时并于页末加注说明；我们自己觉得，有一些注文，就类似于读史笔记，其中引用的材料，都注明出处。这样做，是希望对唐五代的历史人物作进一步的研究，对今后有关史籍的整理考订，也可提供某些参考。

以下分别就所收资料作些说明。

正史部分，我们收了《旧唐书》、《新唐书》、《旧五代史》、《新五代史》。这是一组，这四部史书的资料价值是众所周知，毋庸多说的。这里要说明的是，我们除了本纪和列传外，增收了《旧唐书·经籍志》(简称《旧志》)、《新唐书·艺文志》(简称《新志》)，以及《新唐书·宰相世系表》(简称《新表》)。《新唐书》共有四个表，即《宰相表》、《方镇表》、《宗室世系表》、《宰相世系表》。《宰相表》按年排列宰相的拜罢名单，材料已见于本纪和列传，人物事迹没有新的补充；《方镇表》表地而不表人，即记载唐时各方镇的建置沿革，不载任职人名；《宗室世系表》除了少数与政治、文化等有关外，绝大部分的宗室只是具名而已，资料价值不大。因此这三个表都未收入。《宰相世系表》，表唐宰相三百六十九人九十八族的世系。宋以前修史，并无志氏族、表世系的，《新表》实为创举。在此之后，元朝修《宋史》，有《宗室世系表》，修《辽史》，有《世表》，《金史》有《宗室表》，明修《元史》有《宗室世系表》，都限于皇家世系，至于表一般氏族，可以说《新唐书》是独一无二的。据记载，《新唐书》的表是吕夏卿修纂的，他本长于谱学。南宋人洪迈《容斋随笔》卷六《唐书世系表》条曾说："《新唐书·宰相世系表》皆承用逐家谱牒"；史学家岑仲勉先生则认为《新表》之蓝本为《元和姓纂》(见其所著《元和姓纂四校记》自序及《唐史馀渖》)。但《元和姓纂》记载止于元和前期，元和以后当还是如洪迈所说，承用故家谱牒。唐代的一些故家大族，多有谱牒，但经过唐末五代兵乱，散亡甚多，明人叶盛《水东日记》卷八载《范氏家谱世系》一文，就说及唐时宰相范履冰的后世，其中一支于唐懿宗咸通十一年渡江寓居苏州，后来“子孙流散，遗失前谱”。在谱牒散失的情况下，《新表》能将唐代的一些名门望族曾任宰相者的世系列之于表，注明字号、官爵，许多是列传所不曾记述的。清人沈炳震《新唐书宰相世系订沩》曾摘举出《新表》的不少错误，其自序中说：“就其所列官爵谥号，或书或否，或丞尉而不遗，或卿贰而反阙，或误书其兄弟之官，或备载其褒赠之职，更或其生平所偶历及曾未尝居是官者，庞杂淆乱，不可究诘，合之史传，不胜纠摘。”《新表》错乱之处确实是很多的，但不能因此而否定它的参考价值。它不但可以补纪传之不足，有时还可用来校正纪传及《元和姓纂》等书。

经过隋末的战乱，书籍散失极多。唐统一全国后，就注意搜集亡逸，唐太宗贞观中，魏征、虞世南、颜师古相继任秘书监，采购天下遗书，组织专人抄写、整理、校阅，“群书大备”。这样到了唐玄宗开元九年命殷践猷等修《群书四部录》时，唐朝廷宫中藏书已达五万一千八百五十二卷。后来毋煚又将《群书四部录》二百卷精简为《古今书录》四十卷，《旧唐书·经籍志》就是以《古今书录》为蓝本而编纂的，因此它所著录的唐人著作，仅限于唐初至开元以前。宋仁宗时修《新唐书》，经过几十年的休养生息，加以经济发展，社会安定，亡逸的书籍又逐渐集中，这就为编纂《新唐书·艺文志》准备了较充分的条件。《新志》在数量上补充了开元以后至唐末的各类书籍，另外《新志》可贵的地方还在于增加了许多小注，这些小注大多记载作者的事迹，以集部而论，不少诗文作家的事迹，就是只见于《新志》而未见于他书的。这就为查阅唐代人物提供较早和较为可信的传记资料（当然其中也难免有疏漏和错误之处)。我们这次把《新唐书·宰相世系表》以及《旧唐书·经籍志》、《新唐书·艺文志》所载唐人姓名编入索引，无疑可以弥补两《唐书》纪传的不足。

与《新表》性质相近的是唐林宝于宪宗元和七年修成的《元和姓纂》。宋邓名世《古今姓氏书辨证》曾将《姓纂》与《新表》并举，称："姓书校正最号详备者，如《元和姓纂》、《唐宰相世系表》。"(卷八"二十五寒·韩")《新表》关于中唐以前的姓氏即以《姓纂》为蓝本。《新表》所收人物，以曾在唐任宰相者为限，《姓纂》则不受此限制，因此它所收人物的面要比《新表》为广，《四库总目提要》曾称其"于唐人世系则详且核"。可惜其书至宋代已有散佚，后人虽有校补，缺漏尚多，我们这次用的是孙星衍校订的十卷本，同时还较详细地参考了岑仲勉先生的《元和姓纂四校记》一书，充分吸收了他的研究成果。至于宋代以后的姓氏书，如南宋邓名世的《古今姓氏书辨证》、章定的《名贤氏族言行类稿》以及明凌迪知的《万姓统谱》，它们的内容大多详宋而略唐，而于唐人世系也不出《新表》与《姓纂》的范围，因此本书就未加收录。

以上《旧唐书》、《新唐书》(包括《新表》、《旧志》、《新志》)、《旧五代史》、《新五代史》、《元和姓纂》，这是一组。其次，如《全唐文》、《唐文拾遗》、《唐文续拾》、《全唐诗》、《全唐诗逸》、《河岳英灵集》、《国秀集》、《中兴间气集》、《极玄集》、《唐诗纪事》、《唐才子传》等，是另一组，这大体上是属于文学家的传记资料。这一组又可分为三小类，第一小类是以《全唐诗》、《全唐文》为主的诗文总集。《全唐诗》和《全唐文》都是清朝官修书，《全唐诗》的修纂，始于康熙四十四年三月，成于四十五年十月，共收诗四万八千九百多首，作者二千二百余人，总九百卷。《全唐文》修成于嘉庆十九年，收文一万八千四百多篇，共一千卷。这两部总集，卷帙浩繁，洋洋大观，前人曾以为"有唐一代文苑之美，毕萃于兹”（俞樾《春在堂杂文》四编卷七《全唐文拾遗序》）。这两部总集的特点，除了数量多以外，还在于有作者小传，虽然现在看来，这些小传还有不少错误，但无论如何它们还是提供了许多有用的研究线索。当然，这两部书所收诗文也有遗漏，日人河世宁就曾辑有《全唐诗逸》三卷，近人王重民先生根据敦煌遗书，又辑校过唐人的一些遗诗；我们还曾听说南京师范学院中文系孙望先生也正在做辑佚的工作，希望能早日完成，以有助于唐诗的研究。这次我们编制本索引，就只收《全唐诗》和《全唐诗逸》，王、孙二先生的辑佚暂未列入。至于《全唐文》，也有遗漏，如陆心源就曾利用他的皕宋楼所藏，补辑了不少遗文，编为《唐文拾遗》七十二卷，《唐文续拾》十六卷。陆氏所编的两种，因其为辑补《全唐文》而作，因此我们也一并编为索引。

第二小类是唐人选唐诗的几种。按过去中华书局上海编辑所（现改为上海古籍出版社）曾编印过《唐人选唐诗十种》，其中唐写本唐人选唐诗，系敦煌石室发现的唐人写本残卷，它们有校勘价值，但对于唐诗人事迹的研究，意义不大；另外如元结的《箧中集》，令狐楚的《御览诗》，韦庄的《又玄集》，韦縠的《才调集》，佚名的《搜玉小集》，它们都未载作家小传，其诗又皆已编入《全唐诗》，因此都未编入索引。而殷璠的《河岳英灵集》、芮挺章的《国秀集》、高仲武的《中兴间气集》、姚合的《极玄集》四种，除了对所选诗人的评论外，还载有作家的字号、籍贯及其仕历，虽然简略，但不乏重要的研究线索。如高仲武《中兴间气集》说刘长卿“刚而犯上，两遭迁谪”，我曾受此启发，结合独孤及的《送长洲刘少府贬南巴使牒留洪州序》（《毗陵集》卷十四）及其他材料，考证了刘长卿两次贬谪的时间和地点，纠正了自从《新唐书·艺文志》以来有关刘长卿事迹记载的错误（参拙著《刘长卿事迹考辨》一文，《中华文史论丛》总第八辑）。因此，我们将这四种唐人选唐诗所选的作家姓名，编入索引。

第三小类是南宋计有功的《唐诗纪事》和元人辛文房的《唐才子传》。《唐诗纪事》共八十一卷，收诗人一千一百五十家，除采录诗句外，凡其人可考的，则撮述其世系爵里和生平经历，辑集了大量有关唐代诗人的资料。清朝编《全唐诗》，《唐诗纪事》是极重要的参考资料，其诗人小传很多即采自此书，而且南宋时题为尤袤撰、实为廖莹中编的《全唐诗话》，就是剽窃《唐诗纪事》而成的(参见《四库总目提要》卷一九七集部诗文类存目)，而现在有些研究者在论著中竟还在引用《全唐诗话》而不去检核《唐诗纪事》，实在是使人奇怪的。《唐才子传》也是一部研究唐代诗人的重要参考书。我曾作过一些比较，《唐才子传》所载诗人事迹，不少是采自《新唐书》和《唐诗纪事》的，但它有一个特点，就是尽可能记录诗人的登科年份，书中人物的先后编排，不少就是依登第时间排列的。有些登第年岁提供了研究诗人生平的极宝贵材料，如载宋之问为上元二年登第，即可大致考出宋之问的出生年，这是他书所未见的(请参拙著《唐代诗人考略》，载《文史》第八辑；又见《关于宋之问及其与骆宾王的关系》，载《杭州大学学报》1980 年第二期)。唐人重科第，中晚唐时就刻有登科记一类的书，这些书大约宋元时还有流传的；如南宋人吴曾《能改斋漫录》卷四“林藻欧阳詹相继登第”条，曾说“予家有唐赵傪撰《唐登科记》”。另外，诗人李益之子李奕，也曾编过唐初至德宗贞元时的登科记(见《全唐文》卷五三六李奕《登科记序》)。辛文房在著《唐才子传》时，当是利用了那时存世的唐人登科记一类的书，因此这方面的记载是较为可靠的。

本书采用书目的第三组是《唐郎官石柱题名考》、《唐御史台精舍题名考》、《翰林承旨学士院记》、《翰林院故事》、《重修承旨学士壁记》、《唐登科记考》、《唐方镇年表》等七种。按唐尚书省所属除六部尚书、侍郎外，设有郎中、员外郎之职，统称郎官。唐代是颇重视郎官人选的，据说员外郎比起郎中来更显得有声价。刘肃《大唐新语》卷十三有这样的记载："晋宋以还，尚书始置员外郎，分判曹事。国朝弥重其迁。旧例，郎中不历员外郎拜者，谓之'土山头果毅'，言其不历清资，便拜高品，有似长征兵士，便得边远果毅也。"清人劳格、赵钺将尚书左右司及六部郎官，见于题名碑者，蒐辑材料，排其行事，共得三千二百余人，另补遗六百三十四人，编为二十六卷。又将御史台题名，仿《郎官考》的体例，编成《御史台精舍题名考》三卷。《旧唐书》卷一八五上《良吏·李素立传》载："素立寻丁忧，高祖令所司夺情，授以七品清要官，所司拟雍州司户参军，高祖曰：'此官要而不清。'又拟祕书郎，高祖曰：'此官清而不要。'遂擢授侍御史，高祖曰：'此官清而复要。'"可见唐之侍御史是被视为清要官的，它与翰林被视为内相一样，都是唐代的重要官职。至于唐代进士诸科之盛，中唐以后方镇权势之强，更所周知。这几部书中所列，几乎网罗了唐代各类官场中的人物，而劳格、徐松、吴廷燮等又于唐史事极为精熟，他们所引用的材料，所作的考订，虽不免仍有疏漏和错误，但总的说来对研究者是颇有参考价值的。

晁公武的《郡斋读书志》和陈振孙《直斋书录解题》，作为目录提要书，是本索引所收书的第四组。按宋人官私书目，留存于今者仅四家，除晁、陈二志外，尚有宋初王尧臣等奉敕编修的《崇文总目》和南宋尤袤的《遂初堂书目》。《崇文总目》经郑樵删削序释，刊落极多，已非原本之旧，另外，它与《遂初堂书目》同样，仅著录书名、卷数，未载作者事迹，我们这次略而未收。《郡斋》、《直斋》著录的，都是晁、陈二人所实藏的书，而且于作者名下大多注明字号、籍贯、仕历及版本流传情况。正如《四库全书提要》所说："古书之不传于今者，得藉是以求其崖略；其传于今者，得藉是以辨其真伪，核其异同。"以本书所采为例，晁、陈二志有些地方可以补新旧《唐书》中《艺文(经籍)志》的不足。如《新唐书》卷六〇《艺文志》四，集部别集类，载李康撰《玉台后集》十卷。但据《郡斋》卷四下，《直斋》卷十五，撰《玉台后集》者名李康成，非单名李康。另外，宋元之际马端临《文献通考》中的《经籍》考，系据晁、陈二志编成，虽也是重要的目录书，但为避免重复，我们也就未加收录。

第五组是唐至元的书画书，即《书断》、《历代名画记》、《唐朝名画录》、《益州名画录》、《五代名画补遗》、《宣和书谱》、《宣和画谱》、《图画见闻志》、《书小史》、《图绘宝鉴》、《书史会要》等十一种。唐宋人的书画著录，记载了唐代书画家的姓名、简历及作品流传情况，不但可以补正史之不足，而且他们之中不少人是正史所未载的，这当然是极可宝贵的材料，就是元人的两种(《图绘宝鉴》、《书史会要》)，虽为晚出，但因有汇辑的性质，也有足资参考之处。这里可以举几个例子：(1)盛唐、中唐之际的大诗人韦应物，对于他的世系，一般根据《新表》与《姓纂》，可以考查而得，但我们从《唐朝名画录》、《历代名画记》、《益州名画录》等的记载中，可以考知他的父亲韦銮和伯父韦鉴都是当时有名的画家，他的堂弟韦偃，也以画马著称，《宣和画谱》记有韦鉴、韦偃的画流传于宋的尚有多幅。从这些记载可以看出韦应物生长在一个富有艺术修养的家庭，这一点是过去文学史研究者所未曾注意的。(2)自从晚唐人张固《幽闲鼓吹》和五代人王定保《唐摭言》记白居易初以举人至长安谒顾况，顾况说"长安居大不易"，白居易赋"离离原上草，一岁一枯荣，野火烧不尽，春风吹又生"的诗句，顾况大为嗟赏，白居易也因而得名。此事后来被写入新旧《唐书》的《白居易传》，就更广泛地流传于后世。按《历代名画记》卷十记顾况“贞元五年贬饶州司户”，离开长安，不久即卒于饶州，而据白居易《送侯权秀才序》，他直至贞元十五年才由宣州入贡至长安应举，顾、白二人实无在长安见面的机会（详参拙著《唐代诗人丛考》一书中的《顾况考》）。在这里，《历代名画记》的记载是一个重要的例证。(3)刘长卿有《集梁耿开元寺所居院》诗：“到君幽卧处，为我扫莓苔。花雨晴天落，松风终日来。路经深竹过，门向远山开。岂得长高枕，中朝正用才。”（《全唐诗》卷一四七）曾有友人问梁耿其人。按刘诗中梁耿之名仅一见，唐人诗文中亦未见有记载，本书采用的元陶宗仪《书史会要》卷五却载其名，书中虽然未载其具体事迹，但还是提供了有关梁耿的某些线索，可见元人的书画书仍有可为参考者。

第六组是有关五代时十国的书，计有《十国春秋》、《九国志》、《五代史补》、马令和陆游的《南唐书》、《江南野史》六种。它们可以补新旧《五代史》的不足，其史料价值不待多说。这里要说明的是，五代和宋人关于这方面的著述极多，仅吴任臣在《十国春秋》的凡例中开列的书目就有二三十种之多，我们则选取其中属于纪传体的史书。

第七组是宋元方志，计三十三种。根据记载，唐时已有方志，当时叫做图经。唐朝廷曾规定全国各州府每三五年定期给中央尚书兵部职方造送图经一次。但那时的图经大都还只记载天象、地理，并未扩充到人文历史方面，且大部分已经亡佚，现在仅存《沙州图经》、《西州图经》两种残本。到了宋元时期，这时所修的方志，内容已十分齐备，除了山川、疆界等记载外，人物志和艺文志已占有重要地位，其中记载的唐代人物，往往为后人用作考订的材料。在本书中，我们也根据宋元方志的记载，订正了其他史籍的一些错误。这里可举一个例子来说明这种情况。中晚唐之际的诗人李敬方，他现存的诗虽然不多

(《全唐诗》卷五〇八载其诗九首),但却有其特色,如《汴河直进船》:“汴水通淮利最多,生人为害亦相和。东南四十三州地,取尽脂膏是此河。”这首诗以汴河取譬,揭露了腐朽的唐朝廷对东南一带的残酷剥削;此外如“天台十二旬,一片雨中春,林果垂杨尽,山苗半夏新”(《天台晴望》),描写江南暮春山景,颇有新意。但李敬方的事迹,过去的记载大多错误。《新唐书·艺文志》著录李敬方诗一卷,小注云:“字中虔,大和歙州刺史。”这一记载一直为后世所沿用,《唐诗纪事》也说:“字中虔,登长庆进士第,大和中为歙州刺史。”(卷五十八)《唐诗纪事》补充了李敬方登进士第的时间,但仍然沿袭了大和(公元827~835年)中为歙州刺史的说法。《全唐诗》与《唐才子传》小传均与此同。今查宋《宝庆四明志》卷一、元《延祐四明志》卷二都载有李敬方,说是大中初明州刺史。宋陈耆卿的《嘉定赤城志》卷十谓李敬方于会昌六年为台州司马,而宋罗愿《新安志》卷九则又明确记载李敬方于大中四年至六年(公元850~852年)为歙州刺史。按《全唐文》卷七三九载李敬方所作的《汤泉铭》,其中说:“唐大中五年,敬方患风疾,至汤池浸浴,六年十一月又入浴,因感白龙见,风疾遂瘥。”又铭曰:“刺郡二年,病不能兴。”可见那时李敬方任郡刺史。又《全唐诗》卷五〇八载其《题黄山汤院》诗,自序有云:“敬方以头风痒闷,大中五年十二月因小恤假内再往黄山浴汤,题四百字。”黄山即在宣歙治区之内。这就从李敬方本人的诗文证实《新安志》记载的正确。由此我们可以推知,李敬方于文宗朝为谏议大夫(参《旧五代史》卷五十八《李琪传》),后以事贬台州司马(据《赤城志》云台州司马,而《文苑英华》与《全唐诗》云左迁台州刺史,劳格《唐郎官石柱题名考》谓当以《赤城志》所载《桐柏山题名碑》为正,应作司马),时当会昌中(公元841~846年)。大中初稍迁为明州刺史,大中四年又为歙州刺史。由此可证《新志》、《唐诗纪事》、《全唐诗》、《唐才子传》等皆误。

这里应说明的是：(1)《会稽掇英总集》虽然并非方志，但因为它载有唐太守题名记，是查阅唐代任浙东观察使的有用材料，故附于方志而一并收录。(2)明清两代的方志，虽也有参考之处，但所记唐人事迹，大多与前史陈陈相因，新发现的材料不多，且明清的方志数量繁富，有数千种之多，收不胜收，本书就一概不收。

第八组是有关释氏的书，有《续高僧传》、《宋高僧传》、《景德传灯录》、《大唐内典录》、《开元释教录》、《大唐贞元续开元释教录》、《贞元新定释教目录》、《续贞元释教录》等八种。前三种是僧人传记，后五种为释氏书目录。《旧唐书·经籍志》序言曾说："(毋)煚等《四部目》及《释道目》，并有小序及注撰人姓氏，卷轴繁多，今并略之"；又说："其《释道录目》附本书，今亦不取。"照此看来，毋煚等在编《群书四部录》时，在编释、道著作时，有小序，还注有撰人姓氏，而这些却为《旧唐书》编修者所删去，这是非常可惜的。我们为了提供唐人所作释氏书目录，选取其中较可作为传记资料参考者，从《大藏经》中录取《大唐内典录》等五种编入本书。

三

上面一节概述了这部索引所收八十余种书的大致情况与史料价值。在这一节中，想谈一谈利用本索引以订正某些史籍记载的讹误。

一般认为，搞索引不算是学术研究。这从学术研究的严格意义上来说是对的，但应当说，索引与研究的关系是十分密切的，在科学研究飞速发展的今天，尤其如此。世界上一些著名学校的图书馆，往往定期聘请在某一学科有专长的学者编制图书目录；有些专门学术研究机构，也经常由专家学者主持，定期编制国内外学术论著的索引。这已越来越为我国学术界所注意。这说明，没有一定的专门知识，没有相当的研究基础，是编不好较高水平的索引目录书的，更何况有些索引本身就具有一定的学术性。在编纂这部传记资料索引时，我们感到，如果对唐代历史没有一定的基础，对唐代史料未有一定的了解，对古籍整理校勘等基本知识未有切实的掌握，就会感到相当困难，而且会发生相当多的纰漏。因为如果不具备上述的这些条件，对各书汇集以后大量出现的同人异名和同名异人问题，就会得不到解决。我们就深感基础和才力的不足，这可能会影响这部索引的质量，但我们也确切感到，经过对一些史籍的比较研究，即使从人物传记资料这一角度，本索引也能订正古籍中的不少记载错误。以下拟分别就本书所收的资料谈谈这方面的情况。

古代史书中往往会碰到同一人而其姓名各书所记不一的情况；有些史书虽然经过校勘整理，但由于种种原因，漏校者甚多，在中华书局出版的“二十四史”中，新旧《唐书》在这方面就存在着较多的问题，有时同是一个人，《旧唐书》作杜甲，《新唐书》作杜乙，点校本却未加比勘，如果稍不留心，就会误认为两人。我们在编制这部索引时，遇到这种问题，尽可能加以区分，有些地方还引证一些必要的材料，或前人的研究成果，写成小注，藉以订正史籍中的某些讹误。这里举一些例子加以说明。

（一）《旧唐书》卷一五二有《段佐传》，《新唐书》卷一七〇有《段佑传》，两书所记皆为郭子仪牙将，因功迁为泾原节度使，终右神策大将军，事迹相同，当为一人，而其名一作佐，一作佑，另《元和姓纂》又作段祐。今查《白居易集》卷三十七有《除段祐检校兵部尚书右神策军大将军制》，称：“四镇北庭行军兼泾原等州节度支度营田观察处置等使、光禄大夫、检校工部尚书……段祐……可检校兵部尚书、右神策军步军大将军、知军事。”由此可证新旧《唐书》及《姓纂》之误。

(二)《新唐书》卷七二上《宰相世系表》二上载杜崇縠，宫尹丞、右司员外郎、丽正殿学士，为行敏子，希望父，杜佑祖。而《旧唐书》卷一四七《杜佑传》载其祖为杜崇慤。今查权德舆《杜公淮南遗爱碑铭》(《权载之文集》卷十一)、《岐国公杜公墓志铭》(同上卷二十二)皆作杜崇慤，与《旧传》同，可证《新表》作縠者误。

(三)《新唐书》卷一一六有《杜景佺传》，《旧唐书》卷九〇有《杜景俭传》，看来似乎是两人，实为一人。中华书局点校本于此与上述的段佐、段佑一样，都没有校记。其实关于这点，清人岑建功《旧唐书校勘记》早已指出，并已解决，其书卷九〇“杜景俭”条云：“《通典》二十五、《文苑英华》三百九十八、《册府》三百十七、《御览》六百四十俱作佺，《新书》同。案《御览》二百五作景俭，《通鉴》二百四同，注引《考异》云：《实录》及《新》纪表传俱作景佺，非，盖《实录》以草书致误，《新书》固承之耳，当从《旧书》、《统纪》为是。”如果我们仅看传目，不察传文，也未掌握前人的校勘成果，就可能在索引中将杜景佺、杜景俭分为二人。与此类似的还有：《旧唐书》卷一六三有《卢弘正传》，《新唐书》卷一七七有《卢弘止传》，正、止互异。而据《通鉴》卷二四〇武宗会昌六年八月条《考异》所载，及岑仲勉《唐方镇年表补正》所考，应作卢弘止为是。

(四)《旧唐书》卷一七二《牛僧孺传》谓其父名幼简，而《新唐书》卷七五上《宰相世系表》五上作幼闻。今查唐李珏《故丞相太子少师赠太尉牛公(僧孺)神道碑》(《文苑英华》卷八八八)载：“父幼闻，华州郑县尉。”与《新表》同，则《旧传》作幼简误。

(五)《旧唐书》卷一五七《李鄘传》：“子柱，官至浙东观察使。”又载柱子磎。而《新唐书》卷一四六《李鄘传》则谓：“子拭，仕历宗正卿、京兆尹、河东凤翔节度使，以秘书监卒。拭子磎。"《新表》也载鄘子拭，拭子磎。另《旧唐书》卷一八下《宣宗纪》下，大中四年九月，"以朝请大夫、检校礼部尚书、孟州刺史、河阳三城节度使李拭为太原尹、北都留守、河东节度等使。"《通鉴》卷二四八武宗会昌五年四月，"壬寅，以陕虢观察使李拭为册黠戛斯可汗使"。宣宗大中二年为浙东观察使，见《会稽掇英总集》卷一八。《唐郎官石柱题名考》卷一五也载有李拭。由以上诸例，可证《旧唐书》作李柱者误。

(六)《新唐书》卷五八《艺文志》二，乙部史录仪注类，著录"裴瑾《崇丰二陵集礼》"，小注云："瑾字封叔，光庭曾孙，元和吉州刺史。"按同书卷七一上《宰相世系表》一上载有裴墐，儆子，吉州刺史。时代相同。《新志》作瑾，《新表》作墐。柳宗元有《唐故万年令裴府君墓碣》，云："公讳墐，字封叔，河东闻喜人。……大理卿府君讳儆，实父。"文中还具体叙述了裴墐撰著《二陵集礼》一事，云："司空杜公联奉崇陵、丰陵礼仪，再以为佐。离纷尨，导滞塞，关百执事，条直遂显，司空拱手以成。自开元制礼，讳去国恤章，累圣陵寝，皆因事擘掇，取一切乃已，有司卒无所征。公乃撰《二陵集礼》，藏之南阁。"(中华书局 1979 年 10 月点校本《柳宗元集》，世采堂本《柳河东集》同）按裴墐之后夫人柳氏为柳宗元之姊，墐于元和十二年卒于吉州刺史时，柳宗元在柳州刺史任，他对于裴墐的事迹当然是知之详确的。据此，可知《新表》作裴墐是，《新志》作裴瑾误。

(七)《旧五代史》卷一二七有《马裔孙传》，马裔孙为五代后唐时中书侍郎平章事；《全唐文》卷八五六也载其文。但《新五代史》卷五五、《通鉴》卷二八〇及南宋人陈思所作《书小史》皆作马胤孙。《旧五代史》、《全唐文》刊作裔，当是清人避讳改；徐松《登科记考》卷二五、卷二六则又作马允孙，"允"字也是避清讳所改。如果不注意，则很可能因避讳改字而将一人误分为二人。

(八)《全唐文》、《全唐诗》的错误极多，其中的一项即是将一人误分为二人。如《全唐文》卷七六三载沈珣文，卷七六七又有沈询文。沈珣小传谓："珣，宣宗朝官中书舍人，以礼部侍郎出为浙东观察使。"沈询小传谓："询字诚之，赠礼部尚书传师子。会昌初进士，累迁中书舍人，出为浙东观察使，除户部侍郎。咸通四年为昭义节度使，奴结牙将为乱，灭其族，赠兵部尚书。"这两处所载事迹，都可见于《旧唐书》卷一四九、《新唐书》卷一三二《沈传师传》，并皆作沈询，而《全唐文》却分作二人。《北梦琐言》卷五有沈询，官至丞郎，同书卷十二又载沈询曾镇潞州(潞州即昭义军所驻地)，所载与新旧《唐书》本传合，可见作沈询为是。类似的情况，又如《全唐诗》卷七三七载熊皦诗二首，同卷又另载熊皎诗四首。熊皦小传谓："熊皦，后唐清泰二年登进士第，延州刘景严辟为从事，入晋拜补阙，贬商州上津令。《屠龙集》五卷。"熊皎小传谓："熊皎，自称为九华山人。《南金集》二卷。"初看似为二人，今按《直斋书录解题》卷十九载《屠龙集》一卷，称"五代晋九华熊皎撰，后唐清泰二年进士。"《唐才子传》卷十有熊皎，即以《屠龙集》、《南金集》皆为熊皎所作，并云陶穀为之序。可见熊皦、熊皎实为一人。熊皦(皎)事又可参见《诗话总龟》卷十三所引《雅言杂载》及《新五代史》卷四七《刘景岩传》。由此可见，利用索引所排比的材料，即可用来订正《全唐文》、《全唐诗》的这些谬误。

以上是唐五代传记资料中同人异名的情况，通过本索引得以改正的一些例子。至于史书上所载人物字号的错误，就更为常见，这里也可举两个例子，以见一斑。一是《新唐书》卷一九四《卓行·元德秀传》，载元德秀有弟子数人，云："是时程休、邢宇、宇弟宙、张茂之、李崿、崿族子丹叔惟岳、乔潭、杨拯、房垂、柳识皆号门弟子。"

后文又云："莩字伯高，丹叔字南诚，惟岳字谟道，赵人。"据这二处所述，则李粤（莩）之族子，一为丹叔，字南诚，另一为惟岳，字谟道。按《新唐书》这里的记述，实本于李华《三贤论》，而《三贤论》关于这三人的记述，则是："赵郡李莩伯高，含大雅之素；莩族子丹叔南，诚庄而文，族子惟岳谟道，沉邃廉静。"（见《文苑英华》卷七四四）由此可见，《三贤论》是说李丹字叔南，此下"诚庄而文"系自成一句，说明李丹之为人，正如后面的"沉邃廉静"来形容李惟岳一样。《新唐书》作者误读《三贤论》原文，以"南诚"为字，"丹叔"为名，以致大谬。另一个例子是，《新唐书》卷七四上《宰相世系表》四上载韦温字弘有，而《旧唐书》卷一六八、《新唐书》卷一六九《韦温传》作字弘育。按杜牧有《唐故宣州观察使御史大夫韦公墓志铭》（见《樊川文集》卷八），云："公讳温，字弘育。"由此可见作弘育为是，《新表》作弘有非。

关于新旧《唐书》、《全唐文》、《全唐诗》的问题，我们曾分别发表过《〈两唐书〉校勘拾遗》、《谈〈全唐文〉的修订》、《读〈全唐诗〉小札》等几篇文章，读者可以参看，这里只是举一些例子，说明仅仅从索引工作中接触到的一些问题，也可以对过去大部头的史籍作重要的订正。同样，从人名的排比整理中，还可改正南宋两部著名的目录中的一些错误。如《郡斋读书志》卷二上《后汉书》条云："唐高宗令章怀太子贤与刘内言、革希言作注。"而据《新唐书》卷五八《艺文志》二，为章怀太子李贤注《后汉书》者为格希元，非革希言；又据《新唐书》卷七四上《宰相世系表》四上，载格希元为处仁子，洛州司法参军，时当高宗时，《姓纂》卷十同。岑仲勉先生《元和姓纂四校记》还据唐人墓志，证明格希元为唐高宗、武后时人。又如《直斋书录解题》卷十四载韦韫《九镜射经》、《射诀》，并云韫仕为检校太子詹事。考韦韫为唐末诗人韦庄之父（见《新唐书》卷七四上《宰相世系表》四上），查韦庄事迹材料，未见其父有任检校太子詹事之职者。而据《新表》，载韦友刚子韦蕴，检校太子詹事，时代正合，当为一人。由此可知《直斋书录解题》之韦韫为韦蕴之误。《直斋》卷十五著录《汉上题襟集》三卷，云："唐段成式、温庭筠、逢皓、余知古、韦蟾、徐商等倡和诗什，往来简牍，盖在襄阳时也。"这里的逢皓，应是庭皓之误，庭皓为温庭筠之弟。夏承焘先生《温飞卿系年》(见《唐宋词人年谱》)已经指出："《文献通考》无逢皓，有崔皎。案逢皓、崔皎皆庭皓之误。《全唐诗》二十二：'温庭皓初为襄阳徐商从事。'"《唐摭言》卷十也载："温庭皓，庭筠之弟，辞藻亚于兄，不第而卒。"如果不加比较，未参考有关的研究著作，整理《直斋》这部书时，就很可能将温庭筠与逢皓作为毫无关系的二人，这就会造成不应有的错误。

关于宋元方志，张忱石与许逸民同志曾写有《宋元方志举正》(载《文史》第十一辑)，就唐代人物的姓名对宋元方志中的某些讹误作了校正。我们在上一节中着重讲了宋元方志的史料价值，但毋庸讳言，现存三十几种的宋元方志，存在不少错误(包括原书修撰时的错误与刊刻传抄时的错误)，这里不妨举几个明显的例子。如《嘉定镇江志》卷十六载有卢准，唐时曾为润州司士参军。按大历时诗人卢纶有《送从叔士准赴任润州司士》诗(《全唐诗》卷二七六)。《嘉定镇江志》所本，当即卢纶此诗，但卢纶诗题明明记载其从叔任润州司士参军者名士准，非单名准。又如《嘉定赤城志》卷八载武后垂拱四年台州刺史沈福。今查《姓纂》卷七，沈道之子成福，历简、台、庐等州刺史；《姓纂》又载道之兄名训之，训之子名成景，其兄弟辈的名字中都有一"成"字。《全唐文》卷二〇〇也载有沈成福文，小传说他是高宗永徽时人，时代与《姓纂》及《嘉定镇江志》所载相合，当同是一人。岑仲勉《元和姓纂四校记》所引的拓本《沈知敏志》，也称"父成福，通议大夫、台州刺史。”这些，都可证《赤城志》作“沈福”之误。另外，如《毗陵志》卷七载李倜，谓唐玄宗孙，徐王珵第三子。按据《旧唐书》卷一〇七《玄宗诸子传》，载唐玄宗第二十三子信王瑝，“天宝末有子封为王者二人：佟为信安郡王，太常卿同正员；倜为晋陵郡王，光禄卿同正员。”(《新唐书》卷八十二同)李倜封为晋陵郡王，因此《毗陵志》载入(毗陵即今江苏无锡，属晋陵郡)。但李倜实为信王瑝的第二子，《毗陵志》所载，显然是以“信”讹为“徐”，“瑝”讹为“珵”，“二”讹为“三”。如不查核新旧《唐书》，则所谓徐王珵者竟不知为何人了。

以上三个例子，当皆为修撰时的错误，至于版刻之误，在现存宋元方志中就更多。如《嘉定镇江志》卷十四载浙西观察使郑明，此郑明为郑朗之误，郑朗曾于唐宣宗大中年间由御史中丞、户部侍郎出为浙江观察使(见《唐书》本传，并参《唐方镇年表》)，又同书同卷载卢明，据《新表》应作卢朗；李元义，据《新表》应作李玄乂(《新表》共有四个李玄乂，此任润州刺史者为行师子，详见本索引)。又如《三山志》卷二〇载吴奏于唐德宗贞元初以太子宾客为福建观察使，吴奏为吴凑之误(见《旧唐书》卷七《德宗纪》及新旧《唐书》本传)。又如《咸淳临安志》卷四五载宋憬于唐中宗时为杭州刺史，宋憬为宋璟之误；《吴兴志》卷十四载崔刍官于咸通三年为湖州刺史，崔刍官为崔刍言之误。

前面已说过，我们无意夸大索引工作的重要性，认为单凭索引，将有关资料加以简单的排比，就可代替学术研究，但从本节所举的为数不算太少的例子，读者可以看出，索引工作应有它一定的地位，索引不但可以帮助人们迅速地掌握所需要的材料，而且通过归纳和比较，还可订正若干原始材料本身的错误和疏漏。我们在这部索引中，凡对过去史籍有所订正或可校其异同者，均于当页加注说明，这些小注，字数虽然不多，但确实费了我们不少劳力。我们自信，它们对研究者是会有帮助的，细心的读者将会从中得到有用的材料。

四

关于本书的编辑体例问题，张忱石同志和许逸民同志起草的编辑凡例中已有具体说明，这里拟补充说明几点。

人名索引中往往会碰到同姓名的问题，处理得是否准确和妥善，是衡量一部索引质量高低的重要标志之一。清代汪辉祖有《九史同姓名录》，他在那时的条件下已经尽了他的努力，但不免尚有错漏，何况他所接触的只是唐以后的几部正史，问题还算简单。我们这部索引，收录的书达八十余种，其中有几种书都在百卷以上，时间又集中在唐和五代约三百几十年之中，所收唐、五代的人物有近三万人之多，因此所碰到的同姓名问题就远较汪辉祖的复杂。有时有四五个人为同一姓名，就须查核其籍贯、郡望、字号、世系、事迹，加以细心的甄别，稍一疏忽，就会张冠李戴。有时时代相近，事迹又较简略，就更不易分辨。如《新唐书》卷七二下《宰相世系表》有张复鲁，幼挺子，度支郎中。《唐郎官石柱题名考》卷十三也有张复鲁，《郎考》卷十三所载即度支郎中，则与《新表》当即一人。而徐松《登科记考》卷二十七于进士第而未有确切年代可系者有张复鲁，时代相近，初看似与《新表》、《郎考》所载为同一人。但查杜牧《唐故宣州观察使御史大夫韦公(温)墓志铭》(《樊川文集》卷八)，称韦温有女四人，“长嫁南阳张复鲁，复鲁登进士第，有名于时。”《登科记考》所本即杜牧此文。考《新表》之张复鲁出始兴张氏，世居韶州曲江，与张九龄为同族，而韦温婿之张复鲁为南阳张氏，籍望不同，本书就区分为二人。这种情况在本书中是很多的。还有不少是姓名相同，时代相近，但别无确切材料证明其为同一人的，我们就本着阙疑的精神，姑且作二人处理。如严杲，既见于《郎考》、《御考》，又见于《历代名画记》，均为开元时人；又如郑宥，既见于《新唐书》卷七五上《宰相世系表》五上（华子，博州参军），又见于《新表》同卷（进子，燕弟，未注官职），又见于《全唐文》卷四〇八，小传仅云“天宝时书判拔萃登第”，时代均相近，未能确定《全唐文》之郑宥属于《新表》中哪一个郑宥，因材料缺乏，就只好分为三人。凡属于这种情况，我们都于注中说明，注明待考。

《新表》与《姓纂》，有一大部分是相重的。据岑仲勉先生考定，认为《新表》于元和初以前的部分，即据《姓纂》编定。因此，我们凡是遇到二者所载同人异名时，一般即从《姓纂》；但也有《新表》是而《姓纂》非的，就以《新表》为主，以《姓纂》所载作为参见。

《全唐文》与《全唐诗》所载，包括唐和五代，但也有混杂前后朝代人的。如《全唐文》卷九五六载马子才《送陈自然西上序》一文，据劳格《读全唐文札记》（《读书杂识》卷八），谓：“见《新编古今事文类聚》前集二十一。子才系宋人。《直斋书录解题》十七，《马子才集》八卷，鄱阳马存子才撰，元祐三年进士第四人。误人当删。”元祐为北宋哲宗年号，距宋开国已一百二十余年，马子才为宋人无疑。今后若修订《全唐文》，就必须把马子才其人其文剔除。但本索引所辑以书编录，因此像《全唐文》、《全唐诗》等，虽有误载前后朝人物的，也一并录入，且也不作注说明。至于像《宋高僧传》、《景德传灯录》等兼载唐宋人的，则将显系宋人的删除（本书时代断限适当放宽，凡生于五代而入宋的，也酌予收录）。

当然，我们也看到，如果要全面查阅唐代人物的传记事迹，现在的这部索引的范围就要大大扩大。譬如说，《全唐文》就不能只收作者姓名，应当将书中的碑传墓志，以及与事迹有关的序跋也一并辑入。除了《全唐文》及陆心源的两种补遗外，清末至近年出土的唐碑唐志，应该有计划地编录。唐、五代直至北宋前期的一些杂史、笔记，有较丰富的人物传记资料。《新唐书》的《宗室世系表》，《全唐诗》中诗篇提到的人名，也都应考虑辑入。如果把这些材料都加汇聚，并予以合理的编排，那么，我们就将有一个网罗全局的唐代人物的材料库。但这是一个更大的工程，远非二三个人于短期内所能完成。我们希望这方面的有志者来承担这项大工程，这必将受到唐史和唐代文学研究者的欢迎和感激。为此，我们愿意以本书为引玉之砖。

本书在编撰过程中，曾得到武汉大学历史系唐长孺先生、山东大学历史系王仲荦先生、北京师范大学中文系启功先生的鼓励和帮助，启功先生还特地为本书封面题字，在此一并致谢。

《李德裕年谱》序*

一

李德裕主要是一个政治人物，但笔者在几年前立意要为他写一部年谱的时候，却是从文学研究的角度出发的。中晚唐的文学与初唐、盛唐有一个很大的不同，初盛唐时期的作家，尽管在他们的作品中也表达了他们的政治理想，特别是李白和杜甫，在他们的诗作中，对国家的命运，政治的盛衰，表现得特别关切，但那时的作家，真正卷入当时重要的政治斗争的，却甚少；中晚唐不同，不少作家本身就往往是政治斗争的一员，也有些则是在不同程度上受到现实政治的波涉，他们的作品直接反映了这些斗争，或者带上了他那一时代所特有的政治斗争的色彩。这种情况，对于生活在9世纪前半世纪的作家来说，更是如此，而这近50年唐朝廷政治生活中的一件大事，就是历史上所谓的牛李党争。

---

* 原载于傅璇琮著《李德裕年谱》，济南，齐鲁书社，1984。

笔者几年前曾与张忱石、许逸民同志合编《唐五代人物传记资料综合索引》一书(中华书局 1982 年 4 月出版),在该书的《前言》中,笔者曾说:“中晚唐的文学,是在较前期更为复杂的社会斗争中发展的,研究这一时期的文学,或许会比研究初唐和盛唐更能引人入胜。但另一方面,它也要求有更为广博的历史知识,更为充实的资料基础。作家是社会的人,文学作品是社会生活的反映,脱离具体的社会历史的研究,不了解作家与当时社会生活的联系,不清楚作家当时的各种人事关系,要确切理解作品的内容,它的思想倾向,它在整个文学发展中的地位与影响,是不可能的。”当时我写这几句话的时候,具体想到的就是牛李党争对于文学的影响。

中晚唐文学上的几位大家,除了韩愈、柳宗元以外,其他如白居易、元稹、李绅、李商隐、杜牧,都与牛李党争有关。过去的一些研究者,也往往把他们列为牛党或李党。另外又如李翱、皇甫湜、孙樵等,也都在作品中涉及这一斗争。

李商隐是一个突出的例子。他的坎坷的一生,他的瑰丽奇伟而又带有浓厚感伤情调的诗句,如果不从当时的现实政治和牛李党争这一角度去理解,就无法得出正确的结论。笔者曾有一篇《李商隐研究中的一些问题》的文章(《文学评论》1982 年第 3 期),讨论过这些问题。与李商隐并称的杜牧,似乎比李商隐更关心政治,过去对他在这方面的评价,也往往要比李商隐为高,不少论著认为李商隐在政治斗争中依违动摇,杜牧则以豪爽讦直著称。但如果我们仔细研究牛李党争的材料,就可以发现,情况正恰恰相反。李商隐在前期并未牵涉到党争,历史上习称的他投靠王茂元乃背牛而依李,这一传统的说法是不可靠的。会昌时期的现实给了李商隐以影响,他从实际生活中对李德裕的政治主张产生了认识,正因如此,当宣宗即位后,牛党得势,李德裕接连被贬，李党处于无可挽回的失败情况下，他却用自己的一支笔为之辩诬申冤，表现了明确的是非观念，坚持了倾向进步、追求理想的气概和品质。杜牧是一个对政治非常敏感的诗人，他在李德裕执政以前和执政期间所作的诗文，其中所表达的如抑制藩镇擅权，抗击回纥侵扰，整顿吏治，加强国力，这些都与李德裕的主张相接近，他对于李德裕在会昌执政时期所取得的军事上的胜利，也直接表示了欢悦和钦佩之情。但一旦李德裕失势，杜牧却接连写出几篇文章，对李德裕落井下石，攻击诬蔑，无中生有。把他在会昌时期称颂李德裕的文章和大中时期痛骂李德裕的文章摆在一起，人们真会不敢相信那是出之于同一人的手笔。李商隐知道他所写的表同情于李党的诗文会招来牛党的打击，但他仍然写了，杜牧却为了求得自己仕途上的进展，不惜违背事实，违背自己原先坚持过的政治主张。李、杜二人，在这一点上，品格迥异。如果不研究牛李党争的史料，这一传统的误解就无从得到澄清。

又譬如白居易和元稹。元、白的文学成就，世有定评，毋庸多说。以为人而论，过去的评论者大多颂白而短元，尤其是对两人的后期的评论。元稹确有不少可訾议之处，他太热衷于仕途，他是个不甘于寂寞的人，往往在进退出处上招人非议。但元稹的有些方面是被人忽略的。他由江陵召回不久，在起草的贬令狐楚为衡州刺史的制词中，指责令狐楚在元和时“密隳讨伐之谋，潜附奸邪之党”。这两句是说令狐楚附和李逢吉，阻挠对淮西的用兵，又巴结权臣皇甫镈、排斥裴度等贤臣。李逢吉正是李宗闵、牛僧孺等人早期的庇护者。元稹后来又直接与李宗闵发生冲突，指斥李宗闵等人利用科场弊端，为贵要子弟考取进士而向主考官通关节，走门路。据说元稹为此事起草的诏令，使李宗闵等朋党之士切齿痛恨。正因如此，牛党人物把元稹视为李德裕一党，在贬斥李德裕时，也就同时排挤元稹。白居易的妻子是牛党骨干杨汝士从父妹，正因为他与杨家有姻亲关系，就在文宗时牛李斗争激烈之际，他主动请求出居洛阳，过着安闲不问世事的生活。白居易后期之所以未能写出如前期《新乐府》、《秦中吟》那样的诗篇，与他的这种不问是非，消极逃避的政治态度极有关系。激烈而复杂的现实斗争，能磨炼一些作家的笔锋，但也会模糊一些作家的眼睛，捆住他们的手笔。我们当然不能简单地说元稹是李党，白居易是牛党，但如果脱离牛李党争的现实，元、白政治态度的变化也就得不到合理的解释。

牛李党争中，核心人物是李德裕。中晚唐文学的复杂情况，需要从牛李党争的角度加以说明，而要研究牛李党争，最直接的办法则是研究李德裕。尽管环绕牛李党争，环绕李德裕，历史记载，纷纭繁杂，但是不从李德裕入手，无论对当时的政治或文学，都不能得到真切的回答。雨果曾经说过："艺术就是一种勇气。"我觉得，这句话也可用之于学术。真正的学术研究，同艺术创作一样，是需要有探索和创新的勇气的。正因为如此，虽然我并不是搞历史的，又缺乏史学素养，但出于对那一时期文学和政治的探索的愿望，使我鼓起勇气来写这一年谱，而在这一年谱中，也用了一定的篇幅来记述有关的文学家的活动，这样做，是希望从多方面来了解李德裕这一历史人物，也希望有助于对那一时期政治变化与文学发展的研究。

二

牛李党争并不是什么偶然事件，它是当时历史条件的产物，它也不是单纯的个人权力之争，而是两种不同政治集团、不同政见的原则分歧。

大和六年(公元 832 年)十一月，有一次，唐文宗问宰相：“天下何时当太平，卿等亦有意于此乎?”当时作为宰相之一的牛僧孺回答说：“太平无象。今四夷不至交侵，百姓不至流散，虽非至理，亦谓小康。陛下若别求太平，非臣等所及。”这个时候李宗闵也是宰相，史书上没有记载他的答语，看来牛僧孺的话是可以代表他的意见的。《通鉴》的作者司马光，由于他在北宋中期也处于新旧党派的斗争中，出于他对王安石新法的反对态度，他在《通鉴》中常常是偏牛而非李的。但即使如此，他对于牛僧孺的这番话也大不以为然，评论说：“于斯之时，阍寺专权，胁君于内，弗能远也；藩镇阻兵，陵慢于外，弗能制也；士卒杀逐主帅，拒命自立，弗能诘也；军旅岁兴，赋敛日急，骨肉纵横于原野，杼轴空竭于里闾，而僧孺谓之太平，不亦诬乎!”(《通鉴》卷二四四)

司马光所说的，简直是一个惶惶不可终日的政治情势，这是大致符合当时实况的。问题在于，为什么二百多年后的司马光能说到的，生活在当时的牛僧孺却反而看不到?

藩镇割据，宦官擅权，战争连年不息，赋税日益加重，士兵与农民大批被杀戮于战场，农村十室九空，生产力受到极大的破坏，这是当时的现实。怎样对待这个现实，上述牛僧孺的这番话，把牛僧孺等人的政治面目，勾勒得清清楚楚。一句话，他们是把乱世说成盛世。既然这个世界一切都很合理，按照现成的秩序，继续统治下去就是了。牛僧孺、李宗闵各有一些思辨哲理性的文章，牛僧孺说：“君人者当务乎道适时。”(《辨名政论》，《全唐文》卷六八二)李宗闵说：“人皆奉时以行道者也。”(《随论上下篇》，《全唐文》卷七一四)似乎他们很注意于“时”这个概念。实际上他们所谓“时”的含义，就是趋时，也就是承认当时既成的事实，维护现成秩序的所谓合理性，他们强调人君应当以现成的“时”为准绳，来奉行与之相适应的“道”。如果说牛党有哲学基础的话，这就是他们的哲学基础。他们在政治上的因循保守、反对一切改革，依附于腐朽势力，都是与此相一致的。

李德裕的文采是远胜过牛党诸人的。刘禹锡、元稹等在与李德裕的唱和中赞誉过他的诗篇。宣宗时人裴庭裕说他“文学过人”(《东观奏记》卷上)。一代文豪欧阳修说李德裕的“文辞甚可爱也”(《集古录跋尾》卷九)。高标神韵，少所许可的王渔阳，称道《会昌一品集》的骈体文“雄奇骏伟”(《池北偶谈》卷十七)，又认为李德裕的文章可以与陆贽、杜牧、皮日休、陆龟蒙等人并提(《香祖笔记》卷六)。近代学者罗振玉又推崇李德裕的书法，以为唐人隶书“尚存古法者，有唐惟李卫公一人耳”(《石交录》卷四)。至于他的博学广识，唐朝当时人如张彦远《历代名画记》、段成式《酉阳杂俎》，都有翔实的记载。尽管是如此的文采风流，但在政治上，李德裕却是一位实干家。他在好几个地方担任过节度使的官职，像在浙西、滑州、西川、淮南，都有治绩，在可能的范围内，为当地做过一些好事。他曾两度为相，都有改革的措施。正是李德裕这种“错综万务，应变开阖”的政治才干和革新主张，使他成为“唐中世第一等人物”(宋叶梦得《避暑录话》卷二)，也使他与牛僧孺、李宗闵集团尖锐对立。可以说，牛李两党，对当时一些重大的政治问题，都是针锋相对的。

唐代中后期政治生活中一个突出的问题是藩镇割据。藩镇与中央政权的矛盾，是当时统治阶级中的主要矛盾。李德裕是反对藩镇割据，维护中央集权的。会昌年间他当政时，力排众议，坚决主张对拥兵擅命、盘踞泽潞的刘稹进行军事讨伐，就是明显的例子。战争进行了一年多一些，平定了泽潞五州，打击了藩镇势力，巩固了国家统一，振奋了全国的军心民心。正如《旧唐书》本传所说，在这次平叛战争中，“筹度机宜，选用将帅，军中书诏，奏请云合，起草指踪，皆独决于德裕，诸相无预焉”。而与此相对立，李宗闵等早与昭义节度使刘从谏交通往来，牛僧孺居洛阳时，闻刘稹败讯，每“恨叹之”（《新唐书·牛僧孺传》）。态度明显不同。

宦官专权是唐代中后期政治腐败的又一表现。宦官主持了好几个皇帝的废立，操纵朝政，并且直接与一些朝臣勾结。李德裕是主张抑制宦官的权力的，他在抗击回纥、平定刘稹的战争中，不许宦官干预军政，加强了将帅的权力，使得指挥统一，军权集中，保证战争的胜利。他在会昌时的一些实施，都可看出是主张抑制和削夺宦官干政的。清初王夫之曾明确指出：“唐自肃宗以来，内竖之不得专政者，仅见于会昌。德裕之翼赞密勿、曲施衔勒者，不为无力。’”（《读通鉴论》卷二十六）而李宗闵等人，却有巴结宦官的事例。

唐朝中后期，西北和西南边防相当紧张，经常受到回纥、吐蕃和南诏的侵扰。李德裕在文宗大和年间任剑南西川节度使，整顿巴蜀的兵力，成绩斐然，并使得相陷已久的西川入吐蕃的门户维州归附唐朝；而这时牛僧孺为相，却执意放弃维州，结果是平白丢掉重要的边防重地，并使得降人受到吐蕃奴隶主贵族残酷的报复性杀戮。在对回纥的战争中，李德裕也是与牛僧孺相对立的。李德裕主张积极巩固国防，保护边疆地区的正常生产，在此基础上与一些有关的少数民族政权保持和好关系；而牛僧孺则一味主张退让，所执行的完全是一种民族投降政策。

佛教在唐朝中期以后大为发展，使得“中外臣民承流相比，皆废人事而奉佛，刑政日紊”（《通鉴》卷二二三唐代宗永泰元年）。李德裕明确指出，释氏之教“殚竭财力，蠹耗生人”（《会昌一品集》卷二十《祈祭西岳文》）。他赞助武宗灭佛，是历史上的有名事例。这次灭佛，涉及面很广，日本僧人园仁的《入唐求法巡礼行记》有具体生动的记载。但宣宗即位，牛党白敏中等人执政，马上宣布兴佛，恢复佛教势力。这点，连杜牧、孙樵等在大中时也是不赞成的。

陈寅恪先生认为牛党重进士科，李党重门第，李党代表两晋、北朝以来的山东士族，牛党代表唐高宗、武则天之后由进士词科进用之新兴阶级(《唐代政治史述论稿》中篇《政治革命及党派分野》)。这一说法在史学界影响很广，有些新编的历史书也认为李德裕是“关东著名士族地主的后裔”，“排斥进士”，“企图挽救已经失去社会基础的门阀制度”，而牛党则“都是进士出身”，“他们是新兴的进士贵族”(翦伯赞主编《中国史纲要》第二册，人民出版社 1979 年 1 月北京第三次印刷)。仅仅以对进士科举的态度来划分这两个不同的政治集团，从上面所举牛李两党对当时重大政治问题的分歧来加以考察，可以看出论据是如何薄弱。但即以科举而论，牛李两党，何者为是，何者为非，也是十分显然的。

长庆元年(公元 821 年)，礼部侍郎钱徽掌贡举，李宗闵等人向钱徽托人情，后来放榜，录取的多是公卿子弟，其中就有李宗闵的女婿苏巢。于是舆论大哗，皇帝只得命白居易、王起等人复试，这班公卿子弟有不少人落选，苏巢也是其中之一。牛党骨干杨虞卿更是请托、通关节的能手，“每岁铨曹吏部，为举选人驰走取科第，占员缺，无不得其所欲，升沈取舍，出其唇吻。而李宗闵待之如骨肉，以能朋比唱和，故时号党魁”(《旧唐书·杨虞卿传》)。李德裕在执政时，对科举考试作过哪些措施呢？大致有：第一，他反对进士只考试诗赋，认为不能只讲究浮华的词藻，还应考经义策问，讲求实际的行政才能。第二，他反对当时盛行的进士登第后大宴曲江池、门生拜座师的习尚，认为这只能助长奢侈和朋党的不良风气。第三，当时科举考试有这样一种不成文的规定，礼部阅卷初步定了名单，还要依次到宰相府上呈报，请求过目，这里面就有上下其手的种种弊端。李德裕执政，奏请取消这一层手续，这实际上是对包括李德裕自身在内的宰相权力的一种限制。第四，会昌以前，每年录取进士名额大致以二十五人为限，会昌时取消这一限额，这就必然使进士录取人数增加，而这正是在李德裕做宰相、掌大权的时期。

读者不妨比较一下，牛李两党，根据他们的实际行动，在科举制度上，究竟谁是谁非？结论是显而易见的。而且结论在唐代当时就已经有了。当李德裕为牛党所陷害，远贬到海南岛的崖州，当时就有两句诗道："八百孤寒齐下泪，一时南望李崖州。"所谓"八百孤寒"，就是指当时较为清贫的应试举子而言。这就是历史的结论。

当然，李德裕并不是完人，他有种种缺陷和弱点，作为地主阶级的一员，他有他的阶级局限。这是可以分析的，也是可以理解的。但是，我们要看到，他的一些在重大政治问题上的主张和行动，在历史上是属于进步的，他是一个要求改革、要求有所作为的政治家。北宋时"庆历革新"的名臣范仲淹就从这点着眼，对李德裕作了充分的肯定，说他"独立不惧，经制四方，有相之功，虽奸党营陷，而义不朽矣"(《范文正公集》卷六《述梦诗序》)。清朝人毛凤枝认为他"料事明决，号令整齐，其才不在诸葛下"(《关中金石文字存逸考》卷九)。如果我们把他的政见放在历史的联系上来看，可以说，会昌政治是永贞革新的继续。削夺藩镇和宦官之权，革除朝政的种种弊端，对当时社会上的一些腐败现象进行整顿，这是德宗末期以来要求改革之士的共同愿望。顺宗时永贞革新是一个高潮，宪宗元和前期是又一个高潮，第三个高潮就是武宗会昌时期。会昌以后，唐朝就再也没有出现这样的高潮，唐王朝就在腐败中走向灭亡。唐中期以后，腐朽势力越来越强大，革新力量无不以失败而告终。会昌、大中之际是这两大势力最后一次的大搏斗，结果以李德裕的贬死而宣告革新力量的失败。

另外，牛党攻击李德裕，连带也攻击李德裕的父亲李吉甫。李吉甫在唐宪宗元和前期也曾两度执政，他在任相期间，主张对强藩擅政采取严厉的制裁，史称他"为相岁余，凡易三十六镇"(《新唐书》本传)。他也抑制宦官操持政权，并采取实际措施精简官僚机构，裁汰冗官。李德裕与其父的政治主张，有一定的连贯性。《通鉴》记述牛李党争，也是从元和三年李吉甫当政时开始的。因此，本书编次李德裕早年的行迹，主要就谱叙李吉甫的仕绩，希望读者能从整个中晚唐的时代背景下，更充分地理解李德裕政治革新的历史意义。

三

王安石曾指出有一种"阴挟翰墨"，"以餍其忿好之心"的人，利用执笔为史的机会，对前世"雄奇儁烈"之士曲尽谤讪之能事，以致"往者不能讼当否，生者不得论曲直"(《答韶州张殿丞书》，《王文公文集》卷八)。作为改革家的王安石，他生前的遭遇和身后的评论，他上面所说的话是不幸而言中的。李德裕的情况也与此类似。他在生前，处于激烈的党派斗争中，在他贬死以后，牛党文人，又多"阴挟翰墨"，假造出许多情节，甚至伪撰李德裕的诗文，对他进行攻击，诬蔑。作为年谱，就应该提供这些材料，并对这些材料加以必要的辨析。本书是尽可能这样做的。年谱与传记是有所不同的。传记对于人物的记述和评论，作者主观色彩可以较强一些，他认为不确当的材料，可以不写，不予理睬。年谱不同，年谱好比是传记的资料长编，它应当尽量搜集正反两方面的记载，加以恰当的安排和简括的辨析。年谱作者的观点有可能不正确，但如果他辑集了较为齐备的资料，读者仍可从其中得出自己的结论。这也就是传记之所以不能替代年谱的原因所在。

在漫长的中国古代社会中，改革者提出的主张虽然符合历史前进的方向，但其本身的遭际往往是不幸的，后世的评论往往是不公正的。盖棺未必能定论，这是历史常见的现象。我们现在一些史学史的著作和论文，往往多从正面论述一些为通常所肯定的史书，而不大重视古代有些人如何利用历史记述和历史评论来歪曲、毁谤历史上有成就的人物。其实，古往今来，伪史和谤史难道还见得少吗？如果有人在这方面下一些工夫，搜罗一些材料，揭示一些正面的历史人物如何受到歪曲和谤讪，借以照见作伪者鄙怯的灵魂和卑劣的手段，这样做，无疑会丰富史学史的内容。鲁迅曾主张编某一作家的集子，把前人对他毁誉两方面的材料都列入其中；我们今天读鲁迅的几本杂文集的后记，这些后记录入了不少诬蔑、攻击他的文章，我们读了之后不是得到了对当时情景的具体认识，获得极大的启示吗？

以上只是在年谱编成之后，就李德裕的历史作用和牛李党争的性质，谈谈笔者个人的一些看法，同时对本书的编写体例，略作一些说明。杜甫在《秋兴》诗中说："闻道长安似弈棋，百年世事不胜悲。"安史之乱以后，唐帝国由盛转衰，长安城也经历几度兴废。但是它作为汉唐京都的历史名城，却给后世留下丰富的文化积累。笔者于 1982 年 5 月在西安参加全国唐代文学学会成立大会，饱览了西安的山川胜迹，大雁塔、小雁塔、昭陵、乾陵、华清池、杜公祠、兴教寺、青龙寺，在在引起人们对悠远历史的遐想，使人留下美好的回忆。谨以本书献给永远值得人们忆念的历史文化名都——西安。

本书书名，承钱锺书先生题签，谨致深切的谢意。

《李德裕年谱》新版题记*

我于1978年底完成《唐代诗人丛考》，交中华书局出版（出版于1980年1月）。《唐代诗人丛考》所论诗人到大历时为止，我遂想把研究重点转移到中晚唐。但我对中晚唐的研究颇有畏惧心理，这是因为中晚唐的社会情况，无论政治、经济、军事、文化等，都较前复杂，而且有关这一时期的文献资料不单数量繁多，并且真伪混淆、难于辨别。为此，我做了一些基本史料的辑集与梳理工作，并从1980年下半年起，进入选题的思考。我很快就选择了李德裕的研究。从我个人来说，我觉得，中晚唐时期的选题，最好有一定宽度的社会涵盖面，这样，研究的视野可以广一些，史料的运用可以活一些，即既能有史实的考辨，也能有事理的推释。中晚唐社会政治的主要问题，一般概括为宦官、藩镇、朋党，这三者是互相制约而又互相联系渗透的，研究三者之一，就一定要牵动其他两点。而在朋党方面，从宪宗元和年间起，直到宣宗大中时期，这近半个世纪，就

* 原载于《李德裕年谱》修改新版，石家庄，河北教育出版社，2001。

是历史上所谓的牛李党争。牛李党争一直使研究者感到头疼，认为是非曲直，各有各的说法，很难界清，有些人认为牛李之争头绪纷繁，索性不去理它。有些搞唐代文学的人，一碰到有些作家夹杂在那时的党争中，也觉得难于措手。

经过史料的清理，我得出这样的结论：牛李党争中，核心人物是李德裕。中晚唐文学的复杂情况需要从牛李党争的角度加以说明，而要研究，最直接的办法则是研究李德裕。尽管环绕牛李党争，环绕李德裕，历史记载纷纭繁杂，但是不从李德裕入手，无论对当时的政治或文学，都不能得到真切的回答。正因如此，我就用两年的时间，即1980年冬至1982年冬，撰写了一部约四十万字的《李德裕年谱》。

这部书于1984年10月由齐鲁书社出版。出版后得到学界的首肯。南开大学中文系教授罗宗强先生在为我的《唐诗论学丛稿》所作的序言中，先是肯定我的《唐代诗人丛考》已越出个案考辨的范围，从个案考辨通向了整体研究，然后说："这种研究特色在《李德裕年谱》中有了进一步发展。在这部年谱里，谱主的事迹完全织入到围绕牛李党争而展开的历史画面里。因此有研究者提到可以把它作为一部牛李党争专史读。它涉及的其实是当时的整个政局与牵涉在这个政局里的各种人物的活动。从文学研究的角度说，它是一个大背景，在这个大的背景中，有谱主也有众多作家的活动、心态。在对纷纭繁杂的史料的深见功力的清理中，始终贯串着对历史的整体审视，而且是一种论辩是非的充满感情的审视。这其实已经超出一般谱录的编写范围，而是一种历史的整体研究了。"

中国社会科学院文学所研究员董乃斌先生在一篇题为《宏通而严谨的历史眼光》书评中，肯定拙著"在学术上又有其新的面貌、新的特点"，其中之一是："李德裕出身世代官宦之家，一生未尝应科举，三十岁以前基本上没有从事什么政治活动。因此，如仅将视线拘限于德裕一人，则他三十一岁任河东节度掌书记之前的诸般史实本可一笔带过。但由于《年谱》编者有宏通的历史眼光和总揽全局的学术气度，遂将(其父)李吉甫后半生的官历和自贞元初至元和中一系列朝廷政争编入。这就使本来可能流于单薄的前半部分变得十分充实，使全书成为一部比较完整系统的中晚唐政治斗争大事纪要。”

董乃斌先生接着又指出：“围绕着牛李两党的人事权位和不同政见之争，《年谱》除两党中心人物之外还引入了其他许多历史人物，著名的如裴度、元稹、白居易、李绅、李训、郑注、杜牧、温庭筠、李商隐等，实际已形成一张以李德裕为中心的社会关系网和一场以牛李党争为名目的政治斗争活剧。《年谱》所涉及的那些著名历史人物，许多已有定评，现在又被编者放在与李德裕的关系这块区别中晚唐人政治立场分野的界石面前加以考察，遂从事实、从他们的具体言行中引出了不少新颖的富有启发性的见解。”

我在这里之所以引录罗、董两先生不少赞许的话，是因为我觉得他们所说的，我在写作时还未能有此明确的认识，他们所作的理论的概括，对我的治学确有新的启发。我想这或许也有助于读者对本书的研索和利用。

不过，对于 1984 年出版的这部书来说，我觉得今天也不应讳避其缺失。这也是此次作较大幅度的修订，并重新出版的原因。

首先，这 1984 年版，错字实在太多，几乎有三分之二的篇幅，每页都有误字、漏字。按照现在的万分之一错字审查规格来说，此书在编校质量上是不合格的。这之中，有排校中的问题，也有我在誊写中的问题。

其次是材料运用中的错失。有的地方把并非李德裕的作品编入，如文宗大和四年(公元830年),据《文苑英华》卷八三二,把一篇题为《易州候台记》列于李德裕任滑州刺史时所作,因文中有“德裕,邑人也”等语。实际上此文为玄宗开元二十九年(公元741年)梁德裕所撰,见《全唐文》卷三五六。梁德裕有诗一首,载于玄宗天宝时所编的唐人选唐诗《国秀集》卷下。又如元和十三年(公元818年)、开成五年(公元840年),两次提到温庭筠均谒见过李德裕,并献诗,所据为温诗《感旧陈情五十韵献淮南李仆射》。此处的“淮南李仆射”,夏承焘、顾肇仓两先生在他们各自的著作中都认为是李德裕(李曾任淮南节度使),我未经复核,因仍陈说,而实际温诗中的“淮南李仆射”乃是李绅(见陈尚君先生《温庭筠早年事迹考辨》,见所著《唐代文学丛考》)。又如长庆四年(公元824年)记李德裕在浙西观察使任上时,与元稹有诗唱和(元稹时为浙东观察使),因元稹诗题中有“金陵太守”语,我就引杜牧“金陵津渡小山楼”诗说明此时所谓金陵乃指润州(即今江苏镇江)京口。这一说明是不错的,但“金陵津渡小山楼”一诗非杜牧作,实为张祜的《题金陵渡》,乃张冠李戴。

我在每年纪事之后,根据考查所得,李德裕诗文凡可以系年的,都列有“编年文”、“编年诗”。这一做法,董乃斌先生书评中曾谓谱主附载编年诗文题的做法创于清人所作《顾亭林年谱》,称赞拙著保持并发扬了这一良好的学术传统。但我在具体编排时却常出现问题,如上述《易州候台记》即是一例,有些地方则把同一篇作品重复见于两处。如开成五年列《怀山居邀松阳子同作》、《思归赤松村呈松阳子》二诗,谓本年作于扬州,但又见于开成二年。而开成元年之《初归平泉过龙门……》诗,又见于开成五年。有些则编年有误,如别集卷一《通犀带赋》、《鼓吹赋》应在文宗大和八年(公元834年)冬在浙西观察使任上作,却列于大和九年(公元835年),而列于大和八年的《早入中书行公主册礼事毕登集阁成咏》诗(别集卷四),此处所述实为武宗会昌二年(公元842年)八月事。类似情况不少。有些地方记事之处也有重复的,如李德裕第二次入相时加“司空”一事,会昌元年(公元841年)正月有记,而会昌二年(公元842年)正月又有记(经考证,应在二年)。这些都是史料编纂上的粗心所致,有可能因此而造成混乱。

我在撰成《年谱》后,曾想进一步作李德裕文集的整理工作,因李氏文集有多种本子,文字差异较大,需要作一番系统的清理。但因故未及时进行。后来有机会得到两个好的本子,即藏于日本静嘉堂文库的清陆心源影宋抄本(胶卷),及北京文物出版社影印的《常熟翁氏世藏古籍善本丛书》的宋刊《会昌一品制集》(卷一至卷十)。我就会同原在安庆师院任教的周建国先生于80年代末、90年代初开始做文集的校笺工作,历经10年,终于有成,由河北教育出版社出版《李德裕文集校笺》一书。这是目前李氏文集篇章收辑最为齐全、文字校勘最为确当的本子。这次修订《年谱》,即充分利用《校笺》的成果,对引录的文字作了核对,并在作品系年上也相应作了修正。同时,在引用日本遣唐僧人圆仁《入唐求法巡礼行记》有关记载时,也复核了白化文学兄等所作的《校注》本(花山文艺出版社1992年9月版)。

这次修订,对某些记事之误加以改正的,还可举几个例子。如李吉甫由郴州刺史改饶州刺史,原系于德宗贞元二十年(公元804年),实应为贞元十九年(公元803年)。我已引用《唐语林》的记述:“李相国忠公,贞元十九年为饶州刺史。”但认为此乃孤证,不足为据。这次据唐权德舆《使持节郴州诸军事权知郴州刺史赐绯鱼袋李公(伯康)墓志铭》、宋《太平寰宇记》、清《金石补正》之《路恕李吉甫题名》,正式确定贞元十九年之说。又如李德裕因其父居相位而以荫补校书郎,原系于元和元年(公元806年)李吉甫第一次入相时,实误,现改为元和八年(公元 813 年)李吉甫第二次入相时，这样，李德裕与王起等交往及唱和诗之时间都可理顺。

这次还补充了一些有用的材料。如元和五年(公元 810 年)柳宗元时在贬所永州，曾有《谢李吉甫相公示手札启》(《柳宗元集》卷三六)，这时李吉甫在淮南节度使任，曾托吕温致书柳宗元，对柳之境遇表示关注，柳表示感谢。《柳集》同卷又有《上扬州李吉甫相公献所著文启》，启中称颂李吉甫在淮南之政绩。由此可以见出李吉甫对永贞革新的贬臣是寄予同情的，这当与后来李德裕同刘禹锡时有诗文交酬有所影响。又如宝历元年(公元 825 年)李德裕在浙西观察使任，曾献《丹扆六箴》上谏敬宗(《通鉴》载敬宗"游幸无常，昵比群小")，此次修订时，增补一条材料，即《宋会要·选举》九三五，宋真宗景德元年(公元 1004 年)赐进士柳察，拟白居易所作策问七十五篇，又续李德裕《丹扆箴》以献，遂复试，赐出身。由此可见李德裕作品对宋代士人的影响。又大和五年(公元 831 年)有关西蜀维州受降而涉及牛(僧孺)李(德裕)之争以及司马光《通鉴》之评论，这次补辑宋《朱子语类》、明胡广《胡文穆杂著》等，可以更全面研究唐以后人们的评论。又如李德裕有《寄茅山孙炼师》诗三首(别集卷三)，又《遥伤茅山县孙尊诗三首》、《尊师是桃源黄先生传法弟子……》(别集卷四)，这几首诗中提及的"孙炼师"、"黄先生"、"瞿童子"，原谱中均未考出姓名。这次据陶敏先生《全唐诗人名考证》，并参我与周建国先生合著的《李德裕文集校笺》，查出《茅山志》、《集古录目》等书，考出孙炼师为孙智清，黄先生为黄洞元，瞿童子为瞿柏庭。

原谱中对外集《穷愁志》四卷，我是基本上采取非李德裕作的态度的。在作《文集校笺》过程中，发现有些篇章的文字非出李德裕之手不可，因此改变原来的主张，认为除了个别少数篇章外，《穷愁志》绝大部分为李德裕所作。

这里我要特别提出的是，这次修订，得力于周建国先生之助不少。他帮我通阅了全书，有不少问题是他发现的。周建国先生于80年代在复旦大学做研究生时，就发表过关于牛李党争的学术论文，很有见地。近10年来，我们在李德裕研究上合作很有成效。他比我年轻，但治学上多有胜我之处。

我与周建国先生合作，花费将近10年的时间，编纂成《李德裕文集校笺》，即将由河北教育出版社付印问世，现在这部修订本《李德裕年谱》，河北教育出版社也慨允出版。我自信这两部书是真正下过实力的，凡研究李德裕，研究中晚唐历史与文学，最好参阅这两部书。对于河北教育出版社坚持高品位，坚持对文化学术的奉献，我是十分钦佩的，谨致以诚挚的感谢。

【补记】 以上"新版题记"是1999年6月撰写的，因9月初我将应邀赴台湾新竹清华大学中文系讲学，须作各种准备，因此，未能将这次修订情况作较为充分的介绍。我于翌年2月自台返京。5月初河北教育出版社副总编邓子平先生因公来京，亲自把这新版《李德裕年谱》校样带给我，我即用5月上旬的一周假期通阅全稿。近日河北教育出版社又把修改过的校样送来，我再校阅，通读后深有所感。我感到，唐代中晚期，不少有代表性的文学家，如韩愈、柳宗元、刘禹锡、白居易、元稹、李绅、李商隐、杜牧、温庭筠、司空图等，都曾牵涉到当时的政治纷争。他们很关心国事，关心社会，也极重视自己的事业，但他们终究受到各种打击，自己个人、家属及友人都遭遇过祸害。从中晚唐的政事与文人的关系看，文人涉及政争，是没有不失败的，这很值得研究。这之中，有大的朝政问题，也有一些人的品质问题。韩愈在为柳宗元所作的墓志铭中就说过，有些人在交往中，先是“握手出肺肝相示，指天日涕泣，誓生死不相背负”，而一旦友人失势，就“挤之又下石”，而且“自视以为得计”。李德裕也有此遭遇。他在武宗朝任宰相时，特别提拔白居易之从父弟白敏中为翰林学士、中书舍人，白敏中于会昌年间仕途的迁升是全得力于李德裕之荐引的。但武宗一死，宣宗即位，一朝天子一朝臣，不到半个月，李德裕就马上贬官，连续受到打击，直至贬于海南岛而死。这之中，白敏中是起了很大作用的。怪不得清初王士禛在《池北偶谈》中说：“及德裕之贬，(白敏中)诋之不遗余力。……尤为当世鄙薄。”李德裕在流贬途中所作《穷愁志》四卷，置生死于度外，对世事作了严正的评论，其中有《小人论》一文，说小人不仅是因“世态炎凉”而对人漠视，最主要是“以怨报德”、“背本忘义”，而这二者又恰恰是“不可预防”的。李德裕这样说，当是有为而发。这对于我们研究当时的世态人心，都有启发。不过还是杜甫说得对：“尔曹身与名俱灭，不废江河万古流。”一切都会过去，对有成就、有贡献的人来说，最主要还是看他本人的事业和作品。正因如此，李商隐代郑亚致书于李德裕，劝他“慎保起居”，“少以家国为念”，建议他将其“言不失诬，事皆可信”的著作很好地编起来，以传于后世，“翳而来者，景山仰之”。

《李德裕文集校笺》前言*

一

李德裕，字文饶，祖籍赵州（今河北赵县）。他于唐朝时曾两度入相，在一些重大政治问题上的主张和行动，在历史上具有进步意义。他既是一个要求改革、要求有所作为的政治家，又是河北省的历史名人。因此这部《李德裕文集校笺》得以在河北教育出版社出版，作为此书的整理、研究者，我们觉得，这也是对于河北历史文化所作的一点贡献。

李德裕确是一位有多方面成就的历史人物。在政治上他是一位实干家，他在好几个地方担任过节度使的官职，像在浙西、滑州、西川、淮南，都有治绩，在可能的范围内，尽量为当地做些好事。他在唐朝文宗、武宗两朝先后两次任宰相，都有改革的措施。北宋时“庆历革新”的名臣

* 原载于傅璇琮与周建国合撰的《李德裕文集校笺》，石家庄，河北教育出版社，2000。

范仲淹正是从这点着眼，对于李德裕作了充分的肯定，说他“独立不惧，经制四方，有相之功，虽奸党营陷，而义不朽矣”(《范文正公集》卷六《述梦诗序》)。稍后李之仪在《书牛李事》中云：“武宗立，专任德裕，而为一时名相，唐祚几至中兴”(《姑溪居士集》卷十七)。南宋时的叶梦得在《避暑录话》中更明确地说：“李德裕是唐中世第一等人物，其才远过裴晋公(度)，错综万务，应变开阖，可与姚崇并立”(卷二)。同时的著名学者洪迈，也说“李德裕功烈光明，佐武宗中兴，威名独重”(《容斋五笔》卷一《人臣震主》)。明清两代一些有识之士，也都有共同的看法。如明王世贞说：“余尝怪唐中兴以后，称贤相者，独举裴晋公，不及李文饶，以为不可解。后得文饶《一品集》读之，无论其文辞剀凿瑰丽而已，即揣摩悬断，曲中利害，虽晁(错)、陆(贽)不及也。”(《弇州山人稿·读〈会昌一品集〉》)清初王士禛也说李德裕“功业烂然，与裴晋公相颉颃。武宗之治，几复开元、元和之盛”(《香祖笔记》卷十二)。直至清中叶以金石考述著称的学问家毛凤枝，也说他“料事明决，号令整齐，其才不在诸葛下”，因而认为唐朝后期“中兴之功当以武宗为最”(《关中金石文字存逸考》卷九)。

李德裕的文采也是独标一时的。他与同时期的有名诗人如白居易、刘禹锡、元稹、李绅均有文字交往，刘禹锡、元稹很赞誉他的诗作。宣宗时人裴庭裕说他“文学过人”(《东观奏记》卷上)。宋朝一代文豪欧阳修称李德裕“文辞甚可爱也”(《集古录跋尾》卷九)。高标神韵、少所许可的王渔洋(士禛)，称道其骈文“雄奇骏伟”，又说他的诗“较白乐天、刘梦得不啻过之”(《池北偶谈》卷十七)。在另一书中他又认为李德裕的文章可以与陆贽、杜牧、皮日休、陆龟蒙等人并提(《香祖笔记》卷六)。近代学者罗振玉则推崇李德裕的书法，以为唐人隶书“尚存古法者，有唐惟李卫公一人耳”(《石交录》卷四)。至于他的博学广识，唐宋人的著述，如张彦远《历代名画记》、段成式《酉阳杂俎》、韦绚《戎幕闲谈》、王谠《唐语林》、孙光宪《北梦琐言》、陶谷《清异录》等多有记之。

就是这样一位卓有成就的人物，却因为陷于当时的所谓朋党之争（即牛李党争），而受到不少误解、曲解，以及无谓的攻击。北宋的王安石曾指出有一种“阴挟翰墨”“以厌其忿好之心”的人，利用执笔为史的机会，对前世“雄奇儁烈”之士曲尽谤讪之能事，以致“往者不能讼当否，生者不得论曲直”（《王文公文集》卷八《答韶州张殿丞书》）。李德裕情况就是如此。在他生前，处于激烈的党争中，在他贬死以后，有些人又多“阴挟翰墨”，假造出许多情节，甚至伪撰李德裕的诗文，予以诬蔑。20世纪以来，中国史学界对牛李党争已能逐步辨明事实，理清是非，作出较为公允的评价，但不可否认，在有些问题上，也仍为陈习所囿，未能完全作出客观的分析和判断。

我们二人，在80年代中，曾有一段时期集中于研究中晚唐文学。我们发现，中晚唐文学史上的几位大家，除了韩愈、柳宗元因去世较早外，其他如白居易、元稹、李绅、李商隐、杜牧，都牵涉到党争。过去的一些研究者，也往往把他们列为牛党或李党。另外又如李翱、皇甫湜、孙樵等，也都在作品中涉及这一斗争。中晚唐文学，与当时的政治情势，其互相之间的关系和影响，较前期更为密切与复杂。为进一步了解当时的文学发展情况，我们都对李德裕及牛李党争作过研究，并有一些论著问世。傅璇琮有《李德裕年谱》（齐鲁书社，1984），《李商隐研究中的一些问题》（《文学评论》1982年第3期），《牛李党争与唐代文学研究》（《文史知识》1983年第2期）。周建国有《关于唐代牛李党争的几个问题》（《复旦学报》1983年第6期），《试论李商隐与牛李党争》（《文学评论丛刊》第22辑，1984），《郑亚事迹考述》（《文史》第

31 期，中华书局)，《关于李德裕晚年史料的一些考订辨误》(《文献》1994 年第 3 期)，《白居易与中晚唐党争》(《文献》1994 年第 4 期)。

我们在各自研究的基础上，逐步理解到，牛李党争中，核心人物是李德裕。中晚唐文学的复杂情况，需要从牛李党争的角度加以考索；而要研究牛李党争，最直接的办法则是研究李德裕。对李德裕的研究，一方面当然要论析其政治主张与实践，考证有关史料记载的真伪，另一方面，也就是基本的一点，则应认真整理、校订其文集，使其作品尽可能详实、完整地提供给当世，让我们现代人能从其作品中更确切地了解这一历史人物的全貌。这也是我们近七八年来共同合作，从事于李德裕文集整理与研究的起因。

二

李德裕的先世，一直是居住在唐朝的河北道赵州赵郡的。其曾祖李载，唐李肇《国史补》曾称其为“燕代豪杰”。但在这之前，李氏家族都未曾入仕做官。李载子栖筠，也就是李德裕之祖，开始离开赵州移居河南。安史之乱时他曾率精卒七千赴唐肃宗驻地灵武，任殿中侍御史；大将李光弼守河阳拒安史乱军，李栖筠为其行军司马。安史乱平，官御史大夫，史称其“敷奏明辩，不阿附”。但终为宰相元载所抑，忧愤而卒。《新唐书》卷一四六有传。

李德裕生于唐德宗贞元三年(公元 787 年)，这年其父吉甫 30 岁，在朝中任太常博士，居京都长安。贞元八年，因受到朝中宰相陆贽、窦参之间争斗的牵连，窦参被贬，李吉甫坐窦参之党，也被贬为明州(今浙江宁波)员外长史。这年李德裕 6 岁，随父南下，从此开始了他幼年和青少年时期流转外地的生活。贞元十一年因陆贽被贬忠州(今重庆忠县)别驾，李吉甫升迁为忠州刺史，却与陆贽相得甚欢。李德裕此时当也随父入川，一直到他 17 岁，其父李吉甫调郴州(今湖南郴县)刺史，都是在川东度过的。贞元二十一年(公元 805 年)八月宪宗立，李吉甫已在饶州(今江西鄱阳)刺史任，即由饶州入朝为考功郎中、知制诰，同年十二月改为中书舍人、翰林学士，李德裕也随父进入长安。这年他为 19 岁。

宪宗元和二年(公元 807 年)正月，李吉甫拜相，对朝政有所改革，如抑制方镇，选拔人才，精简官吏，对外采取积极防御政策。在这期间，李德裕先荫补为校书郎，后以父居相位，避嫌在方镇幕府供职。元和九年(公元 814 年)十月，李吉甫卒，年五十七。元和十二年，李德裕居丧守制期满，于本年应河东(今山西太原)节度使张弘靖之辟，为河东节度使掌书记。十四年五月，随张弘靖入朝，除监察御史。十五年正月，宪宗为宦官杀害，穆宗立。次月，李德裕与李绅入为翰林学士；穆宗长庆元年(公元 821 年)二月，元稹也为翰林学士，当时称他们三人为“三俊”。这年李德裕 35 岁，从此步入政治上层。这时牛党中心人物牛僧孺、李宗闵也已在朝中做官。本年，李宗闵之婿苏巢应进士试，最初及第，后有人上言此次考试不公，于是复试，苏巢等落第，李宗闵因事涉请托，外出为剑州刺史。李宗闵等以为是元稹、李德裕在其中起作用，大为忌恨。《资治通鉴》记载此事，并认为“自是德裕、宗闵各分朋党，互相倾轧，垂四十年”。实际上即使牛李党争在本年正式开始，其是非曲直也是十分明显的。

长庆二年二月，李德裕被任为御史中丞，出翰林学士院。这时朝政又有所纷争。先是元稹已拜相，裴度也自太原入朝，同时入相的还有李逢吉。李逢吉与裴度不和，借端攻击，六月，元稹、裴度俱罢相，元稹出为同州刺史(后改越州)。李逢吉欲擢引牛僧孺为相，而于九月出德裕为浙西(今江苏镇江)观察使。李德裕在浙西任时，注意改革旧俗，破除迷信，禁止厚葬，奏去管内淫祠一千一十五所。在此时期，他与白居易、元稹、刘禹锡均有诗唱和，刘禹锡后将他与李德裕唱和之诗编集，名为《吴蜀集》。

文宗大和三年（公元 829 年）八月，李德裕由浙西召入为兵部侍郎，裴度时复居相位，本想荐引之，但李宗闵因得宦官之助，先入相，九月，乃出德裕为义成节度使、滑州（今河南滑县）刺史。这时滑州正处于战乱之后，“物力殚竭，资用凶荒”。德裕抵任后，“下车三日而新政兴，涉旬而旧俗革，周月而风偃三郡，逾时而泽流四境”（贾餗《赞皇公李德裕德政碑》）。大和四年十月，因四川受南诏侵扰，政荒人饥，朝廷就命李德裕入川，为西川节度使。李德裕到任后，即遣人至南诏访查被俘的民人，约得僧道工匠等四千人归成都；巩固关防，训练士卒，修理兵器；招降吐蕃之维州守将，加强川西的边防。

大和七年（公元 833 年）二月，由于李德裕政绩显著，牛僧孺等执政不得人心，文宗就召德裕入相。他在入相之初，即对朝制进行改革，破除朋党，“用中立无私者”，并对科举考试作一定改进。但这时朝中又有变化，李训、郑注二人勾结宦官王守澄，想操纵朝政，他们先起用李宗闵，又设法使李德裕复出为浙西观察使；李德裕于大和九年又被贬为袁州（今江西宜春）长史。而不久，李训、郑注又与李宗闵发生矛盾，揭发李宗闵结宦官求相位，贬其为潮州司户。朝政之混乱可见一斑。开成元年（公元 836 年），李德裕又由袁州量移滁州（今安徽滁县），同年七月，又由滁州刺史改太子宾客分司东都，九月中抵洛阳，居住于故居平泉别墅。而同年十一月又改除浙西观察使，第三次赴浙西任。第二年开成二年五月，改为淮南（今江苏扬州）节度使。不久朝政猝变，开成五年（公元 840 年）正月，文宗卒，武宗即位。七月，李德裕被召入朝，九月拜相。这年他 54 岁。

武宗于第二年改元为会昌。李德裕在会昌五年间，一直为首任宰相，也是他在政治上最有作为的时期。如：积极抵御回纥入侵，平定泽潞叛乱，改革朝政，抑制宦官，并提出宰相任职时间不应过长(最多不超过三考)等极有见地的政治见解，在封建社会中是极为难得的。

会昌六年(公元 846 年)三月，武宗病卒，宣宗立，朝政立刻起变化。四月上旬，李德裕罢相，出为江陵尹、荆南节度使。正如南宋洪迈所说："人臣立社稷大功，负海宇重望，久在君侧，为所敬畏，其究必至于招疑毁。"(《容斋五笔》卷一《人臣震主》)五月，牛党骨干白敏中执政。八月，下诏牛僧孺、李宗闵等皆由贬所北迁。九月，李德裕由荆南节度使改东都留守，解平章事。宣宗大中元年(公元 847 年)二月，又由留守改为分司，完全是虚职。十二月，即由分司东都贬为潮州司马，并明令"纵逢恩赦，不在量移之限"。大中二年九月，再贬为崖州(今海南琼山县)司户。大中三年正月至贬所。德裕南贬时，其妻刘氏、子浑、钜及一女同行，时刘氏已病。三年八月，刘氏卒于崖州，年六十二。这时其子李烨也被贬于蒙州立山县，闻讣后向当地官吏请求赴崖州奔丧，不准。十一、十二月间，李德裕曾写信其友人姚谏议某，叙生活艰苦之状，说"大海之中，无人拯恤，资储荡尽，家事一空"，又云"自十月末得疾，伏枕七旬，药物陈裛，又无医人，委命信天，幸而自活"。但他还是坚持自己的信念，在南贬途中和居住崖州时，写了好些篇颇有卓见的杂文。这些文章即后来编为外集的诸论，当时称《穷愁志》。李德裕于本年年底，农历十二月十日，卒，年 63。

以上是李德裕一生的主要事迹。他的一生浮沉，确与党争有关。过去不少人把牛李党争完全看成为封建官僚争权夺利之争，无所谓是非曲直。有些初读历史的人认为朋党之争头绪杂乱；有些研究唐代文学的人，一碰到有些作家夹杂在那样的党争中，也感到头痛，觉得不知怎么评价为好。为了有助于读者研读这部文集，我们想，在简述李德裕生平之余，对牛李党争的政治分歧，还宜予以简要的论析。

我们认为，牛李党争并不是单纯的个人权力之争，而是两种不同政治集团、不同政见的原则分歧。可以说，牛李两党，对当时一些重大政治问题，都是针锋相对的。

唐代中后期政治事件中一个突出的问题是藩镇割据。李德裕是反对藩镇割据，维护中央集权的。会昌年间他主朝政，就力排众议，坚决主张对拥兵擅命、盘踞泽潞的刘稹进行军事讨伐。战争进行了一年多，平定了泽潞五州，打击了藩镇势力，巩固了国家统一，振奋了全国的军心民心。正如《旧唐书》本传所说，在这次平叛战争中，“筹度机宜，选用将帅，军中书诏，奏请云合，起草指踪，皆独决于德裕，诸相无预焉”。而与此相对立，李宗闵等早与刘稹之父昭义节度使刘从谏交通往来；牛僧孺居洛阳时，闻刘稹败讯，每“恨叹之”（《新唐书·牛僧孺传》）。态度明显不同。

宦官专权是唐代中后期政治腐败的又一表现。李德裕是主张抑制宦官权力的，他在抗击回纥、平定泽潞的战争中，不许宦官干预军政，加强将帅权力，使得指挥统一，军权集中，保证战争的胜利。他在会昌时的一些措施，都可看出是在抑制和削夺宦官的干政。清初王夫之曾明确指出：“唐自肃宗以来，内竖之不得专政者，仅见于会昌。德裕之翼赞密勿、曲施衔勒者，不为无力。”（《读通鉴论》卷二十六）而李宗闵等人，却有巴结宦官的事例。

李德裕在文宗大和年间任西川节度使时，整顿巴蜀兵力，成绩斐然，并使相陷已久的西川入吐蕃的门户维州归附唐朝；而这时牛僧孺为相，却执意放弃维州，结果是平白丢失重要的边防重地，并使得降人受到吐蕃奴隶主贵族残酷的报复性杀戮。在对回纥的战争中，李德裕也是与牛僧孺相对立的。李德裕主张积极巩固国防，保护边疆地区的正常生产，在此基础上与一些有关的少数民族政权保持和好关系；而牛僧孺则一味退让，软弱保守。

佛教在唐朝中期以后大为发展，使得“中外臣民承流相比，皆废人事而奉佛，刑政日紊”(《通鉴》卷二二三唐代宗永泰元年)。李德裕明确指出，释氏之教“殚竭财力，蠹耗生灵”(《会昌一品集》卷二十《祈祭西岳文》)。他赞助武宗灭佛，是历史上的有名事例。在此次灭佛中，确也有过火之处，损毁了一些寺庙、佛像建筑。但整体上说是有进步意义的。后宣宗即位，牛党白敏中等执政，马上宣布兴佛，更大规模地兴造佛寺。这点，连杜牧、孙樵等在大中当时也是不赞成的。

过去有些记载认为李德裕不是科举出身，因此认为他属于士族地主的后裔，排斥进士，甚至认为牛党重进士科，李党重门第，牛党代表唐高宗、武则天之后由进士词科进用之新兴阶级，而李党则代表两晋、北朝以来的山东士族。这完全是对史实的误解。

李德裕虽非进士出身，但并不反对科举取士制度。会昌以前，每年录取进士名额大致以二十五人为限，会昌时取消这一限额，这就必然使进士录取人数增加，而这正是李德裕执政时期。难怪在他后来南贬时，当时就流行两句诗：“八百孤寒齐下泪，一时南望李崖州。”这所谓“八百孤寒”，正是当时较为清寒的应试举子。李德裕对科举考试曾进行若干改革：第一，他反对进士只考试诗赋，认为不能只讲究浮华的词藻，还应考经义策问，讲究实际的行政才能。第二，他反对当时盛行的进士登第后大宴曲江池、门生拜座师的习尚，认为这只能助长奢侈和结朋党的不良风气。第三，当时科试有这样一种不成文的规定，即礼部阅卷初步定了名单，还要依次到宰相府上呈报，请求过目，这里面就有上下其手的种种弊端。李德裕执政，奏请取消这一层手续，这实际上是对包括李德裕自身在内的宰相权力的一种限制，确是难能可贵的。对比而言，牛党人士不但没有提出像样的主张，而且好几次在考场中托人情，通关节，舞弊作案，牛党骨干杨虞卿更是其中的能手，“每岁铨曹吏部，为举选人驰走取科第，占员缺，无不得其所欲，升沉取舍，出其唇吻。而李宗闵待之如骨肉，以能朋比唱和，故时号为党魁”（《旧唐书·杨虞卿传》）。

南宋理学名家真德秀著有《读书记》六十一卷，记历代名臣贤相，至唐则止于李德裕（参《四库全书总目提要》子部儒家类二）。真德秀这样处理是有道理的。如果我们把李德裕的政见放在历史的联系上来看，可以说，会昌政治是中唐以来一切革新行动的继续。削夺藩镇与宦官之权，革除朝政的种种弊端，对当时社会上的一些腐败现象进行整顿，这是德宗末期以来要求改革之士的共同愿望，包括永贞革新和宪宗初期的振兴之举。但正如清人毛凤枝所说，“宣宗即位，自坏长城，赞皇功业不就，唐祚因以日微”（《关中金石文字存逸考》卷九《剑南西川节度使李德裕题名》）。唐中期以后，腐朽势力越来越强大，革新力量无不以失败而告终。会昌、大中之际是这两大势力最后的一次大搏斗，结果以李德裕的贬死而宣告革新力量的失败，唐王朝也就在腐败中走向灭亡。

三

本节拟介绍历史上李德裕文集编次与流传的情况。

李德裕曾有两次自编其诗文集。第一次是武宗会昌五年（公元845年），李德裕尚在相位。《会昌一品集》卷十八有《进新旧文十卷状》，未注年月。首云“四月二十三日，奉宣令状臣进来者”，则在四月下旬。又云："伏以扬雄云：'童子雕虫篆刻，壮夫不为。'臣往在弱龄，即好辞赋，性情所得，衰老不忘。属吏职岁深，文业多废，意之所感，时乃成章。岂谓击壤庸音，谬入帝尧之听；巴渝末曲，猥蒙汉祖之知。……谨录新旧文十卷进上。"按本年清明，德裕曾撰《侍宴诗》录进(《一品集》)卷十八，又卷二十《寒食日三殿侍宴奉进诗一首》，系年见傅著《李德裕年谱》)。此当是武宗得《侍宴诗》后，又令德裕编录所作进奏。据《进新旧文十卷状》所云，其中主要为辞赋可以肯定。虽云"新旧文"，但既谓"击壤庸音"、"巴渝末曲"，当也有诗作。除会昌时所作外，尚有会昌前的作品。但这十卷并未传下来，宋时所传的别集十卷，则为后人所编，其间是否有一定关系，待考。

第二次是在宣宗大中元年(公元 847 年)。其时，德裕已罢相，宣宗恶之，起用牛党白敏中辈主政，故李氏文集的编写与朝局之翻覆大有关系。今传李德裕文集或名《李文饶文集》，或名《会昌一品集》，或名《李卫公会昌一品集》，皆为正集二十卷，别集十卷，外集四卷本。文集别集卷六有李氏大中元年九月致其亲密同僚桂管观察使郑亚书信一封。这封《与桂州郑中丞书》即德裕请郑亚为其文集作序之书。书中自述编集目的、文集内容，云：

某当先圣御极，再参枢务，两度册文，及《宣懿太后祔庙制》、《圣容赞》、《幽州纪圣功碑》、《讨回纥制》，五度黠戛斯书，两度用兵诏制，及先圣改名制、告昊天上帝文并奏议等，勒成十五卷。贞观初有颜、岑二中书，代宗朝常相，元和初某先太师忠懿公，一代盛事，皆所润色。小子词业浅近，获继家声，武宗一朝，册命典诰，军机羽檄，皆受命撰述，偶副圣情。伏恐制序之时，要知此意，伏惟详悉。谨状。

李氏自编其会昌执政时的一代政治文献，用心颇为深远。郑亚为李党中坚，《全唐文》中仅存其文两篇，然其早岁即有文名，数岁之中，连中进士、制科、书判拔萃。《旧唐书·郑畋传》谓亚“聪悟绝伦，文章秀发。李德裕在翰林，亚以文干谒，深知之”。及德裕晚年以文集相托，亦可谓是文章知己了。郑亚收到德裕从洛阳寄来的文集十五卷及书信后，先命幕僚李商隐代拟序文。李商隐《太尉卫公会昌一品集序》称：“故合诏诰奏议碑赞等，凡一帙一十五卷，辄署曰《会昌一品集》云。纪年，追圣德也；书位，旌官业也；不言制禁，崇论道也。”此中所述德裕文集内容卷数与德裕书信中所述相一致。今通行本《李文饶文集》则均以郑亚自作的序文置之卷首。郑序据李序改写，将原稿骈文改为散文，序旨突出歌颂会昌之政，可谓深得德裕来书中“伏恐制序之时，要知此意”的弦外之音。李德裕、郑亚都曾有志于修史，都编修过相当数量的史书。他们编会昌一代文献，既是对大中君相务反会昌之政的反抗，也有存一代史实之意。集的留传使后人得以从中了解李德裕及其同僚在会昌年间的功业，就这一点论，他们是颇有史识的。清代徐树谷笺注李商隐文集，以为郑亚序文“典严正大，较原作更得体”。从郑序看，郑序不只序其集，而且对李集又加编排。其云：“故合武宗一朝，册命典诰、奏议碑赞、军机羽檄，凡两帙二十卷，辄署曰《会昌一品制集》。纪年，追圣德也；书位，旌官业也。岁在丁卯(公元 847 年)，亚自左掖，出为桂林。九月，公书至自洛，以典诰制命示于幽鄙，且使为序，以集成书。”其中旨意，明乎牛李党争及晚唐史实者当不难辨识。郑序《会昌一品制集》的内容与李德裕来书及李商隐序所述相一致，但李书及李商隐序称文集为十五卷，而郑序已改为二十卷。其间异同已无可细考。唯嗣后史籍及公私书目所载李德裕会昌文集均作二十卷，今所传影宋本以下亦皆作二十卷。尤可注意者，《旧唐书·李德裕传》已称“有文集二十卷”，可见在唐五代即以文集二十卷行于世了。《新唐书·艺文志》别集类载：“李德裕《会昌一品集》二十卷，又《姑臧集》五卷，《穷愁志》三卷，《杂赋》二卷。”正可谓李氏会昌文集二十卷乃源流有自，郑亚之编，实为嚆矢。

至今通行的李德裕文集均作正集二十卷，别集十卷，外集（即《穷愁志》）四卷，共为三十四卷。这三十四卷本在宋代就已流行，郑亚所编《会昌一品制集》亦即正集二十卷。

李德裕文集别集的著录较迟。南宋晁公武《郡斋读书志》、陈振孙《直斋书录解题》始著录李氏别集。《直斋》记载为十卷，《晁志》记载为八卷，但另载平泉诗一卷，古赋一卷，合起来恰是十卷。现存十卷别集所收诗文，最早是元和五年德裕随父在淮南时所作《圯上图赞》，最晚是大中三年冬卒前不久所作《与姚谏议郃书》，宪、穆、敬、文、武、宣等各朝都有，大致是：卷一、卷二为赋，卷三、卷四为诗，卷五为奏状，卷六为书信与神道碑，卷七为记及祭文，卷八为箴铭赞等杂体文，卷九、卷十为有关平泉的记、赋及诗。这十卷所收，既有伪作，也有漏略，限于篇幅，此处不能细加考辨。别集为何人所编，则无记载，编定的时间当在北宋。范仲淹《述梦诗序》云：“景祐戊寅岁（1038 年），某自鄱阳移领丹徒郡，暇日游甘露寺，谒唐李卫公真堂，其制隘陋，乃迁于南楼，刻公本传于其侧，又得集贤学士钱绮翁书云，我从父汉东公尝求卫公之文于四方，得集外诗赋杂著成共一编，目云《一品拾遗》。”（《范文正公文集》卷六）此《一品拾遗》未著卷数，亦未见藏书家著录。今读《直斋》卷十六别集类，谓《会昌一品集》二十卷，别集十卷，外集四卷，与现存各本之分集、卷数悉同；又谓“别集诗赋杂著”，则与范仲淹所记载钱绮翁曾寓目之《一品拾遗》为“集外诗赋杂著"相一致。或者绮翁从父汉东公所编《一品拾遗》对后来《直斋》、《晁志》所记李氏别集有一定关系，而《一品拾遗》对北宋人编李氏别集亦似有一定影响。

李氏外集的著录比别集为早。《旧唐书·李德裕传》："初贬潮州，虽苍黄颠沛之中，犹留心著述，杂序数十篇，号曰《穷愁志》。"由此推定，德裕贬潮州以后所撰杂序史论被称为《穷愁志》，实于晚唐时已然。《新唐书》卷六十《艺文志》四载李德裕《穷愁志》三卷，而《晁志》亦谓《穷愁志》三卷，陈氏《直斋书录解题》则称外集四卷，比《新书·志》、《晁志》所述多出一卷。此后影宋本以下多作外集四卷，其中应有伪作混入。如外集卷四之《冥数有报论》，为《旧唐书·李德裕传》所收。此后，《文苑英华》卷七四〇以及影宋本《李文饶文集》外集均收录此文。但此文与外集卷四中的《周秦行纪论》皆为伪作。《周秦行纪论》一篇，岑仲勉《隋唐史》和傅璇琮《李德裕年谱》都已作过辨证，此不赘述。至于《冥数有报论》一篇，竟以德裕口吻自述："乙丑岁，余自荆楚，保厘东周，路出方城"，其时有隐者某氏预卜德裕"此官人居守后二年，南行万里"。"乙丑"为会昌五年(公元 845 年)，李德裕此时权势极盛，而该隐者竟然能够精确预知其二年后将被贬逐到万里南荒之地，此显然是作伪者根据后来的事实加以编派所致。且李德裕出镇江陵荆楚之地，在会昌六年四月，非会昌五年，事详宋敏求《唐大诏令集》卷五三所录崔嘏撰写之《李德裕荆南节度平章事制》。

应当指出的是，过去有些学者对外集的可靠性颇抱怀疑的态度，有的甚至认为外集从整体上恐非李德裕所作。如上所说，外集中确有伪作。另外有些篇有指斥时政的激烈言辞，似与李氏当时的逐臣身份不相适应。但这应有所分析，有些篇在论述中只能出于德裕之手，别人是造不出来的。这里举一个例子。外集卷二《忠谏论》，中云："谏大夫言婢不为主，白马令言帝欲不谛(自注：刘、李二人名各不便，故书其官)。”经考查，此处的谏大夫，系指西汉时刘辅，《汉书》七十七有传。他曾为谏大夫，时汉成帝欲立赵婕妤为皇后，刘辅上书力谏。白马令系指东汉时李云，《后汉书》卷五十七有传。李云任白马令时，桓帝立掖庭女亳氏为皇后，李云上书，中云：“孔子曰：‘帝者，谛也。’今官位错乱，小人谄进，财货公行，政化日损，尺一拜用不经御省。是帝欲不谛乎?”李云因此而死于狱中。李德裕此处用《汉书》、《后汉书》的典故，其自注云“刘、李二人名各不便，故书其官”，那是因为其祖李栖筠之筠与李云之云同音，其父李吉甫之甫与刘辅之辅同音；唐人避家讳极严，故谓只书其官，不便称名。这如果非身处其境，是写不出来的。这应该是李德裕所作的确证。别的篇也有叙其亲身经历的。即使言辞激烈的篇章，也可视为李德裕此时已置生死于度外，无所顾虑，直抒胸臆，尤可宝贵。总之，对外集应本多闻阙疑的原则，不必遽下论断，以审慎为是。

四

现存李德裕文集尚有一些珍贵版本存世。集合诸本之长，重新整理出版一本完备的李德裕文集，已是推动当今李德裕研究，乃至中晚唐文史研究深入发展的一项迫切任务。清代藏书家陆心源在《仪顾堂题跋》卷一〇中论及明刊《李文饶文集》颇有讹夺，尝借月湖丁氏影宋钞本校明嘉靖本，其中校补甚多。陆心源另外又收藏过一种晚明叶石君手跋本。《皕宋楼藏书志》卷七〇：“叶氏手跋曰：‘戊子年夏，假得太原张孟恭所藏苏州文衡山宋本校。洞庭叶石君记。’”我们有机会读到叶跋本的胶卷，知在陆氏所记之语前，叶跋尚有“崇祯庚辰冬十月名山藏，收藏次年冬十月重装”十九字。盖因“戊子年”已是清顺治五年，而上书“崇祯庚辰”，下只书“戊子”干支，陆氏讳之，而略去上十九字。此两种藏本前有郑亚序，后有绍兴己卯(1159 年)袁州刊版序，陆氏均断为嘉靖刊本。《仪顾堂题跋》述其推断理由是：“余先有明万历刊本，后从上海郁氏得嘉靖刊本。嘉靖本前有郑亚序，后有绍兴己卯袁州刊版序，万历本则缺，此外无大异同。”陆氏所藏此两种校本原藏皕宋楼，后为日本岩崎氏静嘉文库所得。我们曾将两种校本略加比较，相同之处较多。唯叶石君手跋本校补简略，其价值远逊于陆氏用月湖丁氏影宋钞本所校者。遍视现存李氏文集，当以陆氏用影宋钞本所校之本为最早且完善的本子。陆氏曰：“甚矣，影宋本之可贵也。”傅增湘校本《李文饶文集》卷末的题记，曰：“嗟乎！天水遗刊渺不复观，皕宋连箧，复归海东。倘天假之缘，月湖传本复出，庶几一扫榛芜哉!”今得此本，用为李集整理之底本，既可使我国珍贵文献在海外的遗存重新引入，亦可慰前贤之所愿，意义甚大。

现传本李集以《四部丛刊》集部《李文饶文集》最为通行。此本乃上海涵芬楼借印常熟瞿氏铁琴铜剑楼明刊本而成，前有郑亚序，后有南宋绍兴己卯袁州刊本后序。书名下方大题作“会昌一品制集”，共二十卷。又《别集》十卷，《外集》四卷，卷数、版式与皕宋楼所藏两种嘉靖本相一致。

此外，《四库全书》本《会昌一品集》二十卷，《李卫公别集》十卷，《李卫公外集》四卷，其卷数、编排与明刊本相一致，大体是沿明本之旧。四库馆臣编此集时，可以参校的材料尚多，内府所藏旧钞《唐文》、《全唐诗》均可参校，故其中不少校改与陆氏借影宋本所校多有相合处。然四库馆臣校不甚严，至有因违碍而窜改原文者。如文集卷十三之《请遣使访问太和公主状》原文“降主虏庭”，改为“降主北庭”；卷十四之《公卿集议谨具如后状》原文“诸虏”改为“诸藩”，“杂虏”改为

“杂藩”，均是显例。明本原作脱文及墨钉处，《四库》本的校补既有与陆校相合者，亦有臆补处。因《四库》本亦为通行之本，援之参校，辨其是非，亦颇有必要。

现在通行的另有《畿辅丛书》本李集、《国学基本丛书》本李集，均据光绪丁亥深泽王用臣本。王用臣本实际上已对李集作了一番校勘，遗憾的是编者未写出详细校勘记，致使今之学者采用此本时不能明其校改之所据。实际上，此本与明刊本有异，其每于字句下摭录异文，以“一作某”标识之。考其引据所由，不外乎两《唐书》、《全唐诗》、明刊本、《四库》本、《全唐文》等等。其未写出详细校勘记固是一大缺失，其中也有一些错校臆改处。岑仲勉《李德裕〈会昌伐叛集〉编证上·编证略例》自言以《畿辅丛书》为底本，但同时指出：“畿本之短，在过用主观，往往改易旧本，失原来面目。如以赞皇自注合后人校注，混称曰原注，其一例也。”(《岑仲勉史学论文集》第三五〇页，中华书局 1990 年 7 月版)岑氏之论甚精辟，有见地。今之文史学者多有援引畿本者，故务须谨慎。

此外，李德裕文集中如今存世的唯一原刻宋本，现由北京文物出版社作为《常熟翁氏世藏古籍善本丛书》出版，实为当今唐代文史研究中的一件大事。此本曾为清代藏书家黄丕烈所得，后归翁同和珍藏，现由退隐于美国纽汉普什尔州莱姆的翁万戈先生慨允影印出版，虽为残本，弥足珍贵。此《会昌一品制集》存卷一到卷十，为正集之半。版式半叶十三行，行二十二字，白口，左右双边，蝴蝶装。

这是一个校勘价值很高的残宋本，与皕宋楼所藏用宋本校补之明刻半叶十行、行二十字者显然分属不同版本。此书前有北京图书馆版本专家冀淑英先生撰写的《影印〈会昌一品制集〉说明》。冀先生说：“今此宋刻重现于世，取校明刻，与陆校多合，此外可正者尚多。”不过，冀文所举残宋本与陆校不同诸条，其中有些仍是相同的。因冀先生未能读到皕宋楼本，而仅据《仪顾堂题跋》所记加以对比。须指出的是陆校原本不误，而陆氏在《仪顾堂题跋》中叙录有误。如卷二《异域归忠传序》，明本讹作“其此四夷悉谓诚臣”，陆氏题跋作“具此四美是谓诚有”，而实际上陆校与残宋本同作“具此四美是谓诚臣”。又，卷七《赐王宰诏意》“用兵之难”一篇，明本脱。陆氏题跋云此文三百九十二字，残宋本此篇三百十六字，而实际上陆氏钞补恰为三百十六字。诸如此类，正可说明皕宋楼本与残本相合之多，二者俱极可贵。

二者也确有不同处。如卷七之编次，残宋本第四篇《赐王宰诏意》“卿顷莅泽州”，皕宋楼本及别本均置此篇于卷末。又，残宋本第十、十一篇同题《赐王宰诏意》，前篇（“用兵之难”），后篇（“将师大略”），时序切当。据考，前篇作于会昌四年二月二十五日后数日之内，即二月底，后篇作于三月上旬。而明本以下皆缺前篇，陆氏校补则两篇前后颠倒，不如残宋本之妥当。又，残宋本第十六、十七篇为《李回宣慰三道敕》、《置孟州敕旨》。据考，前篇作于会昌三年七月，后篇作于同年九月戊申（二十二日）。而陆氏所引影宋本、明本等均前后倒置，愈见得残宋本之可贵。又，残本卷十《论朝廷事体状》有云：“故曰亏令者死，益令者死，不行令者死，留令者死，不从令者死，五者死而无赦。”影宋本以下各本此段文字均脱“益令者死，不得令者死，留令者死”十三字，今得残宋本始得读其全篇。此本内有黄丕烈嘉庆四年题识云：“此残宋刻《会昌一品制集》十卷，卷中有旧钞配入，为甫里严豹人家物，而余购之重付装池者也。先是，余得钞本《会昌一品制集》二十卷，为沈与文所藏，已明中叶本矣。又得旧钞《李文饶集》，则不止《会昌一品制集》与明刻本合，而亦无甚佳处。唯此宋刻较二本为胜，残本实至宝也。”今将此本通读一过，深知黄氏之言确非虚言。

五

经过历代学人长期研究整理，当代研究者在总结前人成果的基础上应以正误补缺为己任，理应为读者提供一本更完备的李氏文集。从现有的资料看，即使是较完备的皕宋楼本仍有许多不足，不仅残宋本可援以校补，经过清人认真整理的《全唐诗》李诗、《全唐文》李文也可援以校补，并且历代总集、史籍、诗文评等著作中可补宋本缺漏者甚多。此外，李德裕文集正集中有关会昌伐叛的篇什，岑仲勉先生《会昌伐叛编证集上》收文八十七篇，均作了校注考证。岑先生对文章所涉及的史实背景、人名、地名等专门知识十分精通，故李集各种版本中互有异同而不能解决的一些问题，常可依据《会昌伐叛编证集》的校注考证得以决疑。诸如此类的研究成果，都是如今整理工作中可资借鉴的重要材料。

我们现在新编的这部《李德裕文集》，由四个部分组成。

第一部分按宋本旧次对三十四卷本《李文饶文集》详加笺校。笺的部分以每篇写作年月及历史背景为主，考证有关的人物、事件、地理。这里我们特别着重于作品写作年月的考证，因为这对于研究李德裕的生平、思想以及唐代史事都极有关系。我们较广泛地查阅有关文献资料，同时注意吸收今人成果。如文集卷四《授元晦谏议大夫制》，我们查出《册府元龟》卷四五七《台省部·选任》收录此文，并载元晦于会昌三年二月除右谏议大夫，据此即可确定其写作年月。又如同卷《授狄兼谟兼益王傅郑柬之兼益王府长史制》，也据《册府》卷七〇八《宫臣部·选任》所载，确定为会昌三年二月。别集卷五《奏银妆具状》，《册府》卷五四六《谏诤部》收载，注为长庆四年七月李德裕为浙西观察使时所作。但《册府元龟》也不一定完全确切，这就需要比较研究。如文集卷十二《论河东等道比远官加给俸料状》，《册府》卷五〇八《邦计部·俸禄》所载为会昌元年，《唐会要》卷九十二同。但《旧唐书·武宗纪》载于会昌二年二月丙寅(初一日)，年月日皆全，故当以《旧纪》为是。文集卷六《赐黠戛斯书》，《册府》卷九九四《外臣部》收载此文，注为会昌三年九月。今据岑仲勉《李德裕〈会昌伐叛集〉编证》所考，定为会昌五年春。文集卷十二《请淮南等五道置游奕船状》，参考缪钺先生《杜牧年谱》，系于会昌五年九月。类似情况甚多，这里只能略举数例，以表明我们对系年所采取的审慎的态度。

至于文字部分，我们则不作一般的字句之注，以免枝蔓。同时校勘时，注意保存宋本旧貌，并尽量摭录异文，以资比较。我们希望尽可能改正错字，使本书能集合众本之长，成为定本。如文集卷三《授李丕晋州刺史充冀氏行营攻讨副使制》，此处“冀氏”各本均作“冀代”。今查《新唐书·武宗纪》，会昌四年三月，石雄兼冀氏行营攻讨使，李丕副之；又《元和郡县图志》卷十二河东道晋州有冀氏县。由此可证原来各本所作“冀代”当为刊刻之误。又如文集卷十一《论冬至岁朝贡》，文中提到积善太后。据《旧唐书·后妃列传》，此处应是积庆太后，为穆宗贞献皇后萧氏；而积善太后则为唐末昭宗皇后何氏，唐哀帝将禅天下，后亦遇害，时代不合，故可断定“积善”为“积庆”之误。又如文集卷十四《奏回鹘事宜状》中有“华封回舆”句，《唐文拾遗》及四部丛刊本均同，而岑仲勉先生《编证》考出“华封舆”乃一人名，则可确定原文“回舆”为误倒。这也是吸取今人研究成果之所得。

第二部分是辑佚。李德裕文集之外，陆心源《唐文拾遗》、《唐文续拾》已辑补佚文数首。而《唐大诏令集》、《唐会要》，以及近数十年出土的碑志中尚有李德裕佚文若干篇，整理中都可辑补。至于李诗，

《全唐诗》曾有所辑佚。《四部丛刊》本李集后附录《李卫公集补》据《全唐诗》录补诗数首，句若干。然真伪混杂，须加厘正。

第三部分是附录，由三个方面组成。其一是《李德裕年表》。此表将李德裕家世生平事迹择要排列，并列小标题以醒其目。会昌之政为德裕生平大端，故会昌年间分列《关于朝政、科举与宗教》、《关于摧抑藩镇》、《对回鹘、吐蕃等扰边之对策》三个标题，以求突出德裕会昌秉政之功绩。其二是《有关本书的李德裕集题跋》，收录陆心源《仪顾堂题跋》卷一〇中《明刊李文饶文集跋》一则。唯目前通行的《仪顾堂题跋》此则跋文讹误甚多，今据陆氏手校皕宋楼本李集一一作了订正，以免以讹传讹。此外，又录傅增湘关于《四部丛刊》本《李文饶文集》题跋三则，黄丕烈《会昌一品制集》残宋本跋二则，均为唐集研究者罕知材料，今一并辑录，以饷同好。其三是《史书所载李德裕奏对及纪事》。德裕于文宗、武宗朝两度执政。《资治通鉴》、两《唐书》记录了他的大量朝堂奏对、政治主张，其中有些奏对原系李氏《文武两朝献替记》、《会昌伐叛记》等的佚文或残文，是研究李氏和晚唐历史的珍贵资料。

第四部分是《李德裕诗文编年目录》。目录所列诗文不仅包括文集所收全部诗文，并将辑佚、辨伪之材料一并收入。阙者补之，伪者辨之，乃至诗文已佚、题目尚存者则作存目采录。这样一个更为完备的李集编年目录，于知人论世必大有裨益。

这样一部《李德裕文集》，不仅将古代文献在海外的遗存重新引入国内出版，而且由于广泛参校善本，正误补缺，可为中晚唐文史研究及李德裕研究的深入，提供信实可靠的史料。

六

或许在今人看来，李德裕只是一位重要的政治人物，算不上什么重要的文学家，但在历代文人学者的心目中，他不仅是重要的政治人物，而且也是文学名家。李氏文集正集中的政治性应用文，别集中的诗赋杂著，外集中的评事论世之作，都曾受到历代文学家的高度评价。

李德裕会昌执政时所撰诏敕、册命、奏议等甚多。其数量之大，“为唐人文集所仅见。其定边之策，经世之文，俱略备于此矣”（清陈鸿墀《全唐文纪事·体例》）。史载，每有诏勅，武宗多命德裕草之，德裕请委翰林学士，武宗则谓“学士不能近人意，须卿自为之”（《资治通鉴》卷二四七）。文章达意近真，又能直表人心，是政治性应用文有没有感染力的重要条件，也是很难达到的高标。德裕凭着丰富的政治经验和卓越才艺，对接受文章的各类人物了如指掌，所言每能切中利害，动人心魄。《通鉴》会昌三年四月载朝廷拟讨伐泽潞，云：“上命德裕草诏赐成德节度使王元逵、魏博节度使何弘敬，其略曰：‘泽潞一镇与卿事体不同，勿为子孙之谋，欲存辅车之势。但能显立功效，自然福及后昆。’丁丑，上临朝，称其语要切，曰：‘当如此直告之是也！’”此中草诏语现见于文集卷六之《赐何重顺诏》。何重顺不久由朝廷诏赐改名弘敬。诏敕对河北藩镇晓以利害，提出严正忠告，显示了讨伐叛镇的决心，充分表现了会昌君相的个性与才略。史称：“元逵、弘敬得诏，悚息听命。”会昌时期，河北藩镇能悚息听命，实为晚唐政治史的一大奇迹。诏敕是朝廷政策的体现。文如其人。《一品集》中外攘夷狄、内伐叛乱的诏勅非常之多。它们正是德裕坚强个性与雄才大略的反映。李氏政治性应用文中还有一些表现出深厚抒情风格的文章，如其代武宗所作的《赐太和公主敕书》，写景抒情，委曲婉转，实可比美丘迟《与陈伯之书》。文云："姑远嫁绝域二十年，跋履险难，备罹屯苦。朕每念于此，良用惘然。……今朔风既至，霰雪已零；绝国萧条，固难久处。旃墙罽幕，何以御冬？肉饭酪浆，且非适口。"仅就此中悬拟虚构的场景描写，其又岂在"暮春三月，江南草长；杂花生树，群莺乱飞"之下！前曾引王世贞云："得文饶《一品集》读之，无论其文辞剀凿瑰丽而已，即揣摩悬断，曲中利害，虽晁、陆不及也。"历代文评家常将汉唐政论文名家晁错、陆贽来同德裕相比，王世贞以为李文之委曲动人更在晁、陆之上，堪称知言。郑序追溯唐代训诰之业，列举颜师古、岑文本、李峤、崔融、张说、苏颋、常衮、杨炎诸人文章之美，于德裕文章功业更是推崇备至。清孙梅《四六丛话》卷六"制敕诏册"承袭郑序之说，回溯自颜、岑以来凤池翰苑文章之美，"尤推陆贽、李德裕"。

一代有一代之文学，一代亦有一代之文学批评标准。以今人的眼光看，德裕前期数历方镇及两次罢相后所作诗赋杂文在集中最具有文学性，历代对李氏诗赋杂文的赞评甚多，《李德裕年谱》大中三年条下别列《有关李德裕文学的评论》专条，其中已引皮日休《松陵集》、孙光宪《北梦琐言》、周密《齐东野语》、王士祯《香祖笔记》、罗振玉《石交录》等评赞李氏诗文的资料，此不赘述。清末梁启超曾主编《中国六大政治家》，将李德裕与管仲、商鞅、诸葛亮、王安石、张居正相提并论。其中李岳瑞著《李卫公》一书曾专章论李德裕文学，谓："其诗古体出入陶、谢，律体颉颃文房、子厚，清新浑雅，固晚唐一大家也。"又谓"若其文学，亦卓然唐一大家也。生平论文，以明白详实、曲情事理为之，而不屑于声调藻绘之末。……其论文大旨，具见于所为《文章论》中"。参稽皮日休、周密、王士禛、罗振玉诸家之论，此论实非无根之谈。因之，今人在对政治家李德裕进行研究时，无疑也应对其文学成就给予足够的重视，如此方能得其全人。

七

我们对于李德裕文集所作的校笺，断断续续进行了七、八年，现在总算有一成果。在目前这样的环境里，要做这样一件朴实无华的事，洵属不易。我们明白，这部书不会给我们带来什么名与利，当初我们立志于此，完全是为了学术，为了高层次的科学追求。这是我们的自勉，也可以说是我们的“欣有所托”。在这里，我们谨对已故的中华书局副总编赵守俨先生致以难忘之情，陆心源的皕宋楼藏月湖影宋钞本，是他于80年代中期访日时特地托人拍来胶卷的。本书封面书名，顾廷龙老先生以九五高龄题写，雍容凝重。在校笺工作进行中，我们与中国社科院文学所研究员曹道衡先生、复旦大学中文系陈尚君教授不时商讨，深受教益。几年来，河北教育出版社邓子平副总编始终对我们工作予以大力支持。谨此表示深切的谢意。

《唐代科举与文学》序*

这本书把唐代的科举与唐代的文学结合在一起，作为研究的课题，是想尝试运用一种方法。这种方法，就是试图通过史学与文学的相互渗透或沟通，掇拾古人在历史记载、文学描写中的有关社会史料，作综合的考察，来研究唐代士子(也就是那一时代的知识分子)的生活道路、思维方式和心理状态，并努力重现当时部分的时代风貌和社会习俗，以作为文化史整体研究的素材和前资。

巴尔扎克曾说："我也许能够写出一部史学家们忘记写的历史，即风俗史。"(《中国大百科全书·外国文学》，第 95 页，中国大百科全书出版社，1984)《人间喜剧》就是这样一部内容丰赡的巨著。说它是一部历史巨著，主要是这位艺术大师写出了那个特定时期的整体形象，这整体形象包含了这个社会的思想史、情感史、风尚习俗，而这些又是通过生动形象的各种人物来体现的。

同样，18 世纪德国的状况完全反映在康德的《实践理性

* 原载于傅璇琮著《唐代科举与文学》，西安，陕西人民出版社，1986。

批判》中。《实践理性批判》是思维性极强的哲学著作，但 18 世纪德国那种普鲁士式的经济和政治发展，通过思维的折光，在这本书上反映出来，而且反映得是那样的完整和深刻。这也昭示我们，文化是一个整体，为了把握一个时代，一个民族的历史活动，需要从文学、历史、哲学等等的著作中，以及遗存的文物群体中，作广泛而细心的考察，把那些最足以说明生活特色的材料集中起来，并尽可能作立体交叉的研究，让我们所研究的对象(不管是一个人、一群人，或是一个社会)站起来，活起来。这使我们仿佛走进了那个时代，迎面所接触的是那个社会所特有的色彩和音响。

如果说《欧根·奥涅金》是俄罗斯社会生活的"百科全书"的话，那么，从诗歌反映现实的广度和深度来说，杜甫的诗正是唐朝安史之乱前后几十年生活的"百科全书"。在杜诗中，集中地出现了大唐帝国由盛到衰这一转变时期社会生活的许多重要问题。杜诗描绘了这个社会的多样而曲折的过程，充分地反映了这个过程的复杂性；而与此同时，诗人又把生活本身的丰富多样的面貌，精细地描画出来，使我们看到盛唐时代从通都大邑到乡野镇落各不相同的生活场景。杜诗被号称为"诗史"，就是以其深邃的历史内容和多彩的世态人情所获得的。李商隐生活在与杜甫不同的年代，那是一个"夕阳无限好，只是近黄昏"，使人眷恋而又充满失望的年代。李商隐的诗充分发展了主观抒情的特点，但我们通过他那瑰丽奇伟而又带有浓厚感伤情调的诗句，可以真切地感受到政治斗争的脉络。中晚唐腐朽势力的猖獗，革新派的被扼杀，唐朝廷的一蹶不振，腐败的风气弥漫朝野，是李商隐悲剧的根源。作为李商隐沉博绮丽而又扑朔迷离的富有悲剧色彩的诗歌的背景，正是大唐帝国在激烈自我斗争中从腐败走向灭亡的历史。在同时代找不到任何一部历史著作，能够像玉溪生诗集所揭橥的那样，使人们可以从中感受到时代情绪的真谛。

从研究一个作家、学者，或者政治人物着手，来展示一个时代，已经成为许多著作者所采用的方法了，其中还曾产生过一些杰作。但是，是否可以抓住某一历史时期带有普遍性的问题，作为叙述的线索，把一些零散的社会现象和人物行迹串连起来，使内容的覆盖面更大一些呢？

鉴于社会是在不断的发展，社会生活又是如此的纷繁多彩，研究方式也应有所更新，要善于从经济、政治与文化的相互关系中把握住恰当的中介环节。

由此，我想到了科举制度。科举制度产生于7世纪初，一直存在到20世纪的头几年，足有一千三百年的历史。有哪一项政治文化制度像科举制度那样，在中国历史上，如此长久地影响知识分子的生活道路、思想面貌和感情形态呢？读过《儒林外史》的人，难以忘却周进这个老童生。他受了大半辈子屈辱，后来跟随一些买卖人到贡院观看，一阵心酸，一头撞在号板上，不省人事。往前推七八百年，我们看唐代人的一则记载：

> 苗给事子僭应举次，而给事以中风语涩，而心中至切。临试，又疾亟。僭乃为状，请许入试否。给事犹能把笔，淡墨为书曰："入！入！"其父子之情切如此。（《刘宾客嘉话录》）

这真是一则传神的小品。苗给事为苗粲，是个老练世故的官僚，在官场中混了许多年。他懂得科举入仕对保持门风家世是何等的重要，因此即使得了中风病，连话也说不出来，但听说儿子要进考，就急忙叫人给他一支笔，淡墨写了两个"入"字。有其父乃有其子，苗粲的儿子也顾不得侍奉病情危急的老父亲，赶紧入闱应试。苗粲与周进，时代不同，身份地位不同，但他们的精神状态与思维方式却又何其相似！

不妨再举一例。北宋初年人钱易，写了一部名为《南部新书》的笔记，多记中晚唐情事，其中有一则说：

> 杜羔妻柳氏，善为诗。羔屡举不第，将至家，妻先寄诗与之曰："良人的的有奇才，何事年年被放回。如今妾面羞君面，君若来时近夜来。"羔见诗，即时回去。（丁卷）

看来这位"善为诗"的柳氏，真是酸腐得厉害。在她眼中，丈夫的才奇不奇，是以是否及第为标准的。这不禁使人想起了《儒林外史》第十一回所写的鲁小姐。这位小姐自幼禀承庭训，把八股制艺一套弄得很熟，不想招来一个女婿蘧公孙却是自名风流的名士，不把举业放在心上。家里人见她平时"愁眉泪眼，长吁短叹"，就劝她，说这位新姑爷真是"少年名士"，不想她却说："自古及今，几曾看见不会中进士的人可以叫做个名士的！"这真是既可悲可叹，又令人忍俊不禁。

唐代人有时不免带着浪漫主义的情调来称颂进士试，他们把进士及第比为登龙门，说一个读书人登科后，"十数年间"就能"拟迹庙堂"，"台阁清选，莫不由兹"。张籍所谓"二十八人初上第，百千万里尽传名"，这是说一旦金榜题名，就能名扬天下。而孟郊的"春风得意马蹄疾，一日看遍长安花"，则是写寒士中举后的喜悦心情。但是在这些得意、喜悦的背后，却不知道有多少屡试不第的悲酸，请看贫寒士人夫妻的遭遇：

公乘亿，魏人也，以辞赋著名。咸通十三年，垂三十举矣。尝大病，乡人误传已死，其妻自河北来迎丧。会亿送客至坡下，遇其妻。始，夫妻阔别积十馀岁，亿时在马上见一妇人，粗衰跨驴，依稀与妻类，因睨之不已。妻亦如是，乃令人诘之，果亿也。亿与之相持而泣，路人皆异之。(《唐摭言》卷八)

这是极有代表性的唐代进士考试中的悲剧，这种悲剧对于一些出身贫寒的读书人来说，并非绝无仅有。而以往这类具有典型意义的材料，却多被忽视。

唐代进士科所取的人数，前后期有所不同，但大致在三十人左右。据唐宋人的统计，录取的名额约占考试人数的百分之二三。明经科较多，约一百人到二百人之间。进士、明经加起来，也不过占考试者总人数的十分之一。可以想见，风尘仆仆奔波于长安道上的，绝大部分是落第者。公乘亿考了将近三十次，还有的则是终生不第。这种落第的失望与悲哀，屡见于唐人的诗文中。韩愈在回忆屡试不利、困居长安时，发出了极为沉痛的叹息：

当时行之不觉也，今而思之，如痛定之人思当痛之时，不知何能自处也。(《与李翱书》)

五代人王定保说："三百年来，科第之设，草泽望之起家，簪绂望之继世。孤寒失之，其族馁矣；世禄失之，其族绝矣。"(《唐摭言》卷九)科举制度的发展多使得争取科举及第成为获得政治地位或保持世袭门第的重要途径，它牵连着社会上各个阶层知识分子的命运。研究科举在唐朝的发展，事实上就研究了当时大部分知识分子的生活道路。

我在研究唐朝文学时，每每有一种意趣，很想从不同的角度，探讨有唐一代知识分子的状况，并由此研究唐代社会特有的文化面貌。我想，从科举入手，掌握科举与文学的关系，或许可以从更广的背景来认识唐代的文学。如果可能，还可以从事这样两个专题的研究，一是唐代士人是怎样在地方节镇内做幕府的，二是唐代的翰林院和翰林学士。这两项专题的内容，其重点也是知识分子的生活。我想，研究中国封建社会，特别是研究其文化形态，如果不着重研究知识分子的历史变化，那将会遇到许多障隔。魏晋时期的知识分子与唐代不同，我的老师林庚先生曾以饮酒作为比喻，说“魏晋人好酒，酒似乎专为人可以忘掉一切”，“酒对于魏晋人是消极的，是中年人饮闷酒的方式；唐人的饮酒却是开朗的，酒喝下去是为了更兴奋更痛快的歌唱，所以杜甫有‘李白斗酒诗百篇’的名句”(《中国文学简史》第259～260页，上海文艺联合出版社1954年版)。同样，宋代知识分子的气质又与唐人不同，宋代的作家更带有学者的气质与修养。明代的知识分子，清人批评他们不学无术，游谈无根，但明代中后期文人的某种狂放不羁却也非清代士人拘守于繁琐饾饤之学所能及。我们闭眼一想，就会自然地想到各个历史时期的文化风貌，与当时文人的生活方式和心理状态有密不可分的联系。知识分子既然可以作为文学作品描写的对象，为什么不可以作为学术研究的对象呢?

当然，运用这种综合研究的方法，是有一定难度的。以唐代的科举与文学来说，首先遇到的是现有的成果极少。唐代文学的研究，可资利用的成果还比较多一些，科举的研究几乎需要白手起家。建国以来，我们还没有一部能称得上学术著作的中国科举史，当然更没有专题论著性的唐代科举史。研究唐代的科举制，还不得不以一个半世纪前写成的《登科记考》作为基本的材料。因此，我努力从头建立资料的基地，这是研究工作的出发点。在研究工作中，我们不能忘记恩格斯的话，科学研究必须“从最顽强的事实出发”。

基于一定的考虑，我决定本书采取描述的方式，而不是主要采取考证或论述的方式。我想尽可能地引用有关的材料，将这些材料按各专题加以介绍。科举制牵涉的面太广，其本身也有不少细节需要弄清，我的史学修养不够，在涉猎中感到有些问题很棘手。我期待着有真正专题研究性质的唐代科举史著作的产生。我只是把科举作为中介环节，把它与文学沟通起来，来进一步研究唐代文学是在怎样的一种具体环境中进行的，以及它们在整个社会习俗的形成过程中起着什么样的作用。

本书的一小部分内容，曾以专题论文的形式，在一些学术刊物上发表，它们是《历史研究》、《文学遗产》、《文史》、《中华文史论丛》、《草堂》、《北方论丛》、《学林漫录》等。在收入书中时，则经过材料的补充和内容的增删。

唐代是中国古代社会的一个充分发达的时期。唐代文化是有着强烈的吸引力的。1984 年八九月间，笔者在兰州参加中国唐代文学学会第二届年会，尔后又随会议的代表一起去敦煌参观。车过河西走廊，在晨曦中远望嘉峪关的雄姿，一种深沉、博大的历史感使我陷于沉思之中，我似乎朦胧地感觉到，我们伟大民族的根应该就在这片土地上。在通往敦煌的路上，四周是一片沙碛，灼热的阳光直射于沙石上，使人眼睛也睁不开来。但就在一大片沙砾中间，竟生长着一株株直径仅有几厘米的小草，虽然矮小，却顽强地生长着，经历了大风、酷热、严寒以及沙漠上可怕的干旱。这也许就是生命的奇迹，同时也象征着一个古老民族的历史道路吧。来到敦煌，我们观看了从北魏到宋元的石窟佛像，那种种奇彩异姿，一下子征服了我们。我们又在暮色苍茫中登上鸣沙山，俯瞰月牙泉，似乎历史的情景与现实融合为一。敦煌学的先驱者之一向达先生，在1956年初，结集其一生的心血，刊出论文集《唐代长安与西域文明》。这位老学者结合自身的经历，叙述了敦煌学艰难曲折的发展历程，他在自序中说："回想以前埋首伏案于伦敦、巴黎的图书馆中摸索敦煌残卷，以及匹马孤征，仆仆于惊沙大漠之间，深夜秉烛，独自欣赏六朝以及唐人的壁画，那种'擿埴索涂'、'空山寂历'的情形，真是如同隔世！"这几句饱含感情的话语诉说了半世沧桑。到过敦煌的人，会更真切地感到敦煌学以及我们整个人文科学，变化是多么巨大。我又想，敦煌在当时虽被称为丝绸之路上的一颗明珠，但它终究还处于西陲之地，敦煌的艺术已经是那样的不可逾越，那么那时的文化中心长安与洛阳，该更是如何辉煌绚丽！但俯仰之间，已成陈迹。除了不少的文物遗留外，整个文化的活的情景已不可复见了。作为一个伟大民族的后人，我们在努力开辟新的前进道路的同时，尽可能重现我们祖先的灿烂时代的生活图景，将不至于被认为是无意义的历史癖吧。

程千帆先生为本书封面题签，陕西人民出版社为本书的出版给予了很大的关怀和帮助，南京大学中文系周勋初同志和西北大学中文系阎琦同志曾对本书提出过宝贵意见，谨此一并致谢。

《唐代科举与文学》重印题记*

我第一部关于唐代文学研究的著作《唐代诗人丛考》，完成于1978年底，后于1980年1月由中华书局出版。此书对唐初至肃宗、代宗时期的一些诗人事迹作了考索，重点则在大历时期。在这以后，我想把研究延伸于中晚唐，但鉴于中晚唐的史事较为复杂，不少文献资料又真伪难辨，因此与友人合作，于1979年至1980年间编制了一部百余万字的《唐五代人物传记资料综合索引》，此书后于1982年4月由中华书局出版。这部索引编成以后，确对查阅唐代人物带来不少方便，由此我转入李德裕与牛李党争的研究，并于1982年12月写成《李德裕年谱》一书。这三部书重点还在于史料辨析，在写完《李德裕年谱》之后，我想把笔放开一些，作一部稍具文采，略带感情的轻松之作，于是又花两年的时间写了《唐代科举与文学》，约37万字。我是想通过科举来展示唐代知识分子的生活道路与心理状态，以

* 原载于《中国文化研究》2002年夏之卷，后载于《唐代科举与文学》修订本，西安，陕西人民出版社，2003。

进而探索唐代文学的历史文化风貌。此书于 1986 年由陕西人民出版社出版。

陕西人民出版社于 20 世纪 80 年代初即已编辑“唐代文学研究丛书”，出版好几部极有水平的专著(如郁贤皓先生《李白丛考》，朱金城先生《白居易研究》)，拙著也厕列其中。中国唐代文学学会于 1982 年成立后，《唐代文学研究年鉴》与《唐代文学研究》，开始也是由陕西人民出版社承担每年出书，为我们唐代文学学会业绩开了一个好头。出版社后来又策划新编全唐文、全唐诗，并给予经济上的切实支持。我曾说过，出版社当然要考虑经济效益，但从长远来看，一个出版社之能在历史上站得住，还是要有文化学术意识，出版好书。中国的出版社，与外国一些纯粹商业店家不同，我们是带有一定文化学术机构性质的。这也是我们社会的可贵之处。

我的这本书出版已有 16 年。这次重印，一面可以适应读者的需求，一面也可借此机会改正原书的一些错失。出书后，有些友人在翻阅中也曾向我提及错字，我自己也有所发现，这次就通盘作了改正。具体就不一一说明，不过有些错字涉及有关内容的，这里就稍举数例，以供已有书的同志们参阅。如原书页 130 第 2 行引裴廷裕《东观奏记》，文中云“(李)珏字待价”，“价”误作“阶”。李珏，《旧唐书》卷一七三、《新唐书》卷一八二有传。又页 144 引《全唐文》卷四二〇常衮《叔父故礼部员外郎墓志铭》，即“衮”误作“衮”。常衮是代宗时翰林学士，后又为宰相，在任福建观察使时，兴办学校，对福建士人科举应试作出很大的贡献，两《唐书》亦有传。又页 170 记进士试诗赋题，开元二十二年(公元 734 年)诗赋各一，即《武库诗》、《梓材赋》，但年份却排成“开元二十年”，这与 734 年也不符。又如序言第 5 页，正文第 204 页，均引有《唐摭言》卷八所记举子公乘亿多年应试未第，长期居住在长安，与妻子相隔已十多年，其妻乃自河北来寻询，公乘亿则偶然在路上“见一妇人，粗缞跨驴”。原书的两处引文中均将“缞”误作“衰”。缞为丧服，《唐摭言》记其妻因多年不得音讯，“乡人误传已死”，故穿上丧服。如作“粗衰”，就不合原意。又页291第20行记知贡举事，原书作“开元二十四年以后，改由礼部员外郎知贡举”，大误。按开元二十四年以前，贡举试是由考功员外郎主持的，因开元二十四年主持者李昂出事，此后就改由礼部侍郎主持，即官位提高；后虽也有由他官主持，但官阶相似，决不能再由员外郎一级来担任的。此在第九章《知贡举》中已详作考述。

有些不但改正错字，还可补事的。如第八章《进士出身与地区》，论述唐代进士应举，其出身较为广泛，原书页202述及外国籍应进士举，云：“如宣宗大中二年(公元848年)，大食国(即阿剌伯)人李彦，得宣武军(汴州)节度使卢钧的荐奏，以进士及第。”此处有注，谓“见《全唐文》卷七六七”。这样的注出处是不合规格的，凡见于《全唐诗》、《全唐文》等总集，除卷次外，还应注明著者及篇名。今经查核，此乃见于《全唐文》卷七六七陈黯《华心》一文。可以注意的是，原书页202的“李彦”，应作“李彦升”，缺一“升”字。不只如此，陈黯此文所记，对了解外籍人士在中国应举子试，对了解中外文化交流颇有意思。文记云：“大中初年，大梁连师范阳公得大食国人李彦升，荐于阙下，天子诏春司考其才。二年，以进士第，名显，然常所宾贡者不得拟。或曰：‘梁，大都也。帅，硕贤也。受命于华君，仰禄于华民，其荐人也，则求于夷，岂华人不足称也耶？夷人独可用也耶？吾终有惑于帅也。’曰：帅真荐才而不私某人也。苟以地言之，则有华夷也，以教言，亦有华夷乎？”文末又云：“俾日月所烛，皆归于文明之化。”这里提出文化对于中外人士交融合流所起的作用，是很值得研究的。又据

《旧唐书》卷一七七《卢钧传》，钧于宣宗大中元年至四年(公元 847～850 年)为宣武节度使、京亳汴颍观察等使(又见郁贤皓《唐刺史考合编》卷五五“河南道·汴州”)。为保持原书原貌，这里的史事补充就不写于文内，特在此叙述。

又如第十七章《吏部铨试与科举》，其中页 501 述及博学宏词科应先在州府举试，然后荐送中央，这一点过去的文献材料没有明确的记载，我根据与韩愈同时的欧阳詹《怀州应宏词试片言折狱论》及韩愈《答崔立之书》加以论证。但这皆为中唐时材料，今查王昌龄有《送昚虚归取宏词解》诗(《全唐诗》卷一四〇)，云：“太清闻海鸥，游于引乡眄。”据拙编《唐才子传校笺》卷一(中华书局 1987 年 5 月版)，刘昚虚条，刘籍为奉新县(洪州所属，今江西南昌市西)。据此，则博学宏词先在州府应试取解，在盛唐开元时就有。

第七章《进士考试与及第》，原书第 172 页，述及进士考试的榜次，说举子试帖经，如不合格，被落，仍可再试以诗，引明胡震亨《唐音癸签》所记：“帖经补落，仍许诗赎，谓之赎帖。”胡氏所记，未明确时期。今查《封氏闻见记》卷三，有记：“天宝初，达奚、李岩相次知贡举，进士文名高而帖落者，时或试诗放过，谓之赎帖。”据徐松《登科记考》卷九，达奚于天宝三至五载知贡举，李岩于天宝六至八载知贡举。由此，则不独韩愈时，即玄宗天宝时已能以试诗补帖经。

又第九章《知贡举》论及知举者与录取者的亲密关系，此为唐代科举取士的一大特色。原书页 241 曾引及柳宗元文《与顾十郎书》：“凡号门生而不知恩之所自出者，非人也。”今按晚唐诗人郑谷有《舟次通泉精舍》(《全唐诗》卷六七四)，诗末自注云：“时谷将之泸州省拜恩地。”郑谷为僖宗光启三年(公元 887 年)进士及第，座主为柳氏。据《新唐书》卷一六三，昭宗时柳氏为御史大夫，因受宦官之潜，贬为泸州刺史。郑谷于昭宗景德二年(公元 892 年)入蜀，特地赴泸州去拜见柳氏，并作此诗，可见当时录取之门生对知举者恩情之重，特称恩地。又徐松《登科记考》卷二三误将郑谷登第年误记为乾符三年(公元 876 年)，岑仲勉《读全唐诗札记》曾有所辨，《唐才子传校笺》卷九吴在庆同志所作笺证对此更有详考。

1984 年我所写的序言中，比较满意的是文后描叙从兰州至敦煌一段路程的见闻与感想，至今读来觉得仍有诗意。那时我们在兰州参加唐代文学学会第二届年会，会后坐火车去敦煌，车开得快，日夜走，因此对河西走廊并无很深印象，久已闻名的嘉峪关，我也只是在火车上，“晨曦中远望”。2001 年 6 月，我有幸再游河西走廊。在西安停留数天，于 6 月 17 日坐火车赴天水，参观麦积山石窟及附近古迹。6 月 19 日夜至兰州，20 日晨即坐中巴汽车从兰州出发，中午至武威，饭后参观雷台，有东汉晚期出土之飞马模型。下午 3 时离武威，赴张掖，两边皆沙漠，至张掖附近，则为绿地，树木亦多，类似于我国东部齐鲁一带的农村。在张掖住一夜，第二天早晨先至附近大佛寺参观，此寺建于西夏王朝时，有卧佛一座，身长 34 米多，类似于浙江新昌南朝时所建的大佛。由张掖赴酒泉，中间一大段又是沙漠、碱地，而至酒泉附近，则忽然又是树木葱郁，绿地极多。午饭后赴嘉峪关，途中曾参观两座魏晋古墓壁画。据云此附近有二百余座魏晋古墓，但大多已被盗。傍晚时到嘉峪关，我们就上城楼仔细一游，不像我上次在火车上依稀远望，这次总算了却一头心事。

这次的河西走廊之行，给我印象最深的是，这汉唐时期的中西交通要道，确与自然地理与人文环境有关，这条长达千余里的通道，南北两边各是雪山、荒漠，就是这条路上有绿地，特别是几座名城。另一印象较深的是，西北地区的现代化发展确实很快，武威市的人口已达一百万，张掖市内高楼大厦林立，市内广场精致，出租车也相当多。敦煌更是发展成旅游热点，上世纪80年代初我至敦煌，看到的多是农居小舍，倒有古朴之感，现在则是满街灯火辉耀，商店招牌炫目。

最使我有感触的是在天水。天水古称秦州，杜甫在肃宗乾元二年(公元759年)七月离开长安，西行至秦州，住了几个月，于冬天离去赴蜀。他在秦州写了二三十首诗，那时的秦州还是很荒凉的，所谓"莽莽万重山，孤城石谷间"(《秦州杂诗二十首》)。现在天水则不同，市内马路平坦，高楼林立，商业繁荣，有几处图书馆、博物馆，也建得不错。但有一个遗憾，著名的渭水本是由秦州向东，流经长安的，而现在的渭水，却成为干枯的河道，河道中只不过零零散散有些小泥沼。杜甫在秦州所作的诗中，有好几处描及渭水的，如"清渭无情极"，"羌童看渭水"，"远水兼天净"，"黄云高未动，白水已扬波"，等等。一天清晨，我在渭水岸边，眺望北岸的秦岭，俯瞰满是石块的河道，吟诵杜甫的这些诗句，真不知身在何处。

不仅如此，在西安时，6月13日，与几位友人，坐车西去游户县、周至县。我提出要去看一看户县西边的陂湖，因杜甫于天宝时应岑参兄弟之邀曾去渼陂一游，写有名篇《渼陂行》，写得很美，我很想去观赏一下杜甫所写的这一美景。那时的渼陂，湖面是相当大的，杜甫曾有"波涛万顷堆琉璃"之句。但没有想到，我们那天去看，却是一片干枯。我们后去周至县。周至县南有一名寺仙游寺，白居易在任盩厔(今周至)县尉时，曾与友人陈鸿、王质夫同游仙游寺，唱和闲谈，其著名的《长恨歌》即由此而作。仙游寺应是文学上的名地胜景。但现在的仙游寺却已杳然无存，据云因建水库，已将仙游寺沉于库底，当地拟在附近新建一仙游寺。白居易如有知，恐不会再有"自嫌恋著未全尽，犹爱云泉多在山”(《游仙游山》)了。

这篇重印题记，主要是向读者交代这次修订的情况，但我对唐代是有感情的，而长安及秦州、河西，又是多位诗人的经历之地，故信笔所至，略抒情怀，我想当不至于如李商隐所说的“此情可待成追忆，只是当时已惘然”(《锦瑟》)吧。

《唐诗论学丛稿》后记*

"文革"结束后的最初几年，就我所接触的一些学术界朋友，不论年轻或年老，都有一种兴奋的心情，觉得一场噩梦已成过去，我们已经失去得太多，我们要用自己的努力追回失去的一切，而我们又相信，只要靠勤奋，我们肯定会重新获得。那时国家的前途与个人的追求看来是那样地吻合，人们真纯地相信，我们应当努力尽自己的一点微力，来奉献给这个重新给大家带来希望的美好的社会。现在回想起来，当时的不少想法是很幼稚的，但正像建国初期那样，在幼稚中包含着十分难得的真挚的愿望。

正是在这种气氛中，我连续写了几部专著。《唐代诗人丛考》出版得最早，出版后，我听到了一些赞扬的话。多年来我已经养成一种克制的习性。我觉得这本书只不过适逢其会，只不过许多朋友由于种种原因还来不及拿起笔的时候，我因为在中华书局，这样一个特殊的环境，在"文革"后半期有几年桃源式的生活，避热偷偷地看了一些书，这

---

* 原载于傅璇琮著《唐诗论学丛稿》，哈尔滨，黑龙江人民出版社，1992。

样就比别人较早地拿出一些东西来。书和人一样，成功与否在很大程度上是决定于机缘的。

我觉得，由于主观和客观种种条件的限制，古典文学研究的真正繁荣，在近时期内恐怕是不会达到的，但我坚信，标志着真正繁荣的高水平著作的大量涌现，这种局面必然会到来。而在此之前，我们应当尽各人之所能，多做一些实际工作，力争缩短这一进程，为后来者多创造一些便于攀登高峰的条件。我所写的几本所谓专著，以及所编的几部资料和索引(如《黄庭坚和江西诗派资料汇编》、《杨万里范成大资料汇编》、《唐五代人物传记资料综合索引》)，自问都有为后来者铺路的性质。我希望多做一些实在的事，这不但在自己写作的时候是这样，在所从事的编辑工作中，我总也力求组织一些切实有用的书稿，使我们的学术工作有一个丰厚的基础。

收集在本书中的文章，大部分是 1986 年以后写的。在此之前，我集中写作《唐代诗人丛考》、《李德裕年谱》、《唐代科举与文学》，并与友人合编《唐五代人物传记资料综合索引》。从 1985 年开始，组织《唐才子传校笺》的编纂。书中的笺证除了由我自己担任的以外，大部分由我约请各地学术界的朋友撰写。我希望通过这部书，显示我国唐诗学者在作家考证方面的功力，赶上日本学者所已达到的不低的水平。我深感，个人写作专著，毕竟还较单纯，组织学术上相当规模的工程，却有意想不到的繁杂，有时需要花费更多的心力。这样，计划中的项目不得不放弃了。与此同时，我在中华书局所担任的工作也有所加重，我不得不拿出相当多的时间参与制订出书计划与处理编辑工作中的日常事务。工作的需要使我与学术界接触的范围大大越过唐代文学界。与学术界较为广泛的联系，一方面是我的义务，一方面也可以在我的职权范围之内，多组织一些真正有用的书稿，帮助解决出书中的某些困难，而且从中也使自己的学术视野有所扩展，志趣有所提高。顾炎武在与朋友的一封书信中说："人之为学，不日进则日退，独学无友，则孤陋而难处，久处一方，则习染而不自觉"(《亭林文集》卷四)。我有幸在目前这样的岗位上工作，客观环境可以使我避免亭林先生指出的那几种局限。但与此同时，却极大地影响了我的专题研究，使本该早日进行的专题被迫推迟甚至放弃。有人说，编辑工作是为他人作嫁衣裳，这种说法我并不太同意。因为一个好的有心的编辑，在工作中所学到的有时比在学校或研究机构中要实际得多，有用得多。但像我这样，确实花费太多的时间，使我不像早几年那样能集中时间，冥思于一个专题而能稍有所成。处于这样的工作方式，我不得不暂时放弃大的计划，挤零碎时间写一些单篇论文或随札。同时，近些年来，一些朋友在出版他们的著作之际，承蒙他们不弃，要我为他们的书写序。本来，我是服膺于"人相忘于道术，鱼相忘于江湖"这两句话的，但在目前我们这样的文化环境里，为友朋的成就稍作一些鼓吹，我觉得不但是义不容辞，而且也实在是一种相濡以沫。在这些序中，我也表示了对某些学术问题的看法。本书中所收的文章，谈的问题虽然有大有小，但主要是环绕唐诗而展开的，因此起了《唐诗论学丛稿》的名称。在古典文学研究领域，唐诗的研究十年来取得的成绩是较为突出的，我们应该以集体的力量共同来创建真正有高水平的唐诗学。我希望以自己微小的努力为此作出点滴的贡献。

我深深感谢南开大学中文系教授罗宗强和复旦大学中文系主任陈允吉两位同志能拨冗为这本小书作序。他们两位在学术上作出的建树和已经具有的影响，是不必我再来费口舌的。序中对我的赞誉是对我的鼓励，序中所着重谈到的对古典文学研究现状的意见，我认为有普遍的意义。我时常说，近十年来，我有两个收获，一是写了几本书，二是结识了不少学术上的朋友；在某种意义上说，第二个收获比第一个更宝贵，更值得忆念。这使我想起顾炎武的另一段话。他在《广师》一文中，因汪琬论及其友人之可师者，乃广其意，列述平生所接触的学友为己所不及者：

> 夫学究天人，确乎不拔，吾不如王寅旭；读书为己，探赜洞微，吾不如杨雪臣；独精三礼，卓然经师，吾不如张稷若；萧然物外，自得天机，吾不如傅青主；坚苦力学，无师而成，吾不如李中孚；险阻备尝，与时屈伸，吾不如路安卿；博闻强记，群书之府，吾不如吴任臣；文章尔雅，宅心和厚，吾不如朱锡鬯；好学不倦，笃于朋友，吾不如王山史；精心六书，信而好古，吾不如张力臣。(《亭林文集》卷六)

亭林处于明清之际世局与学风大变动的时代，他生平标榜两句话，一为行己有耻，一为博学于文。行己有耻是就士人的气节而言，他在一篇文章中特别致慨于某些“随世以就功名”的文士，这些人最初“少知自好”，但却“改行于中道，而失身于暮年”，于是“改形换骨”，成为“不似之人”。博学于文，则是他治学的品格。正因为他有行己有耻作骨干，也就能广泛地从前人的典籍和当世的社会中汲取有用的知识，使他主张的经世致用真正能落到实处。从顾炎武为人为学的大节，来看《广师》中的这段话，可以见出这位一代学界大师的心胸磊落，气宇阔大。我自然不敢望三百多年前这位大师之项背，但我确实自幸在我的学术活动中，有好几位我所钦慕的、能作联床夜话的学友。能与这样的友人交往，自是幸运，这比出版几本书还值得。

除了罗、陈两位，我还可举出好几位无论学术上、人品上深受我敬重的挚友。我深为我们这一代学人所取得的成就而欣慰。我觉得，古典文学界这一学术群体，实有一种承上启下的意义，时间越长，越能看出他们所起的历史作用。我真想能有机会，像顾亭林那篇《广师》那样，来谈谈我所了解所熟悉的友人。难道我们只能谈王国维、陈寅烙，而不该来谈谈当代学人历经种种风雨之后所形成的各具特色的学术风貌和学术贡献吗？

最后我想说的是，罗宗强同志序中不无伤感地提到吴汝煜同志。汝煜同志长期在徐州师院执教，近十年来他在《史记》研究，在刘禹锡研究，在中唐文学研究等方面，成绩斐然，有目共睹，但不幸仅以五十之年，溘然长逝。这使我想起韩愈一篇至情流露、感人肺腑的书信——《与崔群书》。这封书信念及一些友人的困顿颠沛，忽然迸发出这样几句话："自古贤者少，不肖者多。自省事已来，又见贤者恒不遇，不贤者比肩青紫；贤者无以自存，不贤者志满气得；贤者虽得卑位则旋而死，不贤者或至眉寿：不知造物者意竟如何，无乃所好恶与人异心哉？又不知无乃都不省记，任其死生寿夭邪？未可知也。"这几句真得司马子长《自叙》的真髓。不知怎么，一念及吴汝煜同志，就会想起韩愈的这一段话。当然，韩愈毕竟是一千一百多年前封建时代的人物，对于当时社会的不公正，他最后只能归结于"未可知"。我们的时代不同了。尽管还会有种种困难，尽管难免会有一些曲折，我坚信，我们时代的贤者会越来越多，不肖者会越来越少，而且贤者的景况会是越来越好，那种"恒不遇"、"恒无以自存"、"虽得卑位则旋而死"或者是不会再出现的了。但愿我们能安其居，乐其业，用我们的所学奉献于我们的人民。我想这也是我们这一代学人共同的心愿。

《唐诗论学丛稿》重版后记*

1990年初，我应黑龙江人民出版社文史编辑室主任任国绪同志之约，把我自80年代初以来的部分文章合编成集，起名为《唐诗论学丛稿》。此书大体上分为两部分：第一部分是发表在各报刊上的论文，主要是有关唐诗及唐代诗人的研究和考证；第二部分是为友人著作所写的序言，这些序言大部分也是涉及唐代文学方面的。当时南开大学中文系主任罗宗强教授、复旦大学中文系主任陈允吉教授曾应我的请求，特为此书写了很有分量的序言，使我倍感友情的关怀和学术的鼓励。

这部分稿是1990年初编成，罗、陈两位先生序是同年3月写就，但书却延至1992年11月出版。大约任国绪同志受到一定经济上的压力，当时印数只有一千册，而且纸张极其粗糙；尤其是排校质量太差，有些地方几乎每页都有几个错字。我拿到书，实在不敢送人。我是能体谅任国绪

---

* 原载于傅璇琮著《唐诗论学丛稿》修正重版，北京，京华出版社"京华文库"，1999。

同志的难处的，但自己在情绪上总较为低落。我总想有一天能再加修订，以较好的面目重版问世。

现在经王洪同志联系，京华出版社以极大的热情来出版我的这一新版《唐诗论学丛稿》，使我很感欣慰。京华出版社的规模并不大，我曾到他们那里做过客，坐过一个多小时，几间极平常的办公室，十分简朴的设备，却到处堆满了书，很有文化气氛。他们的经济实力也并不强，但这些年来却出了相当数量的学术著作，表现了一种极为难得的文化品位。这在目前说来是很了不起的。

我这次对篇目重新作了调整，把过去一些讨论性的文章去掉，删去十三篇，接近一半的篇数。另作若干补充，特别是增加 1990 年以后的新作，反映 90 年代我在学术上的一些探索。全书分三个部分：第一部分为有关唐代文学的专论；第二部分为替友人著作所写的序，也是有关唐代诗文的。唐以前的，如我为罗宗强先生《玄学与魏晋士人心态》、曹道衡先生《中古文学史论文集续编》、程章灿先生《魏晋南北朝赋史》所写的序，唐以后的，如我为张宏生先生《江湖诗派研究》、江西人民出版社《黄庭坚研究论文集》等所写的序，这里就不编入了。以上两部分，各篇均按写作时间先后排列。

另外，即第三部分，这里想多说几句。在“文革”期间，我曾随当时文化部所属的部分单位，去湖北咸宁“五七”干校劳动。1969 年 9 月下去，1971 年有些同志陆续回调，我则仍留在向阳湖畔。但后期的干校，生活却过得很轻松，人少了，劳动减轻了，留给自己的空闲时光多了起来。正如我在一篇文章中所说，“云梦大泽的平芜广野，似乎也给读书提供一个舒展宽松的气氛”。我那时就在下午和夜间，埋头读书，杨伯峻先生特地从北京给我寄来裴注《三国志》和范注《文心雕龙》，我就主要看魏晋时期的书，想学习陈寅恪先生，由唐上溯到魏晋南北朝，看看这期间的渊源关系。1973 年 5 月返京，仍在中华书局编辑部。当时山东大学历史系王仲荦先生在中华书局参加"二十四史"整理工作，那几年正在校点沈约《宋书》，我作为责任编辑，就阅读和加工这部书稿，时常和王先生讨论问题，大有"时还读我书"的乐趣。这时外面虽不断有政治运动，但我只管自己的一张书桌，面向墙壁，右边是一个书架，一上班，就坐下，拿起笔，看书写字。正因为心很平静，也不考虑现在写稿将来是否能够发表，更不考虑有没有稿费，就接连写了几篇有关魏晋时期作家的考证文章。后来亡友沈玉成先生从文物出版社调至中国社科院文学研究所，分工搞魏晋南北朝文学。我们有一段时期共同合作，曾合撰过一篇长文《建安文学系年》（只刊出一半，另一半不知下落），另一篇《中古文学丛考》也是我们共同写作的，在上海古籍出版社的《中华文史论丛》刊出。为供学者参考，这次也将四篇有关魏晋作家研究的文章编入，作为本书的第三部分，也算是我过去坎坷历程的部分痕迹。其中难免疏误，敬请方家指正。

《唐才子传校笺》前言*

本书拟作为唐代文学史料研究的集体成果呈现给读者。之所以说是集体成果，是因为本书笺证部分的执笔者多人，他们大多是有关研究领域的专家和学术工作者，他们把各自的研究心得运用到笺证中去，同时又注意吸收国内同行的研究成果，努力从高层次上总结目前已取得的作家事迹考证的新成就。我们的目标，是想通过笺证，体现中国学者当前唐代文学研究的水平，为唐代诗学的建立作出一定的、积极的贡献。

我们注意到友邻国家日本学者对于《唐才子传》所作的努力和取得的成绩。日本学者对《唐才子传》版本的考证，切实详确，富有参考价值。我们也高兴地看到布目潮沨、中村乔两位先生所作的《唐才子传之研究》一书的出版(1972年8月)，书中的"资料探源"部分见出日本学者的功力。应该说，关于《唐才子传》的研究，在前一阶段，日本学者是走在前列的。《唐才子传》是中国古代的一部著名著作，作

* 原载于傅璇琮主编《唐才子传校笺》第一册，北京，中华书局，1987。

为本国的文化遗产，中国的学者有义务对此作出更大的努力。而在目前，我们的研究实践，已为此书的整理研究，提供了充足的条件。

从70年代后期以来，我国唐代文学的研究有着突出的进展，特别是对作家作品的考订更加细致精确。这些年来研究者努力掌握充分的材料，从事于作家生平事迹的考证，以及作品写作年代、真伪存佚的辨析，成果累累，蔚为风气。不但对一些大作家，在前人已有的基础上作更深的开拓，就是一些小家，过去很少涉及的，研究者也抉微探幽，广搜博讨，使诗人们的行踪更加清楚，也从而使我们的理论研究安置在一个扎实的材料基础上。我们的笺证工作，正是在这种富有成果的学术背景下进行的。

《唐才子传》共十卷，书内立专传者二百七十八人，附见者一百二十人，共三百九十八家。辛文房在书前的《引》中说他撰写此书时“游目简编，宅心史集”。从书中的记述看来，作者确实翻阅、参考了不少史书、文集、笔记、小说，采集了不少珍贵的材料。即以所载进士登第的年份来说，不仅为查考诗人的仕历提供可靠的线索，而且其本身也成为唐代科举史研究的不可缺少的材料，清代著名学者徐松在他的《登科记考》中就以辛氏此书作为重要的依据。从唐诗学的角度看，我们可以说，辛文房以一西域人，为一代诗人写传，确有非凡的气魄，他的写作这部书，应当看作是一项开拓性的工作，在中国古代，似乎只有钱谦益的《列朝诗集小传》能与它相并比。作者的文笔秀润隽洁，模拟《世说新语》，有时也能得其情韵，这也增加其书的可读性。鲁迅先生开列的学习中国文学的书目，所举十二种书，《唐才子传》列为首位。这部书一直为唐诗研究者所重视，是不难理解的。但我们也应看到，辛文房与他的前辈学者、南宋计有功不同，计有功所创建的“诗记事”的体例为中国古代诗学研究开拓了一条新路，他并且还以其广博的见闻记录了唐代诗人及其作品的信实的资料，——计有功是一位有建树的文献学家，而辛文房则是别具一格的诗评家。他虽为众多的唐代诗人立传，而其主旨却似乎在因人而品诗，重点是标其诗格，而不在于考叙行迹。因此，无可讳言，作者在搜集和排比材料时，有时是十分随意的，这就使得这部书中材料上的疏误几乎随处可见。《唐才子传》一书，价值很明显，缺点也很突出。可惜的是，过去我们的一些研究者，在引用此书时，未加复核，往往把它的错误记载作为论证的依据。

本书笺证部分的内容，大致包括：一、探索材料出处，二、纠正史实错误，三、补考原书未备的重要事迹。显然，按照这一要求，用之于《唐才子传》记述到的三百九十多人 ，即无异于对唐五代诗人作全面的生平考证。可以想见，这是一件多么庞大的工程，是足够一位辛勤的研究者劳勤一辈子的，——由于个人的精力和条件所限，这样做恐怕也不见得能差强人意。因此，我们采取集体协作的方式，发挥各自的长处，争取在较短的时间，编撰出具有一定学术水平的著作。我个人觉得，这是目前所能采取的最好的方式，是个人单独进行所远不能相比的。开放型的学术研究应当鼓励多种样式的试验，按照内容的要求，选择最佳的工作程序和组织方式。我们邀约有关的研究者共同工作，并采取目前这样的方式，是想在专题著作和古籍整理中探求如何使个人专长和集体协作能有效的配合，同时也包含有一个这样的希望，就是我们不满足于传统意义上的笺证，而是想通过现在那样的笺证的方式，科学地集中和概括作家生平事迹研究的线索，希望这本书能作为有唐一代诗人事迹的材料库，使书中的笺证既是现有研究的成果，又是无限的学术进程中一个新的起跑点。如果研究者能从本书所提供的线索找到有益于继续探讨的材料，就将是我们最大的满足。

本书的校勘统一由孙映逵同志担任。经过比较，采用黎氏(庶昌)珂罗版影印元刊本为底本，而以五山本、正保本、《佚存丛书》本、《四库》本、三间本、《指海》本相较。由于采择的底本较好，错字较少，因此校勘的文字并不多，但细心的读者当会发现，这字数不多的校勘记是包含校者大量的劳动的，因为如果不经过认真的、看来极为细琐的比勘研究，就不可能恰当地确定底本，也不可能作出这些为数虽不多但足资参考的校勘记。校勘的一个原则，是底本不误、他本误者一般不出校，但如误者有一定影响、其版本有一定的代表性，也择要写出校记，以供参考。映逵同志写有《校勘说明》，对辛文房的生平大略，及《唐才子传》的版本情况和校勘体例有扼要的记述。他的工作使本书在文字方面有一个扎实的依据。我在校阅时曾作了某些删改，如有不妥之处，则可能是因我误改所致。

笺证的体例，大致是：凡有生卒年可考的，则尽可能加以考证，或作大致的论断；未有充分材料可以考知的，则不勉强为之。籍贯也是如此。作家先世世系，凡有材料可依据的，其高曾以下则约略叙述，高曾以上一般从略，不作详细的世系考证。凡正史有传的，或私家传述的碑传墓志较为详细的，则择要摘引，不全录原作，以免冗长。诗文集著录，一般限于两《唐书》的《经籍》、《艺文》两志及宋代主要的公私书目，不详作著作流传考和版本源流考。与今人意见不同的，只作正面论述，不加辩驳；而引用现有研究成果的，则一概在有关部分注明。年号加括号注公元纪年，籍贯及重要经行地注今地名。引文一般注明出处。为求省文，笺证的叙述文字采用浅近的文言。

卷一，卢照邻传由任国绪(黑龙江人民出版社)担任，骆宾王传由骆祥发(浙江师范大学)担任，储光羲传由陈铁民(中国社会科学院文学研究所)担任，其他则由傅璇琮担任。

卷二，綦毋潜、王维、孟浩然三传由陈铁民担任，薛据传由储仲君（晋东南师专）担任，李白传由郁贤皓（南京师范大学）担任，高适传由周勋初（南京大学）担任，其他则由傅璇琮担任。

卷三，岑参传由孙映逵（徐州师范学院）担任，鲍防、郎士元、灵一、秦系、张众甫、严维、于良史、灵彻、张南史、古之奇、朱湾等传由储仲君担任；张继传由周义敢（安徽大学）担任，顾况传由赵昌平（上海古籍出版社）担任，张志和传由陈耀东（浙江师范大学）担任，陆羽传由储仲君、陈耀东担任，其他则由傅璇琮担任。

卷四，卢纶、韩翃、耿湋、钱起、司空曙、李端、张谓、韦应物、武元衡等传由傅璇琮担任，李益、王建二传由谭优学（西南师范大学）担任，皎然传由赵昌平担任，其他则由储仲君担任。

卷五，卢仝、马异、刘叉、李贺等传由吴企明（苏州大学）担任，戴叔伦传由蒋寅（南京大学）担任，吕温传由刘德重（上海教育学院）担任，李涉、杨巨源、韩愈、朱放、贾岛、王涯、令狐楚、姚系、张登、羊士谔、麴信陵等传由吴汝煜（徐州师范学院）、胡可先（徐州师范学院）担任，其他则由吴汝煜担任。

卷六，张祜传由吴在庆（厦门大学）担任，其他由吴企明担任。

卷七，许浑、薛逢、赵嘏、薛能等传由谭优学担任，李群玉传由羊春秋（湘潭大学）担任，其他则由梁超然（西北大学）担任。

卷八，由梁超然担任。

卷九，郑谷传由赵昌平担任，其他由周祖譔（厦门大学）、吴在庆担任。

卷十，由周祖譔、贾晋华（厦门大学）担任。

我们希望得到学术界的指正，也希望随着研究的不断进展，今后将不断修改和更新笺证的内容。

启功先生一直关心本书的编写，并特为本书题签，谨致衷心的谢意。

《唐才子传校笺》编馀随札*

《唐才子传校笺》全书共四册，总计约一百四十万字。第一册出版于 1987 年夏，等到第四册出版，已经是 1990 年的岁暮了，其间竟占了四个年头，我们现在出版一部稍具规模的学术著作，真有想不到的艰辛！但我还是感到幸运，像这样字数不算少的一部书，而且自始至末都是资料考证，别人看了可能会觉得枯燥无味，或如有些人认为的不过属于低层次的格局，也总算经历了近些年来出版业所受到的市场经济的冲击，终于印了出来。抚摸这四册书，我在感到相当疲乏之余，也略为舒坦地松了一口气，心中充满了一种难以名状的感激之情，——既感激数年来与我合作的二十几位学术上的知友，也感激印刷厂那些无间寒暑，终日托着铅盘，站着一个字一个字捡而奖金又所得无几的工人师傅。我做过三十余年的编辑工作，而且现在还在做着，或许正因此比学校或研究机构的同行们更懂得一本书出来是多么的不易，有多少人，包括工人师傅、校对、

* 原载于《书品》1991 年第 1 期，北京，中华书局。

编辑人员，默默地为它付出辛劳；也许正因此，我总是感到，一个人，像我们那样，能力有大有小，水平有高有低，总应该写出或编出对别人多少有用的书，如同木匠做成一只碗柜，泥瓦匠砌成一间厨房，总算是尽自己的一点本分。

“前言”中说，这本书“是想在专题著作和古籍整理中探求如何使个人专长和集体协作能有效的配合，同时也包含有一个这样的希望，就是不满足于传统意义上的笺证，而是想通过现在那样的笺证的方式，科学地集中和概括作家生平事迹研究的线索，希望这本书能作为有唐一代诗人事迹的材料库”。应该说，这样的设想是在筹备的过程中逐步明确的，而在最初，我之所以立志于想搞《唐才子传》的整理，毋宁说是感情的因素多于理智的因素。

70 年代初，我在湖北咸宁文化部干校劳动，有一天听到消息，说是马茂元先生本来是要作《唐才子传笺证》的，已作了一部分，“文革”开始，他身心受到极大的摧残，悲愤之情不能抑制，一气之下就把《笺证》的手稿都烧了。茂元先生是我钦敬的唐诗学前辈，50 年代至 60 年代前期正当他的中年，以他对古典文学的深厚修养，来为《唐才子传》作笺证，一定是会很精彩的。可惜一场浩劫，使马先生这一善良愿望与纯正的学术志向成为终生之恨。80 年代初，他把“文革”前的旧作编成《晚照楼论文集》出版，《后记》中说：“为了替计划中撰写的一部断代分体文学史——《唐诗史》做好准备，我先行着手编著《唐才子传笺证》。企图借辛氏之书引出线索，旁征博引，辨析异同，将有关唐代诗人的传记资料，全面地系统地加以考订，从而对唐诗风格流派之形成及其传统继承关系，进一步作深入的探讨。经过两年时间，已写出初稿约二分之一。收在这本集子里的《读两〈唐书·文艺(苑)传〉札记》、《唐诗札丛》，就是它的副产品。”可见马先生对唐诗的研究有一通盘的考虑，而为《唐才子传》作笺证，则是他整体计划中重要的一环。这里提到的《读两〈唐书·文艺（苑）传〉札记》，与我还有一段姻缘。这篇文章是“文革”前马先生寄交给《文史》的，还来不及刊出，运动开始，这篇文章随同《文史》的其他文稿都积压在那时的《新建设》编辑部（当时《文史》是由《新建设》与中华书局合编）。“四人帮”倒台后，中华书局积极谋划恢复《文史》的出版，在筹建初期，我与现在已调至中国社科院历史所任研究员的吴树平同志到原《新建设》编辑部一间蜘结尘封的房间清理旧稿，在一大堆乱纸中发现马先生这篇文稿。当时我也正在搞唐代诗人的考索，一见此文，欣慨交加，遂一边函告马先生，一边就在刚复刊的《文史》上刊出。我自己觉得这只不过出于职业的道德心，履行作为一个编辑的职责，却想不到马先生又写信给我，又托人带话，说这篇文章如放在他家里，“文革”中肯定也被毁了，而且他自己一时竟也想不起来，对我再三表示感谢。

咸宁地处楚泽，广漠的平野常见大湖返照落日的奇彩，但茂元先生焚稿的消息使我在这屈子行吟的故土上仿佛看到先行者上下求索而悲苦憔悴的影子。那时身在干校，命运如何，前途谁托，丝毫未能知晓，但我却萌发搞《唐才子传》的强烈的冲动。大约 1980、1981 年间，我到上海出差，专程去看望茂元先生，他已卧病在床。后来他的《晚照楼论文集》印出，特地寄给我，还附一信，中谓：“前大旆来沪，礼辱先施，幸接光仪，至慰渴念。恨在病中，不克回访。……寄奉拙著一册，敬乞指教。周振甫、程毅中两兄处，乞代致鄙忱。另有一事相烦：内有奉夏老一册，亦请便中代陈。”《晚照楼论文集》的书名，是夏承焘先生题签的，因此茂元先生叫我代送。这几年茂元先生身体愈益衰弱，这使我更从感情上觉得有一种无可推卸的责任，把前辈学者的未竟之志在我们这一代中完成。

促成我搞这部书的，还另有一个感情上的因素，即是日本学者所已作出的成绩的挑战。1972 年 8 月，日本出版了布目潮沨和中村乔两位先生的《唐才子传之研究》。布目潮沨生于 1919 年，中村乔生于 1936 年。他们编著此书，可以代表日本老一代学者与中年一代学者研究的集结。他们的工作分校勘、译文、注、资料探原四项。按《唐才子传》十卷，明初编《永乐大典》时尚为完帙，曾全部收入该书“传”字韵内。但此后《大典》续有散失，至清乾隆编《四库全书》，《大典》“传”字韵各卷均佚，十卷单刻本此前在国内也久已失传。四库馆臣只得从《大典》残存各卷杂引《唐才子传》处“随条摭拾，裒辑编次”，成书八卷，只搜得二百四十三人，附传四十四人，比起原书立专传者二百七十八人，附传一百二十人来，少四分之一，只是一个断简零篇的辑佚本。但日本却保存有元代刊行的十卷足本，这是目前所见最好的版本。日人曾先后据以刊刻了好几种本子，较好的有日本南北朝后半顷（十四世纪后期，约当我国明初洪武年间）刊行的五山版，现在日本汲古书院影印内阁文库藏本。另有日本正保四年（公元 1647 年）上村二郎卫门刊本，与享和二年（公元 1802 年）的《佚存丛书》本。《佚存》本传入中国后，中国学者曾以《四库》的八卷本与之对校，刊刻过几种本子。但由于日本保存的版本最早，刊刻较多，因此日本学者有优越的客观条件，所作《唐才子传》版本的考证，大多富有参考价值。虽然他们利用中国学者的成果和中国的文献记载还不够充分，但从已有的成绩看，已居领先地位。布目潮沨两位的另一工作“资料探源”，是见出日本学者的功力的。他们利用两《唐书》、《唐诗纪事》、晁陈二志，以及某些诗文别集，查考《唐才子传》记述的材料出处，应当说所用材料大多是常见的，但有一些是需要辗转勾稽才能查出。从 80 年代中期我国唐代文学研究的水平看，这样一种的“资料探源”，我们是完全可以做到的，而且可以做得更好，但我们的力量分散，还未能把研究力量集中起来，因此使得关于《唐才子传》的研究，在此以前，日本学者一直走在前列。《唐才子传》是中国古典文学的一部名著，作为本国的文化遗产，我们中国的学者把它整理出高水平的本子，应该说是一种义务。一种学术上的民族自尊心，使我感到要在短时期内拿出在国际上也能得到承认的著作。

上面提到的马茂元先生作为《笺证》的副产品的两篇文章，一篇谈到王之涣，一篇谈到陈子昂，可见马先生在开初两年内大约作到盛唐前期。我自己，在70年代后期和80年代中期，对于大历以前摸过较多的史料，中后期，除了环绕牛李党争和李商隐之外，大部分还没有下过功夫。当时我与一些友人商议，笺证的工作，大致包括这样三项：一是探索材料出处，二是纠正史实错误，三是补考原书未备的重要事迹。考虑到书中所收作家有近四百人之多，按照上述要求，那无异是对唐五代诗人作全面的生平考证。辛文房以一西域人，为一代诗人写传，确有非凡的气魄，他写这部书，应当说是一项开拓性的工作。那时他所能看到的材料还不少，唐宋人所作的几种登科记，还有一部分流传于世，他当能看到，因此徐松作《登科记考》，关于进士登第年就把《唐才子传》作为立论的依据(此点请参阅我另一部书《唐代科举与文学》第一章《材料叙说；唐登科记考索》)。但辛氏写这部书，正如我在《校笺》的《前言》中所说，其主旨似乎在因人而品诗，重点是标其诗格，而不在考其行迹。因此他虽然也搜辑了不少史料，但在排比史料与写成文字时，却十分随意，疏误随处可见。因此我在构想整理方案时，逐步明确这样的三点：

第一，彻底清理本书的材料来源，从史源学的角度，要求做到两点：一是查考辛氏所用材料的最早出处，以及这些材料曾经经历过怎样的流传过程，其间有无变异；二是考核材料的正讹真伪，从生平事迹的整体考察，来确定哪些材料经过检验是可以成立的，哪些是有问题的。因为在此之前，我看到我们的一些研究者，不去查核唐宋时的史料，而仅引用《唐才子传》，不加复核，就往往把它的错误记载作为论证的依据。我们希望通过材料清理工作，能够改正这种情况。

第二，以此为线索，补考出辛氏未加记载的重要事迹，作为到目前为止的这将近四百位诗人生平研究的一次集结。我认为，从作家传记的角度来衡量《唐才子传》，辛氏的贡献毕竟是极有限的，记述不但多有错误，而且过于简略。如果我们只做材料考源与辨误的工作，花了不少力气，所得有限，毕竟太可惜。因此我想，不妨把《唐才子传》作为架子，利用和发挥我们的学术潜力，以借此来做唐代诗人生平考证的工作。当然限于笺证的体例，我们也不能铺开来做，成为一篇篇作家考的专题论文。我们可以把考证浓缩，提供基本的材料线索和概要的考析过程，使得研究者可以此为起点，作进一步的开拓与深入，这就是《前言》中所说的，“希望本书能作为有唐一代诗人事迹的材料库，使书中的笺证既是现有研究的成果，又是无限的学术进程中一个新的起跑点”。

第三，以上两点的工作要求，使得作这部书的笺证具有作家生平考证专著的性质，而所考又上起初唐，下至五代末，时间跨度大，人数众多。一个人，穷毕生之力，或许能够做成这样一部书，但学术发展的客观要求毕竟不能这样的等待，况且一个人的修养为各种条件所限，也不大可能对所涉及的每位作家都有很深的研究。这些年来唐代文学研究的进展极为迅速，我们完全可以集合有关专家，分工合作，以集体之力来承担起这一工程。而我或许因工作关系，与不少研究者多有交往，比较熟悉他们的学术优长与治学特点，因此我不自揆地担任起创议，组稿，协调关系，统一体例，以及最后发稿等工作。有几位本来在某一方面已有专著，如郁贤皓同志之于李白，周勋初同志之于高适，陈铁民同志之于王、孟等盛唐诸家，等等，我则请他们担任各自专长的部分。有的则是在我的《唐代诗人丛考》出来后，曾与我商榷，纠正我的错误或补充我的不足的，这次就请他们撰写有关诗人的笺证。如上海古籍出版社赵昌平同志曾写过《关于顾况生平的若干问题》(《苏州大学学报》1984 年第 1 期)，补正我《顾况考》一文的好几处误失。现在在中国社科院文学所的蒋寅同志，在他做研究生期间，曾以戴叔伦为题写作论文，后又写成《戴叔伦作品考述》等文发表，对我关于戴叔伦后期任抚州刺史时的考述，多所匡正。安徽大学中文系周义敢同志有《张继诗考辨》(《中国古典文学论丛》第 3 期)，对我的《张继考》也多有补充。不管他们都比我年轻，像蒋寅同志当时还不到三十岁，我认为他们就是某一方面的专家，也就商请他们做有关诗人的笺证。中晚唐及五代，一个作家的事迹往往与其他作家相连，又由于那一时期史料的混杂，事迹考辨工作往往要几个作家同时进行。这样我就将中晚唐部分成卷地请徐州师院吴汝煜、苏州大学吴企明、广西民族学院梁超然等同志担任，唐末五代则请厦门大学周祖谍同志与他原来的研究生而现在在唐诗学界已卓有名声的吴在庆、贾晋华两位同志担任。

这种以个人专长与集体协作有效配合的方式，确实收到明显的效果。第一册出来后，北京大学的王瑶先生写信给我，称赞此书“罗致各方力量，合力完成，确系功德无量之举”，并说这种组织方式与体例安排“富时代特色”。复旦大学王运熙先生来信说，这样做“为唐诗研究提供了扎实的基础。”《书品》1988 年第 2 期刊出任尔同志的书评《数据库·信息网·方法论》，还以周勋初同志所作高适传笺证为例，特别提出，由于各篇由各有关专家执笔，所作的笺证还起到方法论的示范作用。

应当着重提出的是，全书的校勘由徐州师院的孙映逵同志一人担任，做得非常精细。映逵同志原有《唐才子传》的校注稿，交上海古籍出版社，后由于我的请求，把他的校勘成果全部投入现在的这部书中。他对《唐才子传》的版本源流了解得十分清楚，校记本已作成，后来我把中国科学院图书馆所藏的日本汲古书院影印内阁文库本(即五山本)复印一份给他，他又不惮烦地重校了一遍。现在这个《校笺》本，采用黎庶昌珂罗版影日本所藏元刊十卷本为底本，而以五山本、正保本、《佚存丛书》本、《四库》本、三间本、《指海》本相校。正如我在《前言》中所说，“由于采择的底本较好，错字较少，因此校勘的文字并不多，但细心的读者当会发现，这字数不多的校勘记是包含校者大量的劳动的”。我认为，我们研究中国古代的学问，掌握理论当然是不可少的，吸收一些新方法也是需要的，但我们还应立足于我们自己的学术土壤，要有传统的治学方法的训练，这是一种基本功。校勘就是这种基本功之一，而目前恐怕是很不为人所看重的；不但不看重，大有鄙夷不屑一顾的样子。映逵同志所作的这一校勘，使这一部书在文字方面有一个扎实的依据，我相信，校记中体现的淳朴的学风定会有积极的反响。

我还要说的是，我与合作的这些位学者，在工作进行中，及在工作完成以后，友谊不断增进。顾炎武在一篇文章中曾说过“人相忘于道术，鱼相忘于江湖”的话，可能是有激而发的。在当今的学术潮流中，加强彼此之间的交流，而又互相尊重，是十分必要的。孙映逵同志后来又独立完成《唐才子传校注》一书，将由中国社科出版社出版，他命我作序，我在序中表达了我对他那种质朴敦厚、脚踏实地的学风的钦敬。吴汝煜同志由作中唐作家的笺证，进而作《唐五代人交往诗索引》，以及与胡可先同志合作编写《全唐诗人名考》，我都应邀为两书写了序。吴在庆同志继续以杜牧为中心展开研究，贾晋华同志因着力于本书第十卷的笺证，积累了相当多的资料，拟进一步写作五代文学史的专著，他们两位并已与我合作，搞晚唐五代文学编年。可见，搞一个较大的项目，是能够带动研究的一定开展的。

现在全书四册已经出齐，我诚恳地等待着读者的批评。这部书既是期望作一个唐代诗人的材料库，当然希望材料能不断得到补充和更正。就现在所知，已有几处可以补正。如卷一张子容传："后值离乱，流寓江表。尝送内兄李录事归故里云：'十年多艰与君同，几处移家逐转蓬。自首相逢征战后，青春已过乱离中。行人杳杳看西日，归马萧萧向北风。汉水楚云千万里，天涯此别恨无穷。'"现在笺证中说："按《全唐诗》张子容名下无此诗，当系失收。观'十年多艰'句，则子容安史乱平后尚在世。"实则《全唐诗》卷一五一载此，为刘长卿诗，题《送李录事兄归襄郡》，李录事即李穆。此点周本淳先生于数年前出版的《唐才子传校注》已纠正辛氏之误，并疑"后值乱离"以下皆刘长卿事。又如卷五张登传："尝晚春乘轻车出南熏门，抵暮指宜春门入，关吏捧版请书官位，登醉题曰：'闲游灵沼送春回，关吏何须苦见猜。八十老翁无品秩，三曾身到凤池来。'其狷迫如此。"笺证中说此段文字未详所本，并指出这与前面所已引用的权德舆《唐故漳州刺史张君集序》(《权载之文集》卷三三)所载不合。周勋初同志在其主编的《唐诗大词典》附录《唐诗文献综述》中曾指出辛氏此误，说："查《诗话总龟》卷十七引《古今诗话》，知此实为宋人张士逊事。徐自明《宋宰辅编年录》卷四：'(康定元年)五月壬戌，宰相张士逊拜太傅、邓国公，致仕'，'士逊自景祐五年三月拜相，至是年五月罢，凡之入相，仅三年。'辛文房所看到的，当是《古今诗话》的原文，该处正作张邓公，而偶有残夺，讹作登字，辛氏遽而录入，遂成大错。”按勋初同志所考是。此亦见《湘山野录》，著者文莹为熙宁时人，其书似稍早于《古今诗话》。厉鹗《宋诗纪事》亦载作张士逊诗。此事吴汝煜同志亦曾写信告我，希望我在校样上改正，但时已付型，来不及改，对已故去的汝煜同志，我甚感遗憾。

书中材料的补充是大有可为的。如卷一郑虔传，就可补千唐志斋所藏郑虔的《大唐故汾州崇儒府折冲荥阳郑府君(仁颖)墓志铭》，此为《全唐文》所未载，据此并可考见郑虔于开元十五年曾任左监门录事参军。浙江台州石门县还留存有《石门郑氏宗谱》，载有郑虔的生卒年。另据复旦大学陈尚君同志见告，晚唐时人路公望的《北户录》及所附注文，有郑虔佚文。我后查阅此书，果然发现标明郑公虔等文字七八处，虽属残句，仍极可贵。

另外，按照体例，笺证的文字凡是引用现有成果的，须注明出处。卷四王季友传，其中说：“家贫卖屐，好事者多携酒就之。”这是本杜甫为王季友所写的《可叹》诗“贫穷老瘦家卖屐，好事就之为携酒”，应当说有所据。历来也都据杜甫此诗来考见王季友的生平。我曾看到台湾东海大学教授杨承祖先生发表于台湾《历史语言研究所集刊》第五十四本第一份(1983 年)之《杜诗用事后人误为史实例》一文，文中指出杜诗这里并非实写，而是暗用谢承《后汉书·刘勤传》事。我觉得所考新奇而可信，就举以告作此笺证的储仲君同志，仲君同志更进一步有所考核，但因那时海峡两岸交流尚有很大的阻隔，因此我在统稿时未注明杨承祖先生的文章。去冬在南京大学参加唐代文学国际学术讨论会，杨先生也来了，彼此切磋学问，一见如故，我就把此事告诉了杨先生，他听了甚为欣然。我想，以后重印时是应当把这点补上的。同时，台湾也有好几位治唐代文学很有成就的学者，我希望他们能根据这些年来台湾的研究成果，来补正本书的不足，更好地开展海峡两岸学术文化的交流。

《唐才子传校笺》第五册前记*

20世纪80年代中期，我曾邀约二十几位研究者，共同进行《唐才子传》的校勘和笺证工作。从笺证的内容说，要求做到这样三点：(1)探索材料出处，(2)纠正史实错误，(3)补考原书未备的重要事迹。也就是说，希望彻底清理此书的材料来源，从史源学的角度，查考辛氏所用材料的最早出处，以及这些材料曾经经历过怎样的流传过程，其间有无变异，同时还拟进一步检核材料的正讹真伪，从生平事迹的整体考察，来确定哪些材料经过检验是可以成立的，哪些是有问题的。另外，即以此书所述为线索，补考出辛氏未加记载的重要事迹，作为到目前为止的这将近四百位诗人生平研究的一次集结。

应当说，这是一个高标准，真要做到这几点，实在很难。当时我作为一个创议者是作了“取法乎上”的思想准备的。全书一百四十万字，共四册，于1987年夏至1990年冬陆续印出。出版后听到的反应还是比较好的，并且获得

---

* 原载于《唐才子传校笺》第五册，北京，中华书局，1995。

了 1991 年国家新闻出版署评定的首届优秀中国古籍整理著作二等奖。但在这期间，我自己在复阅中也发现了一些错误和疏漏，也收到一些友朋的信札，谈及书中的问题。我在第一册的《前言》中曾说过："希望这本书能作为有唐一代诗人事迹的材料库，使书中的笺证既是现有研究的成果，又是无限的学术进程中一个新的起跑点"，"希望随着研究的不断进展，今后将不断修改和更新笺证的内容"。我曾经想过，以后在重印时，不妨仿照夏承焘先生《唐宋词人年谱》，把一些商榷意见，编成"承教录"，附于书后，既可供读者参考，也可作为研究进展的一个标志。

1991 年 7 月，我把载有我所撰写的《〈唐才子传校笺〉编余随札》一文的《书品》(1991 年第 1 期)寄给湘潭师院的陶敏同志，并征求他对此书的意见。他随即复信，摘举了书中几个例子供我参考。对陶敏同志治学的专精，我是逐步了解到的，他在 80 年代中后期所发表的几篇唐代诗人生平考证的文章，很使我惊异。这时，复旦大学中文系的陈尚君同志也正从事于《全唐诗》与《全唐文》的补编，并拟进一步做《唐集考》的工作。他们两位对唐代诗人与作品的文献资料有全面的考虑，掌握的资料范围很宽，用功极勤且细。因此我就请他们两位集中一定时间，对已出版的四册作一次检核，结果就是他们现在写成的三十余万字的补正。

显然，这样有三十余万字的考证文字，已不是原来设想的"承教录"的形式所能容纳，因此我征得陶敏同志和陈尚君同志的同意，以此作为《唐才子传校笺》第五册出版。细心的读者当可发现，陶敏同志与陈尚君同志所作的补正，不仅仅是对前四册笺证的纠误补缺，其本身即具有独立的学术价值。没有这第五册的补正，则前四册对诗人生平事迹的考证，就将是极不完全的。

我认为，这第五册除了对原笺的缺误作了极有科学价值的补充、修正外，其本身还有方法论的意义。就我在阅读过程中所感到的，有这样几点：(1)我们在考证诗人生平时，一定要注意利用文物考古的材料。这一点，陈寅恪先生早已提出过，他总结王国维的治学成就，概括为三点，即“取地下之实物与纸上之遗文互相释证”，“取异族之故书与吾国之旧籍互相补正”，“取外来之观念与固有之材料互相参证”，并且说，这三点真正做到了，就“足以转移一时之风气，而示来者以轨则”(见《王静安先生遗书序》，《金明馆丛稿二编》)。近几十年来，出土的唐代文献材料非常丰富，谁能够真正用力于此，必然大有所获。这次补正稿，就充分利用新发现的唐代碑志，补充和改正了原有的对若干唐代诗人生平的考述，有些是十分重要的创获。具体例子就不一一列举了。我在阅读近些年来的诗人考证文章，凡用及出土文献的，莫不有新鲜之感，一洗过去仅引用若干旧注旧说而长篇发挥那种陈陈相因的陋习。(2)掌握材料的面要尽可能广，并且要尽可能将前后材料贯通起来。研究唐代，不能只限于读唐代的书，宋元明清的记载都要顾及，最好还能利用域外的材料。如李峤传，载李峤有《杂咏》诗，张庭芳为作注，原笺仅引《敦煌古籍叙录》，以为逸亡已久，现在补正稿中指出日本藏有三个系统之七种抄本《李峤杂咏注》，实未尝佚，就使人大开眼界。又如张继传中说“尝佐镇戎军幕府，又为盐铁判官；大历间，入内侍”。原笺以为此数句未知所本，怀疑为辛文房臆度之辞。补正稿据曹汛同志提供的线索，考出此系辛氏误录宋初内侍张继常之事迹，《诗话总龟》卷二四引《杨文公谈苑》曾记“内侍张继常为镇戎军钤辖”，能读书作诗，“中间入内都知，佐郡”。辛氏误读此一段，并将“张继常”名读破，作为张继事迹。此处宋人一条极普通的材料就解决了《唐才子传》中这一颇不易攻破的难点。又如原笺好几处引戴叔伦诗以证实一些诗人与他的交游，而据补正所考，《全唐诗》中之戴叔伦诗不少出于明人伪作。这种考订，如没有勤搜博求的功力，是很难做到的。(3)考证之作，切忌轻易下断语，须慎之又慎。原笺中不少处说到某唐人诗集，宋时即不见记载，补正中即举出《遂初堂书目》、《秘书省续编到四库阙书目》等为例，证明宋时一些书目即有著录。又如张仲素传中，原笺否定《旧唐书》仲素河间人的说法，认为其本贯为宿州，所据为光绪《宿州志》中有“苻离五子”的记载(谓张仲素即五子之一)。而实则这所谓“五子”，除张仲素，其余都非真实姓名，而是修志者误读白居易诗，将诗中本系用典而误作人名了。

最后还应提及的是，我本拟与原来各位作笺注的同志联系，也请他们就所发现的作出补正，以与陶、陈两位所作并合。但鉴于陶、陈两位所作已较集中和完整，从技术方面考虑，单以他们两位所作作一整体，更便于读者阅读和使用。学术乃天下之公器，我相信我们这一时代的研究者是更有这一气度的。补正固然出于陶敏和陈尚君同志的手笔，但也可视为我们唐诗学界共同的成果。我希望在这之后，随着研究的日益深入，将会有新的补正，使这部书得以不断充实和提高。

《宋人绝句选》序*

绝句是我国古典诗歌的一种重要体裁，曾被人誉为“百代不易之体”(明胡应麟《诗薮》)。五言绝句二十个字，七言绝句二十八个字，篇幅短小，但古代诗人常常以之写景、咏怀、讽事、感时，尺幅小景而有千里之势。在诗歌发展史上，绝句是有着古诗、律诗所不能代替的优点的。从一定的意义上说，绝句似乎更能代表我国诗歌的民族形式。它较易于普及，易于为群众接受，而对于作家来说，他们对外界事物的感受和领悟，用绝句的形式表达，也似乎更为凝练和隽永，更易引起人们的深切思索和长久回味。研究中国古典诗歌遗产，绝句是一个不可忽视的部门，而对于向今天的读者介绍中国古典诗歌，绝句则是更值得重视的文学样式。

清朝的一位评论家曾说：“七言绝句起自古乐府，盛唐遂踞其巅。”(田雯《古欢堂集·杂著》)古代不少诗论著作，

---

* 原载于傅璇琮主选，倪其心、许逸民注评之《宋人绝句选》，济南，齐鲁书社，1987。

差不多都认为绝句在唐代已是顶峰，后人不可企及。诚然，绝句在唐代已经达到极高的成就，唐代诗人如李白、王维、王昌龄、王之涣、高适、岑参、李益、韩翃、白居易、刘禹锡、杜牧等等，都写出过传诵千古的名篇。但是，每一个时代的文学都有它自己的价值，正如在大自然中，既有浩瀚奔腾的长江大河，也有清雅秀洁的细流曲涧，既有挺拔的高峰，也有深邃的幽谷，都各有自己的美而不相掩。这是自然美和艺术美的规律。我们现在编选宋人绝句，也可以向读者提供古代绝句佳作的另一种美的选择，美的品尝。

宋人绝句，也是名家辈出，有不少高手，他们在唐人的阔大宏放、高华典丽之外，另辟蹊径。清末著名的诗评家陈衍说："宋诗人工于七言绝句，而能不袭用唐人旧调者，以放翁、诚斋、后村为最"(《石遗室诗话》)。石遗老人这里只举出陆游、杨万里、刘克庄三人，是太少了，之所以如此，是因为还存有唐宋之见。如果抛开这一传统的说法，应当说，宋代优秀的绝句作家是远不止这几位的，宋代的绝句佳品在数量上或者还可以与唐人相匹敌。宋人绝句的创作特色，是构成宋诗特有的艺术风格的重要组成部分。

宋人绝句自有其新意，这种新意不妨概括为两点，一是诗的日常生活化，二是诗的哲理化。而这两点，又与宋代士人的社会心理和文学观念相联系。

宋人绝句中，写社会重大题材的不多，这可能是它们的缺点，但宋代诗人却也把诗的题材向另一面扩大，把日常看来平淡无奇的生活情景，用平易浅近的语言形式，表现得很细腻，很有诗意，有美感，因而触发读者的再创造，发现生活中固有的美，使自己的思想感情得到升华。即使生活中的一个小小角落，诗人们也表现得富有情趣，在诗歌的意象中有所开拓创新，因而使得极为平凡的场景也闪耀出不平常的光彩，使人产生新的审美感受，感到人世间和自然界本有的诗意和美感。试读下列一些诗句：“何处山村人起早，橹声摇月过桥西”；“分得鱼虾归野寺，满江鸥鹭夕阳闲”；“莫言春色无人赏，野菜花开蝶也来”；“江南二月多芳草，春在濛濛细雨中”；“竹深树密虫鸣处，时有微凉不是风”；——不都是可以开启感情的窗扉，领略自然界和日常生活中的美景吗？

诗的哲理化在宋人绝句中更为普遍，更为明显。这倒不仅仅是因为宋代禅学盛行，禅理入诗，而是因为处于中国封建社会一个新的发展阶段，地主阶级及其知识分子的地位有了新的变化。地主经济的发展使得地主阶级文人文化知识得到普遍的提高，他们中不少人有着较高的古典文化修养，并从而能在对世界、人生的整体探讨中具有哲理的深度。另外，通过科举制度的改革，使得大批中小地主文人走上仕途，在封建政体组成中增加新的成分。但因此也引起比前朝复杂得多的政治纷争。宦海的波澜和人生道路上的坎坷引起士人们对本身命运的思索，包括对文学创作本身的思考。这一切的总和，就是宋代哲理诗产生的历史文化背景。宋人绝句中的哲理诗有的写得很粗率，很平淡，缺乏诗味，但其中好的哲理诗，即诗的哲理化，却是诗人们对社会人生、宇宙自然的深刻观察，是对日常琐屑和无聊庸俗的解脱，使人的感情得到一种洗涤，似乎重新认识了自己，因而产生一种领悟的喜悦，好像超越自我而达到新的境界。像下面一些诗句：“不识庐山真面目，只缘身在此山中”；“竹外桃花三两枝，春江水暖鸭先知”；“此身合是诗人未，细雨骑驴入剑门”；“问渠那得清如许，为有源头活水来”；不是蕴含着丰富的人生经验，给人以启迪智慧的理趣吗？至于像“看似寻常最奇崛，成如容易却艰深”；“云里烟村雨里滩，看之容易作之难”；“诗怀自叹多尘土，不似秋来木叶疏”，更可看作为创作心理的别开生面的探索，有益于对古代美学思想的研讨。

《中国文学大辞典》序*

《中国文学大辞典》是由上海辞书出版社组织编纂，并列入国家重点图书规划的大型辞书。现在这部五百余万字的大书，经过百余位专家、学者的辛勤劳作，共同努力，历时十余年，终于问世。我作为曾参与本书编撰的工作者之一，回顾这些年来的编写历程，目睹这一劳动成果得以呈现在广大读者面前，确实是倍感欣慰。

“十年辛苦不寻常”。这部《中国文学大辞典》的编纂，不仅融会了众多文学史专家长期积累的研究心得，而且也在大型专科辞书如何适应现代学科发展与读者需求上，提供了新的经验。

在80年代初期，在构思本书规模、框架时，曾有一种多卷本的设想。出版社的编辑与一些高等学校的研究者商讨，曾初步形成两千万言、多卷本的格局。作为源远流长、丰富多彩的中国文学，特别是长达二三千年的古典文学来

* 原载于傅璇琮与钱仲联等共同主编的《中国文学大辞典》，上海，上海辞书出版社，1997。

说，这样的规模不是不可，但是根据现有的研究状况以及目前处于多样化求知环境的读者意向，过大的规模对广大读者来说恐不太合适。且从辞书的收词、释文等规范化要求来说，过于宽泛的构想容易造成收词较散，譬如说把左思的《咏史》诗八首，陶渊明的《饮酒》诗二十首，每一首都立为一个词目，看似详尽，实为拖沓。因此后来在取得各分卷主编与编写者的理解与支持下，上海辞书出版社决定压缩规模，把多卷本改为一卷本，对框架、体例、立目、释文等，从更高层次上加以调整并充实，从提高质量的总原则出发，突出大、精、新三个特点，努力使这部《中国文学大辞典》在当今辞书林中显出其不同寻常的秀枝劲干。

“大”是容易理解的。虽然不是多卷本，一卷本的“大”仍可包罗宏富，纲目齐备，而且经纬分明，结构合理。从纵向上说，它上起远古，历先秦、汉魏六朝，中经唐、宋、元、明、清，直至20世纪90年代；从横向上说，它包括作家(含理论家)、风格流派社团、别集、戏剧作品、小说、笔记、总集、名篇、文学人物、期刊、名词术语、研究著作、资料汇编、工具书等十余个门类，可以说是既反映中国文学数千年的发展全貌，又力求突出文学进程的历史轨迹。这里我想就构思、布局的角度来谈一谈提高与普及的问题，即作为一部大型的专科辞书，如何兼顾研究者与较广泛的读者群这两个不同的层面。

大家知道，中国古典文学有悠久的历史，中国古典文学的研究也同样有悠久的历史，我们过去往往只注意前者而忽略后者。应开展对研究的研究，这将是提高研究素质的有效途径。这也就是近些年来开始为人们注意的学术史、学科史的研究。一门学科之可以建立学术史，是成熟的标志，而它的建立又可以进一步推动研究的深入。各自总结本学科的研究，就会大大丰富古典文学整体研究的内容，由此而总结出现在还可行之有效的传统方法，并科学地吸收国外的或自然科学研究的新方法，就会使我们的研究方法真正建立在科学的、民族的深厚基础上。这部《中国文学大辞典》的一个引人注意的特点，就是有意识地安排学术史的条目。它选择中国文学史上较有广泛历史影响的作品，如《诗经》、楚辞、《昭明文选》、敦煌文学、《红楼梦》，设有综论性和专题性的词条，阐述其学科发展的历史。“楚辞学”条目，提出楚辞研究曾出现四个高潮，即汉代、宋代（南宋）、清代及“五四”以后新时期，并举出每一个高潮时期的代表性著作，回顾前人走过的探索道路，他们的成功在哪里，不足又在哪里，有哪些可以作为成果肯定下来，有哪些则还要继续探讨。“《文选》学”词条，则不以时代分，而是指出过去的《文选》学大致分为训诂考据、摘录辞章、增广续补三类，而其中训诂考据类数量最多，也较有价值；在论到宋代的《文选》学研究时，辞典指出宋代有关这方面的专著不多，较有价值的研究成果则散见于沈括《梦溪笔谈》、姚宽《西溪丛语》、吴曾《能改斋漫录》、葛立方《韵语阳秋》、叶梦得《石林燕语》、王应麟《困学纪闻》等笔记、诗话中，并时有精见。我觉得，辞典条文文字虽不多，但如果对《文选》学的研究没有下过功夫，是决说不出来的。这应当是这部辞典重学术性、注意于提高的一大特点。

而与提高相对称的，则是以一定的篇幅注意于文学史知识的普及，以满足广大读者求知的渴望。这里应特别提出的是设立名篇、文学人物、小说戏剧故事等类目，使读者可以从多种侧面来了解古典文学的丰富内容。值得指出的是，名篇（诗、文、词、散曲）的条目着重于背景介绍、创作缘起、内容特点的概括，以与一般的鉴赏文字相区别。还有些条目除了准确叙述原意外，还力求以当代意识作新的阐释，使古代的作品更能与现代生活贴近，如对文学人物贾宝玉的解释。这样，学术史的条目与知识性的条目有机地融会于这部大书中，就既能使一般读者扩大知识面，又可以适应专业工作者研究和教学上的需要，确实很好地体现了提高与普及并重的极佳构思方案。

至于这部辞典的“精”和“新”的特点，我想读者打开书本，查阅有关条目，定会有自己的感受。精与新是分不开的，求精才能体现新，而一本辞典充分吸收学术新成果，反映本学科发展的前沿水平，才能构成精的主要内容。这方面的例子可以说是举不胜举。

本书的历代部分作家小传都注明出处，以显示严谨求实的学风。这种无征不信、言必有据的做法，应是辞书编撰的基本要求，也是一项高标准，尤其是在当前往往辗转抄袭、快速成书的不良风气下，更应大力提倡，以树立正气。本书各分卷作家条目的撰写都有其特点，而其征引材料的信实与广泛，则是共同的。以唐代而言，除了基本史书如新旧《唐书》、新旧《五代史》外，就我浏览所及，政书类有《册府元龟》、《唐会要》、《唐郎官石柱题名考》，金石及类书有《宝刻丛编》、《金石萃编》、《玉海》，史料笔记有《唐摭言》、《云溪友议》、《唐诗纪事》，目录类有《郡斋读书志》、《直斋书录解题》、《贞元新定释教目录》，书画类有《历代名画记》、《宣和书谱》。值得提出的是，作家生平事迹的记述还大量引述了民国时期以来及至近一二十年新编的出土墓志，如《芒洛遗文》、《千唐志斋藏志》、《唐代墓志汇编》。近十余年来唐代文史研究固然成果不少，可资参考者亦多，但编撰者如不细加检寻、拣选，以上的材料根据是不可能获得的。清代的作家，除了一般的史书如《清史列传》、《碑传集》、《清史稿》外，还引用了不少地方志，这是其他辞书所极少见的，如袁于令，引及《光绪苏州府志》、《民国吴县志》；冯舒，引及《民国重修常昭合志》；黄翼圣，引及《民国太仓州志》；马之瑛，引及《安庆府志》，等等。而且都注明卷数，出于第一手材料，不是转引他书，这一点是极可宝贵的。

至于充分利用今人成果，也随手可见。各分卷主编与撰写者，大多是该学科的专家，他们长期沉潜于专科领域，既能搜辑旧籍，又能鉴别新说，确使读者看后有一种继续探索与创新进取的意趣。如唐代诗人孟郊，列了今人的两种年谱；李贺，既列有今人所作的年谱、评传，又列有关于其诗歌的评论资料与索引。宋人如王禹偁，列有当今学者徐规的《王禹偁事迹著作编年》；柳永，列有词学大师唐圭璋的《柳永事迹新证》。又如提及南宋人李壁《王荆文公诗笺注》一书时，除注明中国所刻版本外，还特别提及："另有日本蓬左文库藏高丽排印本，文字较元明刻本为多，上海古籍出版社据以影印，1994 年出版。"这一日本藏本是复旦大学王水照先生前些年刚从日本得到的，撰写者及时将这一域外刻本写入条目。这些都极大地增加知识信息量。有些看似极不显眼的作家，撰写者也能发人所未发地提供不经见的材料，如清初诗僧读彻(1588～1656 年)，恐一般文学史著作也不会提及，但本书立有专条，并说其字苍雪，陈乃乾有《苍雪大师行年考略》。能写到如此之细，实在使人钦佩。

以上多就微观而言，至于大的方面，如古代、近代、现当代及民间文学、少数民族文学的结构安排，其篇幅、字数都较匀当；清代、近代、现当代文学，特别设置社团流派与报刊，显示文学发展的时代特色；每一时期的古代文学，均列有通论性的学术专著及有代表性的资料、工具书；注意我国古代理论批评史的特点，特地安排概念、术语的阐析，以及词牌、曲牌的注释，等等，都可见出本书在编纂过程中不断总结经验而表现出的精思与匠心。

最后我想说的是，以上所述本书在大、精、新三方面所体现的独创性，当然是百余位撰写者辛勤劳动的结果，但上海辞书出版社在这部大辞典的整体编纂上是起主导作用的。从发凡起例、确定规模，组织人力、提供样稿，以及每一词条的审阅、修改、补充，直至在校样出来后的校阅、修订，都蕴含着上海辞书出版社从社级领导到编辑室同志的才识与操劳。《中国文学大辞典》的编纂为学术界和出版界通力合作、取得成功提供了新鲜的经验。当然，本书在词条的具体编写上，定会有不当之处，我们诚恳地企望广大读者给予指正。

《中国古典文学史料研究丛书》总序*

中华书局文学编辑室于几年前即提出编辑《中国古典文学史料研究丛书》的计划，但由于种种原因，这套丛书的起步并不太快。经过几年的准备，穆克宏先生的《魏晋南北朝文学史料述略》，作为这套丛书的第一部，将在今年出版。如何使这套史料研究丛书能加快进行，以适应当前古典文学研究和教学的需要，文学编辑室徐俊、顾青两位主任曾几次与我讨论，现经商议，确定由我担任丛书的主编，负责整体构思与组稿。作为中华书局总编，我也有责任把这一不算太小的文化工程承担起来，希望在以后几年内这套丛书能粗具规模。现在已经组约的，有中国社科院文学研究所曹道衡先生的《先秦两汉文学史料》，湖南师范大学中文系马积高先生的《赋体文学史料》，湘潭师院中文系陶敏先生的《隋唐五代文学史料》，还有带有学术史性质的杭州大学中文系教授洪湛侯先生的《诗经学史》，其他尚在陆续联系中。我们相信，只要我们取得学术界的广泛支持，中

* 原载于《文学遗产》1997年第2期，后载于此《丛书》各书前。

华书局的这套书，定将会有不小的规模，在古典文学研究中起到应有的作用。

中国古典文学研究，从整体上说是一个极其庞大的工程，这里面就有一个对工程整体结构进行了解、分析和设计的问题。80年代中期，我曾与北京大学中文系倪其心教授及已故的中国社科院文学所沈玉成研究员就此进行磋商，后即以《古典文学研究的结构问题》为题，撰文在《文学评论》1987年第5期上刊载，表述了我们的看法。我们认为，全面切实探讨古典文学研究的结构，取得整体了解和认识，是进行宏观控制、微观审视的依据。有了整体结构观念，便可更真切了解近几十年来古典文学研究在基础工程和上层结构各方面，有哪些成果和成就，还有哪些薄弱环节和空白领域，哪些方面应当突破和开拓，哪些门类可开辟新分支，等等，从而可以更科学地择定重点项目和课题。

古典文学研究的结构，大体如同建筑工程，可分为基础实施和上层结构两个方面。基础实施是各类专题研究赖以进行的基本条件，具有相对的、长期稳定的特点。其具体内容，如：①古典文学基本资料的整理，包括文学作品总集、历代作家别集的校点、笺注、辑佚、新编。②作家、作品基本史料的整理研究，包括撰写作家传记、文学活动编年、作品系年，以及写作本事、流派演变的记述与考证等。③基本工具书的编纂，包括古代文学家辞典、文学书录、诗词曲语词辞典、戏曲小说俗语辞典、文学典籍专书辞典或索引、断代文学语言辞典等。

上层结构范围较广，很难全面罗列，就现在想到的，大致有：①作家作品的专题研究，文学样式、文学流派的专题研究，以及文学通史、专史的撰著。②作品的批评鉴赏，包括古典文学各种方式的普及工作。③古典文学与其他学科的交叉研究，如音乐、美术、建筑、宗教、民俗、服饰以及自然科学的交叉渗透。④古典文学比较研究，如中外文学的比较研究，汉民族与兄弟民族文学比较研究，以及古今文学比较、同一主题创作的历史比较。⑤新分支学科的开辟，如充分利用建国以来的考古成果，从文学研究角度从事考古成果的分析研究，开辟一门文学考古学。又如搜集古典作家作品的图录、碑刻、手迹等文物，分析它们在作家创作、作品传播、文学发展中的作用和价值，以及它们自身的特点，开辟一门古典文学的文物研究。⑥方法论的研究，包括传统的、现代的、一般的及具体方法的研究。⑦学科史研究，包括古典文学研究学术史及古今杰出学者的研究。

从以上并不完全的叙述来看，我们的古典文学研究，应当说内容是十分宏富的。基础实施与上层结构的结合，必更能发扬古典文学的精华，深入探索艺术规律，繁荣学术研究，促进当代创作，为建设精神文明作出自身的贡献。

古典文学史料研究，主要涉及收集、审查、了解、运用史料问题，因此它的主要研究对象是上述的基础实施，但应当说它是涵盖以上两方面的内容的。它的触及面可能还要广，举凡与作家作品有关的史书(如正史、别史、杂史等)、地理、各种体裁的笔记、社会民情的记载等等，都应有所述及。而且它还与其他一些学科有所交叉，特别是目录学、版本学、校勘学、史料检索学等，关系更为密切。古人说，六经皆史。可以毫不夸大地说，古代包括经史子集中的典籍，都与文学史料有关。而且文学史料还应包括今人的研究成果，提供新的学术进展线索。我们的史料学研究不能只看古人，更应注视现实，及时反映新的成就。这样做，一方面固然增加研究和撰述的难度，但同时对于应用者来说，则是由此获得仅靠一己的努力不可能在短期内得到的众多、有效的资料，这将是古典文学研究可持续性发展的基本工程，也是我们这一代学人对于本世纪学术的回顾和总结，对于21世纪学术的迎候和奉献。

时至20世纪90年代，各种文学史著作已是一个热点，不断产生。这些著作当各有其特点。我们想，我们这套史料丛书，将是各种体裁、各种观点的文学史著作所不能替代的，不管写怎样的文学史，不管研究哪一时代的作家和作品，不管是教师和学生(包括大学本科生、硕士生、博士生)，都将参考这套史料书。我们抱着为研究者、教学者服务的态度，希望在学术工作中做一点真正有用的实际的工作。

从史料学的建树来说，哲学、历史学已经走在文学的前头。早在1962年，冯友兰先生就出版其所著《中国哲学史史料学初编》(上海人民出版社)。这本书虽不到20万字，却是建国以来文史哲类史料学的开山之作。书中概述了商周至民国初期的各类哲学史籍，语言明晰，条理清楚，而又评价得中，表现了一位哲学大师高深的学术造诣。嗣后有张岱年先生的《中国哲学史史料学》(三联书店，1982年)，刘建国先生的《中国哲学史史料学概要》(吉林人民出版社，1983年)。历史学方面，有陈高华、陈智超诸位先生的《中国古代史料学》(北京出版社，1983年)，这是通史性质的。其他还有断代的史料学，如黄永年、贾宪保先生的《唐史史料学》(陕西师范大学出版社，1989年)，冯尔康先生的《清史史料学初稿》(南开大学出版社，1986年)，张宪文先生的《中国现代史史料学》(山东人民出版社，1985年)。另外如谢国祯先生的《史料学概要》(福建人民出版社，1985年)，翦伯赞先生的《史料与史学》(北京大学出版社，1985年)，荣孟源先生的《史料与历史科学》(人民出版社，1987年)，则是通论性的。比较起来，古典文学这方面的成果则较少。我现在看到的只有两种，一是潘树广先生主编的《中国文学史料学》(黄山书社，1992 年)，一是徐有富先生主编的《中国古典文学史料学》(南京大学出版社，1992 年)。这两本都是通论性质的，前者分“史源论”、“检索方法论”、“鉴别方法论”、“文学史料分论”(按文体分)、“编纂方法论”、“现代技术应用论”，后者分“文学史料类型”、“文学史料鉴定”、“文学史料整理”、“文学史料检索”。这样通论性的著述当然是需要的，但我们想，为了使读者具体掌握文学史料，还是按时代、按作家作品系统地论述，较切实有用，因此我们拟分两种类型，一种是以时代分(但不拘泥于某一朝代)，一种是以文体分。既概括地叙述各种史料，以史料介绍为主，也可以从学术史角度，论述历代的治学思想和研究实绩(如洪湛侯先生的《诗经学史》)，把史料学与学术史结合起来。这将是当代古典文学研究的一种特殊的治学路数。我们相信，这样的一种治学路数必将为 20 世纪中国学术史增添新的内容，树立一种新的标格。

《续修四库全书》编纂前记*

《续修四库全书》是经新闻出版署和国家古籍整理出版规划小组批准的国家重点出版项目。其收录范围，包括《四库全书》以外的现存中国古籍，即补辑乾隆以前有价值的而为《四库全书》所未收的著述，以及系统辑集乾隆以后至民国元年(公元 1912 年)前各类有代表性的著作，共收书五千余种。这是继 18 世纪清朝编修《四库全书》之后，又一次在全国范围内对中国古典文献进行较大规模的清理与汇集。《四库全书》所收书，据史学家陈垣 1922 年对文津阁本所作的统计，共三千四百六十二种，另有存目六千七百九十三种①。《续修四库全书》所收书，其种数约相当于《四库全书》的一倍半。《续修四库全书》与《四库全书》配套，将构筑一座基本古籍的大型书库，中国古代即 1912 年以前的重要

* 原载于《续修四库全书》经部，上海古籍出版社，1996。

① 《编纂四库全书始末》，见《陈垣学术论文集》第二集，中华书局 1982 年 2 月版。又中华书局 1965 年 6 月影印乾隆六十年浙江杭州所刻的《四库全书总目》时统计，《四库全书》所收书为三千四百六十一种，七万九千三百零九卷，列于存目的有六千七百九十三种，九万三千五百五十一卷。

典籍，可大致齐备。这对于保存和弘扬中华民族的优秀传统文化，无疑是一件有益的工作。

清朝政府于乾隆三十七年(公元 1772 年)正月，开始向各地征集图书，次年，又命于《永乐大典》中缀辑散篇，依经史子集搜辑遗籍，由此肇始，集中大批财力物力，组织当时在各学科领域最有成就的学者，以十年的时间，编纂成中国历史上规模最大的一部百科性丛书。

对于这样一部由清朝政府组织纂修的大型丛书，本世纪初以来，已有不少人提出批评。批评的集中点，一是清政府“寓禁于徵”，凡书中内容被认为有“违碍”、“悖逆”的，概予摒弃，禁止通行，直至销毁，在徵集图书及修纂过程中，约共禁毁书籍三千种①。二是删改原文，特别是南北宋之交以及宋末元初、明末清初的著作，凡认为对金、元及清人有诋侮处(如称虏、贼、夷狄、犬戎等)，多加改窜，甚至成段成篇地删除②。

应当说，这些批评是符合实际的，上述两点造成了这部有历史价值的大书无可弥补的错失。现在看来，还有一个缺陷，即当时限于社会条件，还不可能更广泛地搜集各地藏书，也由于受正统观念的局限，一些被视为小道的有价值的民间文学创作及戏曲、小说，被排除在全书之外。

---

① 陈乃乾于民国年间所编的《索引式的禁书总录》(富晋书社，1932)，据光绪时姚觐元《禁书总目》，及所得江西、湖北、广东各目及分次奏缴总目，载全毁书目二千四百五十三种，抽毁书目四百零二种，销毁书版五十种，销毁石刻目二十四种。

② 《陈垣学术论文集》第二集《旧五代史辑本发覆》，列忌虏、忌戎、忌胡、忌夷狄、忌犬戎、忌蕃忌酋、忌伪忌贼等。又参见《四部丛刊续编》影印旧钞本《嵩山文集》后张元济跋，鲁迅《病后杂谈之馀》(《鲁迅全集》第六卷《且介亭杂文》)。

当然，在过了二百多年之后，特别是中国社会已经历了重大的根本性变化，我们现在完全可以站在20世纪发展的高度来整体衡量清修《四库全书》的得失。《四库全书》虽有种种错失和不足，但整个说来，它对中国文化学术的发展是功大于过的。首先，清政府通过各种不同的渠道，系统征集图书，如各省采进及私人进献，内府藏书的拣选，通行本的采购，其规模之大远远超越前代。特别是从《永乐大典》中辑出清代已佚之书，不仅保存了元明以来不少颇有文献价值的著作，还为乾隆以后的古籍辑佚开创良好的风气和提供有益的经验。中国古书的流传、保存有一个值得注意和重视的现象，即凡是编辑成丛书的，往往不易散佚，特别是官修大书。通过纂修《四库全书》，把分散的群书集为一体，二百年来虽历经战乱，但还是完好无损。这就是历史本身作出的回答。

《四库全书》修成后，先是缮写四部，分藏内廷的文渊阁、圆明园的文源阁、奉天故宫的文溯阁、承德避暑山庄的文津阁。后来又抄写三部，庋藏于扬州文汇阁、镇江文宗阁、杭州文澜阁，“俾江浙士子得以就近观摩誊录，用昭我国家藏书美富，教思无穷之盛轨”（乾隆四十七年七月八日谕）。也就是所谓“非徒广金匮石室之藏，将以嘉惠艺林，启牖后学，公天下之好”（乾隆四十一年六月一日谕）①。这样做，在一定程度上促进了学术的传播与繁荣。至于《四库全书》的编纂体例，一则汲取前代四部分类法的长处，注重“辨章学术，考镜源流”，二则折衷于诸家目录之间，重新合理安排部类，考校原书，详为厘定。尤其是为各书撰写提要，“先列作者之爵里以论世知人，次考本

① 此二谕见中国第一历史档案馆所编《纂修四库全书档案史料》，将由上海古籍出版社出版。

书之得失，权众说之异同，以及文字增删，篇帙分合”(《四库全书总目·凡例》)。当时参预纂修和撰写提要的，多为各学科有成就的学者，如戴震、邵晋涵、翁方纲、周永年、姚鼐等，因此二百卷的总目提要，实际上是对乾隆以前中国典籍的一次系统分类和全面总结。在这之后，要想了解先秦至清前期二千多年的中国学术、思想、文化，是离不开《四库提要》这一治学门径的。

《四库全书》虽是一部大书，仍不免有所遗漏。嘉庆初，当时任浙江巡抚的阮元，即因职务之便，在江南陆续采购《四库》未收书一百七十多种，向朝廷进呈，并仿《总目》的体例，与当地著名藏书家鲍廷博等参互审订，对每一部书都写有提要，这就是著名的《四库未收书提要》，后为其子阮福编入阮元的《揅经室外集》。这可以说是乾隆以后对《四库全书》拟加补修的开端。

清光绪十五年(公元 1889 年)，翰林院编修王懿荣上书，提议“重新开馆，续纂前书”。王氏申述的理由是：(一)自乾隆以来，“时经百载，开通日广，文物日新，厥有市舶泛来前代流传海外之书”；(二)“又有乾隆以后，通才硕学，网罗散失，采集遗佚，复古再成之书，说经补史，重注重疏、精校精勘之书，以及天文、算学、舆地、方志、政书、奏议、私家撰著，卓然经世之书，层见叠出，或先得者残而重收者足，或沿称者伪而改题者真”；(三)“考据之门，后来居上，艺数之流，晚出愈精。若此之类，上溯旧例应行著录者，其为萃美，庶几前编”①。王懿荣的意见，应当说是大致符合乾隆以后学术发展的状况的。自此之后，如章梫、喻长霖、孙同康等也都有续修之

① 《王文敏公遗集》卷二。

议①。当然，鸦片战争以后，中国社会发生急剧的变化，西方的科学技术与社会政治学说不断输入，有些人为维系世道人心，想重新用中国本土学术来抵制外来的影响，如喻长霖提出："今海宇大通，群言庞乱，后生小子，震于泰西富强之说，卮言日出，大道将歧，非续编书目，明定宗旨，排斥邪说，不足以靖群议之嚣，而齐一天下之耳目。"②这是光绪三十四年(公元 1908 年)上奏的，已是戊戌变法之后，辛亥革命前夕，却还有人抱编集旧籍以"排斥邪说"的态度，可见晚清时主张续编《四库全书》的，也还有不同的思想动因，值得现代学者加以分析和探讨。

"五四"之后，续修建议再起。先是 1919 年，叶恭绰等赴欧考察回来，动议影印《四库全书》。金梁则认为"书不易续，目则易修"，建议将"二百年来新出书籍"，"始存其目，以待后来"。二者皆以时局动乱未果。1924 年，上海商务印书馆提出影印文渊阁《四库全书》的计划，并拟以多销赢余，"请海内通人，选择四库存目及未收书，刊为续编"。一时间邵瑞彭、黄文弼、李盛铎、伦明等人，群起响应。李盛铎还因此而特地谒见当时北洋政府执政段祺瑞，商议续编办法，提出所收书拟分作三种类型：(一)《四库全书》将具有民族思想及历代反对君主思想诸书悉摒弗录，此类著作弥有价值，均应收入。(二)乾隆以后刊刻诸书，以年代稍后未列入《四库全书》的，应予续编。(三)凡有价值而稍次的，则录其大概，列入后部③。商务印书馆的影印计划，终因当时各种人为事故及军阀混战而搁置，续编的动议、计划也

① 可参看杨家骆编《四库大辞典》。

② 喻长霖《惺諟斋存稿》文钞一。

③ 可参看杨家骆编《四库大辞典》。

随即流为一纸空文。

1928 年，东方文化事业总委员会下属北平人文科学研究所，曾拟利用日本退还的庚子赔款，将续修之事列为课题，并开始购求古书。但因当时日本逐步侵略我国东北、华北，时局动荡，1937 年日本侵华战争及 1941 年太平洋战争起，续修之事也就拖沓十余年，逐步停息，只剩下当时北平地区一些中国学者为续修而撰写的相当一部分乾隆以后著述提要，算是长达几十年间各种动议不断破灭而终于留下来的一定的实绩。①

今天，也就是 20 世纪 90 年代中期，续修《四库全书》的向往终于成为了现实。

续修《四库全书》之所以必要，最主要的客观依据，是乾隆以后近二百年间的文化发展和学术积累。近代国学大师王国维对有清一代的学术作了极高的评价，说："自汉以后，学术之盛，莫过于近三百年。此三百年中，经学、史学皆足以凌驾前代，然其尤卓绝者则曰小学。"②清朝是中国封建社会的最后一个王朝，在它的前期和中期，农业、手工业生产和商品经济可以说达到中国封建时代的最高水平，那时国力强大，版图辽阔，文化事业也随之兴旺发达。在其后期，也即鸦片战争以后，受资本主义列强的军事侵略和经济掠夺，割地赔款，社会危机加深，但文化学术却因受国势陵替的刺激和西方思想的冲击而另辟新境。王国维所说的三百年，最有特色的应是清代中期的乾嘉

① 1972 年，台湾商务印书馆曾根据日本京都大学人文科学研究所所藏的部分提要油印件，编印《续修四库全书提要》，著录书籍一万零八十种，约占原稿总数的三分之一。原稿全部现藏中国科学院图书馆，1993 年北京中华书局曾出版该馆所编的《续修四库全书总目提要(经部)》。

② 《观堂集林》卷八《周代金石文韵读序》。

之学和后期的新学。《四库全书》是乾隆中期纂修的，那时参预纂修的一大批学问家，如纪昀、戴震、邵晋涵、周永年、姚鼐、翁方纲、朱筠、彭元瑞、程晋芳、任大椿、孙希旦、王念孙、庄存与、谢墉等，都是乾嘉之学的佼佼者，而他们的著作一种也没有收入到《四库全书》中去。这当然是当时纂修体制所决定的，但由此也可看出，要研究中国传统学问，不把如此众多的上述代表人物的著作加以汇集整理，就根本不可能有效地进行。

王国维提到清代的经学、史学足以凌驾前代，这是有根据的。中国古代经学的发展经历了不同的阶段，而清代则是极其重要的带有总结性的阶段，特别是在经书文字的解释和名物制度的考订上，成果累累，而这些成果，大多数是产生在乾隆时期及以后的一百年间。梁启超《中国近三百年学术史》曾列举清代治《左传》、《公羊》、《谷梁》、《尔雅》、《尚书》、《论语》、《孟子》、《诗经》、《周礼》、《仪礼》、《礼记》等学人，及治小学的王念孙、王引之父子，以及治《说文》的四大家段玉裁、桂馥、王筠、朱骏声，这些学者灿若群星的著述都是《四库全书》所未及收的。史部如对前代各史所作的补志补表，钱大昕、王鸣盛、赵翼诸大家的考史之作，特别是嘉道间兴起的西北地理之学，以及现代中国考古学前身、道咸间日益兴隆的金石学，都莫不有其时代的特点。至于王国维所没有提到的子、集两部，乾隆以后也有不少高水平的著作。清人对先秦诸子所下的功夫是很深的，我们可以举出如卢文弨、谢墉之校《荀子》，孙星衍之校《孙子》、《吴子》，顾广圻之校《韩非子》、严可均之校《慎子》、《吕氏春秋》等，又如魏源的《老子本义》、郭庆藩的《庄子集释》、孙诒让的《墨子閒诂》、洪颐煊的《管子义证》、王先慎的《韩非子集解》等等，可以说乾隆以后百余年间是中国古代诸子学的又一个发达时期。至于集部，包括那一时期哲学、思想等人文学著作，则随着中国社会的大变动，更有新的嬗变和飞跃，表现出由传统向现代学术的发展。

可以想见，以上众多的著作，如果不加以汇集与分类编纂，就无法兼容并收。这次《续修四库全书》的纂修，其主要的部分就是《四库全书》成书后至1912年以前的典籍，是对这近二百年间学术文化发展进行一次新的归纳和总结。

民国初期议及续修《四库全书》时，就有人谈到续修应解决两大问题，“有在修书之前未经发见者，有在修书后未及收录者，前者宜补，后者宜续”。[①]《四库全书》基本上包括了乾隆以前中国古代的重要著作，尤以元代以前的书籍更为完备。但由于种种原因，清以前的书应收而未收的，还有不少。我们这次补辑乾隆以前的书，大体上即包括两大部分，一部分是《四库全书》及存目均未著录的，另一部分是列于存目而仍有一定价值的。兹分别举例介绍如下。

南宋人魏了翁，是一位理学名家，史称其谪居靖州时，著《九经要义》二百六十三卷[②]。明张萱重编内阁书目，载《九经要义》尚存《仪礼》七册、《礼记》三册、《周易》二册、《尚书》一册、《春秋》二册、《论语》二册、《孟子》二册，则明时内阁仅存七经，其间当尚有缺佚。《四库全书》所录为《周易要义》十卷、《尚书要义》十七卷(《提要》谓原目二十卷，缺卷七、八、九共三卷。文渊阁本实存十四卷，缺卷七至九、十二至十四等六卷)、《仪礼要义》五十卷(存四十八卷，缺卷三〇、三一两卷)、《春秋要义》三十一卷(《提要》谓原本六十卷，存三十一卷。实存二十七卷)，即仅录四经。今所知者，阮元《四库未收书目》载有

① 伦明《续修四库全书刍议》，参见《四库大辞典》。

② 见《宋史·艺文志》。《宋史》本传称其有《要义》百卷，恐不确。

《礼记要义》三十三卷①。另有《尚书要义》三卷，可补《四库》著录本之所缺。而清莫友芝《郘亭知见传本书目》卷二还载有《毛诗要义》二十卷②。这样，此次《续修四库全书》即可补入宋人所著书两种。又如宋人自吴棫、郑樵开始，对伪《古文尚书》已有辨疑，是宋人疑古风气的组成部分。在这之中有蔡傅《书考辨》二卷，明言为《尚书》考辨之作，《四库》失收，此次补入③。又《四库》著录南宋人黄度《尚书说》七卷（度，《宋史》有传），称"所注有《书说》、《诗说》、《周礼说》，《诗》与《周礼》说今佚，唯《书说》尚存"。而据我们这次普查所得，南京图书馆即藏有《周礼说》五卷。又如宋刘克《诗说》十二卷，为南宋论《诗经》宗尚吕祖谦一派，谢枋得《诗传注疏》三卷，其书多为元人称引，都是宋人说《诗》值得注意的著作，我们这次也补《四库》所未收④。为篇幅所限，这里仅举经部的《易》、《书》、《诗》、《礼》几类例子，其他宋、元、明等朝的著作，可补者还有不少，不一一详举。

另外，有些书虽经《四库》著录，但由于当时还未能对全国藏书进行普遍查核，因此有不少重要著作的存世最佳刻本未能选入，其间尚有所收书内容不甚完整的情况。如《四库全书》虽收有内府刊本《周易注疏》（魏王弼、晋韩康伯注，唐孔颖达疏），经我们这次调查，南宋

---

① 傅增湘《藏园订补郘亭知见传本书目》（中华书局1993年傅熹年整理本）卷二载《礼记要义》三十三卷，谓涵芬楼有宋淳祐十二年魏克愚刊本，即丁日昌持静斋旧藏本，缺卷一至卷二。光绪丙戌江苏书局用姚氏咫进斋所藏影宋钞本校刊，亦为三十一卷。

② 《藏园订补郘亭知见传本书目》谓此系影宋钞本，傅氏藏。今有清光绪八年独山莫氏影宋刊本，藏华东师范大学图书馆，书名作《诗经要义》。

③ 蔡傅《书考辨》，今存同治十二年刻西京清麓丛书续编本。

④ 此二书均见《藏园订补郘亭知见传本书目》卷二，又谓刘氏《诗说》原十二卷，缺第九、第十两卷。

初两浙东路茶盐司刻本的《周易注疏》十三卷，是中国历史上产生的第一个经、注、单疏合刻本，其学术价值为清修《四库》本所不能比拟。故此次续修，对这类于研究中国传统文化关系极大的文献，尽管《四库》已收，仍酌予收入。除宋刊《周易注疏》、《周易正义》（即单疏本）以外，尚书类中收有南宋初两浙东路茶盐司刻本《尚书正义》二十卷，它非但是该书的第一个经、注、单疏合刻本，而且是当年杨守敬从日本购回的（今藏北京图书馆），属举世孤罕。又如元刊本宋陈大猷《尚书集传》十二卷《或问》二卷，清修《四库全书》时只见到《或问》二卷，谓《集传》十二卷已佚，“存者唯此二卷”，甚表遗憾。现在我们查到元刊本十二卷，即列入《续修》中。又如苏辙于中年时撰有《诗集传》二十卷，然在宋代被目为文人解经，非治学正宗，未被重视。至明代焦竑，始发现其学术价值，并刻入《两苏经解》，但卷第却合为十九卷。清修《四库全书》时，此书的宋淳熙筠州公使库刻本即藏于京郊圆明园，近在咫尺，四库馆臣却根本不知，反误用明本。经部的情况如此，其他史、子、集等部都有类似的情况。以集部而论，如《四库》别集类著录唐王绩《东皋子集》三卷，提要中引及《新唐书·艺文志》、《直斋书录解题》等，说是原为五卷，乃其友人吕才所编，而今本实止三卷。殊不知五卷本的王绩集实存于世，北京图书馆即藏有《王无功文集》五卷，系清陈氏晚晴轩抄本，书前有吕才序，也为清修《四库》时所未及见的①。又如与明代戏曲家极有关系的梅鼎祚集，《四库》存目中仅著录《梅禹金集》二十卷，有诗无文。经我们调查，北京大学图书馆、中国科学院图书馆、山西大学图书馆等均藏有梅氏《鹿裘石室

① 参见清朱学勤《结一庐书目》卷四。

集》六十五卷，明天启三年刻本，为其诗文全集[①]。以上只能举例，于此也可见出在全国范围内进行版本普查，并汲取近世公私藏书目录的成果，对于提高《续修四库全书》的质量，具有何等必要性和迫切性，这也是我们在编纂中力求严谨的责任所在。

如何评价《四库全书》存目，这是一个学术问题，应该掌握充分材料，进行全面的探讨。近些年来已有学者对此进行研究。我们在这里限于篇幅，当然不可能对存目所收书作全面的论析。从纂修的角度看，我们认为当时修书馆臣主要还是从学术和资料着眼，决定去取。对同一个人的著作，也区别对待，如王夫之的《尚书稗疏》和《尚书引义》，一加著录，一入存目，并不因为王夫之的政治态度而一概排斥。当然，《尚书引义》所论今天看来也尚有可取之处，我们这次为了有助于全面研究王夫之的学术思想，还是辑入《续修》之中。又如明张献翼《读易记闻》，已编入《四库》，其《读易韵考》，被认为“纰漏殊甚”，即列为存目。又如清人余萧客，其《古经解钩沉》，《四库》于经部五经总义类著录，认为“采掇旧诂，最为详核”，而其另一书《文选音义》，则被指为“罅漏丛生，如出二手”，列于集部总集类存目。江藩《汉学师承记》也记余氏晚年悔其少作，另撰《文选杂题》三十卷，于病革时托付其弟子，以代替《音义》一书[②]。经部中那些乡塾课蒙之本及为科举应试所编的浅俗之作，被列入存目，也都有其一定的合理性。当然也有已见于著录的全集，其单刻为避免重复而列于存目的。对于存目的书，提要也不是一概贬斥，其间也有肯定其某些可取之处的，如评明唐鹤徵《周易象义》，称“虽自出新解，而于经文亦足相发”；于明陆梦

① 日本内阁文库也藏有此集足本。

② 参见骆鸿凯《文选学》源流第三，中华书局1936年版。

龙《易略》，肯定其“不取河图、洛书之说，则颇有卓见”。当然，当时修书诸臣，大多立足于汉学，对宋学多有所讥评，去取之间，有失持平(如宋王柏的《书疑》、《诗疑》皆入存目，理由即因“攻驳毛、郑不已”)；在对明代别集的处理上，也否定太多，以致多数明人诗文集列入存目。存目的分类也间有不当之处。如同为《四六珠丛汇选》十卷，既收入子部类书类，又收入集部总集类，当系成于众手，各不相谋。

应当说，当时参预《四库全书》纂修的学者，对一些书籍是列入四库还是列入存目，取舍之间是有一定的学术衡量的。大体说来，存目中的书，比起《四库全书》无论学术价值还是资料价值，都相差甚远，而且其中还有不少重复。我们今天完全可以对现存存目的书作实事求是的评估，选择一部分仍有研究价值的著作编入《续修》之中，以见出中国学术发展的整体面貌。这也是《续修四库全书》保持学术系统性、完整性所不可或缺的。

总之，《续修四库全书》的编纂，专一注重于学术，而不滥收资料。因此，如宗谱、家乘、历书、乡试录、会试录、登科录、缙绅录等，虽有一定的史料价值，但因种数过繁，此次就暂不收录。于兵书、医籍、药典、方剂之书，亦遴选从严，以免冗杂。对于佛教典籍，则仅收中土著述之精者。丛书原则上也不收。这些方面我们在一定程度上是吸取了《四库全书》纂修中某些好的经验的。

关于编纂中一些具体问题，请参阅本书《凡例》，此处不再多谈。

编纂这样一部大书，我们是充分估计其工作难度的。但我们也看到目前进行这项工作的有利的一面。当前我国社会稳定，经济发展，学术繁荣，具备编纂这样一部大书的最有利的社会环境。古籍的整理研究和出版事业得到空前的发展，也积累了丰富的经验。一部网罗国内各藏书单位丰富收藏的《中国古籍善本书目》已经编成，即将由上海古籍出版社出齐。国家古籍整理出版规划小组直接主持的《中国古籍总目》，已经集合起大批古籍研究专家，特别是各图书馆的版本目录学家，正在对全国存世的古籍进行全面普查，并将逐步编印出完整的古籍品种及主要版本的总目录。这些都可为《续修四库全书》提供充分的资料准备和扎实的工作基础。

我们的编纂工作，第一步即是进行普查。我们首先以北京图书馆（包括分馆）、中国科学院图书馆、北京大学图书馆、上海图书馆、天津图书馆、辽宁省图书馆、山东省图书馆、湖北省图书馆、南京图书馆、浙江图书馆、复旦大学图书馆等十一家图书馆十二个藏书单位作为重点普查对象。根据上述单位的藏书，再参照《中国古籍善本书目》、编纂中的《中国古籍总目》等目录著作，就能大致掌握各部类现存古籍的品种及其版本。在此基础上，我们邀约本书学术顾问及各学科专家，直接参与拟订选目，然后广泛征求意见，再专门召开各部类讨论会，请有关专家对所拟选目及其版本加以论证。经过这样几次反复，才确定选目初稿。初稿送交出版社后，还要在拍摄照片过程中，进一步考虑版本状况，如不合用，便及时予以调整。总之，我们力求做到，在品种上，凡编入《续修四库全书》中的，都是有一定学术价值的著述，不使有重要价值的书有所遗漏，也避免收入水平低下的书籍。而在版本上，则务使入选的书堪称善本，以资信据。

另外，我们还约请有关专家，在确定书目后，对编入的每一种书撰写提要。提要除概略介绍著者生平及各书版本外，还拟对思想内容与学术源流作扼要的评论。提要将另行汇集出版。我们希望《续修四库全书提要》能站在学术发展的时代高度，反映最新学术研究成果，成为了解我国古代特别是 18、19 世纪近二百年间文化学术发展的基本参考。

我们在工作过程中，始终得到学术界的积极支持与广泛合作。现在，在这套大书开始陆续出版之际，谨向关心、支持、帮助过我们的学术界朋友，致以衷心的谢意。

深圳南山区人民政府，在发展经济的同时，为《续修四库全书》的编纂出版提供经济上的有力支撑。上海古籍出版社于20世纪80年代影印文渊阁《四库全书》后，即提出续编《四库全书》的构想，他们有编辑、出版大型古籍整理项目的丰富经验。中国出版工作者协会牵头，深圳南山区人民政府与上海古籍出版社参加，聘请有关学科专家和部门负责人组建本书工作委员会和编纂委员会，是这项巨大文化工程的共同策划者和参与者。

编纂《续修四库全书》这样一套大书，我们极感难度大，责任重。工作委员会和编纂委员会是谨慎小心、勤勉从事的，力求确保学术质量。但编纂这样一部几乎广及中国传统学术所有方面的大型丛书，难免不会出现差错，我们诚恳地企望海内外学人和广大读者予以批评、指正。

《唐五代文学编年史》自序*

二百余万字的《唐五代文学编年史》，经过近十年的努力，终于完成，现由辽海出版社出版。这一项目是我与陶敏、李一飞、吴在庆、贾晋华几位学侣共同承担撰写的。现在，我们好像经过长途的跋涉，总算卸下了重担，轻松地吐一口气，来回顾这三百五六十年作家群的起伏变化，如同观看一部长篇电视连续剧，不禁产生一种学术追求上的欣慰之感与学术合作中的互勉之情。

关于唐五代文学编年史的编撰体例，是我于1987～1988年间应美国密西根州立大学之邀，与该校李珍华教授共同进行王昌龄研究时起草的。1988年5月回国后，我即与湖南湘潭师范学院中文系陶敏先生，福建厦门大学中文系吴在庆、贾晋华先生磋商，建议共同从事于这一项目。他们几位，自80年代以来，在唐代文学研究上，工夫扎实，学识闳富，并与我一起作过合作研究。由我倡议发起的《唐才子传校笺》，吴在庆先生担任第九卷晚唐部分，贾

* 原载于傅璇琮主编《唐五代文学编年史》，沈阳，辽海出版社，1998。

晋华先生担任第十卷五代部分，陶敏先生则后来与复旦大学中文系陈尚君先生一起作整个《校笺》的补正，即于1995年出版的《唐才子传校笺》第五册。后来由我主编并在陕西人民教育出版社出版的“唐诗研究集成”系列丛书，其中有一部95万字的《全唐诗人名考证》就是陶敏撰写的，我应邀为此书作序，对陶敏在唐代诗人事迹考证与文献研究的精细、开创之功，甚表钦伏。吴在庆则自80年代中期以来集中于晚唐文学的探索，出版了《杜牧论稿》、《唐五代文史丛考》两书。晚唐作家作品情况十分复杂，材料真伪难辨，吴在庆这两部书所作的辨析之功，已为学界首肯。贾晋华最初作《皎然年谱》，又撰《大历年浙西联唱：〈吴兴集〉考论》等专论，与上海古籍出版社总编赵昌平先生分别对肃、代时期吴中诗派作了深入的探索，进一步拓展了唐代诗人群体与地域的研究。在课题进行过程中，陶敏又约湘潭师范学院中文系李一飞先生一起作中唐部分编年。一飞先生为人踏实，他所写的文章虽然不太多，但其求实求精之风使人有深刻的印象。这几位友人在学问上多有胜我之处，我们也有共同的治学路数，因此，相互合作作这一规模较大的课题，我感到是可以对学术界负责的。

关于文学编年史，过去我曾有几篇文章谈到过，这里拟将这些论点贯串起来，以便于读者作综合审察。

我于1978年完成《唐代诗人丛考》后，曾写有一篇《前言》，其中有这样一段话：“我们现在的一些文学史著作的体例，对于叙述复杂情况的文学发展，似乎也有很大的局限。我们的一些文学史著作，包括某些断代文学史，史的叙述是很不够的，而是像一个个作家评传、作品评论的汇编。为什么我们不能以某一发展阶段为单元，叙述这一时期的经济和政治，这一时期的群众生活和风俗特点呢？为什么我们不能这样来叙述，在哪几年中，有哪些作家离开了人世，或离开了文坛，而又有哪些年轻的作家兴起；在哪几年中，这一作家在做什么，那一作家又在做什么，他们有哪些交往，这些交往对当时及后来的文坛具有哪些影响；在哪一年或哪几年中，创作的收获特别丰硕，而在另一些年中，文学创作又是那样的枯槁和停顿，这些又都是因为什么?”

我的这一想法，是受法国19世纪文艺理论家丹纳《艺术哲学》启发的。60年代初，我读傅雷先生的中译本(人民文学出版社出版)，其中有这样一段话，当时感到极为新鲜，很有吸引力：

> 艺术家本身，连同他所产生的全部作品，也不是孤立的。有一个包括艺术家在内的总体，比艺术家更广大，就是他所隶属的同时同地的艺术宗派或艺术家家族。例如莎士比亚，初看似乎是从天上掉下来的奇迹，从别个星球上来的陨石，但在他的周围，我们发现十来个优秀的剧作家，……在画家方面，卢本斯好像也是一个独一无二的人物，前无师承，后无来者。但只要到比利时去参观根特、布鲁塞尔、尔鲁日、盎凡尔斯各地的教堂，就发觉有整批的画家才具都和卢本斯相仿。……到了今日，他们同时代的大宗师的荣名似乎把他们淹没了；但要了解那位大师，仍然需要把这些有才能的作家集中在他的周围，因为他只是其中最高的一根枝条，只是这个艺术家庭中最显赫的一个代表。(第一章《艺术品的本质》)

我觉得，研究文学确实应从文学艺术的整体出发，所谓整体，包括文学作为独立的实体的存在，还应包括不同流派、不同地区可能互相排斥而实际又互相渗透的作家群，以及作家所受社会生活和时代思潮的影响。这样做，就会牵涉到总的研究观念的改变。但具体如何着手呢？我后来想到了编年史。我觉得文学编年史将对整体研究起一种流动观照和综合思考的作用。这也是对于长时期以来文学史著作体例所感到的一种不足。当然，文学史著作有它自己要解决的任务，它不能完全为文学编年史所代替，两者可以并存，而当前的情况下，建立编年史的研究则应引起学界的注意，它确实有其他文学通史、断代史、文体史所不能代替的特点与优势。

我的这一想法，也是受"四人帮"垮台后我国当代文学发展的现实之启示。可能当时书籍出版还没有现在这么繁杂，使人目不暇接；也可能80年代中我个人的时间还较充裕，因此有余闲也有兴趣阅读70年代末以来的文学新作。当时就从当代文学的实际想到古代文学史的写作。我觉得，我们写当代文学史，如果还是像老样子，一个作家写完了再写另一个作家，一个个排着队来写，肯定会把丰富多彩、生机蓊郁的当代文学弄得暗淡漠然，使人感受不到蕴含于作品中的那种强烈的时代精神和当代意识。如果我们逐年地作综合的记录，把政治发展、经济改革、人们思想情绪的变化、作家们复杂多样的经历及其创作活动，作总体、流动的考察，就会清晰地看出新时期文学在这十来年中前进的步伐。唐代文学也是如此，初唐文学将近一百年，虽有进展，但由于种种政治、社会原因，进展缓慢。盛唐开始，只不过十年光景，突然像火山爆发那样发出那么多诗的熔岩；而盛唐的高潮过后，又有一个回顾、思索的曲折时期，然后又产生贞元、元和时以古文运动和韩、白两大诗派为标志的另一高潮。这些，从我们现在提供的较为详确的编年史中会看得很清楚。80年代时曾出版过陆侃如先生的旧著《中古文学系年》，虽然还有可以改进之处，但毕竟给研究者提供一种思索上的选择。我们如果分段进行唐代文学的编年，把唐朝的文化政策，作家的活动（如生卒、历官、漫游等），重要作品的产生，作家间的交往，文学上重要问题的争论，以及与文学邻近的艺术样式如音乐、舞蹈、绘画以及印刷等门类的发展，扩而大之如宗教活动、社会风尚等等，择取有代表性的资料，一年一年编排，就会看到文学上的“立体交叉”的生动情景，这也必将引出原先意想不到的新的研究课题。

当然，我们也应看到，这项工作的难度是很大的。首先你得把唐五代数百位的作家行踪搞清楚。一定要有作家事迹研究的基础，才能再加概括和综合，编年史也才有符合实际的内容。其次，还要把各个作家创作的诗文时间作确切的系年，把作家间的交往作对应的考察。这无异于先要替一个个作家编写出个人年谱，再要把这众多的个人年谱汇总成作家群的活动记录，更不要说有些作品的真伪，有些作家生平记载的不确，需要重新予以辨析。这中间，我们当然可以吸取已有的成果，但不少是要从头做起的。这就需要沉潜于书斋，超然于世事，有一种学术奉献的心愿与知难而进的毅力。

前面说过，我们的体例是把众多的作家活动，包括其仕历、创作、交友等等，一年一年地加以排列，而我们还不仅限于以年为单元，每一年还再分为正月、二月等等，按月排列，类似于《资治通鉴》的体裁。这样做，确如唐代史学理论家刘知几所说：“虽燕、赵万里，而于径寸之内，犬牙相接”（《史通》外篇《杂说》上）。清代顾炎武《日知录·作史不立表志》中曾引述朱鹤龄一段话，强调史书立表的重要，说“年经月纬，一览了如”。这种方式，首先是把中国东西南北不同地区作家的不同活动，放在同一个时间环境中，然后又把这一文学整体，按时间流程，一年一年、一月一月地往前推移，好似电视屏幕上，有些图景消失了，有些出现了，使人容易看到当时文学活动的原貌和实景。

这里附带作一说明，五代时，除了北方中原地区先后出现的梁、唐、晋、汉、周以外，当时东南有吴、南唐、吴越、闽，中南地区有荆南、楚、南汉，西南有蜀(前蜀、后蜀)，各自立国。每一地区各有作家和文学活动，这些作家有时也往来于不同地区。为便于编撰，也为便于读者了解不同地区的实际状况，我们于一年之下，以政权行政区为单元，再按时间顺序叙述。这样做，既可从中了解不同政权范围内的作家活动，也可从大的范围内宏观观察这五代十国的文学进展全局。

另外，我们此书有别于史书的编年史(如《左传》、《通鉴》等)体例，即不采取通贯叙述的方式，而采取纲和目互见互联的办法，先用概括的语句叙述一件事，作为纲；然后引用有关材料，注明出处，表示言必有据，同时还作若干补充，使事件经过有较为丰富的具体内容。因此，严格说来，我们这样作还只是一种“长编”，还未能如程千帆先生序言中所倡导的《通鉴》淝水之战、淮西之战那样的笔法。但我们相信，有心者必可利用本书的资源(或云能源)，作出富有才情的唐代文学流程图景，这将使这一代文学更能吸引人去钻研、探讨。

本书分初盛唐卷、中唐卷、晚唐卷、五代卷。初唐由于材料相对来说不太多，故与盛唐合为一卷。盛唐与中唐，中唐与晚唐，年代如何划分，目前还有不同说法。我们则大致结合历史与文学的情况加以划分。安史之乱起，肃宗、代宗时，李白、杜甫虽还在人世，但总不能说这时的社会还处于盛世。因此，我们将初盛唐卷的下限放在天宝十四载(公元 755 年)安禄山起兵时，中唐卷则起始于天宝十五载也就是肃宗至德元载(公元 756 年)安史之乱在北方全面展延时；中、晚唐则更不容易在哪一年作确切的切割，只能作大致的划分，即中唐卷的下限在敬宗宝历二年(公元 826 年),晚唐卷则始于文宗大和元年(公元 827 年);晚唐卷止于唐末,即哀帝天祐三年(公元 906 年);五代卷起始于朱温代唐立梁的开平元年(公元 907 年)。赵匡胤于公元 960 年代周立宋,是为宋太祖,但那时全国还未统一,特别是在这之后南唐尚有著名词学大家李煜还在进行创作活动。按理说,唐五代文学编年史可以在公元 960 年结束的,在这之后,从整体上说,即开始宋代文学史,但目前宋代文学编年史还未编就,因此,我们考虑五代十国的特点,把时间延至公元 978 年,即吴越最后献土为止;而公元 960 年至公元 978 年间只记南方文学情况,不记北方中原宋朝范围内的作家活动。另外,有些涉及具体文字处理的,如某些碑传、墓志铭,篇名全称较长,为节省文字,我们适当地使用简称,这就不在这里一一细述了。

前面说过,作这样一种编年史,史料上辨析的难度是很大的。举凡作家的生年、卒年,活动经历,作品创作年月,有些不可考,有些则过去记述有误。我们是尽力作一定梳理的,但难免有疏漏之处。我们诚恳地希望唐代文学研究同行和广大读者给我们以指正和补充。我们希望过一段时间对本书作一次全面的修订和补正,使它逐步成为一部信史,以作为同行和读者案头必备之书,这确实是我们最大的心愿。

使我感到欣慰的是,这一文学编年史的设想,已逐步得到学术界友人的认同和支持。苏州大学文学院潘树广教授在最近出版的《古代文学研究导论》(安徽文艺出版社,1998 年版)中,还特别提到:"傅璇琮倡导的'文学编年史的研究'更为全面,从最阔大的视野考察一时代社会生活对文学的影响。"西北师范大学中文系主任赵逵夫教授得到信息后,给我写信,说他已安排三个博士研究生,一起作先秦一段的文学编年史，这就类似于目前史学界正在进行的夏商周工程了。中国社会科学院文学所曹道衡研究员也已着手做秦汉魏晋南北朝隋文学编年史；唐以后，自宋至清，出版社与有关学者也在协商中，大致也已有眉目。如果我们能落实这一设想，就会有一部从先秦一直到清王朝结束，时间长达数千年的文学编年通史，人们可以一年一年地看到中国古代文学发展的具体历程，这将是我们文学史研究规模宏大的基础工程。

南京大学程千帆先生应我们晚辈之请，特为本书作序，这是对我们治学的一种激励。就我个人来说，近二十年来，在唐代文学研究上之所以有一点业绩，都是在程先生指导、鼓励下取得的。程先生序中对我个人的赞誉，我实是愧不敢当。我曾不止一次说过，我最大的心愿是为我们学界做一些实事，而我最大的收获则是不少师友对我的信知。

我们要感谢辽海出版社的领导能下这样的决心，不计经济负担，来出版这部二百余万字的学术著作。责任编辑于景祥同志曾是程千帆先生的研究生，深知学术甘苦，经历几年的编辑生涯，又备悉出版过程中的编校艰辛。没有辽海出版社领导的大力支持，没有于景祥同志的切实相助，这部书是不可能在短期内顺利面世的。

《五代史书汇编》总序*

一

五代处于唐、宋之间，而唐和宋，无论政治、经济和文化，正是中国历史上两个高峰时期。过去长时期中，一般认为五代有两个特点：一是时间短促，从北方中原地区梁、唐、晋、汉、周五个朝代的纪年来说，不过五十几年（公元907～960年）；二是南北分裂割据，战争频繁，社会动乱，历史进程中没有什么发展。也正因此，五代史研究一向是中国古代史及古代文学史研究中的薄弱环节，通常将其作为隋唐史的延续。古代就已如此，如南宋计有功《唐诗纪事》，元辛文房《唐才子传》，以及清代官修的《全唐诗》、《全唐文》，书名均标为唐，实际上却都包含全五代的诗文和作家。20世纪不少历史学或文学史著作，也大多将五代附于唐末部分，很少独立专书。

---

* 原载于傅璇琮与徐海荣、徐吉军共同主编的《五代史书汇编》，杭州出版社，2004。

实际上五代并不局限于北方五朝，梁、唐、晋、汉、周主要在黄河流域，在长江流域及往南延伸至闽、浙、湖南、两广等地，先后有九个地方政权——吴、南唐、前蜀、后蜀、吴越、闽、荆南、楚、南汉，以及山西部分地区的北汉，通称十国。而这十个政权的实际建立，前蜀在公元 891 年(唐昭宗大顺二年)，吴在公元 892 年(昭宗景福元年)，闽在 893 年(昭宗景福二年)，楚马殷在公元 896 年(昭宗乾宁三年)。南唐则为宋灭于公元 975 年(宋太祖开宝八年)，吴越于公元 978 年(宋太宗太平兴国三年)归附，北汉于公元 979 年(太宗太平兴国四年)投降。以此计算，则其前后所历的时间，既远超盛唐的开元、天宝，也相当于中唐肃宗至文宗时期，因此不能以所谓历时短促而过分轻视。

而从社会发展的角度来说，虽然这几十年中没有出现过大的政治家、思想家、文学家，但应当说这是一个值得重视的历史阶段。五代处于由唐入宋的过渡时期，而这个过渡，在由中古到近古的转变中带有一定关键性质，只有透彻地研究这个过渡时期的政治、经济和文化，才能对宋代及宋以后的中国社会诸形态有清楚的了解。史学界已注意到，从六朝沿袭至唐朝的高门世族，至宋朝已完全衰落，所谓王谢门第，已荡然无存；土地占有形态也发生很大的变化，即由领主庄园制向一般地主占有制转变；宦官操持朝政，藩镇割据独立，在北宋也已不存。而这些都是通过五代而逐步转变的。另外，就以广义的文化进展来说，自唐末起，北方战乱，南方相对稳定，人才大批南迁，长江流域的社会发展明显超过黄河流域。经济重心的转移也促使南方文化的兴起。同时，五代时雕版印刷的推进，对于文化典籍的传播起着前所未有的影响和作用，也直接促进宋代文献编纂和印刷事业的发展。以文学来说，词在五代，是词史发展的关键，后蜀时编撰的《花间集》是中国词学的范例之作，这已为世所共识；而从唐末开始，历五代几十年，诗歌语言的日常生活化、通俗化的倾向，对宋诗风格的形成，有着直接的影响。五代时期文化形态，表现一种过渡的趋向和潮流，而这种趋向与潮流的发展，在一定程度上就会促进新的文化现象的兴起。因此，五代作为一个过渡阶段，实际上起有承前启后的作用。学术界对此已有所注意。正因如此，近十余年来，有关五代政治、经济及史学、文学、艺术等，都有新著刊出，预示五代十国史的研究将有新的进展。

二

正因为配合这一研究趋向，我们经与有关专家商议，特为编纂这部《五代史书汇编》。过去相当一个时期，五代史研究之所以薄弱，除了上面所说的对五代的历史意义认识不够以外，就是史料整理很不充分，在史料运用上大多仅着眼于新旧《五代史》及《资治通鉴》，局限性较大。这样，研究的视野就不宽，一方面仅集中于北方几个朝代的更替，南方地区仅概略叙述；另一方面则将重点放在政权上层，涉及面不广，看不到当时南北广大地区社会深层的变化。有鉴于此，我们这次史料辑集面就较广，除一般所谓杂史、野史外，还包括历史体和小说体的笔记、诗话、名画录、艺文志，以及考证性札记等，较广泛地反映五代十国政治、经济、文化等发展全貌，以及五代史史书研究的进程。全书分甲、乙、丙三编，甲编为自宋至清有关新旧《五代史》的考证与评议，乙编为北方五代史的记述，丙编为十国史的记述，共收书四十九种，三百多卷，约四百五十余万字，这对一定历史时期史料的辑集还是少见的。

这套书的特点，大致有二，一是如前所说，史料辑集面较广，所收书各有文献史料特色与价值；二是编纂与整理方式力求规范化、科学化，表现在版本流传的探索与底本的选择，详作校勘，提供信实可靠的新的点校本，同时每一种书都撰有能体现当前学术成果的提要，即校点说明。现在拟依此加以介绍，以便于读者检核全书。

甲编有关新旧《五代史》的考证，其中考证《旧五代史》的一种，考证《新五代史》的六种。清人钱大昕《廿二史考异》、赵翼《廿二史札记》对新旧《五代史》也有所考辨，因是全书的一部分，这次就不录。现在我们所辑集的这七部著作，可以说是迄今为止对这两部《五代史》所作的最全面的辨析与考异。今天我们要研究五代的具体史事，考索这两部史书所记是否信实，是离不开这七部考证著作的。

《旧五代史》为北宋初薛居正监修，于宋太祖开宝七年(公元974年)修成，后曾刊印。但自欧阳修的《新五代史》问世后，此书影响逐渐减弱。金章宗泰和七年(公元1207年)曾明令学官只能读欧史。《旧五代史》大约于明代就绝版，至乾隆时修《四库全书》，就由馆臣邵晋涵从《永乐大典》中辑出成书，有一百五十卷。邵晋涵在辑集时，又仿裴松之注《三国志》的体例，从其他史籍、类书、宋人文集、碑碣、笔记、地方志等八十余种书中辑录有关资料，撰成考异。其史料价值，一为补阙，二为辨异。今传《旧五代史》各本，都有《考异》附于文下的，但经比勘，各本所附与我们这次所提供的国家图书馆所藏蓝墨格抄本专书，不尽相同，这部五卷本的《旧五代史考异》，多可补《四库全书》等本子所缺。

甲编所收第二部书为宋吴缜《五代史记纂误》三卷(据《永乐大典》辑本)。吴缜另有《新唐书纠谬》，也是指欧阳修之失的，《四库全书总目提要》对此评价不高，认为是“有意掊击”，“吹毛求疵”，而对《五代史记纂误》则较为肯定，认为欧书及徐无党注，经吴缜“一一抉其阙误，无不疏通剖析，切中症结”。

吴缜《五代史记纂误》于《四库》本后，又有知不足斋本印行。另有两部较有特色的书，却不大为世人所知，这就是我们这次甲编所收的杨陆荣《五代史志疑》、徐炯《五代史记补考》。杨、徐都是康熙时人，而吴缜《五代史记纂误》此时尚无传本，至乾隆时修《四库全书》才从《永乐大典》辑出，因此杨、徐二人是完全根据自己的独立研究而撰写的。杨陆荣也与吴缜一样，采取纪、传比勘的本校法，摘出欧书的错失，有相当一部分是《五代史记纂误》所无的，是对吴书的重要补充。同时他又不限于本校，凭其渊博的学识，指出欧史多有不当的记载，并且对欧阳修所标榜的正统观念也提出批评，认为“五季十国彼此相等，不必独伪十国”，这种尊重历史事实的见识，在当时是极为难得的。徐炯的《五代史记补考》，有二十四卷，三十多万字，更有特点。欧阳修与宋祁等合作，撰《新唐书》，除本纪、列传外，尚有志、表，《新五代史》则除纪、传及二考(《司天考》、《职方考》)外，无志、表。他曾两次提及：“五代乱世，文字不完”(卷五九《司天考》、卷六〇《职方考》)，意谓五代受战乱影响，文献资料缺乏，未能编修较有规模的《艺文志》等，因此《四库全书总目提要》对此有明确指责：“此书之失，此为最大。”徐炯可能也有见于此，他所谓“补考”，就是接续欧史的《司天考》、《职方考》之后，作《五行考》二卷，《百官考》三卷，《选举考》二卷，《食货考》三卷，《赋役考》二卷，《征榷考》一卷，《礼乐考》五卷，《刑法考》二卷，《军旅考》一卷，《艺文考》三卷，可以说是对《新五代史》作重大的补充。而其取材，除《五代会要》外，又采辑卷帙庞大的《册府元龟》、《文献通考》，并广及杂史、笔记等。

在这之后，又有乾隆时吴兰庭的《五代史记纂误补》，道光时周寿昌的《五代史记纂误补续》，光绪时吴光耀的《五代史记纂误续补》，都对吴书有所补充。这几位史学修养都很高，钱大昕认为吴兰庭在史学成就上可与邵晋涵并称，其所著除参校唐宋时典籍外，还采录清人著作，有引用顾炎武、朱彝尊、阎若璩、何焯等之说，这种古今沟通之法也是值得注意的。

乙编记述五代史事者有十四种。这部分书有两大特点。一是大部分的著者多为五代和北宋初人，均能据亲身经历，就见闻所及或前人口耳相传，记述当时情事，多为正史所不及。如列为乙部第一种的《玉堂闲话》，著者王仁裕(公元877～956年)，历仕唐、晋、汉、周，曾为秦州节度判官，在前蜀又曾为翰林学士，书中除记有唐末至五代一些要事与名人外，特别于秦陇、蜀中水土风物，所记甚详；王氏以文学名世，书中记有游历各地之诗，对研究五代诗歌创作也很有参考价值。同是五代人所作，列为乙编第二书的，是《于阗国行程录》，著者平居晦于晋天福中任金州防御判官，天福三年(公元938年)随供奉官张匡邺出使于阗，至七年(公元942年)返回后撰此行程回忆录，记录出使始末及沿途所见山川风物，对当时于阗国的政治、文化情况，也有详记。于阗为唐时“安西四镇”之一，属安西都护府，唐末归属吐番，其地在今新疆和阗县境内。这应当说是难得的中古时期西北实地见闻录。又如由周入宋的张齐贤，其《洛阳搢绅旧闻记》，记中原名城洛阳的社会风尚与名人轶事，文笔生动，细腻传神，清修《四库全书总目提要》虽提出有些所记与史书不合，但仍云：“其他佚事，亦颇足资博览者，固可与《五代史阙文》诸书，同备读史之考证也。”此处提及的《五代史阙文》，为宋初名家王禹偁(公元954～1001年)所作，也收入本编。其自序称书中多采“传于人口而不载史笔者”。其书篇幅虽小，仅一卷，但多涉五代重要史实，清王士禛《香祖笔记》赞誉其“辨证精严，足正史官之谬”(卷四)。

乙编所收书的第二特色，是涉及面广，除前面提及的几种著作外，又如《五代会要》，全面记述中原五朝的典章制度，特别是因此书始修于周，成于宋初(乾德元年，公元963年)，从当时尚存的实录中援引不少奏章诏令，极有史料价值。又如相传为北宋韩思所作的《五代登科录》，虽未载登科的姓名及试题，但记有历年进士、诸科人数，这是五代时仅有的有关科举考试的原始文件，因此清人徐松作《登科记考》，即据此为线索，再搜辑有关文献，补缀人名。另北宋中期刘道醇《五代名画补遗》，与丙编所收黄休复《益州名画录》，可以说是研究五代时期南北二地绘画艺术的重要史料。五代时有好几位名画家，如以山水画著称的荆浩、关仝，以花鸟画著称的徐熙、黄荃，人物画家有张图、赵岩、贯休等。动乱时期的五代，仍有不少艺术名家出现，这也是很值得注意的。乙编中清人所著，有三种也涉及文学、文献的，如王士禛原编、郑方坤删补的《五代诗话》，书中辑集宋至清的史书、文集、笔记、诗话等书二百六十余种，记唐末五代诗家四百多人，《四库全书总目提要》称其"采摭繁富，五代逸闻琐事，几于搜括无遗"。这也是我们今天研究五代文学的重要参考书。另外两书，都名为《补五代艺文志》，分别由道光时顾櫰三、咸丰时宋祖骏编撰的。新旧《五代史》均无《艺文志》，这二书与丙编所收王振民《补南唐艺文志》，及前所述徐炯《五代史记补考》的《艺文考》，可以说是较全面地提供五代经史子集四部的著作目录，这也是清人治学的特点。

丙编记十国史事，收书较多，有二十八种，计有五代人所著二种，宋人所著十八种，明人所著一种，清人所著七种。我们的编排是，综述诸国史事的三种，先列于前，即宋初佚名《五国故事》，宋路振(公元956～1014年)《九国志》，清康熙时吴任臣《十国春秋》，以后则按国来分，记南唐的有十一种，记蜀国(包括前蜀、后蜀)的有七种，其他则吴越一种，楚、荆南各一种，南汉四种，每一类则按撰写者时代先后排列。这里可以注意的是，南唐与蜀，史书最多。唐末中原兵乱，北方士人避难南下，至蜀与吴的较多，吴的文人后多沿袭至南唐。范文澜《中国通史简编》第三编第三章记十国事，曾云："蜀与南唐同为五代时期文学的重镇。"明人赵世延为陆游《南唐书》所作序，有云："虽为国褊小，观其文物，当时诸国，莫与之并。"社会稳定、经济发展，确与文化繁荣，有密切的联系。

如前乙编几部书同样，丙编好几部书的著者，有五代人，有五代入宋的，又虽为宋人，但因在宋初，能凭口耳相传得之于五代故老。因此这些书所记，看似琐杂，实多为正史所未及，而且我们现在从社会文化研究的角度来看，这些记载，可能涵义更深。清修《四库全书总目提要》对此也有类似的看法，如对宋初佚名《五国故事》，虽议其为"小说之体，记录颇为繁碎"，但又认为"考古在于博徵，固未可以琐杂废也"。又如宋初周羽翀《三楚新录》，其所载史事，多据故老口传，《四库全书总目提要》虽称其多与史书不合，但仍云："其所闻佚事，为史所不载者，亦多可采。稗官野记，古所不废。"另外，这些书还有不少文献价值，如由蜀入宋的句延庆，其《锦里耆旧传》记王、孟二氏在蜀地兴衰事迹，其中"于诏敕、章表、书檄之文，载之独详"（《四库全书总目提要》卷六六）。又如后蜀何光远《鉴诫录》，记唐至五代遗闻佚事，以蜀地居多，书中多采诗人诗作及本事，清康熙时修《全唐诗》，据以辑入者有数十首。

丙编清人所著的几部书，也有其特点，就是能广泛辑集前书，予以综合的记述，同时对前人所记有所误失的，则加以正补。最明显的是清康熙时吴任臣，其所著《十国春秋》，共一百十四卷，涵盖南北十国，除列国纪、传外，还撰有《十国纪元世系表》、《地理表》、《藩镇表》、《百官表》。清初著名学者顾炎武就极称许其“博闻强记，群书之府，吾不如吴任臣”(《亭林文集》卷六《广师》)。诗文评论家洪亮吉在其所著《北江诗话》中还特提及《十国春秋》，称其“搜采极博”。史学家王鸣盛对《十国春秋》之五表，更为肯定：“此书佳处在表，《地理表》与欧阳氏《职方考》参观，则五代十国全局如见”；又谓《百官表》“甚便考览，尤其妙者也”(《十七史商榷》卷九八)。又如清道光时梁廷枬所作《南汉书》、《南汉丛录》，嘉庆时吴兰修所作《南汉记》、《南汉地理表》，都对偏于一隅、向为人忽视的南汉作全面的记述，辑集的材料既广，且每条均注明出处，备异同，资考证，与吴任臣《十国春秋》在小注中引前人史料以纠谬误同样，均显示清人治史的博洽与谨严。

这里要补充说明的是，有些书，有部分重复，但仍有一定参考价值的，为便于查阅，这次仍予收录。如明陈霆《唐馀纪传》，十八卷，以纪传体裁记南唐国事，《四库全书总目提要》一方面评其以南唐继李唐正统为非，一方面又认为已有马令、陆游《南唐书》，“何必作此屋下屋”，因而列为“存目”。应当说，南唐的建立，对当时江淮地区的社会安定、经济复兴、文学发展是起一定积极作用的，陈霆并不完全从南唐承袭唐朝正统出发来编撰此书，他在自序中称“斋居之暇，因网罗轶遗，补辑残缺，去舛订是，列为一书”。书中所辑资料，是可以增补马、陆二书的，且于记叙之余，间有议论，也可以见出明人的史识。清吴任臣《十国春秋》在记南唐史事时，也屡次引述其书。故我们仍将其编入。但明末李清的《南唐书合订》二十五卷，以陆游书为主，将马令书补入，虽也采择其他所谓野史，但总因重复过多，就不编入。同时，宋初还有一些笔记如《北梦琐言》、《南部新书》等，也记有五代史事的，尤其是一些文集，如罗隐、黄滔、徐铉等集，其中记序、奏议、碑传，多与朝政史事有关。但这些书，总非专史，限于篇幅，不宜全录，而若挑选，编纂加工量又大。经考虑，以后如有条件，可再有“补编”，将有关资料重加辑录，这当能使五代史料更为完备。

三

这次我们除广辑史书外，还按符合现代科学意义的规范化要求，对全书进行标点、校勘，其整理范围，包括：对每一部书都写有提要，即校点说明；考查每一部书的版本流传及著录情况，选择较为信实的本子作为底本，再参核其他本子及有关典籍加以校勘，写有校记；有些原书已失，则尽可能查核有关资料，加以辑佚；有些书在流传中有缺漏，也酌予补辑，附于书后。我们希望通过这一“汇编”，提供较为完整、可靠的新本。

20世纪前半期与后半期，也曾有史书汇编之作，如《二十五史补编》、《二十五史三编》等，有关五代史也有少数几种编入。但这些汇编书都为影印。现在编古籍大书，确有一种影印的风气。影印能保持早期刊本、抄本的原貌，特别是对一些善本、孤本，是有意义的。但从全局来说，古籍整理不能仅限于影印。从学术研究与文化传播的角度来看，标点和校勘的作用是大于影印的。从考订、辨异、纠误来说，校点所能达到的质量要求，更在影印之上。我们现在不能一味耽信于所谓宋元善本。钱大昕《十驾斋养新录》卷十九就提出：“今人重宋椠本书，谓必无差误，却不尽然。”并特别引陆游《跋历代陵名》中的话：“近世士大夫所至喜刻书版，而略不校雠。错本书散满天下，更误学者，不如不刻之愈也。”因此钱氏认为：“是南宋初刻本已不能无误也。”

从版本探索来说，这里不妨举一、二个例子。如乙编所收北宋史温《钓矶立谈》，其书虽仅一卷，但版本却甚复杂。校点者上海师范大学文学院虞云国教授经调查，将其版本流传归纳为三个系统，一是南宋临安府太庙前尹家书籍铺刊本，后毛晋汲古斋影宋抄本、《四库全书》本都属这一系统；二为清康熙四十五年曹寅在扬州所刊《楝亭十二种》本，后清季张氏《适园丛书》本据曹本翻印；第三系统不甚清楚，但可考知《知不足斋丛书》本曾据毛氏汲古斋旧抄本与曹氏《楝亭十二种》本汇校，兼有两本之长。在清理出这三个系统的基础上，这次点校就选择《知不足斋丛书》本为底本，将鲍氏据两本所校的校记适当吸取，并再以文渊阁《四库全书》本对校。由此可见古籍整理，在校勘上是需有版本的系统考索与目录学的基本素养的。

又如宋初郑文宝《南唐近事》，经上海师范大学古籍研究所张剑光教授细加调查，得知有明万历刻本和崇祯刻本，均为三卷，而清《四库全书》本作二卷，另外《续百川学海》、《宝颜堂秘笈》、《唐宋丛书》等本则又为一卷。在卷数不同的情况下，校点者就细阅原文，得出内容基本相同的结论，就以文渊阁《四库全书》本为底本，参校诸本，另还参考他书，辑得佚文若干条，编为一卷，附于书末。这就是说，既要普查版本著录情况，又要细核文本，这样就能提供最为齐全的定本，其信实程度是超过早期的所谓善本、孤本的，对研究使用来说更有价值。

北京师范大学古籍所曾贻芬教授与中华书局崔文印编审，共同负责甲编七部著作的校点，两位对所援引的书，差不多都一一校核，工作量相当大，而收获也极大。如《五代史记补考》，著者徐炯，其父徐乾学。徐乾学另一子徐骏，雍正时陷文字狱被杀，徐炯此书也就受累一直未能付梓。民国初期张钧衡获此稿本，刻入《适园丛书》，这是清初以来唯一传本，甚可贵，但可能撰时较仓促，又因故未加复核，故错失也较多。这次崔文印编审就细加比勘，补正不少，如《选举考》有一条即据所引《五代会要》补所漏略二十二字，卷十三《征榷考》有一条据所引《册府元龟》也补有二十余字，其余改正一、二字者比比皆是。徐炯地下有知，正当感激万分。

正因版本的普查工作做得较细，故本书所选底本也较珍贵。如邵晋涵《旧五代史考异》选用国家图书馆所藏蓝墨格抄本，杨陆荣《五代史志疑》选用南京图书馆所藏康熙十九年刻本，这都是现存唯一孤本。有些书已佚，这次又重新辑集，如五代王仁裕《玉堂闲话》原为十卷，宋时已佚，复旦大学中文系陈尚君教授，这次就从《太平广记》、《永乐大典》、《锦绣万花谷》、《岁时广记》、《能改斋漫录》等书中辑出一八三条，使长期佚失的书重现原貌。又如前面已述及的《于阗国行程录》，五代平居晦撰，此书元代以后已失传，陈尚君教授这次特从《新五代史》卷七四《四夷附录》、《证类本草》卷三、《演繁露》卷一，辑录佚文三则。

至于所收每一种书都撰有提要，即校点说明，这也是这部《汇编》的体例创新之一。每篇提要，都记述著者生平、内容概要、史料价值，及版本著录与整理情况，体现当前的学术成果。这也是古籍整理与学术研究的具体结合。如《钓矶立谈》，其著者，南宋尤袤《遂初堂书目》不著撰人，清钱曾《读书敏求记》据该书南宋尹氏书籍铺本也谓“不著名氏”。《宋史·艺文志》子部小说家类作史虚白，清曹寅《楝亭十二种》本即据此迳题史虚白撰。而《知不足斋丛书》本鲍廷博跋语又有不同意见，云：“以自序及他书考之，盖虚白仲子之笔”，而其名无考。《四库全书总目提要》则不同意此说，认为“荒谬不足为据”；余嘉锡《四库提要辨证》以为“此书之作者之名，终莫得而考”。虞云国教授在校点说明中详列各种不同异说，后据《文史》第四十四辑陈尚君《钓矶立谈作者考》，议定为史虚白之孙史温根据五代南唐时山东一无名叟之所述史事与议论而成。又如《吴越备史》的著者，复旦大学中文系李最欣博士，在校点说明中提出宋、明时的有关记载，有钱俨、范坰、林禹等不同说法，经考证，确定为吴越国文穆王钱元瓘第十四子钱俨所作。这些校点说明，实际上都是学术考证。

校点说明在充分肯定各书的史料价值时，有时也中肯指出书中的缺失之处。如《五代诗话》，校点说明指出其中有明显的错误，如卷五罗隐条，引《唐诗纪事》，谓“邺都罗绍威学隐为诗，自号其文为《偷江东集》”；而同卷另一条引《吴越备史》，却谓“时魏府节度使王智兴学隐诗，自号诗卷为《偷江东集》”。校点说明指出，王智兴，两《唐书》有传，为中唐宪宗、穆宗时人，卒于文宗开成元年(公元 836 年)，而此时罗隐尚未出生，且他又从未仕为魏博节镇。又如吴任臣《十国春秋》，确有极大优点，但校点说明也提出书中疏误之处，较明显的如卷四四前蜀列传《赵蕤传》，称“乾德时著《长短经》十卷行世”。乾德为前蜀后主王衍年号。实则赵蕤为唐玄宗时人，校点说明据《新唐书》卷五九《艺文志》三，著录有赵蕤《长经要术》十卷，玄宗于开元时曾召其入宫，他不赴；且李白于开元时曾作诗怀念，有《淮南卧病书怀寄蜀中赵征君蕤》。校点说明能如此作，也确显示这部《汇编》的学术品位。

又如陆游《南唐书》，过去的有关记载都未记述陆游何时撰作此书，陆游本人也无自序。这次校点说明注意到书中卷十三《刘仁赡传》后有论云：“乾道、淳熙之间，予游蜀，在成都，见梓潼令金君所藏周世宗除仁赡天平军节度使告身，白纸书，墨色、印文皆如新。”因此提出，由此可确定此书为陆游自蜀返浙后所作。这是细心研读文本所得，对陆游生平事迹的研究也提供一个很好的线索。

本书点校工作得到学界的多方支持和帮助，主要有北京师范大学、厦门大学、复旦大学、上海师范大学、清华大学、中华书局等学者；排校工作，则得到中华书局出版部张宇、洪思律同志等大力襄助，谨致深切的谢忱。这套汇编所收书多，篇幅大，可能在校点体例上有不妥之处，也望读者予以指正。

《中华古诗文名篇诵读》序*

三秦出版社，作为一个专业古籍出版社，近二十年来出版过不少学术水平高、专业性强的古籍和研究著作，其中特别是有关关中地区的文物考古图籍，受到海内外学者的赞誉和欢迎。现在，出版社的同志经过仔细筹划，并与西安高等院校的专家学者合作，推出一套四册的《中华古诗文名篇诵读》，将更会引起社会各方面的关注。

这部《中华古诗文名篇诵读》，其重点，一在名篇，二在诵读，我认为很值得向读者作一些介绍。先说诵读。在80年代后期和90年代前期，有关古典文学的普及读物，大多着眼于鉴赏、赏析，即注重于词句的诠释，艺术的分析，思想的评论，风格的琢磨。这对于古代诗文的普及是起过推动作用的。现在提出“诵读”，应当说将更进一步把久远的文化同现代人的距离拉近，让我们贴近一个源远流长、光辉灿烂的文化天地。

---

* 原载于傅璇琮主持编纂的《中华古诗文名篇诵读》，西安，三秦出版社，2000。

诵读至少有两个含义，其一为出声朗读。《周礼·春官·大司乐》："以乐语教国子：兴、道、讽、诵、言、语。"这段话牵涉到上古时代高等教育一整套音乐和语言能力的训练。关于其中的诵，东汉时学者郑玄注云："以声节之曰诵。"所谓"以声节之"，就是要读出声音来，还要读出字词间搭配的声调节奏，体现出抑扬疾徐之美。对于我国古代诗文名篇佳作，默读，即不出声的阅读，当然可以，但如以诵读，即出声的朗读，则更具感染力。不仅古典诗、词、骈文、辞赋，就是后世称作散文(或古文)的，也是如此。著名文史专家和语言学家启功先生，在他的《诗文声律论稿》一书中，就专用一节谈到散文(或古文)的声律和节奏。实践证明，诗词文赋的诵读，可以更深一层地体会作品的含义，更深一层地体会作家的细腻情致和他们遣词造句的良苦用心。

诵读的第二个含义是背诵。古代诗文名篇，都是古代作家丰富人生体验的总结，是他们对社会万象，包括经国治邦、伦理道德、人生修养、山水情操等诸多方面精心的概括。我们常常会有这样的体验：每逢面对一种场景，一种人生遭际，一种社会现象，当我们试图去描述它并进而予以概括的时候，便会想起古人诗文的某一片段，似乎古代作家早已代我们作好相应的描述和概括，而且其精练准确，几乎无可代替。对古代作家的名篇佳作，由诵读而背诵，由背诵而积淀于记忆之中，复从记忆中抽取、选择古诗文的某一片段，以加强个人的感受和表述，这一过程，"若游鱼衔钩，而出重渊之深"(陆机《文赋》)，何尝不正是一种提高思维能力的实践呢？

诵读的效益，有时是难以想象的，这里不妨举现代两位大科学家的话来作佐证。诺贝尔奖金获得者杨振宁先生，于 1999 年 3 月在中国青少年发展基金会举办的"中华古诗文经典诵读工程"座谈会上有一个书面发言，其中说道："在我上小学一年级的时候，我父亲教我背诵了几十首唐宋诗词。……七十多年来，在人生旅程中经历了多种阴晴圆缺、悲欢离合以后，才逐渐体会到'高处不胜寒'和'鸿飞那复计东西'等名句的真义，也才认识到'真堪论生死'和'犹恐相逢是梦中'是只有过来人才能真懂的诗句。"

数学大师苏步青先生说："我是研究数学的。……整天和数学公式打交道，大脑容易疲劳，生活也比较枯燥，倘若通过文史学习，包括诗词的阅读，来调节一下，这对于本行的钻研不无好处。"苏步青先生一再强调："让学生背诵一些优秀的旧体诗还是大有好处的"；"理工科的大学生搞点形象思维，读点诗词，对打开思路、活跃思想是很有好处的"(以上见苏著《数学与诗》)。

这里还可举一个例子：1999 年 10 月 7 日为纪念孔子诞辰召开的一次"国际儒学研讨会"上，中国青少年发展基金会组织了六十四个七八岁的孩子，为与会者表演背诵《论语》，当朗朗童声响起时，"国际汉学家"们激动得热泪如流。他们说，中华文化的根如果能这样牢牢地扎在孩子们的心中，中华文化的振兴和中华民族的强大，确是指日可待。

这些现实的事例，应从一个方面证明，蕴藏在传统文化中的生命力，只要得到适当的开掘，就能焕发出真实而鲜亮的光彩。

这套《中华古诗文名篇诵读》的重点，其二即是"名篇"，从编选到文字撰写，甚有特色。一是所选作品涵盖面之宽，上起先秦，下迄近代 20 世纪之初，传统的诗、词、曲、散文、辞赋皆有录入，文体兼顾，历代有代表性的作家作品都注意选入。过去像"三百首"、"千家诗"等选本，也是受读者爱好的，但它们往往局限于某一种文体，只选录数量少、易于上口、较为浅显的作品。我在这里当然不是主张要选入较为艰深的作品以供读者诵读；事实上，本套书所选作品，大都是遵循了南朝作家沈约所说的“文章当从三易”主张的，即：“易见事，一也；易识字，二也；易诵读，三也。”(见《颜氏家训·文章》引)我所说的深，指思想含义感情抒发相应可以深一些，以避免尽管文字平易但内容浮薄、感情平庸之作的录入。本套书所选作品应该说很好地体现了这一点。第二个特点是作品的注释和(阅读)提示的撰写，能做到通俗易懂，准确恰当。提示文字中有些字句带有鉴赏性，有助于读者对作品的理解和欣赏，但又不限于赏析，常常还着重于知识的丰富和提高。本书没有采用今译的方法，是值得肯定的。对于古代文史重要典籍，采用今译的方法是可行的，但是对于古典文学，尤其是诗、词，一经今译，诗、词中原有诗情意蕴，反而消失。本书撰写者在注释中以串讲、意释帮助读者理解原著，复在提示中指示要义，是很好的。第三个特点是所选作品固然都是名篇佳作，却既有历来传诵、读者较为熟悉的，也有不是太为人所知、但确有特色的作品。这是一种新的、别开生面的尝试。譬如不要让读者老是走熟路，也可以引导他走一些稍为僻静但景色仍然引人入胜的小径。

现在，关于素质教育，中央领导在说，很多有识之士也在不断地说。我想，素质教育应该不单是针对在校学生而言，也是对全社会所有成员而言；换言之，素质教育是关乎全民族素质提高的大事。曾有学者指出，素质教育可包括四个方面：丰富的知识素质，全面的能力素质，良好的品质素质，健康的心理素质。本套诵读丛书，对以上四个方面都将起到积极的促进和潜移默化的作用。

三秦出版社地处于开发大西北的中心城市西安，现在他们本着创新的精神，又拓宽视野，约请众多专家来从事这一社会面颇广的图书，这不但对于读者来说，会得到一部质量可信、图文并茂的精美之作，而且对于营造西北地区良好人文环境的大局，也能产生有益的效果。这是我作为一个古典文学的爱好者、研究者，所热切期望的。

《翰学三书》编纂小记[*]

《翰学三书》是一部古籍整理著作，书名是我起的，它实际上包括三部书，即宋洪遵《翰苑群书》，明黄佐《翰林记》，清鄂尔泰、张廷玉《词林典故》。关于翰林院和翰林学士，唐以后各朝正史中的职官志都有所记叙，但较为简略，历代文集、笔记也有记载，但较为分散。《翰学三书》所辑集的这三部书则既较为系统，又十分具体，记载唐、宋、明、清翰林学士院的建置、沿革，以及这几个朝代翰林学士的职能、作用，可以说是我们今天研究翰林学士的基本史料。此书由我与台湾学者施纯德先生合作编纂，由辽宁教育出版社出版。

1984 年冬，我撰成《唐代科举与文学》(陕西人民出版社，1986 年)一书，在自序中曾述及，拟通过科举考试这一中介环节，从一个侧面来探讨有唐一代知识分子的生活方式和心理状态，序言中还提到："如果可能，还可以从事这

---

* 原载于傅璇琮、施纯德合作编撰《翰学三书》，沈阳，辽宁教育出版社，2003。

样两个专题的研究，一是唐代士人是怎样在地方节镇内做幕僚的，二是唐代的翰林院和翰林学士。这两项专题的内容，其重点也是知识分子的生活。”在这之后，戴伟华教授即从事于唐代方镇幕府与文学的研究。我曾为戴著《唐方镇文职僚佐考》（天津古籍出版社，1994 年）一书作序，序言中再次提及唐代的翰林学士与方镇幕僚，对前者，则较《唐代科举与文学》自序多说了几句，谓：“翰林学士，那是接近于朝政核心的一部分，他们宠荣有加，但随之而来的则是险境丛生，不时有降职、贬谪，甚至丧生的遭遇。他们的人数虽然不多，但看看这一类知识分子，几经奋斗，历尽艰辛，得以升高位，享殊荣，而一旦败亡，则丧身破家。这是虽以文采名世而实为政治型的知识分子。”

这是我就唐朝而言的。唐朝的翰林学士是文士参预政治的最高层次，对其生活、思想及文学创作，都有很大影响。宋代，则随科举制的进一步发展，翰林学士不但人数增多，且与文化的关系更为深切。明清两代，翰林学士虽已不像唐代那样能密切参预政治，但其名望却一直很高。明代时，“非进士不入翰林，非翰林不入内阁”（《明史·选举志》）。在清代，殿试后只有一甲中式前三名，才能进入翰林院修撰、编修，“翰林官七品，甚卑，然为天子文学侍从，故仪制同于大臣”（朱克敬《暝庵二识》卷二《翰林仪品记》）。作为社会政治文化的一种重要现象，作为封建时代文人的必然就仕之途，科举制与翰林院，进士与翰林学士，是研究唐至清一千二三百年历史文化所不可回避的。唯其如此，我近几年来即集中研究唐代的翰林学士，已写有《唐玄肃两朝翰林学士考论》（《文学遗产》2000 年第 4 期）、《李白任翰林学士辨》（《文学评论》2000 年第 5 期）、《唐代宗朝翰林学士考论》（《中华文史论丛》2001 年第 3 辑）、《唐德宗朝翰林学士考论》（与施纯德先生合撰，《燕京学报》新第 10 期，2001 年 5 月），《唐永贞年间翰林学士考论》(《中国文化研究》2001 年秋之卷)等专文。与此同时，我又从事于文献资料的整理，这是我们作专题研究的基础工作。以下即简要介绍《翰苑群书》、《翰林记》、《词林典故》的编纂情况。

《翰苑群书》，南宋时洪遵编。洪遵为洪皓子，其兄适，其弟迈，父子四人均为当时著名文士，其事迹见《宋史》卷三七三《洪皓传》。洪遵于南宋初高宗时中博学宏词，赐进士出身，绍兴二十五年(公元 1155 年)权直学士院，后孝宗时为翰林学士承旨。南宋时陈振孙《直斋书录解题》记其书为三卷，云："自李肇而下十一家及年表、中兴后题名共为一书，而以其所录遗事附其末，总为三卷。"(卷六职官类)《直斋》虽未具体著录所包含的书名，但确切记述"自李肇而下十一家"，而附以年表及中兴后题名。清朝中期的《知不足斋丛书》所收《翰苑群书》为二卷，清乾隆时所修《四库全书》则编为十二卷，卷数虽不同，所收的书则相同，即李肇《翰林志》、元稹《承旨学士院记》、韦处厚《翰林学士记》、韦执谊《翰林院故事》、杨钜《翰林学士院旧规》、丁居晦《重修承旨学士壁记》、李昉《禁林宴会集》、苏易简《续翰林志》、苏耆《次续翰林志》、洪遵《翰苑遗事》，及记北宋时的《学士年表》，记南宋前期的《翰苑题名》。以上诸家，李肇、元稹、韦处厚、韦执谊、杨钜、丁居晦为唐人，李昉、苏易简、苏耆及洪遵为宋人。

关于清时所见的《翰苑群书》所收书的种数，清乾隆时《四库全书总目提要》曾提出疑问，说南宋时《直斋书录解题》明确提出为"自李肇而下十一家"，这十一家是不包括《学士年表》、《翰苑题名》及洪遵自撰的《翰苑遗事》的，如此则清初所见实际只有九家，又据宋末元初的《文献通考》，记述翰林院的书，尚有唐张著《翰林盛事》一卷，宋李宗谔《翰苑杂记》一卷，因此《四库全书总目提要》说："若合此二家，正是十一家之数，岂原本有之而今本佚其一卷耶?"《四库全书总目提要》

这里提出的疑问是有道理的，但说可以补张著、李宗谔两家之书，则纯为猜测之词。张、李二书在清初也已不存。据《直斋》所记，张著的《翰林盛事》所录为唐初至天宝年间的“儒臣盛事”，且编录于卷五典故类，可见并非专记翰林学士之书(按：唐初至玄宗开元中期约一百年间是未设有翰林学士的)。倒是同为南宋时的晁公武，在《郡斋读书志》的“读书附志”职官类中著录《翰苑群书》，提供了值得探索的信息，其提要中说，此书三卷，自李肇《翰林志》到李昉《禁林宴会集》为第一卷，苏易简、苏耆、洪遵等书为第三卷，这都与清时所传相同，中间一卷即第二卷，为钱惟演《金坡遗事》、晁迥《别书金坡遗事》、李宗谔《翰苑杂记》。此三人，《宋史》皆有传，此三书约至清初则皆已不存。可见《翰苑群书》在南宋时确为三卷，后佚失中间一卷。

我们这次重编，当然不可能编入钱、晁、李三书，但经考虑，另外补入三家，即唐代韦表微《翰林学士院新楼记》和杜元颖《翰林院使壁记》，及宋周必大《玉堂杂记》。这三家恐比已佚失的钱、晁、李三家之书，史料价值更高。唐代的韦、杜二文，是近代史学前辈岑仲勉先生于 1943 年《历史语言研究所集刊》第十一本一篇论文中提出来的。按：韦表微，《旧唐书》卷一八九下、《新唐书》卷一七七有传，他于唐德宗贞元时登进士第，穆宗长庆二年(公元 822 年)入为翰林学士，后文宗大和二年(公元 828 年)又迁为翰林学士承旨。其所著《翰林学士院新楼记》载于《全唐文》卷六三三。据宋《宝刻丛编》，此文刊于大和元年十二月，记长庆二年以来新建的翰林学士院。杜元颖，《旧唐书》卷一六三、《新唐书》卷九六有传。其所著《翰林院使壁记》作于元和十五年(公元 820 年)，这时杜元颖正以中书舍人入充翰林学士。按：唐代于学士院中设有中使二人，以宦官中较高职位者充当，向翰林学士传达皇帝的密令，韦、杜二文于此都有具体记述，对研究唐代翰林学士的职能以及宦官所起的作用，很有参考价值。《玉堂杂记》著者周必大为南宋时著名学者，《宋史》卷三九一有传。他于孝宗时曾以礼部侍郎兼权直学士院，又为礼部尚书兼翰林学士，后曾拜右丞相。正因为他曾入为翰林学士，有亲身经历，因此所记南宋前期高宗、孝宗两朝翰林学士，内容十分具体。清《四库全书总目提要》认为，“得(周)必大此书”，“南渡后玉堂旧典亦庶几乎厘然具矣”。因此我以为，这次补入的韦、杜、周三书，对《翰苑群书》是一次新的充实。

《翰苑群书》，今传有《知不足斋丛书》本(作二卷)，《四库全书》本(作十二卷)。此次即以影印文渊阁《四库全书》本作底本，校以《知不足斋丛书》本，并将杜元颖、韦表微、周必大三书依时代先后插入相应位置。李肇《翰林志》另有《百川学海》本，此次也作为参校。《玉堂杂记》以清道光欧阳荣刊、咸丰元年续刊的《庐陵周益国文忠公集》作为底本。

《翰林记》二十卷，《四库提要》卷七九史部职官类著录，最初说“不著撰人名氏”，后据《明史·艺文志》所载，则谓黄佐撰。《岭南丛书》本之伍元薇于道光十一年辛卯(公元 1831 年)跋，谓明焦竑《国史经籍志》已明载为黄佐所作。按：黄佐，《明史》卷二八七有传，广东香山人，明嘉靖时历任翰林编修、侍读，后又掌南京学士院，因此对明代中期以前翰林学士的官制、职掌等甚为熟悉。《四库提要》所评较为客观、实际，云：“所载皆明一代翰林掌故，始自洪武，迄于正德、嘉靖间。每事各有标目，凡二百二十条，本末赅具，首尾贯串，叙次颇为详悉。……其十七、十八两卷具列馆阁题名，尤足以见一代人才升降之概。”此次整理，以《岭南丛书》本作底本，校以文渊阁《四库全书》本，凡底本有误，即据《四库》本改正，如卷三《擢用耆俊》条“世疑诸四皓”，“疑”应作“拟”；卷五《优老》条“谕令风雨及大寒暑免朝”，

“谕”应作“仍”；同上条“俾耆寿俊在厥服”，应作“俾膳饮从于游”；卷八《论荐》条“荐都督许贵往果平贵”，应作“荐都督许贵果往平靖之”等，可见《四库全书》本还是有一定校勘价值的。

关于《词林典故》：清乾隆九年（公元1744年）十月，以重建翰林院落成，乾隆皇帝亲临其地，与翰林学士等共同宴饮、赋诗，即命当时掌院学士鄂尔泰、张廷玉等编纂此书。历经三年，乾隆十二年春编成并奏上，后即收入《四库全书》。全书共八卷。卷一《临幸盛典》，记述乾隆九年君臣在翰林院宴饮、唱和盛况。卷二《官制》、卷三《职掌》，从汉代开始叙述至清朝前期，以表明翰林词臣为皇帝起草制诏，是从汉代开端的，而从唐开始则对翰林学士的官制与职掌有具体的记述。卷四《恩遇》，记述从唐玄宗起，历宋元明清，君主对翰林学士一直十分看重，屡加奖谕恩赐。卷五《艺文》主要辑集唐至清历代君臣的有关诗文。卷六上《仪式》、卷六下《廨署》，也与前《官制》、《职掌》一样，作具体的记述。卷七、卷八均为《题名》，自顺治初至乾隆十年，记载历年、历科的掌院学士、教习庶吉士、经筵讲官、日讲起居注官、南书房入直、馆选等姓名，类似于唐代丁居晦《重修承旨学士壁记》。此书因奉乾隆之命而作，故对清朝皇帝特别是乾隆帝，多有感恩奉谀之辞。但此书仍有两大特点：一是按门类（如官制、职掌、仪式、廨署），作历史沿革的纵述，并且引用了自唐至明的不少杂史、笔记，使我们可以对翰林学士有一个历史性的全面了解；二是重点记述清代前期翰林学士的情况，特别是最后两卷题名，有助于对这一时期翰林院内主要成员作具体的考索和研讨。

《唐翰林学士传论》前言*

1984年冬，我撰成《唐代科举与文学》一书(陕西人民出版社，1986年)，在自序中曾说及，我想从不同的角度探讨有唐一代知识分子的生活方式和心理状态，并由此研究唐代社会特有的文化风貌，于是就先选择科举制度，想从科举入手，掌握科举与文学的关系，以便从较为广阔的社会背景来认识这一时期的文学。序言中还写道："如果可能，还可以从事这样两个专题的研究：一是唐代士人是怎样在地方节镇内做幕僚的；二是唐代的翰林院和翰林学士。这两项专题的内容，其重点也是知识分子的生活。"在这之后，华南师范大学文学院戴伟华教授于20世纪90年代前期执教于扬州师范学院时，曾撰有《唐方镇文职僚佐考》、《唐代使府与文学研究》两部专著。我于1993年应邀为《唐方镇文职僚佐考》作序，序言中再次提及唐代的翰林学士与方镇幕僚。对前者，我较《唐代科举与文学》自序多说了几句，谓："翰林学士，那是接近于朝政核心的一部分，他们宠荣有

* 原载于傅璇琮著《翰林学士传论》，沈阳，辽海出版社，2005。

加，但随之而来的则是险境丛生，不时有降职、贬谪，甚至丧生的遭遇。他们的人数虽然不多，但看看这一类知识分子，几经奋斗，历尽艰辛，得以升高位，享殊荣，而一旦败亡，则丧身破家。这是虽以文采名世而实为政治型的知识分子。”

唐代士人参加地方节镇幕僚，人数很多，其在幕府的仕历对文人的生活道路与文学创作也很有影响。不少翰林学士在其早期，也曾做过方镇的文职僚佐。但翰林学士的社会地位与政治作用，是大大高于方镇幕僚的。唐朝翰林学士是文士参预政治的最高层次。在盛唐设置的这一颇有文采声誉的职位，一直延续到清朝末世，也就是 20 世纪初。作为社会政治文化的一种重要现象，作为封建时代文人的必然就仕之途，科举制与翰林院，进士与翰林学士，是研究唐至清一千二三百年历史文化所不可回避的。

但自 20 世纪 80 年代以来，唐翰林学士研究却不如方镇幕府研究成果多，工夫扎实。已有的论著，则大多属于史学研究，有些则偏向于宏观角度，对唐代翰林学士的政治作用作了过高失实的估价。这当然还可另作专题探讨。问题是，很长时期，还没有像研究唐代科举与文学、唐代幕府与文学那样，把重点放在当时文士即知识分子的生活境遇与心理状态，并以此为中介环节，把它与文学沟通起来，以便进一步研究唐代文学进展的文化环境。

正因如此，现在我们对唐代翰林学士确有深入研究的必要。从我个人的治学思路着眼，我现在研究唐代翰林学士，则注意这样两点：一是把重点放在当时文人参预政治的方式及其心态，从而以较广的社会角度来探讨唐代的文人生活及文学创作；二是着重于个案研究，避免笼统而又不适当的所谓宏观概括。就第二点而言，我想按不同的时段，来探索翰林学士群体在不同时期所处的政治环境与文化世态，并对有代表性的人物作某种典型性的剖析，然后可以作出总体性的、有学术价值的结论。

从以上的考虑出发，近几年来我就计划作“唐翰林学士传论”的专题项目，为有唐一代二百几十个翰林学士一一立传，这可能更有助于提供全面情况，也可为整个中国古代翰林学士研究提供一个文史结合的实例。我在具体操作中，尽可能扩大史料的辑集面，除两《唐书》及《全唐诗》、《全唐文》等基本材料外，还较广泛地涉及诗文别集、杂史笔记、石刻文献等。这样做，既可纠正史书中的某些误载，又可从这二百余位翰林学士经历中获取值得思考的历史文化现象。

这里所说的“纠正史书中的某些误载”，其主要内容为纠正《旧唐书》、《新唐书》的错失。应当说，两《唐书》是研究唐翰林学士的基本史料，但大约由于编纂、传刻中的客观原因，两《唐书》在记叙翰林学士事迹时多有舛失，特别是中晚唐，两《唐书》中纪、志、表、传，经常出现误记、漏载现象。遗憾的是，中华书局出版的点校本，几乎都未有校正。本书上编《唐翰林学士记事辨误》一文，对两《唐书》之讹误曾有所纠正，但限于篇幅，只能例举。现在通过这二百几十位翰林学士传记的撰写，就可对其差错作全面的梳理指正。我想，这对以后两《唐书》的重新整理校点，会有所佐助。

给唐代二百几十位翰林学士一一立传，应当说有较为充分的史料意义。唐代记述翰林学士的史书，主要是中晚唐时期韦执谊的《翰林院故事》、丁居晦的《重修承旨学士壁记》。这两部书提供了学士们任职期间的原始材料，很有史料价值。有些翰林学士，两《唐书》无传，其他书上也无记；有些虽两《唐书》有传，但未记其曾任翰林学士，如此，则如无韦、丁二书，就不能提供翰林学士实际姓名。但韦、丁二书，所记过于简略(间有疏误)，只记学士入院、出院时间(有时记有年月）及在院期间所带的官衔。这对研究翰林学士的政治职能及社会作用是极不够的。现代学者、史学界前辈岑仲勉先生曾对丁居晦《壁记》作有注补，但也仅对任期的年月、官阶的迁转作简括的考证。而我们现在则需要全面了解这些学士的生平行迹、参政方式、生活心态、社会交流，这样才能对这一较高层次的文化群体有一个总体把握。本书尽可能扩大史料的辑集面，并对韦、丁二书及中唐时另一专著，即元稹的《承旨学士院记》加以补正，作此传论。希望这样做，既可纠正过去史书中的某些误载，又可从这二百余位翰林学士经历中获取值得思考的历史文化现象。

本书为翰林学士撰传，并不全面记述其一生事迹，因为这些学士大部分于两《唐书》中有传，不必重复。本书所撰，重点有二：一是其任职期间的表现，包括参预政治、草拟诏诰，以及任职时的生活状况、心态，及与其他文士的文学交往；二是入院前的仕历。因为过去史书所记，其早期仕迹甚为简略，有些则根本无记，实则其早期经历，尤其是早期的文学交游，对其入院很有影响，有必要加以考述。至于出院以后的仕历，一般都做大官，与翰林学士关系不是太大，就略加概述，不作细考。

书分上下两编。上编为九篇论文，虽各为专题论文，现辑集在一起，可以提供唐翰林学士史料基础、政治职能、文学活动等整体研究情况，其涵盖面则为盛唐到唐末，可谓有唐一代。下编则为自玄宗至敬宗朝共七十多位翰林学士的传记。最后附《唐翰林学士年表（玄宗—敬宗朝）》，则根据传中所考，按年编排，逐年记载学士入院、出院年月及官阶迁转。这虽为各传所考的结语，实则可从时间进度观察翰林学士任职及变迁的整体情况，类似于编年史的体裁，有为单篇传记所未及的长处。

近几年我从事唐代翰林学士与文学的研究，发表若干篇论文，已引起学术界的注意，并得到首肯。《文学评论》2005年第4期刊有陶文鹏、张剑两位学者一篇书评(《评傅璇琮〈唐宋文史论丛及其他〉》)，就特别提及我的这方面研究，认为我的研究“鲜明地体现出著者善于文史结合、从人生状况和心理状态角度把握问题的功夫”，“使我们感到可从唐代的翰林学士这一角度，研究唐代士人的从政心理及其所遭致的不同境遇，拓展和深化唐代文学的研究”。受到学术界的鼓励，我确实更有信心来做此事，同时我更想起司马迁在其《太史公自序》(《史记》卷一三〇)中所引孔子的话：“我欲载之空言，不如见之于行事之深切著明也。”这也促使我以主要精力来作有唐一代二百几十位翰林学士传。两《唐书》除“儒学”专传外，又各列有“文苑”“文艺”传，我希望也为当前唐史研究补一“翰学”传，以使唐翰林学士自玄宗开元二十六年(公元738年)建置起，至唐末哀帝天祐四年(公元907年)，有一个完整的列传全书。这也算是新世纪所补作的一种唐代史书，堪为自慰。

本书所列之传，可谓盛唐、中唐卷，即从玄宗朝起，至穆宗、敬宗朝，而一般习称，从文宗朝开始，即为晚唐。晚唐时期不仅时间长，约八十年，且翰林学士人数多，有一百五十余人，差不多为盛、中唐的一倍。不仅人数多，并且撰写难度大。因为这一时期，两《唐书》错失更多，而有关翰林学士的材料则少，如韦执谊《翰林院故事》、丁居晦《重修承旨学士壁记》那样的专书已未有。不过我已辑集材料，另可安排时间撰写。

我这里要特别感谢辽海出版社能毅然安排此书的出版，责任编辑还细心审阅，校正原稿中的错字。20世纪90年代，我与学界友人合作，撰有《唐五代文学编年史》，也承辽海出版社出版，后于1999年获国家图书奖。我的这部书，也可算是向辽海出版社的一个回报。

《唐翰林学士传论·晚唐卷》前言*

《唐翰林学士传论》上册(即盛中唐卷),于2005年12月由辽海出版社印成,2006年上半年发行。使我感到欣慰的是,此书一出版,就受到学术界的关注,并得到首肯。古典文学界名家陶文鹏、韩经太两位先生,于2006年三、四月间就在《光明日报》、《中华读书报》刊发书评,后两位中青年学者胡可先、李德辉,更撰写长篇评论,分别刊于《唐研究》第十二卷(北京大学出版社,2006年12月)、《文学评论》2007年第3期,他们共同肯定此书开拓了一个新的学术空间,通过翰林学士与文学关系的探讨,拓展历史文化层面的整体研究,同时又指出书中订正了史籍的不少错误,为唐代文史的进一步研究提供坚实的史料基础。另外,我又接到好几位学术挚友的信,信函与正式发表的文章不同,不全面论述,但清新、自由,使人倍感亲切。如复旦大学陈允吉教授,谓此书"禀具文学家之灵魂,就中贯注着作者对古代上层社会一个特殊群体的同情和了解"。杨明教

* 原载于傅璇琮著《唐翰林学士传论(晚唐卷)》,沈阳,辽海出版社,2007。

授认为“既是真实准确，又亲切具体还原历史，读来津津有味”。上海大学董乃斌教授也云“读起来真是津津有味”，“以‘传论’的形式来写，也是一种创新”。

但学界对书中所述也有提出探讨意见的。如胡可先教授认为翰林待诏、翰林供奉并非同一职务，而是存有演变与更迭的关系；又指出，关于翰林学士所撰制诏文体的文学与文化价值，关于《蒙求》的境外文献（古抄本与刻本），日本学者已有可观成果，书中未及引用。又如南京师范大学郁贤皓教授，是李白研究权威学者，他在给我的信中详细考述玄宗朝翰林学士张垍并非如我在张垍传中所叙的天宝四载五月为兵部侍郎，后转为太常少卿或太常卿。这些，我都深受启发、教益。学术研究是不断探索的进程，有所得，也会有所失，这就要在自我摸索并广泛吸收意见中踏实行进。宋人叶梦得有云：“古之君子不难于攻人之失，而难于正己之是非。”这应当是作学问的君子之风。

董乃斌教授于信中望我“劳逸结合，多加保重”，但仍云“更企望您对晚唐翰林学士研究的结集”。复旦大学王水照教授信中更引用古人所云“老当益壮，宁移白首之心”，称“洵为我侪立帜”，互勉继续做事。胡可先教授于《唐研究》的书评中更明确提出：“晚唐时期史料缺失甚多，有关翰林学士的记载更少，即使有些记载，也是多有舛误的，故晚唐时期翰林学士的考索与研究，还是一项极其艰难的大课题，希望能够早日见到‘晚唐卷’。”我对晚唐时期的翰林学士材料，好几年间都已有辑集、积聚，即于 2006 年集中时间撰写此“晚唐卷”。

晚唐期间翰林学士研究，确有不小难度，也当会有极大特色。盛中唐，自开元二十六年（公元 738 年）建置翰林学士起，至敬宗宝历二年（公元 826 年），共 89 年，有学士 73 人；晚唐，自文宗大和元年（公元 827 年）起，至哀帝天祐四年（公元 907 年），共 81 年，稍少于盛中唐，而学士却有150余人，多一倍。晚唐时期翰林学士，不仅人数多，且政治、文学活动更频繁，由学士直接提升为宰相的固然不少，而学士因朝政纷争而被贬甚至被杀者也常见。翰林学士之敢于直言，有政见，颇值得研究。如僖宗朝一位翰林学士卢携，在职期间就明确提出："国家之有百姓，如草木之有根柢。"(《乞蠲租赈给疏》，《全唐文》卷七九二)这就是颇可注意的"以民为本"，当时有此见识，洵属难得。正因此，他就向皇帝上疏，由于广泛发生旱灾，就须停止向民间征税，还应加以救济赈给。又如另一位懿宗朝翰林学士刘允章，他于咸通八年(公元867年)十一月以礼部侍郎出院后，即于第二年(咸通九年)初知贡举，这也是唐翰林学士与科举考试关系密切之一例。他知举时，当时有交结宦官的"芳林十哲"应试，刘允章皆予排斥，"及掌贡举，尤恶朋党"(《唐语林》卷三)。可能因此即被遣出为鄂州刺史。值得一提的是，他后期任河南尹时，向朝廷进《直谏书》，开篇自称"救国贱臣前翰林学士"。文中着重提出，当时国之弊政，有"九破"，如贿赂公行、权豪奢僭、赋役不等、长吏残暴等，又谓民间有"八苦"，如官吏苛刻、赋税繁多、冤不得理、病不得医等。如此家破人亡情势，文中特为提出："今国家狼戾如此，天下知之，陛下独不知之。"这时距其任翰林学士已二十余年，但他仍称"前翰林学士"，可见他如此直抒己见，抨击弊政，即认为仍执行翰林学士之职责。晚唐翰林学士如此参预政治，直斥朝政，颇值得重视，却为过去研究唐翰林学士之唐史学界所未曾注意。

另可注意的是，晚唐翰林学士在职期间，除撰写制诏等官方文书外，还编撰与时政有关而又具有文献史料价值的著作。现举宣宗时两位学士为例。一为刘瑑，于大中前期在院时，曾编撰《刑法统类》一书，选辑唐太宗贞观二年(公元628年)至宣宗大中五年(公元851年)

的刑法条令，二千八百六十五条，分为六百四十六门，并“议其轻重”。刘瑑确是“精于法律”(《旧唐书》本传)，能编有这套长达二百二十余年的刑事法条令，应是有唐一代规模最大的法令资料汇编。另一为韦澳，宣宗中期在职时，应皇帝之命，广采各地州郡境土风物及民间习俗资料，编为一书，名为《诸道山河地名要略》，一名《处分语》，备宣宗议政时参考。据《东观奏记》、《通鉴》等所记，新授邓州刺史的薛弘宗，于宣宗召见、应对后，会晤韦澳，深叹皇上对当地情势了解之真切，韦澳询之，实为其所编《处分语》中记叙者。上述二书，确与政事有关，但又有相对独立的文献价值，当时的翰林学士能着意于此，也可见其非同寻常的学术意识。惜此二书后未留存，否则对研究唐代社会极有意义。

晚唐时期翰林学士另一特色，是与文士的广泛文字交往。晚唐时，由于社会动乱，科试风气颓坏，广大文士，特别是清寒知识分子，境遇极差，这是盛中唐时所未有的。也正因此，文士就着意与翰林学士的交往，期望学士以其特殊政治地位与社会声望为其举荐。如丁居晦于文宗大和时为翰林学士，当时以诗闻名的刘得仁，因“出入举场三十年，竟无所成”(《唐摭言》卷一〇)，就献《上翰林丁学士》诗(《全唐诗》卷五四五)，特为标出：“时辈何偏羡，儒流此最荣。”将翰林学士称誉为儒林学界中“最荣”，是晚唐文士群体对翰林学士最具概括性的称誉。也正因此，翰林学士在院期间，文士多有诗文进献。如“咸通十哲”之一张蠙，于懿宗咸通时向翰林学士张裼献诗：《投翰林张侍郎》(《全唐诗》卷七〇二)，后又于僖宗乾符时向另一位翰林学士萧遘献诗：《投翰林萧侍郎》(同上)，就是因为十年间未曾得第(“十五年看帝里春，一枝头白未酬身”)。晚唐时期以诗著称者，如薛逢、赵嘏、李频、李山甫、顾云、郑谷等，均有诗求荐。即如晚唐前期两位名家李商隐、杜牧，也是如此。如前所提及的刘得仁进诗称誉“儒流此最荣”的丁居晦，李商隐就连续有两次为泾原节度使王茂元上书（《为濮阳公贺丁学士启》、《为濮阳公与丁学士状》）；李商隐又有《为濮阳公与周学士状》，即又代王茂元向学士周墀上书，皆既致祝贺，又望其荐引。李商隐另有以自己身份向武宗时翰林学士孙瑴两次上书（《上孙学士状》、《贺翰林孙舍人启》），时未授职，望其荐引。杜牧则于宣宗大中四年（公元850年）向翰林学士郑处诲、毕諴等献诗，求举荐其出任外州刺史，以改善经济境遇。李商隐、杜牧不仅是当时文坛大家，且有独特性格，但仍对翰林学士深表企求之情，这也是当时士人的心理状态。

当然，晚唐时翰林学士也有一种反面现象，即宦官对翰林学士起相当大的作用。僖宗广明元年（公元880年）十二月，黄巢军将攻占长安，僖宗出奔西川，宦官田令孜就迫使时任宰相的卢携罢相（卢亦曾为翰林学士），随即举荐王徽、裴澈两位翰林学士擢居相位。又僖宗在蜀期间，时任右拾遗的乐朋龟“谒田令孜而拜之，由是擢为翰林学士”（《通鉴》卷二五四）。后乐朋龟在院时应命撰《西川青羊宫碑铭》，就特颂谀田令孜“赏罚无私”，“恩威普度”。僖宗朝另一翰林学士徐彦若，其能入院，也受宦者杨复恭所荐。又如韦昭度，于僖宗中和元年（公元881年）以翰林学士身份在成都知贡举试，当时有二位应试者由于依附田令孜，田令孜乃出力使此二人登第，韦昭度只能曲意为之。这都值得注意。

就上所述，我们现在研究唐翰林学士，就不能仅局限于考索入院、出院年月及在院期间之官阶迁转，而应较全面地探讨学士的生平行迹、参政方式、生活心态、社会交流，等等。应该说，两《唐书》是这方面研究的基本史料，但晚唐时期，两《唐书》，尤其是《旧唐书》，在记事方面有不少错失。清代学者钱大昕认为，《旧唐书》于晚唐史事，所记虽“卷帙滋繁，而事迹之矛盾益甚”(《廿二史考异》卷五七)。我们要全面研究有唐一代翰林学士，如不订正两《唐书》记事之误，就会出现不少差错，并导致理论探讨不确或失误。

也正因此，这次我集中为晚唐翰林学士一一立传，就仔细考察两《唐书》所记，不仅着眼于其在院任职期间，而且尽可能探索其一生事迹，特别是入院前仕历。但也正因此，发现两《唐书》讹误之繁复，是盛中唐撰传时所未曾有的。今概举数例如下。

如本书文宗朝前十位学士，新旧《唐书》皆有传，但两《唐书》于此十位学士，均有误记。即以第七位丁公著而言，其于文宗大和三年(公元829年)四月以礼部尚书入为翰林侍讲学士，同年七月出院。《旧唐书》卷一八八本传载其前于穆宗时已任为工部侍郎，后“授浙江西道节度使”；《新唐书》卷一六四本传也记其出为浙西观察使。而《旧唐书·穆宗纪》长庆元年(公元821年)十月，则记此次出任为浙东观察使。经查核，时任中书舍人的白居易撰有丁公著授职制文(见朱金城《白居易集笺校》卷五〇)，即称其为越州刺史、浙东观察使。由此可证新旧《唐书》本传误，《旧纪》所记浙东，是。但《旧纪》记丁公著此次由工部尚书出任，而据白居易制文，应为工部侍郎，则《旧纪》亦有误。另，《新传》记丁公著出院，谓“四迁礼部尚书、翰林侍讲学士。长庆中，浙东灾疠，拜观察使”，则将丁公著为翰林侍讲学士列于穆宗长庆前期，实则丁公著于文宗大和三年四月才入院，《新传》误提前五、六年，将丁公著误列于穆宗朝学士。又丁公著此次出任外镇，据《旧纪》及丁居晦《壁记》，乃为浙东，非浙西。《新传》记此次出院，又有显误。两《唐书》纪、传记丁公著此后仕迹，又有两误。可见仅丁公著一人，两《唐书》所记，就有七、八处讹误。又如文宗朝第四位学士许康佐，《新唐书》卷二〇〇本传记云："迁侍御史，以中书舍人为翰林侍讲学士，与王起皆为文宗宠礼。"意即许康佐先为中书舍人，后入院，与同院的王起皆受文宗信重。实则许康佐于大和元年八月以度支郎中入院，至大和四年八月才累迁为中书舍人，非入院前已为中书舍人。且许康佐于大和九年(公元835年)五月已出院，而王起于开成三年(公元838年)才入，则许、王二人未曾同时在院。《新传》此处所记，仅二句，即有二误。

限于篇幅，此处即不细述，书中有具考。前已提及，文宗朝首十位，两《唐书》纪、传所记均有误；又就本书所考，文宗朝共有29位学士，两《唐书》有传的为26人，而所记有误者则有23人，这确应引起注意。文宗朝如此，其他如宣宗、懿宗、僖宗、昭宗朝，误处有时更多。如懿宗朝杨收，两《唐书》纪、传所记，有七、八处讹误。又如赵骘，无专传，《新唐书》卷一八二《赵隐传》(赵隐为其兄)，记其事仅一句："终宣歙观察使。"仅此一句，即有误，《新唐书·宰相世系表》及《旧唐书·赵隐传》皆记其终于华州刺史、镇国军节度使。又如宣宗朝学士宇文临，两《唐书》也无专传，仅《新唐书》卷一六〇其父宇文籍传附记一句，谓其"大中初登进士第"。按宇文临实于大中元年闰三月以礼部员外郎入为翰林学士，何以于同年即大中元年才登进士第，即于二、三月内即入为翰林学士？且入院前已任为礼部员外郎，进士刚登第是绝不可能授以从六品上之礼部员外郎的。可见晚唐时翰林学士，有时虽无专传，仅于他传中记有一句，也会有显误。

就以上概略介绍，确可佐证胡可先教授书评中所说，"故晚唐时期翰林学士的考索与研究，还是一项极其艰难的大课题"。本书是尽量对两《唐书》关于翰林学士记事之误加以辨正，同时也对有关部分予以补述，以有助于全面了解。如郑薰，文宗大和二年(公元828年)登进士第，后于宣宗大中三年(公元849年)以考功郎中入院，《新唐书》卷一七七有其传。但《新传》记其“擢进士第”后，即云“历考功郎中、翰林学士”，对其间二十余年无一字叙及。我这次为郑薰撰传，则根据有关史书及诗文集材料，如明陶宗仪《古刻丛钞》著录之《张公洞壁记》，《赤城志》，许浑《陪越中使院诸公镜波馆饯明台裴郑二使君》、《陪郑使君泛舟晚归》等诗，《全唐文》卷七九一王讽《漳州三平大师碑铭并序》，《闽书》卷二九《漳州》，考述郑薰于大和二年登第后，大和四、五年间在岭南幕府任职，武宗会昌六年在台州刺史，与诗人许浑有交游，宣宗大中初又任漳州刺史，后于大中三年初入朝为考功郎中，同年九月以考功郎中入院。又宣宗朝学士萧寘，《旧唐书·萧遘传》、《新唐书·萧瑀传》仅记其于咸通中任宰相，别无他记，我这次则据杜牧诗、李商隐文，及《剧谈录》、《东观奏记》等唐人笔记杂文及《资治通鉴》，考其任职前后事略，并辨《旧唐书·懿宗纪》记咸通六年四月萧寘尚在相位之误(萧寘实于咸通六年三月已卒)。又如与萧寘同时的庾道蔚，两《唐书》无传，本书则采辑杜牧制文、李商隐赠诗、笔记《东观奏记》及出土墓志，概述其一生主要事迹。类似者，又有武宗朝李褒，宣宗朝郑颢、崔慎由、孔温裕等，僖宗、昭宗朝更有，请参阅。

除两《唐书》外，我在撰传时还注意纠正其他史书之误。如本书晚唐卷第一位学士，文宗朝王源中，清徐松《登科记考》卷一七记其于宪宗元和二年(公元807年)登进士第，标其所据，云“见《旧书·文苑·卢景亮传》”。实则《旧唐书·文苑传》未有卢景亮传，《旧唐书》全书也未有为卢景亮立传者，徐《考》实为显误。而孟二冬《登科记考补正》也未记及，仅云“亦见《新唐书·卢景亮传》”，实则《新唐书·卢景亮传》仅谓王源中“第进士”，未记有登进士年。类似者如文宗朝高元裕，徐

《考》亦有误，孟二冬也未补正。另如《全唐文》，也有好几处误。如李让夷，于文宗大和二年入院，《全唐文》卷六九三载有李虞仲《授学士李让夷职方员外郎充职制》，李虞仲与李让夷同时；而《全唐文》卷三六六又载贾至所撰制文，文题同，贾至则为玄宗、肃宗时人，时代不合，《全唐文》误载。又如《全唐文》卷七六七载宣宗朝学士沈询文六篇，而卷七六三以沈珣名载文十六篇，其小传所记实为沈询事，文亦实为沈询所作。《全唐文》乃误袭《文苑英华》，当前《文苑英华》研究，也未注意及此。

以上纠误、补辑，仅举数例。清章学诚《文史通义》卷五曾谓："浙东之学，言性命者必究于史。"作为浙东人，我确愿承袭浙东之学，着意于文史结合，如上册"前言"所说，希望为唐史研究补一"翰学"传，算是新世纪所补作的一种唐代史书。

《学林清话》自序*

近年来，有好几位学界友人向我提出，建议我将二十余年来为人所作的序文汇编一书。有感于友情，亦本于自我慰勉之意，我就于去年下半年陆续搜集，年底竟辑得七十一篇。我遂与大象出版社联系，大象出版社毅然接受，并于今年上半年排出校样。最近我审阅二校，手头则又有今春为二位学者所写之序，书都已出版，于是又补辑进去，则全书共有序七十三篇。我想，我们古典文学界，无论前辈或中青年学人，能为人作序有如此之多者，当甚稀见。这对我来说，不免有自讳并自我慰勉之情。

序也是中国传统的文体之一，就现在来说，为他人所作序与书评，总是两种文体，书评须作全面客观的评论，序言可抒己见，自由一些。宋许颢《彦周诗话》曾谓："诗话者，辨句法，备古今，纪盛德，录异事，正讹误也。"我在为傅明善《宋代唐诗学》所作序中，即引有许颢语，并仿其语气，对序言的体制定为："序文者，辨学术，论世情，记

* 原载于傅璇琮著《学林清话》，郑州，大象出版社，2008。

交谊，抒己见，重理趣也。”这当是我作序所本的旨意。

具体来说，我为友人作序，大致有两种意向，一是抒“淡如水”的友情，二是述“切于学”的旨趣。所谓“淡如水”，即“君子之交淡如水”。特别是几位年龄较长于我及大致同龄的友人，我与他们确有君子之交。如我所作的第一篇序，即于1981年10月所写的陈贻焮《杜甫评传》序。贻焮先生年岁比我大，1953年我们一起在北京大学听林庚先生讲授魏晋南北朝隋唐部分的文学史，那时他已是林先生助教，我还是学生。因此，我一直是以师友对待的。1955年夏我毕业留校为浦江清先生助教，他当时与吴组缃教授同住于未名湖畔镜春园一四合院，经常约我到他家与吴组缃先生家聚谈、吃饭。1980年7月他正在写《杜甫评传》时，特地用毛笔抄录赠陈毓罴先生一首长诗，并云：“兄来札询及该书撰写之事，盛情可感，故书此作为汇报。来日苟得完篇，定当奉呈乞教也。”后于1981年5月、9月又连续写信给我，谓稿已写就，“求序”。我实不敢作，推辞再三，他就托林庚先生致命于我，我就遵作。今天我重阅此序校样，又翻阅他当时给我信的手迹，缅怀之情，充溢于心。

又，我不少篇是为中青年学者所作的。我在序中特别注意自上世纪八九十年代以来古典文学研究的新进展，与中青年学者的研究思路、风气极有关系。在为程章灿《魏晋南北朝赋史》所作序中，即提出：“他们带来了一种特有的学术朝气，带来了近十年来随着改革开放的大环境而培育起来的开阔而敏锐的理论思维，而他们又大多在前辈学者的指导下，受过严谨学风的熏陶，因此又有着令人不得不首肯的扎实的基本功。”又如1997年东方出版社出版的《日晷丛书》，收有十二种关于文学史研究的著作，都是曾获博士学位的年轻学者所著。这些学者我大都有交往，也参加过他们的论文答辩。我应此套书的主编吴先宁同志之约，为作总序，就提出："他们之中不少人更注意广泛吸收当代社会科学的新鲜知识，形成更为独到的研究视野和观念；而另一方面又努力对作为研究对象之一的文学史料作沉潜的研索。"正因此，我在为张忠纲《全唐诗大辞典》所作的序中，就特地引用盛唐诗名句"潮平两岸阔，风正一帆悬"来作形容比喻，寄抒对我们古典文学研究发展的展望。

我现在所辑之序，上起有关先秦之著，下历汉唐及宋元明清，直至现代(如新编《宁波市志》)。说实话，我当时撰写时，甚感艰难，说好似一个中学生习写作文。正因此，我有时就连读其稿两遍，并作有札记(见陈良运《周易与中国文学》、祝尚书《宋代科举与文学考论》等序)。今春为刘明华教授《文化视野下的中国古代文学阐释》作序，就又特地请他寄其前著《杜甫研究论集》、《丛生的文体——唐宋五大文体的繁荣》，同时研读。我在为陈尚君《唐代文学丛考》所作的序中，也就特为提出："从近十余年来尚君先生著述来看这本论文集，对他的治学路数与研究风格当有一个全面的了解。"

我之所以将此书起名为《学林清话》，即本于陶渊明《与殷晋安别》诗中之"信宿酬清话，益复知为亲"句。陶诗意谓与挚友临别，当应连续两夜(信宿)叙谈，以抒清切之情。这也是前面提及的"切于学"的旨趣。限于篇幅，我不再细述。我这里想再引述刘勰的一段话："知音其难哉！音实难知，知实难逢，逢其知音，千载其一乎！"(《文心雕龙·知音》)刘勰对治学的知音深有寄望，也感甚有难度。我从所作的序中，深为慰勉的，是我在治学的经历中，觉得知音并不难觅。正如我在《我和古籍整理出版工作》一文之前所写的两句话："我最大的心愿是为学界办一些实事，我最大的快慰是得到学界友人的信知。"(《学林春秋》三编，张世林编，朝华出版社，1999 年 12 月)谨以此作为此序结语，求教于学界友人。

另我特向王世襄先生深切致谢，他为学者前辈，今已 94 高龄，仍为本书书名题签，真使我益有“知音”之感。

《中国古代诗文名著提要》总序*

数年前，我受学界友人的委托，筹划一个项目，名为《中国古代诗文名著提要》，即组约多位学者，从当前学术发展的高度，充分吸收前人和现代的研究成果，选择古代有价值、有代表性的诗文别集和诗文评著作，以提要体裁，一一加以介绍和评议。经过几年编纂、撰写，已大体就绪，将由河北教育出版社出版。

提要是我国传统目录学的一个组成部分，目录著作则一直受到古今学者的重视。清代著名学者王鸣盛在其《十七史商榷》中就强调："目录之学，学中第一紧要事，必从此问途，方能得其门而入。"（卷一《史记集解分八十卷》）并引当时学者金榜的话说："不通《汉艺文志》，不可以读天下书。艺文志者，学问之眉目，著述之门户也。"（卷二《汉书艺文志考证录》）而目录著作，一般分书目和提要，提要即自西汉刘向《别录》开始，当时称为"叙录"。"叙录"的内容，

---

* 原载于傅璇琮主编《中国古代诗文名著提要》，石家庄，河北教育出版社，2009年。

除著录书名、篇目及雠校原委外，主要是记述著者生平，说明书名含义及书之性质，考辨书之真伪，论述其价值与学术源流。这可以说是我国目录学中“辨章学术，考镜源流”优良传统的开端。也正因为此，上世纪著名史学家范文澜在其《中国通史简编》第二编中，就将刘向《别录》与司马迁《史记》并提，认为“在史学史上是辉煌的成就”。

但此后很长时期，官修的正史《经籍志》、《艺文志》，有时仅有一二句小注，并未有《别录》体例的提要。自南宋《郡斋读书志》起，至明代一些私人藏书目录，则连续出现提要，但大致也较简略，并只偏重于版本著录。真正从学术角度为经史子集四部传统典籍作提要的，是清乾隆时由纪昀主持的《四库全书总目提要》。当时参加《四库全书》提要初稿撰写的，多为一流名家，他们发挥各自的专长，以义理与考据相结合，对各书考订其异同，辨别其得失。故清季张之洞给予极高的评价，认为：“将《四库全书总目提要》读一过，即略知学术门径矣。”（见其所著《辅轩语》）即使如近现代学者余嘉锡对《四库提要》中的缺失多加指正，但他在所著《四库提要辨证》一书的序录中，仍明确自承：“余之略知学问门径，实受《提要》之赐。”近二十余年来，我们古典文学界，则又从学术史的角度，探讨《四库提要》的文学观念流变与理论批评原则。如有认为《四库全书》对杜甫诗集的选录及评论，是清中叶对杜诗学的一次总结和检讨；也有从历朝词籍提要中探索当时学者对词的发展规律及词学思想、词学风格的认识；更有一些论著，就文体学对《四库提要》作系统的评述。因此我认为，这次将古代有代表性的诗文集与诗文评著作，以提要的形式予以系统的记述与评议，这一方面可以体现当前古典文学研究者思路的开拓，另一方面也可如实反映提要这种体裁，已超越目录学的传统框架，成为文学研究、史学研究、哲学研究等既扎实而又充分表达理论观念的一种方式。

这套《名著提要》所著录的，起自两汉，至清代后期，近两千种，这确远远超越《四库全书》这一门类所收。《四库全书》收别集 961 种，诗文评 64 种。再就具体而言，《四库全书》于两汉部分仅著录 3 种，魏晋南北朝部分 13 种，而我们这次收录者，两汉 13 种，魏晋南北朝 50 种，应当说更能反映两汉魏晋南北朝诗文制作的实际情况。又如古代诗文别集，历朝有不少校注、评议本，我们这次所谓“诗文名著”，既选取在文学史上具有一定地位与影响的作家本身著作，还著录价值较高、有历史意义的评注本。这方面也可补《四库全书》之不足。如《四库全书》收陶渊明集，仅 1 种，且非注本，我们即收录陶集注本 7 种。唐代更为突出，《四库全书》所收名家注本，李白集 2 种，杜甫集 5 种，韩愈集 6 种，李商隐集 3 种；我们这次所收，李白集 7 种，杜甫集 22 种，韩愈集 11 种，李商隐集 18 种。提要对这些注本，都有具体考述、评议。应当说这也为学术史研究提供了重要史料。

类似情况者其他朝代也有，可以注意的还有诗文评分卷。《四库全书》于诗文评类，收 64 种，而这次的诗文评卷，收有 670 种，竟为《四库》所收之十倍，反映当代诗文评研究的成果。其中如金元时，《四库》仅收 4 种，且皆为文话，无诗话，这次就收有 35 种，其中有中国本土已无传本，自日本所藏补辑的。明代，《四库》也仅 6 种，这次收有 142 种，清代更多。且现在著录的明清诗话提要，颇有一种特色，即选辑相当数量记述地方诗歌创作的诗话，现即举数例，如明时有《豫章诗话》、《蜀中诗话》，清时有《西江诗话》、《全闽诗话》、《全浙诗话》；有些还记述县镇地区的，如明熊逵《清江诗话》记江西樟树镇，清吴文晖《澉浦诗话》记浙江海盐县。这当有助于地域文化的研究。明清诗话，还有记女性诗作诗风的，这也很有社会特色。如明田艺蘅《诗女史》，清沈善宝《名媛诗话》，各记有先秦至明清女性诗人数百人。有些记女性诗人，还与地区、种族结合，如清梁章钜《闽川闽秀诗话》、法式善《八旗诗话》。

再以清代部分而论，清时修《四库全书》，据其编纂凡例，不收乾隆时著作，故所收清初文人别集，仅 37 种，而我们这次列于清代的，为 356 多种，可以说是有利于具体了解有清一代诗文制作的全程。且所收也有特色，类似于前所述诗文评，现著录于提要的，有好几位女性诗人诗作，如明末清初名妓柳如是所著《柳东君集》，当代国学大师陈寅恪即有《柳如是别传》记其一生事迹。又如李因，与柳如是同时并齐名，清初顺治二年其夫抗清殉难后，独处四十年。清初学术名家黄宗羲特著有《李因传》，金燕《香奁诗话》称誉其诗“有中唐余韵”。这次就著录其诗作《竹笑轩吟草》。也同为康熙时有商景徽《咏雏堂诗钞》，时称其“诗逼盛唐，讲究格律，居然名家”。又如乾隆时女诗人陈端生，曾作弹词《再生缘》，陈寅恪即有专著《论再生缘》，郭沫若并有《陈端生年谱》，称“为弹词中最杰出作品，堪与希腊、罗马之有名史诗相比”，这次就将其《绘影阁诗》撰写提要。另外还有柴静仪、席佩兰、顾春等几位。提要除记其事迹、著作外，还引用时人及后世评论，可以看出清代诗文创作的时代社会特色，为清代女诗人研究提供了极有意义的史料。

明清卷选录的著作，还并不仅着眼于其诗文长处，还着意于其小说、戏曲成就。如明李昌祺《运甓漫稿》，提要除引用朱彝尊《静志居诗话》评议其诗外，还记其有著名文言小说《剪灯余话》、《月夜弹琴记》等。又如《四库全书》未收的《敬修堂诗集》著者清初查继佐，著有《续西厢记》杂剧，及《三报恩》、《非非想》等五种传奇。金人瑞《沉吟楼诗选》，虽仅一卷，却收有诗 384 首，他还曾批点《西厢记》、《水浒传》，并将《水浒传》一百二十回删编为七十回，为人所称。李渔有诗文集《笠翁一家言》五十二卷，实则他还有戏曲、小说创作及戏曲理论，20世纪学者名家孙楷第曾为其《十二楼》作序，称其该篇小说为清代第一。又董说有《丰草堂诗集》十一卷，他另有小说《西游补》，鲁迅《中国小说史略》对其评价甚高，称"殊非同时作手所敢望也"。明清卷能将戏曲、小说著者的诗文集也予著录，确能体现明清文学多样式发展的特色。

本书每一篇提要，大致包括著者（或编纂者、校注者）简历、内容要旨，以及学术价值和版本情况。这几部分视各书情况，可有所侧重。著者事迹，凡正史有传或知名度较高的，可简写；不知名者则适当多些。内容要旨与学术评议，一方面对著者与作品本身作概括的评价，同时又着重从文献学的角度，对书的编纂、流传作较为全面的叙述与辨析，以与文学史著作有所区别。版本情况，主要概述著作的流传与编刻过程，其中较复杂的则作较多的说明，以提供切实有用的史料。

关于著者事迹，各卷提要撰写者，都极注意充分引用确切的资料；有些著者，正史无传者，更搜辑有关史书的记载。如宋《浮沚集》著者周行己，《宋史》无传，提要中就详引《伊洛渊源录》、《直斋书录解题》、《宋元学案》、《宋史翼》，及明弘治《温州府志》等书。又如《小亨集》著者金杨弘道，史书无传，提要则谓其事迹散见元好问《遗山集》卷三六《杨叔能小亨集引》，魏初《青崖集》卷三《素庵先生事言补序》，王恽《儒士杨弘道赐号事状》等。又如《高青丘集》著者明高启，虽《明史》已有传，本书提要则又引录他书予以补充，如引录《吴中人物志》卷七、《曝书亭集》卷六二《高启传》、《殿阁词林记》卷八、《国朝征献录》卷二一李志光所撰传，及清金檀所撰年谱。这可见文献辑集对作家研究极为有利。有些还注意补正著者名字的缺误，如宋时有

《诗评》一书，首见于南宋陈振孙《直斋书录解题》卷二二，著录为："《诗评》一卷，桂林僧淳撰。"于"淳"字前缺一字，空格，自注谓"原缺"。明胡震亨《唐音癸签》著录为"德淳"。现在诗文评卷该书提要，即详引宋惠洪《冷斋夜话》及此书所引诗句，考定应作"景淳"，为北宋仁宗至神宗时桂林僧人。这可以说是《诗评》著者之唯一确考。

关于文学成就与学术价值的评议，提要的体裁与论文、文学史著作不同，不能详加阐发，但注意引用时人及后世评议，并概要提出撰写者的研究己见。如宋邹浩《道乡先生邹忠公文集》，提要谓"邹浩信佛教，不以文学著称，但其诗既多且佳，颇有影响"，即先录其诗作及论诗主张，又历引时人及后世评议，有释惠洪、李刚、车若水、方回、王士禛等。又如记叙宋朱熹文集时，既对朱熹文学修养、文学观念予以肯定，但也有批评，认为"他站在卫道立场，对韩、柳、欧皆有贬词"，又记朱熹讥苏轼"文害正道，甚于老佛"，评为："这种文学观，不仅限制了他的文学成就，对南宋后期乃至元、明两代文坛产生了巨大的消极影响。"我想，这也是提要可以将文献考述与理论阐释结合之一例，对当代文学史研究甚有利。

关于著作编集，版本传刻，提要纠正前人及当代之误者不少，各分卷都有，这当也是这套书的学术特色。限于篇幅，这里只略举数例，供读者参阅。如唐人殷尧藩集，明胡震亨《唐音丁签》卷一一三著录为一卷，诗八十七首，为胡之友人所编。现提要则详加考索，指出此集中有其他唐人所作的（如韦应物、姚合），非殷尧藩诗，另又为宋元人所作，见于宋王柏，元虞集、萨都刺，明史谨、吴伯宗等文集。又如南宋后期曹彦约《昌谷集》，后佚，清修《四库全书》时据《永乐大典》辑成二十二卷，本书提要则考《四库》本辑录之《偶成》七言绝句二十一首，实为另一宋人杨简所作（见其《慈湖先生遗书》卷六）。

本书提要，从文献考证角度纠正《四库全书》编集及版本著录之误者不少。如金元时文集，清修《四库全书》时多据当时传存的《永乐大典》辑集，有史料价值，但也有讹误。如元姚燧《牧庵集》，原五十卷，后佚，四库馆臣乃据《永乐大典》辑得三十六卷。现在撰写的《牧庵集》提要，指出“此集误收颇多”，即举例提出所辑有唐白居易文，宋姚勉文。另金人杨弘道《小亨集》六卷，亦从《永乐大典》辑集，提要谓经查核，竟收有元代杨载诗十七首。又《四库全书总目》所著录的卷数有与原书不合的，如明郑真《荥阳外史集》，《总目》著录为七十卷，而《四库全书》所收者实为六十五卷；明宋濂《宋学士集》，《总目》著录为三十六卷，而原书实为三十二卷。提要撰写者均经核对，指出其误。

本书考订并纠正《四库全书》及《总目》关于编集及版本著录之误者不少，这里仅略举数例，读者在研究历代《四库》本时均请参阅。

本书提要撰写，确也充分吸收现代研究成果，特别关于版本流传，凡有当代校注、整理本的，均加著录，以便于读者检阅。但也有纠误，现举二例：一为明胡震亨批注《杜诗通》三十卷，20世纪前半期洪业所编《杜诗引得》(哈佛燕京学社)，其序谓此书为明万历或天启、崇祯间刻，后当代马同俨、姜炳炘《杜诗版本目录》也以为明末刊本。现本书汉唐卷该书提要，即据此书所载胡夏客(胡震亨子)识语，考述胡震亨于崇祯九年始作此书，崇祯十五年成书，时值鼎革，生前未及刻印，至清顺治七年始由朱茂时予以刊行，是为初刻。现代学者当未查阅此书版刻序跋，乃误定为明末所刊。二为前几年出版有《清人诗文集总目提要》(柯愈春著)一书，书中有谓袁枚诗集刻本最先有《随园诗草》八卷、附录八卷，为边连宝辑，乾隆四十年刻。现本书明清卷著录袁枚《小仓山房文集》，提要对边连宝事迹有考，记其字赵珍，亦号随园，直隶任丘(今属河北)人。《随园诗草》乃边连宝自己诗集，与袁枚了无干涉。《清人诗文集总目提要》当因未核原书及边氏行迹，仅据“随园”二字，即误以为是袁枚诗集之最早刊本。

这套书共分五卷，即汉唐五代卷、宋代卷、金元卷、明清卷、诗文评卷，各卷分别由南京师范大学郁贤浩教授、四川大学祝尚书教授、南开大学查洪德教授、苏州大学马亚中教授、上海大学刘德重教授主编。他们都是该学术领域深有研究的著名专家。祝尚书先生曾参与《全宋文》编纂，并著有《宋人总集叙录》、《宋人别集叙录》(几年前在中华书局出版)，他对宋人诗文集有全面研究，故这次宋代卷即由他个人撰写。其他四卷，各卷主编除自己撰写外，还邀请多位学者，撰写者有些可以说是声高望重的老一辈专家，如诗文评卷，有王运熙先生撰《文心雕龙》提要，陈伯海先生撰《沧浪诗话》提要；汉唐五代卷，有刘学锴先生撰李商隐诸集提要，陈铁民先生撰王维、岑参等集提要，吴企明先生撰李贺、王建等集提要，陶敏先生撰宋之问、沈佺期、韦应物等集提要，张忠纲先生撰杜甫诸集提要。中青年学者，更有不少卓有成就、备有声望者。各位学者根据全书统一体例，广辑资料，细加考索，又发挥各自的长处。本书可以说是古代文学研究与文献研究相结合的集体成果。

《中国古典散文精选注译》总序*

在中国古代文学中，散文与诗歌、戏曲、小说，为四个重要门类。散文应尤有特色，一是起源早，其发轫之作《尚书》，即早于《诗经》近千年，先秦时代的历史散文与诸子散文，同以《诗经》、楚辞为代表的诗骚文体创作，共同开启中国文学的历史走向；二是范围广，不但包括世传习称的诸子、史传、碑文、墓志，还包括笔记、序跋、书信、日记，及各种赋体、骈文之作。因此，中国传统的古文，被认为最具民族文化特色的文字载体，曾有“中国古代散文美学”的学术构想。

20世纪以来，特别是近30年间，中国古代文学研究有很大进展，有丰富成果。但学术界也有指出，在当前古代文学研究的整体格局中，“散文研究却是最薄弱的一环”（见王水照先生为杨庆存《宋代散文研究》所作序，人民文学出版社，2002年9月）。这确值得注意。除了研究专著不多

* 原载于傅璇琮主编《中国古典散文精选注译》，北京，清华大学出版社，2009。

外，散文作品本身的整理、选注，面向学术界和广大读者，也并不充分，故未能引人注目。中国古典散文浩如烟海，佳作如林。今人各种选本则多仅按时代撷取名篇，所选篇目往往集中在一些读者熟悉的名家名作上，入选作品数量有限，常令爱好古典散文的读者有不足之憾。又因绝大多数选本没有今译，仅靠注释读通原文，对于普通读者来说仍然存在着相当大的困难。

故我与学界友人合作，由我筹备，编纂这套《中国古典散文精选注译》，期望为广大读者全面、系统、深入地了解、欣赏古典散文提供一套较为完备的读本。

我们拟在规模、体例、选目等方面弥补以往散文选本的一些缺憾，并力求有自己的特色。此套书根据体式和内容，将古典散文细分为哲理、记叙、史传、抒情小赋、游记、书信、笔记、序跋八类，按类分为各自独立成册的八卷，每卷以时代先后为序选录此类散文各历史阶段的代表作。这种以时间为经、以类别为纬的编选体例，克服了仅按时代罗列作品的不足，使读者对散文各个类别有清楚的认识，并由此而把握古典散文历史发展的全貌。八类的划分在继承散文传统划分方法的基础上，参考了现代散文分类法，如哲理散文就是古典散文传统分类中没有出现过的概念。既然对于散文的界定和分类符合中国古典散文的客观事实，又与现代散文观念相通，这就使读者对古代散文的理解和欣赏，能古今贯通，中西融合。

本套八卷，每卷之首均有前言，力求讨源溯流，系统介绍此类散文的发展历史，勾勒各时期特色，深入浅出，简明扼要，相当于一篇文类史，读者可由此了解各类散文的起源、流变及概貌。又因前言为古典散文研究专家所撰，其中既体现作者的学术观点及研究心得，亦可供专业研究者参考。正文包括选文及其注、译、评四部分，兼顾普及性与学术性，使这套书也为普及与专题研究相结合之作。对于典章名物及一些不常见的字词均有清楚、详细的注释。除抒情小赋因其多丽靡之辞不宜今译外，其他七类每篇均有今译。译文力求信、达、雅，并尽量保持原作风格。重要作品和有争议、有特色的作品篇后有选者简评或点评，介绍其写作背景、思想价值、艺术成就及历史地位。普通读者可借助注、译、评，更为深入地理解和欣赏历代的名篇佳作，专业研究者亦可便中查阅有关资料。

在选目方面，我们既注意收录名作，又广采各历史阶段的代表性作品，以求全面展现中国古典散文的风貌。“哲理”卷选文主要出自子书及唐宋以后文集中以“说”名篇的作品，“史传”卷除收录历史传记外，还收录唐宋以后的传记散文，均抓住了各自的特点，并考虑到文体的历史演变。抒情小赋和笔记在以往的散文选本中较少收录，本套书却使之各占一册。“抒情小赋”卷的选编宗旨一是偏重历史的认识，二是偏重特色的把握，因此其选目颇有新意。选者采取一家一赋的选录方针，选取各历史阶段的名家名作和代表性作品，共 71 家 71 篇，唐宋以后赋家占全编半数，读者可从中窥见抒情小赋的历史全貌。“笔记”卷选录了自《西京杂记》至《阅微草堂笔记》中的精彩片断。选者对每部笔记的内容与特色及其著者的生平均有详细介绍，有助于读者了解笔记这一内容庞杂的散文类别。游记为不少读者所喜爱，鉴于游记大盛于明清的历史事实，“游记”卷在选目上对这一时期的作品作了适当倾斜，选录的明清作品占了一半以上的篇幅。读者从中既可欣赏到早已脍炙人口的名篇，如《与元思书》、《小石潭记》、《石钟山记》等，又可见到一般选本中难得一见的明清名作，如有清一代最著名的骈文游记——洪亮吉《游天台山记》，还可一睹名气稍逊而颇具特色的明清作品，如乔宇《恒山游记》、郁永河《采硫日记》等。记叙文是散文大宗，范围很广，所含体类甚多，其中的史传、游记、笔记等类均自成一册，而我们又将其单列一卷，则如何选目就是读者关心的问题。本卷避免重复，选录的作品乃上述几种之外的记叙文，相当于古人所谓的杂记，大致分为园亭楼台记、书画器物记及人事杂记三类，读者从中可一览历代杂记名篇佳构。书信和序跋是古典散文中较常见而重要的两种体式，但作为专门选集，则并不多见。“书信”卷选文侧重魏晋与唐宋，“序跋”卷亦以唐宋作品为主，但均未忽略其他时代特别是明清两代的重要作品，选目颇为全面。

我们期望，此套书能以其明晰的体例，新颖的分类，全面的选目，详细的注释，准确的今译，精当的评介，满足学术界和广大读者的需求。当然，就中国古代散文多方位文体来说，还可以增编，如日记、制诰、科举试文（如策试、八股）、碑传墓志等，当可拭目以待，谨此互勉。

中　　编

记钱锺书先生的几封书信*

最近，浙江文艺出版社寄赠我一本《钱锺书散文》，这是汇编最全的钱锺书先生的散文集。钱先生的散文，连同他的小说《围城》，我在年轻时就爱读的，但由于专业的缘故，我读得最多的还是他的几本学术著作，如《谈艺录》、《管锥编》、《宋诗选注》等。不过这本散文集中收了好几封致友人的书信，却引起了我难以忘却的回忆。

我自80年代起就因工作缘故与钱先生常有交往，他先在中华书局出版《管锥编》，后又修订重印《谈艺录》。《管锥编》第五册出版时，由于我们中华书局出版发行工作做得不协调，连钱先生自购的二十本书，出版后三个月，才送去十本，其余十本，虽钱先生屡催，一直未有着落。不得已，他就写信给我，告知此事，却出之以极其幽默的语气："亲故索书如追逋，作者避债未筑台。旷日持久，推诿词穷。足亦必当遭此窘境，当能深体下情。"我接到此信，大吃一

---

* 原载于《人民政协报》1997年12月29日，《新华文摘》1998年第5期转载。

惊，马上请有关部门迅速妥善办理，当时内心的歉疚之情至今难忘。

我对钱先生是心仪已久的，但过去长时期总是不敢去拜访他，更不敢贸然写信。直到我的第一部学术专著《唐代诗人丛考》于1980年1月出版后，才偕同中国社科院文学所的沈玉成同窗学友到钱先生家去，把这本书奉送给他。钱先生过后则又特地写了一封信给我，说："前蒙偕玉成兄枉过，神交二十余年，终获快晤，亦老来一幸事也。顷奉赐《唐代诗人丛考》，急稍披寻，其精审密察，功力更胜于《江西诗派》之仅以渊博出人头地者。君于兹事，殆冠时独步矣。"信中说"神交二十余年"，则应当是50年代末、60年代初，那时我还不到三十岁，因1957年的问题由北大贬到商务、中华，不能写文章发表，只得埋头搞资料，1963年出版了《杨万里范成大资料汇编》，1978年出版了七十余万字的《黄庭坚与江西诗派资料汇编》。这当给钱先生的印象很深，信中所说的《江西诗派》，即指此而言。由此也可见钱先生对晚辈的提携与扶掖。

钱先生对我年轻时埋头读书、跑图书馆，得以编出这七十余万字的资料书，是很赞赏的。有一次在他家里，他就说：你的这本《江西诗派研究资料》，我是放在身边书架上的；我的《谈艺录》，说的都是古人，提到现代人的，只有两个，一个是吕思勉，一个就是你的这本书。当时我听了脸忽然红了起来，以为钱先生是故意开玩笑。后来我的一本《李德裕年谱》于1984年10月在齐鲁书社出版，因书名由钱先生题写，故出书后我立刻给钱先生送去。钱先生当然还是称赞我，说"足下著作，严密缜栗，搜幽洞隐，有口皆碑，年力方强，撰述必且又新日富也。"同时又提到他曾在口头上说过的话："拙著428页借大著增重，又416页称吕诚之丈遗著，道及时贤，惟此两处，亦见予之寡陋矣。"此处的"拙著"即《谈艺录》，书中的第428页确实引了我的

《黄庭坚与江西诗派资料汇编》。接此信，读此数语，我总有一种愧疚之情。

每当我有新出版的书送钱先生，他总是极口赞誉，我心里明白这是前辈勉励督促之意。但钱先生对学术是执着认真，绝不敷衍了事的。80年代中期，北京大学古文献研究所计划编纂《全宋诗》，我曾参预其事。当时大家讨论，认为此书主编非钱先生莫属。于是由我与古文献所所长孙钦善同志到钱先生家去，力请他主持这一大工程。钱先生说得很委婉，但很坚定，说他只能自己写书，绝不出门当主编，更不能挂虚名。当时我们自然很失望，但我心里是真正佩服钱先生这一严谨学风和高洁人品的，这与时下有些人到处挂名当主编、顾问，比较起来，更体现出钱先生的直道纯志。

后来《全宋诗》前五册出来，我收到钱先生一封信，可以说是给予严厉的批评。当时钱先生身体已不大好，每天服中药，他说因此而吃不下饭，睡不好觉，说“老病废学”。但他还是仔细翻阅了第一、第二册，举了好几处不该有的错失。这里不妨摘引其中一小段：

> 如唐宋人名句，全集可征，而误读笔记，过信类书，别嫁主名（如卷三范质“大暑去酷吏”一联乃杜牧《早秋》五律中联是也）；而搜检之诗句，出处未得其朔（如卷三杨朴《村居感兴》引《后村题跋》，然后村明言“放翁跋”，盖本之《渭南文集》卷二九《跋杨处士村居感兴》，又《老学庵笔记》卷十有异文，是也）；补入断句实已见作者全诗中（如卷四六田锡“秋色……”本《浩然斋杂谈》，实已见卷四二田氏《桐江咏》，只一字异，是也）；补入一人之断句实已见另一人集中全诗（如卷一〇一补丁谓“子美集开诗世界”据《海录碎事》，实已见卷六五王禹偁《日长简钟咸》，乃传诵之王氏名

句，是也）。

我在这里不厌其烦地写录钱先生的这段文字，是为了让读者具体地感受到这位大学者对编书作学问是那样的一丝不苟、从严求实，更可以见出钱先生的博识专精：他所举的这几个例子，并不是专门翻书得来的，而完全凭他的记忆，这在当代学者中可说是凤毛麟角了。而在信的最后，他仍以其特有的雅兴写道："自恨昏眼戒读书，寒舍又无书可检，故未能始终厥役，为兄作校对员耳。不足为外人道也。"

有一次，我因读《管锥编》，发现一些引文上的问题，就不自量力地写信给钱先生，却引来钱先生的实实在在的自我批评，说：

> 奉惠函，甚感读书不苟。适以中寒，后患齿疾，遂稽作报，歉仄歉仄！比因就医凿齿易牙，杜门谢事，重寻拙著一、二册，误字漏字固置之，援据疏讹，赏析浅率，已见数十事，愧汗无已。即就《太平广记》卷论之，如660页误以《瀛奎律髓》卷四七作《朱子语类》卷一四〇；744页《唐语林》补遗作"王缙"，虽或作臆改，而刘克庄尚可以自解。此类尚望精博如先生者随时指正，万一重版，得以纠正，不敢掠美也。

读者可以看出，钱先生对他人所编的《全宋诗》之误从实指出，而对于他自己的著作更苛刻要求。这种风度真能使人廉立。

但钱先生一直是幽默处世的。就在这同一封信中，就我提到的一处有关唐人常建诗事，提出不同意见，认为我不懂当时的人情世故，于是风趣地说："先生为人笃实，为学朴至，故不知世之诗人文人虚诞诬妄，先天生性，后天结习，自古已然，至今未改。"于是随手举了两例，一是有位鲁迅研究专家，“未尝得见鲁迅一面，仅通函敬慕而已，今则著文自记曾登鲁门拜访，同去者某某(其人流亡台湾，十年前逝世)”。另一例为：“弟今春在纽约，得见某女士诗词集印本，有自跋，割裂弟三十五年前题画诗中两句，谓为赠彼之作，他年必有书呆子据此而如陈寅恪之考《会真记》者!”后又云：“上月三联书店遣范用同志相访，要弟写《回忆录》，弟敬谢不敏；正因弟虽粗解把笔，而无诗人文人自欺欺人之本领，不宜写自传。一笑。”

有一次钱先生写了他的旧作两诗寄我，还特地附了一封信，说香港一些报纸刊登他的诗，“事先既不征询，事后亦不送阅，大有李铁牛背人吃肉之风”。又提及一些人拿了他的诗，自以为与著者相识，仿作如诗，投寄报刊，因云：“弟向谓自传不可信，回忆录亦不可信，今切身经受，愈觉吾言非要，身外是非谁管得，隔洋听唱×××耳。”

读者可以看出，我所介绍的钱先生的这几封信，真可谓堪与顾炎武《日知录》、钱大昕《十驾斋养新录》比美，又能与《世说新语》、《东坡志林》同调，实乃当世之奇文。

缅怀钱锺书先生*

钱锺书先生逝世已一个多月。以他这样一位大学者、大名人，其丧事之简，是近数十年来所未有的。他生前的遗言是："遗体只要两三个亲友送送，不举行任何仪式，恳辞花篮花圈，不留骨灰。"这倒不仅仅是一种"彻底唯物主义者"的表现，而是体现钱先生独到的人品和识见，他把世事看得极为透彻，而又把学问看得极为纯真，他把自己的一生与学术奉献联在一起，因此可以作如此超脱之语。正如新华社所发的电讯所说的那样："六十年来，钱先生致力于人文社会科学研究，淡泊名利，甘愿寂寞，辛勤研究，著作等身，饮誉海内外，为国家民族作出了卓越的贡献，培养了几代学人，是中国的宝贵财富。"

正因如此，更增加人们对他的怀念。这是人的一种自然真情。而怀念钱先生，最好的是读他的书。钱先生是去年 12 月 19 日病逝的，12 月 20 日刚好是星期天，我上午在家，接到中国社科院文学所邓绍基老友的电话，告诉我这

* 原载于《文化昆仑》，人民文学出版社编辑出版，1999。

一消息。我放下电话，不知做什么好，很自然地从书架上取下《宋诗选注》、《管锥编》、《谈艺录》来看。这时看钱先生这几本书，就跟过去不一样，书中的一字一句，都与自己的感情连在一起，平时理会不到的，这时好像一下子悟了过来。

第二天，也就是 12 月 21 日，上海《文学报》记者徐春萍同志给我打来长途电话，说他们为纪念钱锺书先生，想采访几位学人，在《文学报》上刊登。当时我就谈了一些意见，后来《文学报》于 12 月 24 日用整整一个版刊出采访谈话录，除我外，还有上海的王元化、柯灵、罗洪诸位先生。其中我的一段话是："中国的古典文学研究需要提高。提高的一条重要途径，就是要向前辈学者学习。钱先生在治学上对我们后辈的启示，就是树立了一个高标准，使我们懂得这才是真正的做学问，这样的治学，才真正的有意义，使一切有志者不致浅尝辄止，而奋进不已。《管锥编》、《谈艺录》、《宋诗选注》称得上是壁立千仞的著作。"

钱锺书先生的治学范围是相当广的。过去一般人认为他是专治宋诗，后来《管锥编》一出来，人们就看到书中专章论及《周易》、《诗经》、《左传》、《史记》以及汉魏晋南北朝文和诗，一直到唐代的传奇小说《太平广记》。钱先生于 1978 年 1 月在《管锥编》自序补记中还说到，尚有论《全唐文》等五种待继续整理。大家知道，撰于 40 年代的《谈艺录》，重点探讨宋诗和清诗，而《七缀集》的几篇论文，又论及"通感"的文艺思想，以及中国诗与中国画的关系。可以毫不夸张地说，无论国外或国内，要研究中国古典文学，要在现有的基点再往前延伸，就必须明白钱锺书的著作已经谈到了什么，而要研讨当代的中国古典文学现状和发展线索，则"钱锺书"是一个必须研究的学术课题，这个课题将能养成一代新的学风：一种严肃的、境界高尚的治学胸怀，融合中西文化、广博与精深相结合的治学手段，不拘一格、纵逸自如的治学气派。

钱锺书先生学风上的一大特点，是对晚辈的赞赏和扶掖，这在我们 50 年代成长起来的人来说，无论是在社科院文学所以内或以外的，都有同感。我于 1955 年自北大中文系毕业，即在北京工作，久闻钱先生大名，但一直不敢与钱先生接触。“文革”结束不久，钱先生把《管锥编》交给中华书局出版，并约请周振甫先生做责任编辑，我才逐渐与钱先生有所联系，时常通信。但可惜我那时并不留意，钱先生好些信我已散失，现在保存下来的不过十来封。但从这些信件中，确实可见出一代宗师对后辈学人的关注之情。

“文革”后我的第一部学术专著是《唐代诗人丛考》，撰成于 1978 年 11 月，于同年 12 月交付中华书局发排。其中有一篇《崔颢考》，讲到崔颢有一篇《王家少妇》(又题作《古意》)，全诗为：“十五嫁王昌，盈盈入画堂。自矜年最少，复倚婿为郎。舞爱前谿缘，歌怜子夜长。闲来斗百草，度日不成妆。”这是盛唐时的一首名作。据唐李肇《国史补》所记，崔颢时有美名，当时号称李北海的李邕想见见他，开馆待之。但崔颢一见李邕，即献出这首“十五嫁王昌”诗。李邕大怒，斥之为“小子无礼”，不予接待。此事成为一段有名的逸闻，宋元时期的《唐诗记事》、《唐才子传》都有记载。我对李邕这一举动颇有疑问，就写信给钱先生求教，他很快回信，开头很客气，谓：“惠书奉悉。尊考王昌事至精且确，自惭谫陋，无以相益。”接着是一大段：

观六朝、初唐人句，王昌本事虽不得而知，而词意似为众女所喜之“爱饽饽儿”，不惜与之“隔墙儿唱和到天明”或“钻穴隙相窥”者；然皆“隔花阴人远天涯近”，只是意中人、望中人，而非身边人、枕边人也。崔诗云“十五嫁王昌”，一破旧说，不复结邻，而为结婚，得未曾有。李邕“轻薄”之诃，诚为费解，然胡应麟谓“岂六朝制作全未过目”，亦不中肯；盖前人只言“恨不嫁”、“忆东家”，并未有“嫁”而“入堂”之说。李邕或是怪其增饰古典，夸夫婿“禁脔”独得（如《儿女英雄传》所说：“难得三千选佛，输他玉貌郎君；况又二十成名，是妾金闺夫婿”），语近佻仗耶？

我的《崔颢考》中有关王昌一段本是极平凡的几百字，却引来了钱先生极精彩的考析，真是意外之获。由此亦可见，钱先生在探索某一创作意向时，他往往能会通各种文学体裁，启人心智，又涉笔成趣。如论陶渊明《闲情赋》的“瞬美目以流眄，含言笑而不分”二句，除了引诗文作例证外，还引了《聊斋志异》的《青梅》，《绿野仙踪》第六十回写齐蕙娘，《儿女英雄传》的第三十八回。这样的情况在《管锥编》中到处可见。有些人的诗文、笔记，特别是明清人的一些作品，似乎除了钱先生引述过以外，再也没有人曾经提起过。经钱先生引述，并放在文学比较的大环境中，使这些本来似无甚意义的作品获得新的价值，也使读者在认识和鉴赏中获得极大的满足。

我对钱先生确是心仪已久的，但过去长时间总是不敢去拜见他。我上面的一封信是 1979 年 6 月写的，但虽然写了信，并未到他家去过。直到《唐代诗人丛考》于 1980 年春出版，才偕同中国社科院文学所的沈玉成同窗学友到钱先生家去，把书送他。钱先生过后则又给我一信，说：“前蒙偕玉成兄枉过，神交二十余年，终获快晤，亦老来一幸事也。顷奉赐《唐代诗人丛考》，急稍披寻，其精审密察，功力更胜于《江西诗派》之仅以渊博出人头地者。君于兹事，殆冠时独步矣。”

信中说“神交二十余年”，当是指我于1959年～1961年编撰、1963年出版的《杨万里范成大资料汇编》，以及同时编撰而于1978年才印出的《黄庭坚与江西诗派资料汇编》。这当给钱先生印象很深，信中所说的《江西诗派》，即指此而言。那时我因1957年的问题，不能写文章，只得编资料，其时还不到30岁。钱先生当是知道我的这些情况，“神交”云云，可见他对晚辈的理解和奖掖。

钱先生对我的这两本资料书是很看重的。有一次在他家里，他就说：你的这本《江西诗派研究资料》，我一直放在身边书架上的；我的修订本《谈艺录》，说的都是古人，提到现代人的，只有两处，一处是吕思勉，一处就是你的这本书。当时我以为是钱先生随便说说罢了，也只是笑着点点头。后来我的一本《李德裕年谱》于1984年10月在齐鲁书社出版，因书名为钱先生题写，故出书后就给钱先生送去。钱先生回了信，赞誉此书“严密缜栗，搜幽洞隐”，同时又提到他曾在口头上说过的话：“拙著428页借大著增重，又416页称吕诚之丈遗著，道及时贤，惟此两处。”他又幽默地说这是他的“孤陋寡闻”。新版《谈艺录》的第428页确实引了我的《黄庭坚与江西诗派资料汇编》。钱先生在谈及此书时，把页码都标出来，这是他治学的一贯认真作风，从《管锥编》、《谈艺录》都可看出，每一处引文，都要注明版本、卷次、页数。这与时下有些名人所谓堂堂专著，材料大多从第二手间接转引，真是有天壤之别。

使我感动的还有，《管锥编》第一册出版于1979年8月，钱先生拿到书当在是年冬。钱先生随即送我一本，还在扉页上写下这样几句话：“璇琮先生精思劬学，能发千古之覆，吾之畏友。拙著聊资弹射而已。”当时接到这本书，看到这几句话，真是惶恐无已。这样一代大师，能对像我这样的后辈作如此揄扬的话(那时我只不过四十七岁)，可见钱先生卓然不拔而又宅心积厚的气度。

1982 年，在李一氓同志主持下，召开第二届全国古籍整理出版规划会议，钱先生应邀来参加了开幕式。不过他只来一次，散会时却给我一本书，原来是香港中文大学饶宗颐教授的词集《晞周集》，是饶先生送给钱先生的，上面写"默存词长哂正，饶宗颐呈赠"。而钱先生却转赠了我，在扉页上写了三行字："此选翁近刻，功力深稳，宜其雄长海外也。即以转贻璇琮我兄赏之。"这本自刻词集，我一直珍藏着，从中可以看出老一辈学者难得的交友雅致。

但钱先生对后辈的赞赏，绝不是一般的敷衍之辞，而实含有勉励督促之意。他给我的信，总是环绕学术的。我这里再举一例。80 年代中期，北京大学古文献研究所计划编纂《全宋诗》，我应邀参与其事，当时大家讨论，以为此书主编非钱锺书先生莫属。于是由我和北大古文献所所长孙钦善同志到钱先生家去，力请他主持这一大工程。钱先生说得很委婉，但很坚定，说他只能自己写书，绝不出门当主编，更不能挂虚名。当时我们自然很失望，但我心里是真正佩服钱先生这一严谨学风和高洁人格的，这与时下有些所谓学界泰斗到处挂名当主编、顾问，比较起来，更体现出钱先生的直道纯志。

后来 90 年代初，《全宋诗》前五册出版了，不久我就收到钱先生一封信，可以说是给予了严厉的批评。当时钱先生身体已不大好，每天服中药，他说因此而吃不下饭，睡不好觉，信中说"老病废学"。但他还是翻阅了前两册，举了好几个不该有的错失。为不使引文过长，便于读者阅读，我就把钱先生信中的文言衍译成白话，择要举几点：

钱先生指出，有些唐宋人的名句，完全可从全集征引，但现在却误读笔记，过信类书，弄错了作者，如书中卷三范质"大暑去酷吏"二句，实为晚唐诗人杜牧《早秋》五律中的一联。有些辑集的诗句，未去查最早的出处，如卷三杨朴的《村居感兴》，书中引的是《后村题跋》，而实际上后村（刘克庄）明言是“放翁跋”，即本之于陆游《渭南文集》卷二九《跋杨处士村居感兴》，另外《老学庵笔记》卷十也记有此事，但有异文。有些看似辑补断句，但实际已见于同一作者全诗，如卷四二田锡“秋色……”，说是辑自南宋末周密的《浩然斋雅谈》，实则已见于《全宋诗》同一书中田锡的《桐江咏》，只不过有一字不同。又，补入一人的断句，实已见于另一人集中全篇，如补丁谓的“子美集开诗世界”一句，说是据类书《海录碎事》，实则已见于北宋王禹偁《日长简钟咸》中，是为世所传诵的王氏名句。

从以上的几个例子，读者可以具体感受到这位大学者对编书做学问是何等的一丝不苟、从严求实。如果说这是苛求，那么也是一种对学术极端负责的态度。他不挂虚名当主编，但见到书中有问题，还是不回避，如实提出。而且从这里还更可以见出钱先生的博识专精：他所举的这几个例子，并不是专门翻书得来的，而完全凭他的记忆，这在当代学者可说是凤毛麟角了。而在信的最后，他仍以其特有的幽默和雅兴写道：“自恨昏眼戒读书，寒舍又无书可检，故未能始终厥役，为兄作校对员耳。不足为外人道也。”

最后我还想提一下，有一次，我读《管锥编》，发现引文上的一些问题，就不自量力地写信给钱先生，却引来钱先生实实在在的自我批评，除了我所举出的以外，他还举了其他类似例子，如说：“即就《太平广记》卷论之，如 660 页误以《瀛奎律髓》卷四七作《朱子语类》卷一四〇；744 页《唐语林》补遗作‘王缙’。”

除了承认别人对他提出的几点以外，还再举出对方未曾注意但确也是错误之处，而引为自戒，这种风度真能使人廉立，针砭士风。

独立不阿的人品　沉潜考索的学风*

——纪念邓广铭先生

我于60年代前期曾见过邓广铭先生。那时我在中华书局编辑部，本在文学编辑室，后因中华书局拟加快“二十四史”的整理出版，1963年下半年，当时总编辑金灿然同志对编辑部人员作了部分调整，把我调到古代史编辑室，担任《宋史》的点校和编辑工作。因为工作需要，我就有时到北大向邓先生请教。但不久就搞起政治运动，1965年秋，我随大流到河南安阳农村搞“四清”，接着1966年“文革”风暴起，一切正常的文化事业也就停止。但想不到1967～1968年间，忽然说要恢复“二十四史”整理，于是除了中华书局编辑部本身外，还请来了几所大学的专家学者，那时邓广铭先生也被邀请作《宋史》的点校。这几位学者(还有如高亨、唐长孺、王仲荦等)都住在中华书局旧址翠微路二号的西北楼宿舍。邓先生刚来，我到他房间去看他，他还兴致很高。食堂离住处还有一段路，他也每天三餐自己拿着碗

* 原载于《仰止集——纪念邓广铭先生》，石家庄，河北教育出版社，1999。

到食堂，与我们一起排队，领取饭菜。这段时间虽然不长(大约一年左右，后因1969年去“五七”干校，工作中止)，但处在那一时期总的动乱中，总算也是乱中偷闲，忙中作乐，我时常向邓先生讨教点校中的一些问题，过得相当愉快。

邓先生的几部著作，我是很早读过的。我于1955年毕业于北大中文系，留校作浦江清先生助教。浦先生那时教宋元明清文学史，我一边担任教学辅导，一边研读宋代的几个大家文集。1958年夏我调到中华书局，在当时的政治环境中，我不便于写文章，就重点搞资料工作，于1959年至1962年，先后编成《黄庭坚与江西诗派资料汇编》和《杨万里范成大资料汇编》两书，并作范成大佚文的辑集。在此期间，我就抽时间读邓先生《〈宋史·职官志〉考正》、《稼轩词编年笺注》、《辛稼轩年谱》，以及他所作的王安石、岳飞、陈亮等人传记，邓先生在文献资料上所下的工夫，其搜集之广博，考析之深刻，对我启示极大。那时我还不到30岁，但我觉得我此后的治学道路，邓先生著作的影响是不可没的。

后来我读到陈寅恪先生的几篇文章。陈寅恪先生一生也多坎坷曲折，但他始终坚持以学术自守，“默念平生固未尝侮食自矜，曲学阿世，似可告慰于友朋”(《赠蒋秉南序》，载《寒柳堂集》)。他非常看不惯作学问的一种只求声誉、到处挂名的“夸诞之人”，他讽刺这种学风为“声誉既易致，而利禄亦随之”(《陈垣元西域人华化考序》，载《金明馆丛稿初编》)。因此他在抗战时期为邓广铭先生的《〈宋史·职官志〉考正》作序，极力赞扬邓先生摈弃世务，“庶几得专一于校史之工事”，并且极为郑重地说：“不屑同于假手功名之士，而能自致于不朽之域。”(载《金明馆丛稿二编》)

正因为读了陈寅恪先生的文章，更加深了我对邓先生人品、学品的认识。前一时期读了邓先生的《治史丛稿》(北京大学出版社，1997年6月)，邓先生在自序中曾引用清人章学诚对马端临《文献通考》的评论，并说“章学诚所最反对的，则是一个撰述者在其撰述的成品当中，既不能抒一独得之见，又不敢标一法外之意，而奄然媚世为乡愿”。邓先生用极重的笔调写道：“我以为，对于今天从事研究文史学科的人来说，也应当把这些话作为写作规范”；并且再次强调：“至于‘奄然媚世为乡愿’的那种作风，更是我所深恶痛绝”。我觉得，这几句话，确实体现了邓广铭先生一生的学术追求和令人钦敬的学术风范。邓先生那种独立不阿的人品和沉潜考索的学风，是很值得当今学界研思的。

由此我想起了两件具体的事。这两件事都与书有关。

1986年，北大中文系古文献研究所得到高校古委会的经费资助，开始编纂《全宋诗》。我当时被邀为主编之一，经常参与编纂工作。邓广铭先生则受聘为全书的学术顾问。1989年，前五册编成，编委会就请邓先生题写几句话，下面即是邓先生那年2月7日的一段题词：

> 这部《全宋诗》，搜采广博，涵容繁富，名家巨制，散篇佚作，全部荟萃于斯。而考订之精审，比勘之是当，亦远非《全唐诗》所可比拟。不惟两宋诗坛之各流派各家数均可借此而探索其源流，而三百馀年之社会风貌，学士文人之思想感情，亦均借此而得所反映。因此，这部书不仅是攻治宋诗以及宋代文学史者之所必须披读，亦为攻治宋史者所必须备置案头的参考读物。

《全宋诗》前五册出版后，北大古文献研究所于1991年12月28日召开一次座谈会，邀请在京一些学者对此书作一些评论。许多先生是肯定这一成果的，当然也提了一些意见。在我印象中，邓先生的意见提得最实在，最见功力。如邓先生提到，此书第三册第1835页所收李宸妃《卜钗》，出于清人所编《历代名媛杂咏》，应是清人之作，非宋李宸妃诗。按这确是我们编纂中的疏失，但一般人如不细心察看，是查不出来的，由此可证邓先生在《治史丛稿》自序中所提到的章学诚《文史通义》的两句话："高明者多独断之学，沉潜者尚考索之功，天下之学术不能不具此二途。"邓先生确实兼具独断之学与考索之功。

邓先生对《全宋诗》中范仲淹诗的整理颇致不满，他认为小传中将范的仕宦经历不分先后堆在一起，看不出升迁贬谪。又说小传的版本说明中提及以宋本《范文正公集》作参校本，但整理者是否真正看过这宋本，值得怀疑，如宋本末首是《落星寺》，但现在这《落星寺》诗却据方志补入(按整理者系据宋王象之《舆地纪胜》)。邓先生又提到北宋夏竦的两首诗，一是《奉和御制读隋书》，诗中有夏竦自注，几次提到杨玄感，四库本因避康熙名讳，改作杨感，现在整理本未予补正；二是《奉和御制读五代汉史》，注中有"杜重威引契丹，临城谕之"，应作"杜重威引契丹主临城谕之"，当据《五代史》补"主"字。

邓先生的这些意见，使我想起钱锺书先生。在《全宋诗》编纂工作刚开始，我曾与北大古文献研究所所长孙钦善同志去钱锺书先生家，敦请他出任主编，钱先生谦和地谢绝了，但表示支持这项规模较大的文化工程。前五册出版后，钱先生给我一信，具体开列书中的问题(此事我已写有一文，题《记钱锺书先生的几封书信》，刊于《人民政协报》1997年12月29日，又转载于《新华文摘》1998年第5期)。这些，都可见出我们这一时代真正有学问的前辈，一方面对有意义的事业出于真心的支持，同时又对学术负责，不惮烦地自己动手翻检书籍，提出严格的要求。(按，北京大学出版社于1995年《全宋诗》第二次印刷时，已根据邓先生的意见作了相应的改正。）

另一本书是司马光的《涑水记闻》。此书是邓广铭先生与张希清同志合作整理，于1989年9月在中华书局出版，列入“唐宋史料笔记丛刊”。大约在90年代初，有一年北京市要评选优秀图书奖，北大拟申报这部书，但需有校外一人写推荐意见。当时邓先生提出：这份意见请傅璇琮同志写。我当时听了确受宠若惊，因我自知我的学力实为不配。但既受此嘱咐，我就仔细阅看了全书。这部书我过去在搜辑宋人诗文时曾看过，但看的是丛书本（大约是《学津讨原》或《学海类编》本）。现在的新整理本，邓先生特地在书前写了一篇《略论有关〈涑水记闻〉的几个问题》长文，把《涑水记闻》当初的撰写，及后来的收藏、流传、印刻作了系统考述，并联系南宋初期的政治情况，及与南宋时几部史书（如江少虞《宋朝事实类苑》、李焘《续资治通鉴长编》）相比较，具体论述这部司马光生前尚未定稿的书所具有的特殊史料价值。我觉得，邓先生这篇文章，作为此书的前言，不单可为宋人史料笔记的整理，也可为古籍整理研究，提供一个既是高水平又具有实际操作性的范本。

《涑水记闻》的校勘确实花了不少工夫，用以参校的书，除了现存的几种主要抄本、刻本及《续资治通鉴长编》、《五朝名臣言行录》、《三朝名臣言行录》外，据我初步统计，仅第一卷，就用了下列十种书：《锦绣万花谷》、《宋朝事实类苑》、《类说》、《宋会要辑稿》、《宋史》、《古今事文类聚》、《太平治迹统类》、《三朝圣政录》，以及《说郛》中所收书。其他卷中还有《古今合璧事类备要》、《赵清献公文集》及《永乐大典》那样的大书。

尤其值得提出的是，邓先生对张希清同志于此书所付出的劳力，所作出的贡献，一再提及。在点校说明中，他明确地说，这部《涑水纪闻》的校勘工作是张希清同志做的，说“他在接手之后，首先把《纪闻》的各种抄本和刻本都进行了一番对比”。又说，尤袤《遂初堂书目》著录有《温公琐语》一书，为宋代其他书目所不载，现在尚有明人的一个抄本，这次即以此为底本，并与《三朝名臣言行录》及《说郛》所引录的加以对勘，附于整理本《纪闻》之后，“这项辑校工作也是由张希清同志作的”。又说，《涑水纪闻》、《温公日记》和《温公琐语》三书，原来全无标目，而《宋朝事实类苑》从《涑水纪闻》引录近二百条，则加了标题，现在整理时，即参照此例，将这三本全部拟制标题，并依先后次第编为序列号码，这也“一律由张希清同志”作的。最后还说，由张希清同志编制全书《人名索引》，“以求对参考此书的人提供一些方便”。我们知道，张希清同志原是邓先生指导的研究生，一直在北大历史系任教，他们的师生情谊是很深的，而邓先生在与张希清同志合作搞这一项目时，一是共同署名，二是邓先生具体叙明张希清同志所做的工作，绝不掩人之功，掠人之美。这与时下有些名人动辄以主编自居，自己并不动手，却不提他人，名利全归己，比较起来，邓先生这样做，真可谓有针砭之力。

最后我还想提一下的是，1991 年，匡亚明先生接受国务院任命为第三届古籍整理出版规划小组组长，并于 1992 年 5 月在北京香山召开全国古籍整理出版规划会议。邓广铭先生以古籍小组顾问参加了这次全国性会议，并作了重点发言。今据这次规划会议的《辑要》(1992 年 9 月编印)，录邓先生的发言如下，于此可以见出邓先生对我们传统文化研究所作的理论阐述与宏观审视，借以作为本文的结语：

我们是在建设具有中国特色的社会主义文化，大量吸收外来文化必须与中国传统文化相结合，唐代玄奘的唯识宗之所以后继无人，就是因为没有与传统文化相结合，失去了生根开花的基础。毛主席就是把马列主义与中国革命实际、与传统文化相结合的典范。我们中华民族的文化在世界处于领先地位，英国李约瑟博士的《中国科技史》对中国文化作了很高的评价，我们有责任把传统文化研究好，与社会主义建设相结合，决不可妄自菲薄，我们的工作是社会主义建设所需要的，前途是光明的。

纪念匡亚明先生，做好古籍整理工作*

匡亚明先生因病于 1996 年 12 月 16 日离开了我们，作为在他直接领导下的国家古籍整理出版规划小组的工作人员，我们的心情十分悲痛。

匡亚明先生是我党 1926 年入党的老党员。在长达七十余年的革命生涯中，他长期从事党的宣传、理论和教育工作，在马克思主义理论研究、中国传统思想文化研究、高等教育理论研究与实践方面，都有卓越建树。在他的文化思想中，数十年来始终有一个基本的观点，那就是，中国革命的胜利是马克思主义的基本原理同中国的具体实际相结合的结果。而所谓中国的具体实际，则应该包括两个方面，一个是当前的革命和建设实际，一个是中国三千年或者五千年的实际，也就是传统文化的实际。我们的社会主义现代化建设事业是在传统文化的土壤上进行的，不能脱离这个土壤，也就不能无视传统文化的实际。基于这样的认识，匡亚明先生对传统文化的作用一直很重视，不论是

---

* 原载于《古籍整理出版情况简报》1997 年第 1 期。

在戎马倥偬的战争年代，还是在“文化大革命”的非常时期，他都没有停止过对传统文化的研究，也没有停止过对如何对待传统文化这一问题的思索。尤其是改革开放以来，在建设有中国特色社会主义现代化的今天，他对传统文化的思索更加深入，也更加成熟。他指出，“现在我们国家正处在一个新的继往开来迈向四化的关键时刻。继往就是继民族优秀传统之往，开来就是开社会主义现代化建设之来。对中国传统思想文化从广度和深度上进行系统研究，实现去粗取精的要求，正是继往开来必须完成的紧迫任务”(《〈中国思想家评传丛书〉序》)。这一思想贯穿了他的一生，也成为他主持国家古籍整理出版规划小组工作以来，用以开展工作的指导思想。

匡亚明先生是1991年6月由国务院任命为国务院古籍整理出版规划小组组长的。1992年5月，在匡亚明先生主持下，召开了第三次全国古籍整理出版规划会议。在这次会议上，匡亚明同志明确提出了古籍整理与研究的方针，他认为“继承和弘扬中国优秀的传统文化是一个系统工程，表现在三个不同层次的成果上，第一是古籍的整理出版，没有这一成果，就谈不上继承与弘扬；第二个是学术研究，从研究中得出理论性、条理性的研究成果；第三个是实践的成果。因为学术研究的成果最终还是要为人民服务，为社会服务”(《以“三心”创“三成果”》)。后来匡亚明先生在《传统文化与现代化》发刊词中，再一次强调：“中国优秀传统思想文化的继承和弘扬，主要靠三个层面的系统工作来实现，即一是古籍(包括出土文物)的整理出版，二是对古籍(包括出土文物)的系统研究，三是把研究的精确成果和社会主义现代化建设实践相结合，使之在实践中得到验证。”其实早在1982年10月，在《关于研究孔子问题》一文中就已指出：“在我国，建设社会主义精神文明，必须继承中国历史上思想文化的精华。”(见《求索集》页

73)匡亚明先生在这里提出的三个层面的工作，是对古籍整理、研究最全面的理解和概括，也是对“古为今用”方针的科学和具体的阐述。这里指出，古籍整理不能只限于对古书的断句标点，而应该与整个传统文化研究结合起来；另一方面，古为今用不应该牵强附会，作简单的类比，而应该以对古籍的深层研究为依据，批判地总结历史的经验和教训。这就使得中国优秀传统思想文化的继承与弘扬，既有科学的基础，又有明确的方向。

五年以来，小组办公室的工作就是在匡亚明先生直接而具体的领导下，遵循他的这一方针展开的。除了制订中国古籍整理出版十年规划和“八五”计划外，我们组织全国十余家大型图书馆和一些研究机构，编纂《中国古籍总目提要》，现在编纂工作已全面铺开，待工作完成后，全国现存古籍的品种、数量、内容、分布等情况将会以一个比较清晰的面貌展现在我们面前。我们又创办了《中国古籍研究》年刊，每期六七十万字，主要从文献整理、资料考辨的实证角度，建立一座储存史料与考证结论的信息库。匡亚明先生同时十分重视古籍的出版工作，在他的倡议下，古籍小组于1993年春召开十余家古籍出版社负责人会议。数年来古籍小组每年拨出专款资助有价值的古籍整理项目的出版。这些可以看作属于“三成果”中第一个层次的工作。在全国专业古籍出版社和其他出版社协助下，我们评选、资助出版了《中国传统文化研究丛书》，每年一辑，每辑十种，现已评出三辑，凡三十种。所收均为以古籍(包括出土文物)为依托对传统文化各个专题进行的有理论、有系统的研究专著。这是属于第二个层次的工作。1993年春天创办的综合性学术文化双月刊《传统文化与现代化》，其稿约首条开宗明义地写道：“其宗旨是立足于古籍研究，在马克思主义指导下，坚持批判继承、古为今用的方针，弘扬中华民族优秀的传统文化，为建设有中国特色社会主义的物质文明、精神文明服务。”也就是说，我们的主观意图，是使传统文化研究的精确成果和社会主义现代化建设的实践相结合，让古老的传统文化不仅仅是书架上的陈列品，而且成为今天我们的生活中生机焕发的活生生的精神财富。这是我们在第三层次上所作的努力。

可以这么说，不仅小组办公室几年以来的工作框架体现着匡亚明先生的思想，而且，其中的每一件具体成果无不凝聚着他的关怀与指导。1992年在制订中国古籍整理出版十年规划和“八五”计划时，针对初步拟定的各学科选题书目重点不突出、系统性不强，体现不出新的十年时期对古籍整理出版的更高要求，因而也不可能很好反映规划的意义的情况，匡亚明先生及时提出新规划要努力做到具有学术性、计划性和指导性的总原则，并亲自主持草拟了规划的第一部分，即新中国成立以来古籍整理出版的成就和制订本规划应说明的若干问题。从理论和实践的结合上对新中国成立以来的古籍整理出版工作作了系统而科学的阐述，并进一步指出在新的历史时期古籍整理出版的发展方向和前景。由于提高了对古籍整理工作的理论认识，在项目的进一步修订中思想就明确得多，譬如原来出土文献是属于历史和语言文字类的，鉴于近些年来考古发现的巨大进展，及其对某些学科研究的重要作用，特地将之单立一类，以与文史哲等并列。古籍中蕴藏着相当丰富的科学技术史料，涉及农学、医学、数学、天文学、物理学、化学和工程技术学等自然科学领域。过去在这方面的整理工作是较为薄弱的，这次将科技古籍列入规划，并在规划第一部分中明确写入：“古代中国富于发明和发现，以‘四大发明’为代表的中国古代科技成就是世界公认的。古籍中蕴藏着无数科学技术的史料……是一座有待开发的宝藏。在继续重视文、史、哲古籍的整理出版的情况下，对科技古籍与史料也必须予以充分重视和开发。”又在第二部分的“十年规划要点”中强调：“在今后十年内，要加强科技方面和少数民族古籍整理出版的规划工作。将众多科学技术史籍史料，加以整理或影印出版，对于今天的研究和建设会起到重要的作用。”将科技古籍列入规划，这是过去两届古籍整理出版规划所未曾有的，体现了新的特色和时代的要求。这是匡亚明先生所主张的“要从传统文化中找到至今仍然有生命力的东西，为社会主义精神文明和物质文明建设服务”在一个方面的具体落实，与匡亚明先生80年代中期起主编的《中国思想家评传丛书》中体现的重视古代科学家、重视古代科学文化成果的精神是一致的。1993年2月，匡亚明先生为新创刊的《传统文化与现代化》撰写发刊词。在发刊词中，他反复强调，小组创办的这个刊物，应该“作为理论联系实际的桥梁”，“将学术研究的积极成果引入生动丰富的社会主义建设，这将是一个更为艰巨复杂的工作”，“本刊有志于在这方面作出自己的贡献”。这之后，他多次对刊物的工作做出指示，其重心都落在怎样发挥传统文化在现代化建设中的作用上。1995年末，办公室同志去南京汇报工作，匡亚明先生再次明确指出，杂志一定要在“与”字上下工夫，要进行一些论证，要说明现代化里面到底有哪些内容与传统文化有关。要紧紧抓住两头，一头是传统文化，一头是现代化。关键是要为建设社会主义现代化服务。对于古籍总目及提要的编纂，匡亚明同志也一直十分重视。1992年，他在总目提要编纂办公室送审的《中国古籍总目提要编纂方案》上批示，“看了方案之后，心情很振奋，这项工作很重要，也很有基础，有希望。一定要将它做好”。他甚至连编纂中一些具体的细节问题都考虑到了。凡此种种，既有具体的指导意义，更有规范方向的作用，为我们五年以来全面、迅速、顺利地开展工作提供了保证，也必将继续指引我们做好今后的工作。

匡亚明先生长期从事党的文教领导工作，具有马克思主义理论家、教育家特有的高瞻远瞩的眼光与高屋建瓴的本领。他不仅对传统文化的作用有自己独到的看法，对如何研究传统文化有一套精辟的理论，并基于这些看法，运用这些理论指导了小组的各项工作，而且以国家古籍整理出版规划小组组长的身份，对国家古籍整理与传统文化研究事业有着长远的战略性的思考。1994 年 12 月 29 日，他在小组的工作报告上作如下指示："建议大家考虑下列两个问题：1.1981 年曾提出，古籍整理出版工作大概百年基本完成，即到 2080 年大体完成。完成标准是什么？如何分期实施？完成后要不要由国家建立一个较大较全的'中国古籍博物馆'(暂定)，供国内外人士参观、学习、研究之用？2.整理出版的目的是为了保存和研究。如何有计划有重点地开展研究工作？如何使优秀传统思想文化(包括伦理道德)通过不同渠道结合当前实际，使之成为有中国特色的社会主义组成部分(包括优良民风习俗)？可否请各同志相互想想谈谈，最后形成一个较完备的建议，谨供党中央和国务院领导参考，如何?"国家古籍整理出版规划小组学术委员会特地于 1995 年 1 月 27 日举行会议，讨论匡亚明先生的这两点建议。大家认为，匡亚明先生的建议极为重要，也非常及时。古籍整理工作是百年大计，应该认真抓下去，把它抓好。应该对古籍整理出版情况作一通盘考虑，在此基础上制订出今后基本完成的标准，并提出一个全面的远景规划方案。这一工作正由古籍小组邀集各学科专家分头进行，以符合 1995 年底在听取办公室同志的汇报时匡亚明先生所表达的期望："我们总要向后人交卷的，我们应该交出一份让后人比较满意的答卷。"

"供党中央和国务院参考"，"向后人交卷"，这就是匡亚明先生以八十六岁高龄毅然承担起国家古籍整理出版规划小组组长重任的动力所在，这两句话也将一个优秀共产党员、忠诚的共产主义战士对党对人民高度的责任感昭示无遗。五年的实践证明，匡亚明先生没有辜负党和国家对他的重托，鞠躬尽瘁，死而后已，为我们树立了光辉的榜样。我们一定要遵照他的遗愿，将小组的工作做好，为国家的古籍整理出版事业贡献出自己的力量，以此告慰匡亚明先生的在天之灵。

一件难忘的小事*

——缅怀夏承焘先生

词坛耆宿夏承焘先生于1986年6月去世，至今已二十周年，最近我见到商务印书馆重印的夏先生代表著作《唐宋词人年谱》，翻阅全书，更致深情，故特撰此小文，以志缅怀之情。

《唐宋词人年谱》初版于1956年冬，自晚唐韦庄起，至南宋吴梦窗，共撰年谱十种十二家。夏先生于1954年11月前作序，谓撰此十种年谱，前后共历三十年，可见当时学术前辈对学术事业的执着。后此书又由上海古籍出版社(当时名为中华书局上海编辑部)于1961年12月出版修订本，书末特增附学者投书讨论的材料，取名为《承教录》，作者自记云："此书问世一年，屡荷四方读者惠书督诲……皆未尝奉手请教，乃承费日为细校再过，各举谬误之处，盛意尤可感激。"又谓："他日续有承教，将依次登录，一字之赐，皆吾师也。"

* 原载于《学林漫录》第16辑，中华书局，2006。

我于1955年北京大学中文系毕业后，留校任助教，为浦江清先生讲课之中国文学史宋元明清段做协助工作，因此《唐宋词人年谱》于1956年冬印出后，我就下工夫读过。后自1958年夏起我在中华书局做编辑，于1962年间见到《唐宋词人年谱》修订本，读到夏先生的《承教录》前记，联系宋人叶梦得所云："古之君子不难予攻人之失，而难予正己之是非"，更感到夏先生做学问的君子之风。

后历经十余年，特别是"文革"十年，学术停滞，《唐宋词人年谱》则于1979年5月又出版新修订本。可能由于当时我工作较忙，未注意此修订本的出版，却于80年代前期，在一次中国韵文学会议期间，时任北京新闻学院教授的周笃文先生对我说："你与夏承焘先生是有交往吧?"我说没有，也从未见过面。他说不可能，说近两年出版的《唐宋词人年谱》，书后《承教录》，就挂有"傅璇琮先生"之名，列有几条材料，并说："夏先生于《承教录》中说到，都是著名老学者，当时我们看到后，还以为你也是六七十岁老人了。"他说了这几句，当时我和在场的几位友人都笑了起来。不过我还是说没有见到，也忘记有此事。

后我特地到中华书局图书馆借阅这次新修订本，果然见到《承教录》有我所提供的材料(《唐宋词人年谱》页527～529)，即李昭玘《乐静集》中代北宋词人贺铸(方回)所作书信三封，是书中《贺方回年谱》所未收的。夏承焘先生还特于此三条资料后写几句跋语，云："以上所引昭玘《乐静集》有关贺方回三文，皆北京中华书局傅璇琮先生见告者，应入《贺谱》元祐六年，以李清臣、范百禄、苏轼荐入文资条下，并增补后交游考。"按：李昭玘，《宋史》卷347有传，清《四库全书总目》卷155集部别集类著录其《乐静集》三十卷，《四库总目提要》称其"北宋之末，翘然为一作者"。李昭玘为北宋后期人，与贺(方回)同时且友好，其集中载有代贺所作三封信，是请人为其举荐者，对研究贺铸之行迹及心态颇有参考价值。

这使我想起当时的情况。我于 1958 年夏由商务印书馆转至中华书局，在文学编辑室。20 世纪 50 年代中期，唐代文学研究前辈陈友琴先生曾编有《白居易诗评述汇编》，在科学出版社出版，后他又有所增补，想出一新版，但当时科学出版社出于分工考虑，不再接受，于是陈先生于 1959 年与中华书局接洽。当时中华书局文学编辑室主任徐调孚先生既是老编辑专家(解放前就在上海开明书店工作)，又是学者(曾为王国维《人间词话》作注，又曾翻译过外国儿童文学作品)，他很有学术眼光，立刻对陈友琴先生这部书稿表示接受，并叫我做责任编辑；后孔凡礼、齐治平两位先生又合作编撰《陆游诗评述汇编》，也经陈友琴先生介绍，送到中华书局来，当时徐调孚先生也予以接受，也让我做责编。我在审读、加工过程中，就产生一种想法，即不限于一个作家，可有系统地辑集资料，以便于对古典文学作系统性、历史性的探索，因此提出一个方案，即由中华书局出面组织，搞一套《中国古典文学研究资料汇编》。领导当时即同意我的建议，于是把陈友琴、孔凡礼几部书定名为《中国古典文学研究资料汇编》之《白居易卷》、《陆游卷》，后来相继约编《陶渊明卷》、《柳宗元卷》、《红楼梦卷》等。我当时由于政治等原因，不能撰写文章发表，就利用业余时间编了两部书，即《黄庭坚和江西诗派卷》、《杨万里范成大卷》。李昭玘《乐静集》就是我在辑集黄庭坚与江西诗派资料时，较广泛地披览宋人文集所得的。当时在中华书局文学室工作的还有王仲闻老先生，他是王国维次子，20 世纪 60 年代前期集中为唐圭璋先生《唐宋词》做校订工作，他本人对唐宋词也深有研究。当时我与他在一个办公室，就时常交换意见，就把《乐静集》中为贺铸代作的三封书信告诉他，他说值得参考，叫我录出，事后就由他寄给夏承焘先生。不过他寄予夏先生，并未与我说过，我后来也想不起来，因此 80 年代前期周笃文先生向我谈及此事，我真是不清楚。

《唐宋词人年谱》之《承教录》，所辑确为老辈学者，如王欣来、周汝昌、胡道静、詹安泰，及日本学者清水茂等，而我写录《乐静集》几条材料，交给王仲闻先生时，还只是《黄庭坚和江西诗派卷》刚编就，即 1962、1963 年间，不过三十岁，且只是一个普通编辑，而夏承焘先生却在后来修订重印时，就将我所录与其他几位老先生的意见一起补入。我现在重阅《唐宋词人年谱》，回忆当时情景，真有恍如隔世之感。夏先生对后辈的谆谆善诱，又能采其片善，正体现了他虚怀若谷的风范，真使我永志于心。

夏承焘先生于 80 年代中期来北京住，我与他见过面，他也曾写给我几封信，待我以后检出时再作文志念。

想起一则“附记”*

——忆吕叔湘先生

前些天看《光明日报》5 月 22 日的《史学》副刊，在一个不起眼的地方，不意发现吕叔湘先生一篇文章，题目是《书柴德赓〈史籍举要〉》。吕先生是语言学家，却在历史学的副刊上发表有关史籍介绍的书评，不免引起我的兴趣，就不管这一版面上题目看来重要得多的另外几篇文章，专心读了这一豆腐干式的短文。

说是豆腐干式，确也不错，我曾大致数了一下，全文只不过 720 字光景，加上标题的位置，也不过 800 字多一些。写得极朴素。不过 700 字的文章，讲出了全书的主要优点，举出了读者看得明白也看了信服的例证，而行文又清晰、自然，真是一篇难得读到的书评。

吕叔湘先生可以称得上是国内外著名的语言学权威，他的几本论汉语语法的专著，我在大学时是作为教材研读的，工作以后因为忙，读他的专门论文少了，但仍不时读

---

* 原载于《濡沫集》，湖南人民出版社，1997。

到他在《读书》等刊物上发表的介绍英国文学的小品，感到非常有味道。却没有想到，他能放下大学者的架子，破门而出，写史学方面的小文章，而又写得那么普普通通，似乎很不起眼，却又是那么富有见地。

由此我想起了一件事。几年前，吕叔湘先生写了一篇文章，批评新整理出版的某些古籍中标点上的错误，题目叫《整理古籍的第一关》。这篇文章引起了古籍整理和出版工作者的广泛注意，反应很好。文中引了唐人李济翁《资暇集》中一句话："学识如何观点书。"吕先生把"点书"是作为句读或标点来理解的。河南师范大学中文系有一位中年教师吕友仁，是70年代末上海师范学院研究生毕业的，与我相熟，他写了一篇小文章给我，提出与吕先生意见不同的理解，认为李济翁的所谓点书，系指音训而言，其含义是在一个字的某个角上用红笔加个点，以表示该字的正确读音，这是一种标音手段，是当时的习惯做法，而与"句读"无关。

吕友仁同志的文章，意见新奇可喜，论证详细平实。他作为晚辈，不敢直接寄给吕先生，只叫我看看。我觉得文章写得很好，未征得他的同意，就告诉吕先生了。吕先生很快从我处要了去，过了不多久，复信告我，说他已将此文推荐给《中国语文》，并已直接与吕友仁同志联系。1989年第4期的《中国语文》刊登了吕友仁的文章，文后吕先生还特地写了一则"附记"，其中说："早些时在傅璇琮同志处看到这篇文稿，很高兴有人指出我引书不加审核，因而误解文义。当初我确是看见别人文章里引用《资暇集》和《日知录》，没有去核对原书就引用了。这种粗疏的学风应该得到纠正。"

读了这几句，我真是非常感动。吕友仁怎么能同吕叔湘这位大学者相比呢？但大学者却把这位晚辈的纠误之文主动推荐给语言学的专门刊物上登载，还特地检讨自己写文章时的疏忽，并把这一疏忽提到学风的高度。至此我才进一步体会到古人所说“学问乃天下之公器”这句话，也真正理解了“盛德”这一词的含义。

文德重扬　桃李滋荣*

——林庚师对后学关怀琐忆

我是1955年夏于北京大学中文系毕业的，毕业后留校任助教，但1958年2月即因事离校，先后在商务印书馆、中华书局工作。在北大中文系只两年半，且当时我是浦江清先生宋元明清文学史的助教，林庚先生那时是古代文学教研室主任，对我仍很关心。我记得1955年9月刚开学，林先生有一天特地在他家中(北大燕南园62号)安排一次晚宴，请教研室的教师如游国恩、吴组缃、浦江清等先生及前两年已留校任助教的陈贻焮、褚斌杰几位师兄参加，欢迎我进入古代文学教研室。这恐怕是北大中文系极少见的，我一直记在心中。我在1982年2月因另有事给林先生写信，信中谈及那时我听先生的课及在教研室工作的一些情况，林先生特地于2月27日回我一信，一开始就写道："收到22日手书，欣慰何似？特别是早年课堂上的追忆，更是恍如目前。"并又鼓励我："信中所提出的有关唐诗的那

* 原载于《化雨集》，北京大学诗歌中心编，2005。

些问题，都很有启发，若是大家能在这些方面多作些探讨，那可能会给唐诗研究带来新的局面。”

林先生对年轻人的科研工作十分关心、支持、鼓励。如我于1979年为中华书局筹划创办《学林漫录》，初集于1980年6月出版，出版后在学界反应不错。1980、1981年，两年内共出了4集，且封面分别请钱锺书、启功、顾廷龙、叶圣陶诸位前辈签署书名。林先生于1981年11月18日给我一信，信中特为提及一事：“前者小如先生曾推荐钟元凯同志《李贺诗歌的色彩美》一文于足下，已近一年，不知下落如何？该文于艺术分析上颇有见地。元凯同志研究生已经毕业，现留北大中文系任教，治学甚勤奋。该文如可用，望早日为之刊载，是所至盼！”钟元凯同志此文，我已安排，且已出校样，于是我接到林先生信后马上写信告知，林先生也于接到信后同一天(11月22日)写信给我：“21日手书慰悉为谢！该文校样请挂号即寄舍间由我转去更为稳妥，元凯同志宿舍即在我南墙数武，楼中却无收发处，平时信件都通过系里，不如我处直接了当也。阁下感冒如何？殊念。”由此可见，林先生不仅对元凯同志文章早日刊发甚为关切，且特为告知，校样寄至他家中，由他转交，可见师辈对弟子关怀之细心。钟元凯同志《李贺诗歌的色彩美》，即刊于《学林漫录》第5集(1982年4月)。

在此之前，我曾为中国社科院文学所古代组《唐诗选注》(北京出版社，1978年9月)写过一篇书评，刊于《文学评论丛刊》，我就将此文寄给林先生，林先生也即刻回信(1979年12月2日)，除了肯定这一书评外，还对当时北大唐诗中心寄以展望，谓：“文学评论丛刊收到，奉读大作，功力甚勤，至为欣佩！北大唐诗中心，因百废待举，课堂为先，一时无力集中，系中仍不忘此事，当待一二年内，教学上基本稳定，再正式展开。届时望共襄盛事，同骋齐足，乐何如之。”

另有一事，未见书信，但我想还值得一提。即陈贻焮先生于1981年上半年，写就《杜甫评传》上卷，不知为什么，一定要我为这部专著写一序。贻焮先生于1953年毕业，毕业后留校做林先生助教，1953～1954年间我与他一起听林先生讲授魏晋南北朝隋唐部分文学史的课，他当是我的师友。当时我不敢写，他就给我写了好几封信，后来我忽然接到林先生的电话，说贻焮同志与他讲了此事。林先生特别说："你应当写，好好看他的文稿，把写序当作一篇课堂上的作文来写。"这样我就只好执笔，这是我为学界友人著作写序的第一篇（《杜甫评传》上卷，上海古籍出版社1982年8月出版）。林先生所说的，为人作序，先要好好阅看书稿，同时将写序当作课堂上作文，这是我一直铭记在心的。

让我感到自慰的，我总算尽一点微力，为林先生做一件事。1962年，我已在中华书局文学编辑室工作。那一年是杜甫诞生（公元712年）1250周年，当时中国学术界特为此举办学术性纪念会。中华书局编辑部与我商议，后由我具体做，选辑清末至建国以后有关杜甫研究的论文，编辑、出版《杜甫研究论文集》（共三辑）。此项工作进行时，我向领导提议，为反映近几十年来我国古典文学研究的情况，保存历史资料并推动研究更为深入，最好能有计划地系统选录自清末即20世纪初以后至五六十年代报刊上的古典文学论文，按作家作品分别编集。当时领导，总编辑金灿然、文学编辑室主任徐调孚毅然同意，我就着手编与杜甫同时的另一大家李白研究论文集。这一《李白研究论文集》也于1962年6月编成，全书分上下两辑，上辑选清末至建国以前，以闻一多《英译李太白诗》为首，另有陈寅恪《李太白氏族之疑问》、孙楷第《唐宗室与李白》等，共十篇；下辑则为建国以后至1962年6月以前，共23篇，我则选林庚先生刊于《光明日报》1954年10月

17 日“文学遗产”第 25 期的《诗人李白》，列为首篇，同时并将陈贻焮《关于李白的讨论》即北京大学中文系古典文学教研室会议记录也选入，这次会议出席并发言的不仅是研究者如俞平伯、何其芳等，还有现代作家赵树理、冯至等，可以说是体现我国 50 年代中期的文学思想观念的，应当说是很好的文学史研究史料。当时选录这两篇文章，中华书局内部还是有不同意见的，但我作为一名普通编辑，倒敢于坚持己见。后这本论文集于 1964 年 4 月出版，而当时随着形势的变化，这套古典文学研究论文选集，未能继续进行。编这本论文集时，我只近三十岁，作为一名学子，总算为老师的学术成就更为学界熟知和研讨，尽一点微力。

90 年代时，我有时到北大开会，总是抽时间去拜访、问候林先生的。那时林先生已年高体弱，且耳朵不大能听得清声音，但兴趣仍很广。有一次对我讲，他喜欢看电视中足球比赛实况，我说您听觉不便，恐听不清电视中的赛场解说，林先生却说：我年轻时就喜欢踢足球，对足球赛很熟悉，看电视，只看比赛实况，双方踢得好不好，我全看得懂，何必再去听解说！我真笑了起来。此后我有时去北大，怕打扰林先生，不一定进他家去，但我到北大校园，总要抽时间，单独一个人，去燕南园，并在燕南园 62 号大门口，来回走几次，然后默默地离开。

《万历十五年》出版记事*

——兼忆与黄苗子、黄仁宇先生之文化交流

我于1958年3月由北大中文系调至商务印书馆，同年7月，因商务、中华的出版范围进行调整，我又由商务转至中华，至今已四十四年。在商务的几个月，我主要协助当时古籍编辑室主任吴泽炎先生，重新整理《越缦堂读书记》，后此书在商务出版，我已去中华，吴先生还是邀我为此写一“出版说明”。

刚到中华书局，先在古代史编辑室，还不过二十五六岁，对古籍编辑工作是很生疏的。但没有想到，当时的总经理兼总编辑金灿然同志却叫我写一出版说明，即明末李永茂的奏稿《邢襄题稿·枢垣初刻》，这可以说是我由大学教学转行为古籍编辑的第一项考试。不久，我又从古代史编辑室转至文学编辑室，室主任是徐调孚先生。徐先生，新中国建立前我在家乡宁波念初中时就闻其名的。那时徐先生在上海开明书店当编辑，他翻译的《木偶奇遇记》为当

* 原载于《出版史料》第1期，北京，开明出版社，2001。

时的青少年所爱读，他为王国维《人间词话》所作的校注又为古典文学研究者必读之书。在这样一位资深老编辑、学厚老专家的领导下，我那时虽然有政治压力，但工作起来还是很愉快的，也很努力。我曾策划过一套《古典文学研究资料汇编》，后来先后出版过《白居易卷》、《陆游卷》、《陶渊明卷》、《韩愈卷》、《柳宗元卷》、《杜甫卷》，以及我自己编纂的《杨万里范成大卷》、《黄庭坚和江西诗派卷》。徐调孚先生还叫我为古籍整理本《诗经通论》、《全唐诗》以及影印本《四库总目提要》写出版说明。那时我的工作是相当重的，但我觉得，这对我的业务进修有很大好处。我以后在学术上稍有成就，主要就在 1958 年到 1965 年期间打下基础的。

1978 年后，我的政治问题解决，领导对我更为重视。我于 1973 年 4 月自湖北咸宁"五七"干校回来后，即作"二十四史"之一《宋书》的责任编辑，与当时住在中华(王府井大街 36 号)的山东大学史学家王仲荦先生合作。自此，我就在古代史编辑室，1979 年与魏连科同志合作，共任古代史编辑室副主任，分管我们的是副总编赵守俨先生。我们三个人相处得很好，经常在一起商议工作，谈论学问。

我在中华虽然做过不少编辑工作，编过不少书，但回想起来，黄仁宇先生的《万历十五年》在中华的出版，由我经手，却是最值得回味的。最近翻检旧日书信，见到友人、著名书法家黄苗子先生一信，中说："璇琮同志：《万历十五年》听说出版了，我还没有看见，可否设法代买一本。黄仁宇先生也好久无来信了。有空来看您。"我手中拿着这一言简情深的短笺，一动也不动，坐了一二个小时，我好像又回到二十年前中华书局颇有特殊情景的生活。

黄仁宇先生于 2000 年 1 月 8 日去世。近二十年间，他写了不少有关中国和西方的历史著作，享誉中国的海峡两岸，及日、美与欧洲英、德、法等国。北京的三联书店已出版了好几种他的大部头专著。但他的为人所知，实事求是地说，是从《万历十五年》开始的。这本书的撰写，确实拓新了我们看待历史、观察社会的眼光。虽说该书早已在美国耶鲁大学出版社出了英文本，但寻芳追踪，在东亚和世界产生广泛的影响，还恰是从中华书局 1982 年 5 月所出的中文本开始的。中华书局这一本子，初版一次就印了 27500 册，很快就销售一空，特别在台湾省学界，反应很强烈，认为是难得的好书，接着日本、韩国就相继出了自己的译本。

这样一部书，材料扎实，视野开阔，眼光新颖，文词幽默，而且字数并不多，只不过十八万余字。当时中华书局从 1979 年 6 月接稿，然后审稿、改稿，到 1982 年 5 月才出版(著者拿到书已是那年下半年)，也就是花了整整三年时间。这在现在，实在是不可想象的，十八万余字的书稿恐怕不用半年就能出书。但那时就是这样一步步地走过来了。这一段出版过程，却值得今天来加以回顾、思考。

这部书稿，最初是由黄苗子先生与我联系的。20 世纪 70 年代后期，黄苗子先生仍住在南小街，当时中华书局在王府井灯市西口，相距不远，由于志趣相近，我们经常相聚，或通信笔谈。1979 年 5 月 23 日，黄先生给我一信，说："美国耶鲁大学中国历史教授黄仁宇先生，托我把他的著作《万历十五年》转交中华书局，希望在国内出版。"在此之前，金尧如同志仍在北京，他在商务印书馆任过职(后调往香港三联集团)，陈翰伯同志则在出版局当领导，黄苗子先生信中特别提到这两位同志对在国内出版此书的看法："第一次寄书稿来时，金尧如同志知道，表示只要可用，就尽快给他出版。这样做将对国外知识分子有好的影响，并说陈翰伯同志也同意他的主张。但书稿分三次寄来，稿到齐时，尧如同志已离开了。"

黄苗子先生是希望中华书局早日接受的，他在信中还说："现将全稿送上，请你局研究一下，如果很快就将结果通知我更好，因为他还想请廖沫沙同志写一序文（廖是他的好友），这些都要我给他去办。"《万历十五年》在中国出版，便是从黄苗子先生这封信开始的。在接到这封信后，他还几次给我打电话，询问书稿处理情况。他希望快一些把"结果"通知他，但在那一时期，实在快不了。

我当时在中华书局任古代史编辑室副主任，接到稿件后，倒是马上通读，并于6月16日写了一份审稿意见。意见一开头是作了肯定的：

> 万历十五年为公元1587年，约当明代中期偏后。这一年并无什么突出事件，稿中记这一年事情的也极少。稿中主要写了几个历史人物，即万历皇帝、张居正、申时行（此二人是宰相）、海瑞、戚继光、李贽。以这几个人为中心，叙述明朝中期的政治（如内阁组织、皇位继承、建皇陵、地方吏治）、经济（如漕运、赋税）、军事（如防倭寇……）、思想等情况，作者企图从这些方面说明中国封建社会的某些特点，正是这些特点导致明朝的灭亡，而这些封建社会的固有弊病也影响后代甚至现代。因此书名虽说是万历十五年，实际是论述明代中期的社会情况，着眼点是较广的。

我在这里之所以详细引录这段审稿文字，是向读者介绍当时我作为一个普通的编辑，有这样的认识，确还是不容易的，因为那时是1979年，即二十多年以前。在那一时期，这样写，说老实话，我还有一定顾虑，怕肯定得太过分，出政治问题（因那时出版国外新著似还没有，1978 年 11 月我在完成《唐代诗人丛考》后所写的前言中，虽引录了 19 世纪法国文艺理论家丹纳《艺术哲学》的一段话，作了肯定，但还要批评他不能从经济基础与上层建筑的关系，从阶级与阶级斗争的角度，来阐述文学艺术发展的历史，可见当时环境中的一种心态）。

正因如此，我在上述一段评语以后，对书稿又提出几点意见，一是“作者因为长期居住国外，受外国历史研究的影响，因此写作的布局与文字，和国内现在的写法很不一样”，“有些地方对外国人可能是必要的，但对中国人就显得累赘多余”；二是“据序言说，作者先是用英文写成，后来作者自己又译成中文，但看来作者现代汉语的修养不行”，有些地方“辞不达意”；三是“序言的后半部分涉及我国现在搞现代化建设的，不好”。这些意见，不是没有道理，但事后回想，还是有鸡蛋里挑骨头的意味。最后还是说：“鉴于作者系美籍学者，出不出此稿，可能有政治影响，因此要慎重考虑。”并提出建议，请别的同志“再审阅一遍，共同商量一下”。

这样，就由古代史编辑室另一副主任魏连科同志（当时该编辑室没有正主任）再审一次，他于 9 月 22 日写出审稿意见，邀我联名向上报告。我们倒是明确提出“原则上接受出版”的，当然认为在某些提法及文字上还须作编辑加工。当时中华书局的一位领导，批为“不宜接受”，“可与介绍人婉言退却”，他还在口头上对我说，我们何必要出国外人的书。幸亏其时副总编赵守俨先生明确表示同意出版，而且他还提出，稿中“涉及现实问题之处，似乎在提法上并没有什么大问题”，至于以后作文字上的加工，他还认为，“这种润饰，可限于非改不可的地方，不必改变原来写法和风格”。守俨先生治学以严谨见称，但又通达。他那时所作的批语，现在看来确实十分难得。人的见识，往往在关键之处表现出来。

赵守俨先生的意见是9月24日写的，距黄苗子先生对此书稿的推荐信函已有四个月，因此他特别提及："由于此稿经几个人看过，已耽搁了一定的时间，盼尽速阅示。"意思是要其他几位领导尽早翻阅，作出决定。

正因为有这样的表态，这部书稿终于通过了。今天的读者可以从中看到那时出版社对外籍华人作者的书稿，以及书稿中一些不同寻常的表述，是有种种顾虑的。而编辑也是过分地谨慎小心，出这样的一部书是多么的不易。

《万历十五年》是黄仁宇先生最初用英文写成，后由他自己译成中文的，正如黄先生在自序中所说："本书由英文译为中文，因为国内外情况的差别，加之所译又是自己的著作，所以这一翻译实际上是一种译写。笔者离祖国已逾三十年，很少阅读中文和使用中文写作的机会，而三十年来祖国的语言又有了不少的发展，隔膜更多。"原稿在遣词造句上有不少难懂之处，因此在征得黄苗子先生同意后，由我请北大求学时同窗好友沈玉成同志对全书作一次全面的文字加工。沈玉成同志也于1958年因"右派"政治问题调到中华书局，我们又成为难友，1969年又同至湖北咸宁"五七"干校，1974年他调到《文物》编辑部工作，"四人帮"粉碎后至中国社会科学院文学所从事古代文学研究。他头脑灵敏，文笔快，有文采，确是修改、润色书稿的合适人才。

1980年1月，玉成同志将第一章修改完毕，我复阅一过，就由我起草，以中华书局编辑部名义，给在美国的黄仁宇先生写一封信，并将修改稿寄他，信中说明改稿时的几条原则：

一、保护原作的论点和材料；

二、尽可能保持您原有的文字风格，即文言白话交融，具有某些幽默感的语言，同时又希望在一定程度上保持有译文的意味；

三、对某些语意不甚明了的，或并非必要的词句稍作删节；

四、个别段落稍作调整。

信的最后还特别提出："润色稿如您认为有不妥之处，请径加改正。"这样做，既坚持编辑工作的规范，又充分尊重原稿和作者写作的意向。中华书局自 50 年代起就接触过不少专家学者，"文革"前后，因整理、点校"二十四史"，编辑部人员经常与唐长孺、王仲荦、启功、张政烺、王钟翰等先生一起商讨书稿问题，已养成一种不卑不亢、切磋交流的风气。玉成同志在《万历十五年》的文字加工工作上花了不少力气，但当时我们在信中还是表示最后由作者来定稿。

黄仁宇先生对第一章的修改稿表示满意，由我起草的中华书局编辑部 1980 年 3 月 22 日信中即提到："3 月 8 日寄来尊著《万历十五年》原稿第一章，以及给编辑部与傅璇琮君的信函，均已收悉。沈君之润色稿(第一章)既蒙首肯，则当照此进行，今随函寄上第二章，亦请审正。"

这样，我们就把沈玉成同志修改后的稿件，逐章寄给黄仁宇先生，每一次寄时都由我拟写一封信，而这些信函都经当时副总编赵守俨先生阅改，可见当时的中华书局对此书稿很认真。我们充分尊重著者意见，同时也不回避我们的看法，如 1980 年 6 月 6 日一信中就提及："第七章中有一段对马克思的评论，我们认为以删去为宜，或作必要的修改，均请酌定。"

黄仁宇先生对编辑部的信也很认真、重视，每一次接到修改稿后都加回复，有时还谈得很具体，如 1980 年 3 月 8 日的信，还详细解释明代的"仗刑"与"笞刑"有什么区别，以及他原稿中的笔误；他还注意校样中英文字母的错植处，这封信中即提到该稿所列参考书目，其中 Ricciane，其第 4 个字母 c，校样中排成 e，可见其十分细心。他也尊重我们的意见，如上述提及的关于马克思评论一事，他在 1980 年 6 月 24 日的回信中就表示同意删去："第七章提及马克思也与论李贽关系至浅，遵命删去。"

当然，他有时候也认为修改稿的行文风格前后有所不同，并与其原稿有差异之处，提出一些看法，对此我们也作了解释，如 1980 年 4 月 22 日将第四章寄出时，附我起草的编辑部一信，其中说："沈君润色稿中某些笔误和材料上的异同，您可径加改正。他曾向黄苗子先生及编辑部表示，他本人并非专攻明史，所以仍以您的定稿为准。又，二、三两章及以后各章的润色稿，亦均出沈君之手。据我们看，行文风格与第一章似尚能一致，或许由于内容的需要以及希望尽可能保留您原作的风格，致使您有差异之感。您在下次来信时，请具体提出您的想法和要求，以便转致沈君再作润色。"

这里附带交代一下，当时我们收到黄仁宇先生的信，为便于沈玉成同志参考，就把信转玉成同志，但他并不全部返回给我们，可能积存于书堆中忘了，而他本人又于几年前去世，因此我们的文书档案中还缺少好几封黄先生的信，甚为遗憾。

这样，书稿来回修改、寄递，一直到 1981 年 6 月间才大致定稿，并发排，中华书局编辑部于 1981 年 6 月 7 日致黄仁宇先生一信，告知此事，并谓："因印刷厂排印日期限制，校样以后拟即请沈玉成先生(或转黄苗子先生)阅定，不再寄上(因邮件来往日期太长)。"但黄仁宇先生很认真，还是要看校样，直至 1982 年 3 月 5 日，他才把最后一部分校样阅毕寄还，并在信中表明："内注释及书目部分曾辗转查核，正文则只粗率看过，亦有以前执笔的地方稍改正三数处。"接着，1982 年 3 月 14 日又写一信，请改正数字。读者可以想见，这本不到二十万字的书，不论原稿、校样，经中、美两地的编者、作者反复阅看，差不多经历两年半的时间，可以说是慢工出细活，这在现在也是很难想象的了。

接下来就是出书，出书就涉及稿酬问题。黄仁宇先生于上述 1982 年 3 月 5 日信中即已表示："杀青之日，仍遵原议，著者不受金钱报酬。"但中华书局仍与黄苗子先生联系，托他征求著者关于稿酬支付的意见。黄苗子先生分别于 1982 年 4 月 20 日、5 月 21 日给中华书局编辑部两封信，5 月 21 日信中还附上黄仁宇先生同年 5 月 7 日的信，黄仁宇先生对沈玉成同志的修改稿是满意的，他在书前的序言中还特别提及："幸经中国社会科学院文学研究所沈玉成先生将中文稿仔细阅读一过，作了文字上的润色；又承中华书局编辑部傅璇琮先生关注，经常就各种技术问题与笔者书函磋商。所以，本书与读者见面时，文字方面已较原稿流畅远甚。"正因如此，他表示，他不收钱，只要书，希望中华书局多寄他一些，以便他分送海外学人，但同时又说，数量不必过多，怕"印数不敷分配"。他明确提出，将稿酬的三分之一交给沈玉成先生，还说，再有一部分给黄苗子、廖沫沙两位先生，作为联系此事的"车马费"。关于后一点，黄苗子先生两封信中都提出免收，他于 4 月 20 日信中说："关于廖沫沙同志的封面题字，你局当然照向例付酬，此外并无其他所谓'奔走'费用，黄先生不了解国内情况，已代解释。"实际上黄苗子先生为此书操心出力，已远超于一般的"奔走"。这是君子之情。附带说一下，黄仁宇先生本是请廖沫沙先生为此书写一序言的，但后来廖先生由于健康原因，未写序，只题了书名。

黄仁宇先生在祖国大陆有一位妹妹，在广西桂林橡胶设计院工作，黄苗子先生曾问及是否能够予一部分稿费，仁宇先生说可以考虑，但信中说："但如贵局愿付与少量报酬，笔者亦不阻挡，只是人民币三十元、五十元之间则已至矣尽矣，再多一分即与鄙意相违，亦陷笔者于不诚。”这样的数字，我们现在实难以想象。黄仁宇先生一再表示，他只要书，不要钱。两位黄先生作为文化人士，在那一时期这种不同寻常的心态，很值得回顾、研思。

这是1982年初版印出时的情况。上面说过，1982年初版印数为27500册，很快销售于海内外，此后即有日文、韩文、德文、法文等译本，这就牵涉到著作权的问题，需按有关规定办理，不能像1982年那样纯粹是君子一言而定。这就要签订各种出版合同。1981年我已任中华书局副总编，不在古代史编辑室，因此《万历十五年》正式发稿时就由北京大学中文系古典文献专业毕业后来到中华书局工作的王瑞来同志担任，以后涉及再版等合同事，则由此后任副总经理的邓经元同志及对外图书贸易部主任许宏同志办理的。当时中华书局对市场经济下的著作权问题，还不是很熟悉，这从1994年10月17日黄仁宇先生给我的信中可以看出。到这时，《万历十五年》除英文原版及中文版外，已有日、韩、德、法文版，但中华书局那时寄去的合同草稿，还写中华书局享有“全世界”版权，黄仁宇先生对此提出异议，表明他毕竟在国外，除华夏的君子情谊外，还是有清醒的市场意识的。关于此事，后就由邓经元同志起草一信，于1994年11月上旬致函黄先生，信中谓：“上次信中附上的由傅先生签字的合同，是我局通用的重印合同。当时未细加斟酌，诚如您来信指出的，其中确有不妥之处，如称有‘全世界’版权字样，等等，谨致歉意。现草拟另一份寄上，您可以修改补充，待双方同意后再签字。”邓经元同志处理很得体，事情也就圆满解决。

这一本不到二十万字的书，从编辑部审稿，修改，看校样，直至出书，竟花了三年有余的时间，这当然有当时的客观环境，但书籍总是一种文化产品，作为一种文化成果，当时中华书局编辑部与著者合作，还有黄苗子先生周旋，用三年时间出这一精品，从时间观念放开来看，还是值得的。出版社能如此投入，反复阅改，这恐怕在那时才能做得到。

于平实中创新*

——记台湾学者罗联添先生的治学成就

在台湾的古典文学研究领域中，罗联添先生是耕耘极为辛勤，因而收获也极为丰硕的一位学者。特别是在唐代文学研究方面，我以为罗先生是年资较深一辈学者的代表，他的治学思路的平实通达，他所追求的谨严的学风，都与大陆年龄相若的学人有极为相似之处，而同时罗先生又有着自己的特点。

我也是搞唐代文学研究的，与罗先生算是同行，而在一段时期内又着力于资料考证，因而对罗先生的不少考证文章感兴趣。但在80年代前期，限于条件，所看到的台湾书刊毕竟不多，对台湾学者作出的成绩只能有一鳞半爪的认识。近数年来，随着我国改革开放事业的前进，海峡两岸的学术文化交流也得到较大的发展，大陆的学者不但能及时看到台湾地区的不少学术专著，而且与台湾的学者通

* 原载于《唐代文学研究年鉴》1992，中国唐代文学学会编，桂林，广西师范大学出版社，1993。

过学术会议有共同切磋学问的机缘。因此，我现在算是有条件来介绍罗先生的治学经历和学术成就，我想，这对于海峡两岸的学术界促进了解和增进友谊都会是有益的。

罗先生生于1927年，福建永安人，1948年8月至1952年6月就读于台湾大学中国文学系，随后即在台大中文系执教，现为台大中文系与台大中国文学研究所教授。他曾任台湾学生书局刊行的《书目季刊》的主编(8卷4期至15卷4期，1975.9～1982.3)，又曾被推选为台湾的唐代研究学者联谊会会长，现在仍任台湾的唐代研究学会常务监事。从这一简略的经历介绍中，可以看出，他完全是一位所涉不出学界的读书人，他的志趣爱好，似乎完全在于学问的探讨上。

关于唐代文学，罗先生研究的重点在中唐，特别是韩愈与古文运动，更是其着力所在，这方面创获尤多。又由于古文运动，遂旁及中唐时的几个重要作家，如白居易、柳宗元、张籍、刘禹锡、李翱、独孤及等，他都有专文、专著问世。因古文运动而又涉及隋唐五代的文学理论，他遂又从材料的辑集与理论的阐发着手，对这一时期的文学思想作全面的考索。另外，又从文史结合的路子，对唐代科举制以及与中唐作家关系密切的牛李党争等若干问题，作了有意义的探索。另外，对唐宋时期若干著名笔记和诗文集，又作了校勘、整理和介绍，显示其古典文献学的扎实的功底。可以看出，罗先生在治学布局上，是很讲究点和面的结合的，是很讲究层次和条理的，是作了精心的、科学的构想的。

1958年，他发表了《柳子厚年谱》(《学术季刊》6卷4期)和《刘梦得年谱》(《文史哲学报》8期)两文，可以算是研治中唐时期作家的开端。

60年代，他全面铺开对中唐几位大家的研究，兼及文献整理，显示其文史结合，从史传入手研究作家事迹，进而研究其作品的治学道路。其中有：①对张籍生平的考察，如《张籍年谱》(《大陆杂志》25卷4～6期，1962.8～9)，《张籍之交游及其作品系年——张籍年谱附录之一、二、三》(《大陆杂志》26卷12期，1963.6)，《张籍轶事及诗话——张籍年谱附录之四、五》(《大陆杂志》27卷10期，1963.11)。②继50年代刘禹锡事迹之研究，有《刘宾客嘉话录校补及考证》(《幼狮学志》2卷1～2期，1963.1～4)。③白居易研究，有《白香山年谱考辨》(《大陆杂志》31卷3期，1965.8)，《白居易中书制诰年月考》(《大陆杂志》32卷2～3期，1966.1～2)，《读白居易的秦中吟》(《思与言》5卷4期，1967.11)，《白居易作品系年》(《大陆杂志》38卷3期，1959.2)，《白居易散文校记》(《文史哲学报》19期，1970.6)。白居易生平及作品的系年考证，似乎是他在60年代最为用力之处。④韦应物与司空图，他们一个是上接盛唐而为中唐的开端，一个则已进入晚唐，似乎是就现有材料进行整理，作为面上的拓展的：《韦应物事迹系年》(《幼狮学志》8卷1期，1969.3)，《唐司空图事迹系年》(《大陆杂志》39卷11期，1969.12)。⑤研究文献的整理汇辑。在台湾的条件下，罗先生很注意海内外研究动态的掌握，并及时汇编成书目文献材料，显示当代文学研究富于实用性的特色，在此时期他编有《近六十年来日韩欧美唐代文学论著集目》(《书目季刊》3卷3期，1969.3)。

70年代，他集中研究韩愈，并兼及前后的古文大家，卓有成果。这十年间也是他的学问臻于成熟的时期，奠定了他作为台湾唐代文学研究界代表的地位。①70年代前期，仍承继前十年对中唐时期古文家的研究，似乎有意打外围战，把与韩愈有关的作家先搞清楚，然后集中攻古文运动的主将韩愈。如关于李翱的两篇：《李翱研究》(台湾《国立编译馆馆刊》2卷3期，1973.12)，《李文公集源流、佚文及伪文》(《书目季刊》8 卷 3 期，1974.12)；关于独孤及的两篇：《独孤及考证》(《大陆杂志》48 卷 3 期，1974.3)，《昆陵集及其伪文》(《书目季刊》7 卷 4 期，1974.3)。②韩愈研究。除《韩愈家庭环境及其交游》(台湾《国立编译馆馆刊》3 卷 2 期，1974.12)，《韩愈事迹考述》(同上，4 卷 1 期，1975.6)，《韩文渊源与传承》(《书目季刊》10 卷 1 期，1976.6)，《韩文辞句来源与改创》(同上，10 卷 3 期，1976.12)几篇文章外，还出版了专著《韩愈传》(台北河洛图书出版社，140 面，1977)，及更具规模的《韩愈研究》(台北学生书局，409 面，1977)。这些论文与两本专著使台湾关于韩愈研究的层次有了明显的提高。③关于隋唐五代文学理论：这似乎是在韩愈研究稍告一段落后，作为古文理论的前后串联而作的一种纵向探索。他发表了专论《隋唐五代文学理论的发展与演变》(台湾《国立编译馆馆刊》6 卷 2 期，1977.12)，随即出版了专题资料集《隋唐五代文学批评资料汇编》(台北成文出版社，289 面，1978)。④唐代诗人事迹及文献资料的考证与比勘，这方面有《唐代文学史两个问题的探讨》(《书目季刊》11 卷 3 期，1977.12)，《唐诗人轶事考辨》(台湾《国立编译馆馆刊》8 卷 1 期，1979.6)，《唐宋三十四种杂史笔记题解》(《书目季刊》12 卷 1、2 期合刊，1978.9)，《唐代三条文学资料的考辨》(《书目季刊》13 卷 1 期，1979.6)。⑤继前十年所编文献研究书目，这十年间又编印《中国文学史论文选集》(台北学生书局，4 册 1758 面，1978～1979)，是一种较大规模的学术成果的汇辑。此外还有两篇关于柳宗元山水游记与议论文的评析，是作为普及古典文学知识向广大读者推广的。

80 年代，罗联添先生进一步深入研究了韩愈与古文运动、白居易的思想及其作品的评析，同时又对与文学的发展有较密切关系的唐代科举制、中晚唐时期的牛李党争等若干问题作了考查，又将文学的审美趣味与校勘结合起来，对唐代诗文集中某些有争议之点作了富有启发性的探讨。①韩愈与古文运动，除了对已出版的《韩愈研究》加以增订并于1988年11月再版(457面)外，还写有专文：《张籍上韩昌黎书的几个问题》(《台静农先生八十寿庆论文集》，1981.11)，《唐宋古文的发展与演变》(《中华文化丛书·中国文学的发展概述》，1982.9)，《韩愈原道篇写作的年代与地点》(《毛子水先生九五寿庆论文集》，1987.4)，《宋儒对韩愈原道篇批评及其回响》(《书目季刊》22卷3期，1988.12)，《论韩愈古文几个问题》(南京唐代文学国际学术讨论会，1990.11)。②白居易研究：出版了《白乐天年谱》专著(《中华丛书》1989.7)，以及《长恨歌与长恨歌传一体结构问题及其主题探讨》(《傅乐成先生纪念论文集》，1985.8)，《白居易与佛道关系重探》(《第一届国际唐代学术会议论文集》，1989.2)，《白居易诗评论的分析》(《第二届国际汉学会议论文集》，1989.6)。③有关唐代科举与文学的，有《杜甫"忤下考功第"的年岁与地点》(《书目季刊》17卷3期，1983.12)，《论唐人上书与行卷》(《郑因百先生八十寿庆论文集》，1985.6)，《唐代进士科试诗赋的开始及其相关问题》(《中国历史学会史学集刊》17期，1985.5)。有关牛李党争的，有《唐代牛李党争始因问题再探讨》(台湾《国立编译馆馆刊》14卷2期，1985.12)。④有关诗文校勘的，有《唐代诗文集校勘问题》(台湾《国立编译馆馆刊》12卷2期，1983.12)。另外，还有对唐宋文化、李白事迹的考述，如《从两个观点试释唐宋文化精神的差异》(《唐宋史研究——中古史研讨会论文集》，香港大学亚洲研究中心出版，1987)，《李白事迹三个问题探讨》(《台大中文学报》第3期，1989.12)。

我在上面之所以不惮其烦地按时间顺序，开列罗联添先生的论著目录，一是由此可以看出，这是一位多么勤奋而又能注意有效地组织课题而作出成果的学者。差不多从50年代起，中间没有任何大的停顿，他总是把他的时间和精力专注于学术上，心不旁骛，连续地作出成绩，这是令人钦佩，也令人歆羡的。二是由于人为的阻隔，海峡两岸的学术文化交流长期未能畅通，我们对台湾学者的成果未能有具体的了解，现在从罗联添先生的论著目录中，我们就可以之与大陆学者的成果，作一番参照和比较。

就参照和比较而言，我们当会惊奇地发现，罗先生所研究的课题，大陆学者几乎也都研究过，有不少的结论是彼此相同的。但我觉得，罗先生在唐代文学研究上的起步比较早，而且没有中辍，他的研究计划有层次地展开，连贯性极强，也便于研究课题的逐步拓展，而大陆则因某些客观的社会因素，其间有较长时期的学术停顿，这样就显得在不少课题上由罗先生先占了一步。但我们毕竟是一个国家，台湾学者在学术上所作出的贡献，在整体上也是我们海峡两岸学术界共同的成果。而且无可讳言，大陆关于古典文史研究毕竟有较雄厚的力量与基础，70年代末、80年代初以来，大陆的文史学界，无论老年前辈，还是中青年学者，都有一批突破前人的、极富创见的著作问世，这在唐代文学研究中表现得尤其明显。近十年来大陆学者在罗先生涉猎过的领域，多有新的补充和发展。而且，我们当会注意到，海峡两岸的学术交往是逐步打开的，1987年前只有零星的讯息交流，两地的学者，虽然在研究同一课题，但在工作进行中，彼此竟全然未能得知任何音讯。我个人觉得，学术信息之能得到交流总比阻隔为好，由于特殊的社会因素所造成的一定时期学术隔膜的状态，当然有其缺陷，但从另一方面看，也未始没有好的一面，这就是，无论彼此的结论有同有异，学术见解有是有非，但由于在互不得知的情况下进行同样的工作，在学术思路上倒可以不受彼此的影响，而表现在最终成果上，有时倒可以起互相补益的作用。

罗联添先生在他的研究进程中，在其条件所许可的范围内，总是尽量吸收大陆学者的新见。如 1977 年 12 月刊出的《唐代文学史两个问题的探讨》，论及唐人传奇与温卷的关系，曾以肯定的态度引及大陆学者吴庚舜于 60 年代所发表的《关于唐代传奇繁荣的原因》一文（《文学研究集刊》第一册）。在 70 年代所写的其他一些文章中，引及钱仲联《韩昌黎诗系年集释》、赵贞信《封氏闻见记校证》。不过那时所引还较零星，且都为五六十年代印行的。80 年代所写，则多引及时间较近的论著，如《唐代诗人集校勘问题》引及万曼《唐集叙录》，卞孝萱《李益年谱稿》；《论唐人上书与行卷》、《从两个观点试释唐宋文化精神的差异》引及傅璇琮《唐代诗人丛考》；《白居易与佛道关系重探》引及朱金城《白居易年谱》；《李白事迹三个问题的探讨》引及王瑶《诗人李白》、郭沫若《李白与杜甫》、詹锳《李白诗文系年》，以及 1982 年出版的《唐代文学论丛》刊物的文章；《论韩愈古文几个问题》引及程千帆《以文为诗说》、阎琦《韩诗论稿》。但尽管如此，两地的学者在过去相当一个时期中，彼此阻隔，交流极少，他们是独立地进行各自的研究工作的，这就不免有所重复，但同时又各有所侧重，共同在学术上作出贡献。

这里不妨举几个例子。

《刘宾客嘉话录校补及考证》刊于《幼狮学志》2 卷 1、2 期，1963 年 1、4 月，其写成则在 1962 年 1 月。稍后，北京中华书局编印的《文史》第 4 期（1965.6）刊出了唐兰先生的《刘宾客嘉话录的校辑与辨伪》。这是唐兰 1950 年的旧作，1963 年应《文史》之约而修订成稿。这两篇都是用力甚深的古文献整理的佳作。两位作者在彼此消息隔绝的情况下进行同样的工作，所用的方法也大致相同，即对以顾氏文房小说本为底本的《刘宾客嘉话录》加以校勘、辨伪和辑补，所得的结论又大都相同。罗文的发表早于唐文三年，而作为前辈学者，唐兰于1950年即已写有初稿。现在看来，罗先生对《刘宾客嘉话录》的整理，条理较清楚，所用的方法也较科学。《刘宾客嘉话录》是唐人的一部笔记，史料价值很高，但此书错字、脱句、误倒、窜入的情况相当严重，总计全书记叙人事 113 条，误窜的竟有 60 多条，占全书二分之一强。自清代的《四库全书总目提要》曾指出一部分冒入的以来，迄无人作过系统的整理。罗先生的工作分为三部分：(一)校补：以顾氏本为主，以《说郛》本、《学海类编》本为辅，参校《太平广记》、《唐语林》、《唐诗纪事》等书所引，校其讹误，补其脱编。(二)辑佚：凡《太平广记》、《唐语林》等书所引而为今本《嘉话录》所无者，均录出，并校其讹误。(三)考证：考辨其伪，并考辨其所记人事是否真实可信。这是近数十年来对《嘉话录》所作的最有条理也最系统的清理。唐兰先生所作大致相同，但对正文的校证，未及罗文清晰。不过唐文也有为罗文所未及的，如罗文正文中第 53 节“金凤皇”、第 54 节“蒋潜”，唐文考出出自《续齐谐记》，罗文则未指出为他书冒入。《嘉话录》中有不少夹入唐刘𫗧《隋唐嘉话》条文，罗、唐两位均尽可能加以辨析，其中“东方虬”、“洛阳僧”两条，罗文注意到《太平广记》引录，系出自《国史纂异》，唐文则进一步考定此《国史纂异》即《隋唐嘉话》之异名(中华书局 1979 年出版的程毅中点校本《隋唐嘉话》进一步考定此点)。唐文又有专节考证今本《嘉话录》致误的原因与时间，引宋人《道山清话》及《玉海》艺文类所录《宋两朝艺文志》，谓韦绚原书宋初尚有完整旧抄本，故王谠作《唐语林》尚能引及，后真宗大中祥符年间三馆被火，书残，借太清楼所藏抄补，而太清楼所藏又为残书，校辑者遂杂取他书以补之，遂致谬滥。这一点也为罗文所未及。我们今天如整理此书，则罗、唐两位先生的成果都应珍视和汲取，他们都是独立研究所得，各有特色，这也是弥足珍贵的。

又譬如，关于唐代举子行卷与传奇的关系，南宋《云麓漫钞》谓："唐之举人，先藉当时显人以姓名达之于主司，然后以所业投献，逾数日又投，谓之温卷。如《幽怪录》、《传奇》等皆是也。盖此等文备众体，可以见史才、诗笔、议论。"近现代学者多据这一记载来说明唐代进士行卷之风促进传奇的繁荣。罗联添先生对这一相沿已久的说法提出质疑，他的《唐代文学史两个问题的探讨》一文参照大陆学者吴庚舜的文章(见前)，再增举例证，得出明确的结论，认为裴铏《传奇》、牛僧孺《幽怪录》并非投献的温卷，其他流传的传奇作品绝大部分是作者撰于擢进士或进入仕途以后，也不是温卷。传奇和温卷实在牵不上关系。罗文刊于1977年12月。1980年8月上海古籍出版社出版了程千帆先生的《唐代进士行卷与文学》，对唐代进士行卷作了系统的论述。我曾于此前数年见到过程先生的原稿，程先生写作此文约在六七十年代。当然还未能见到罗先生的文章。程先生是看到过吴庚舜的文章的，但他不同意吴文的看法，举出《国史补》及《南部新书》所载元和十年裴度为藩镇派遣的刺客击伤，其仆人王义为保护裴度而以身殉职，这一年，多数进士撰写《王义传》作为行卷。后来我在《唐代科举与文学》一书中也引及此事。我现在细审二者的关系，认为罗先生的考述较为合理，唐人举子以传奇行卷，并无直接证明的材料，元和十年举子们所作的《王义传》，也没有一篇传下来，《王义传》是否属于传奇，也还有待于证明。因此，以写作《王义传》来说明传奇行卷，不仅是单文孤证，而且其本身也是难以成立的。

从《唐代牛李党争始因问题再探讨》一文(1985.12)，我们得知台湾文史学界于六七十年代曾对牛李党争的起因与发展有过讨论，也产生过一些论文和专著。大陆方面关于牛李党争的探讨约始于80年代初，起步较晚，且大多集中于理论上的阐发，具体问题的考辨不是太多。我曾在牛李党争方面下过一些工夫，并集中力量对一些具体史实进行考析，于1982年写成《李德裕年谱》一书（齐鲁书社出版，1984.10）。限于条件，我当时还不可能见到台湾学术界的有关论著。关于牛李党争的起因，我同意岑仲勉先生的主张，认为不是始于元和三年的制科对策之争。我们用的方法与罗先生上述的文章是相同的，即认为“欲知此次对策究竟是攻击李吉甫还是攻击宦官，最确切的方法是研究策文的内容”。此次对策，皇甫湜、牛僧孺、李宗闵三人，只有皇甫湜文流传下来。因此我与罗先生同样，集中分析了皇甫湜的对策，但所得的结论却有不同。我认为，皇甫湜对策中提到“陛下寤寐思理，宰相忧勤奉国”，并建议皇帝应“日延宰相与论文理”，是肯定宰相，而将批判的锋芒集中于宦官。罗先生逐项节录了皇甫湜对策的要点，认为策文指斥宦官，措辞最为激烈，但并非集矢宦官，也讽刺了皇帝、宰相及藩臣将帅。我的上述观点曾得到大陆一些同行的赞同，我现在还是认为基本论点仍可成立，但觉得罗先生的说法更为全面，可以补充我的不足。至于罗先生从杜牧所作墓志与李珏所作神道碑，论证牛僧孺元和三年策文集中指斥李吉甫，我则认为尚可商榷，因二人作碑志时，李德裕已被贬，牛党正得势，时势造成曲文，不足为据。不过，从这一问题的探讨中，我觉得，在互不了解信息、各自独立研究的情况下，倒可以促使研究者发挥各自的特点，使不同的意见给学术界以有益的思考。

我曾经想过，罗先生论述过的不少问题，后来大陆学者从不同的方面也多作过探索，其间有相同的结论，也可能有分歧的意见，但罗先生的论著仍能给人以有意义的启示，这是什么原因呢？后来我读他的《论韩愈古文几个问题》一文，得到了启发。他说他论这些问题，主要目的是期望对问题能“澄其源而清其流”，我觉得这句话颇能道出他的治学特色，也是他的著作能给人以启示的原因所在。澄其源，就是探寻问题的原始材料究竟如何，应当对原始材料作准确的搜讨与把握，而不应该以后起的或已起过变化的材料当作原始材料。清其流，就是从最初的起因出发，不带任何个人爱好与偏见，把由原始材料生发的种种解释、议论、记载，按照事物的本身发展加以清理，惟有这样，才能对课题的纵向发展与横向联系有一个历史的、全面的概括，而由此得出的结论，才会有充实的材料基础。罗先生的文章，大多能追讨问题的起因，从材料的源头加以澄清，由此加以科学的推理，得出令人信服的结论，而于平实中创新。

譬如在《论韩愈古文几个问题》一文中，讨论苏轼提出的韩愈“文起八代之衰”，列举例证，说明自苏轼开始，宋人有张耒、魏了翁、王柏，元代有吴徵，明代有胡应麟、方以智、归庄，清代有王鸣盛、章学诚、方东树，直至曾国藩，都无不这样说。那么苏轼的“起衰”之说是否有当呢？文章汇辑了李翱《祭吏部韩侍郎文》、李汉《昌黎先生文集序》，以及韩愈卒后朝廷诏书中所说“承八代百家之微”。由此得出结论：“此可证韩愈‘文起八代之衰’说法，原其根本，乃出于韩门弟子”，“又见载于唐代官方文书”，则苏轼所谓“文起八代之衰”，实有其根据。应当说，所谓“文起八代之衰”，实在是一个习焉不察的说法，但经他作此“澄源清流”的考查，人们前后的认识就有了深浅的不同，从而把这一问题的研究向前推进。又如作于 1985 年的《论唐代古文运动》，从澄其源出发，举出例证，说明唐人运用“古文”一词实不甚普遍，遍检柳宗元全部诗文，也未见“古文”一词。“古文”一词至韩愈始用，但也不多。至于“古文运动”一词，清代以前未曾有过，这一名词是 1928 年胡适《白话文学史》始用，30 年代以后几部文学史著作也就相沿用了起来。由此出发，罗先生对中唐时期韩愈等几个人提倡写作古文，能否称得上是“运动”，甚表怀疑。我认为这是代表罗先生研究韩愈的新见，是很值得继续探讨的。他的这一新见解，正是由于他运用澄源清流方法之所得。

罗先生著作甚丰，方面又广，我只不过作为唐代文学研究的同行，尝试着作一粗浅的介绍，希望大陆的学者能从他的成就中得到有益的启示，也希望大陆学者有关的研究成果也能为台湾学者所认识，促进彼此的交流，为更好地研讨中华文化作出共同的贡献。

学术情谊　永志不忘*

——记美籍华裔学者李珍华教授

我与李珍华先生相识，是1984年在兰州召开的唐代文学学会第二届年会上。但在这之前，我已与他有文字交往。1982年5月下旬，由西北大学中文系承办召开唐代文学学术会议，并正式成立中国唐代文学学会。学会决定编纂《唐代文学研究年鉴》，实际工作由我负责。正好这一年，李珍华先生在西安度过一整个夏天，畅游八百里秦川，与陕西学者多有接触。我当时就通过《年鉴》编辑部，与李珍华先生联系，请他为《年鉴》撰稿。李先生返美后，即于同年9月撰成《美国学者与唐诗研究》一文，此文即刊于《唐代文学研究年鉴》第一辑(1983)。

李珍华先生此文全面概述20世纪50年代以后美国学者有关唐代文学研究的进展历程，写得很清楚，很概括。他将美国学者对中国唐代文学研究，分列三代人，每一代学人，都举有美籍华人。如他提到第一代学人洪业(20世纪

* 原载于《李珍华纪念集》，高校古委会编，北京，北京大学出版社，2003。

二三十年代曾在燕京大学执教)，说他曾于60年代时拜访过洪业教授，就有关杜甫的诗学问题向其请教，谈了两个钟头。文中说："当他知道我曾将《全唐诗》和《全唐文》全部读过，便很谦虚地向我'请教'豆卢氏一家的历史，询问我对刘知几的历史观点和文学观点的看法，最后还留我便饭。"写得很亲切。这篇文章特别介绍七八十年代美国唐诗研究"新秀的崛起"第三代人(这第三代人也包括他自己)，并从观念创新与视野开拓的角度重点论述执教于哈佛大学的欧文教授，认为他在处理唐诗时，适当地采用了西洋比较文学和文学批评的方法与术语，很给人以得体之感。后我于1987年上半年为厦门大学贾晋华同志所译欧文《初唐诗》(广西人民出版社，1987年12月版)作序，就特为提及李珍华先生此文，认为"这篇文章讲的虽然是美国的唐诗研究，实际上是以反映美国于20世纪50年代以来汉学研究的重大进展"。当时我们对国外学者研究中国古典文学现状的了解是很不够的，李珍华先生此文是一个很有启发性的开端。

李珍华先生长期在美国密歇根州立大学的美国思想与语言系任教。他所教的课目包括美国现代诗人如艾理略和庞德等。他为了探讨印象派和象征派的来龙去脉，进行国际间比较，就从20世纪的美国文坛追溯到19世纪的法国文坛，后又进入第八、九世纪的中国诗界，重点放在杜甫的诗歌创作、诗论及其所处的那个时代的美学观念和批评标准。正因如此，他很想了解中国大陆学者的研究情况，希望多与唐诗学者接触。唐代文学学会是每两年召开一次年会与学术研讨会的，因此他从1984年起，多次参与，如1984年在兰州、敦煌，1986年在洛阳，1990年在南京，1992年在厦门。他在与我合著的《河岳英灵集研究》后记中说，他参加唐代文学会议，"与会的学者，无论老中青，都把我当作自己人、老朋友看待，学问上无所不谈"，因此他认为，“我深深地体会到社会开放和学术交流的重要性”。

李珍华先生认为他探讨杜甫诗论，深度不够，就想进一步研索盛唐诗歌的理论。在此之前，他认为他对“第八世纪中叶这一段，还欠全面的深入的了解”。1986 年在洛阳唐代文学会议时，我们二人进行几次交谈，达到一个共识，以为对盛唐时期诗歌理论研究，当做两个项目，一是王昌龄《诗格》，一是殷璠《河岳英灵集》。这样他就提出，拟于 1987 年邀我去他的学校作学术访问，共同对这两个项目进行研究。在这之前，他曾邀请过两位学者，第一位是当时尚在台湾的叶嘉莹教授，第二位是西北大学的安旗教授。但李先生说，她们两位到校后，住有大半年，一是作杜甫《秋兴八首》笺评，一是专研李白，都单独自己做，未有合作的打算，他未免有些失望，因此特希望我们共同探讨学问，做出成果。

为此我查阅了一些书，做些准备，特别是殷璠《河岳英灵集》，一般通行多为三卷本，如《四部丛刊初编》本，上海古籍出版社的《唐人选唐诗(十种)》本。清修《四库全书》所收也是三卷本，《四库总目提要》还就这三卷之分作出解释，说是“毋亦隐寓钟嵘三品之意乎”。钟嵘《诗品》三卷，分上中下三品，中含高低评价的，则殷璠之书分三卷，也有对所收盛唐诗人作上中下的评判。这对现代研究者也有影响。不过我翻阅殷璠原书，其自叙明说“分为上下卷”；《新唐书·艺文志》总集类也载《河岳英灵集》二卷，南宋时《直斋书录解题》同。我又去北京图书馆善本部查阅，发现有两种二卷本，一为明清之际季振宜所藏，一为清末莫友芝所藏据毛扆校本过录。这两种，据仔细核对，可以确定是出于同一刻本，即宋刻本。由此可见，殷璠自编确为二卷，南宋时尚有传本，但后失传，明代前期开始即流行三卷本。这对《河岳英灵集》的研究提供基本文献基础，很有意义。李珍华先生在美国教学，虽偏重于理论探讨，但也很重视文献研究，在上述《唐代文学研究年鉴》这篇文章中，就曾提出："美国学者似乎不耐烦于考证"；因此认为："这总算是一个缺点，有时甚至是严重的缺点。"正因如此，他于1987年10月上旬在西安西北大学参加"周秦汉唐国际学术会议"后，来北京时，我陪他到北京图书馆去看这两种二卷本，他后来记道："我与傅璇琮先生在北图一同看了廿五年来梦寐以求的《河岳英灵集》的宋本。当时惊喜之情实非笔墨所能形容"(《河岳英灵集研究》后记)。由此亦可见李先生的学术挚深之情。

我于1987年10月中旬至1988年5月上旬，在李珍华先生所在的学校——密歇根州立大学。他特地给我安排在一教学楼，下面一层是学生宿舍，二层大多是办公室，只有一室是住宿间，我就住在该处。这样，平日倒是热闹，但一到星期日与节假期，整个二层只我一人，我就日夜关闭房门，一人在室内看书。李珍华先生在生活上很照顾我，每星期六总驾车带我去商场购物，有时在他家吃饭。他善于做菜，其夫人因科研工作忙，家务的事多由李先生做。夜间临睡前总把楼下一层的地面擦扫干净，有时我也帮做一些。

我住的地方离学校图书馆不远，步行约10分钟就走到。李先生为我办理借书证，还特地在书库内给我安排一个研究间，这样我去图书馆内看书，不必再办借书，在书架上把要看的书搬到我的研究间即可。我这个人是不善于生活安排的，除有时在校园散步外，经常就在图书馆。为了便于阅读、写作，李先生还驾车把成套的书，如新旧《唐书》、《全唐诗》等，都借出来送到我住宿处。

这样，在几个月内，我们经常共同商讨，分头撰写，由我执笔写《唐人选唐诗与〈河岳英灵集〉》、《盛唐诗风与殷璠诗论》、《殷璠生平及〈河岳英灵集〉版本考》，由他执笔写《〈河岳英灵集〉音律说探索》。

我对音律、平仄是不大熟悉的，李先生虽长期在美国，但对汉语音韵学极为投入，他在这篇《音律说探索》中引用了郭绍虞、唐兰、王力、周祖谟等好几位学者的材料，又参阅日本空海《文镜秘府论》，对殷璠书中很冷僻的语词“拈二”作了很透彻的诠释，并联系初盛唐诗的发展，阐释殷璠对盛唐诗律要求的意义。后来葛晓音等唐诗学者多有引及此说的。

在《文镜秘府论》后，我又集中一个月的时间，考释王昌龄的《诗格》，主要是根据日本空海《文镜秘府论》所引用的材料，论证《诗格》一书的真伪，在认同王昌龄确有此作后，又对其诗学思想稍作分析。我在文中罗列好些琐细例子，李先生曾稍作修饰，笑着对我说：“你生活中不细心，想不到写文章倒这样细！”

李珍华先生曾有《王昌龄》一书（1982 年版），我于《唐代诗人丛考》（中华书局，1980 年版）中也有《王昌龄事迹考略》一文。我们两人商议，在已有基础上，可对王昌龄生平中一些不大清楚或者有争议之处再作考索，于是在几次共同交谈后，由我执笔，经他修改，写有《王昌龄事迹新探》一文（后载《古籍整理与研究》第 5 期，中华书局，1990 年 10 月版）。大家知道，王昌龄是盛唐时期著名的边塞诗人，其现有诗篇以边塞为题材的有 21 首，如“秦时明月汉时关”等都是第一流杰作，这些诗写边地风物，不亲历其境，只凭想象，是绝写不出来的。这就有他是否去过西北及何时去的问题。我们经共同考研，确定王昌龄于唐玄宗开元十三、十四年曾有甘肃之行。文中引述王昌龄《旅望》一诗“白草源头望京师，黄河水流无尽时”二句，说：“白草原实有其地，它就在今甘肃与宁夏之间。该处有大小二白草原，小白草原在宁夏会宁西二百二十里，大白草原则在会宁东北。黄河在会宁北二百七十里。这大小白草原北临黄河，西接甘肃靖远，东连屈吴山，地‘平旷肥饶多白草’。由于靖远距离黄河仅一里，而白草原又靠河，诗人是不难在这一带的高处望见黄河的。”这段文字由书面记载与实地游历结合起来，没有亲历其地是不易写出的。前已说及，李珍华先生于1982年夏天曾遍游秦川与甘肃等地，由于他已注意王昌龄游踪，故特记下，这段文字是他特为补入的，由此可知其不寻常的识见。

1988年5月我返回北京后，就接着做《河岳英灵集》的点校工作。我与李先生商议，拟以原宋刻二卷本为底本，再校以明清时期较有代表性的三卷本，以提供较为完整、可信的定本。这些本子都藏于北京图书馆(即国家图书馆)善本部，不能出借，只能自去校阅。我有时自己去，但由于本职工作忙，主要乃由内人徐敏霞去校。我们家住六里桥附近，当时交通条件差，她坐公交车，要换二三次车。整天校阅，中午随便吃些简便饭食。李珍华先生对此是很感动的，后此书《河岳英灵集研究》于1992年由中华书局出版，他以个人署名写篇后记，文后特别提到对徐敏霞的感激，说：“《河岳英灵集》的汇校如果没有她的参与，是无法如愿完成的。我尤其心感她在寒风凛冽的北京城，早出晚归挤公共汽车到北图去抄查和复审校对材料。她不求名，不谋利，一切为了学术友谊，坚决不肯署名为作者之一，这真使我既惭愧又感动。”我之所以引录这好几句，也是想说明李先生之真情厚德。

这里再简述几件事：

一、我在美国停留后期，曾与李珍华先生谈及唐末五代在中国历史和文学中的特殊地位，我们认为可就五代的文学与文化思想作些研究，而首先则应弄清基本事实，整理基本材料。这样，就由他据《粤雅堂丛书》本《五代诗话》先作校点，后由我复阅，我并撰写一篇近万字的序言。出书后即由李珍华先生署名点校，我向书目文献出版社推荐，于1989年12月出版。

二、李珍华先生与时为厦门大学中文系副教授的周长楫合作，根据近几十年来学者对汉语语音研究的成果，把九千个左右汉字的上古音、中古音、近代音、现代音列成表格，用国际音标标出读音或拟音，并注明字的纽、韵、调和中古音的开合、等、摄、诗韵韵部。这个音表，设计极为科学，观念又很创新。此时我仍任中华书局副总编，分管语言文字编辑室，就由我与编辑室主任李解民同志联系出版。此书字体复杂，音标各异，难于铅字排版，我们就找书法家梁天俊用钢笔字誊写。全书16开本，七百多页，可见抄写工夫之艰巨。书将印出时，我又请吕叔湘先生为题写书名。这些，李珍华、周长楫两位在前言中都深表谢意。此书于1992年出版，后于1995年获新闻出版署直属出版社第二届优秀图书选题二等奖，1997年获厦门市人民政府第二届社会科学优秀论著荣誉奖。

三、如上所述，李先生于1982年已写有《王昌龄》一书，约数万字，后与我合作，又有关于王昌龄的几篇论文。他提议合在一起，起名《王昌龄研究》，由我向友人、西安太白文艺出版社负责人陈华昌同志联系，于90年代初出版。

另外，1988年4月间，我即将返国，曾与李珍华先生叙谈，拟由他向学校申报一项科研项目，名为“唐诗研究集成”，把中国大陆学者关于唐诗研究的成果，选取有代表性之作，编印一套系列丛书，重点放在基本文献的整理研究。应该说这是很好的设想，李先生表示积极推进。但由于申报项目有一过程，他后来又因病未能进行，并于1993年冬去世，此事我只好一个人做，约集几位学者，没有经费资助，完全各自投入。后在陕西人民教育出版社于1996年出版四种(即由我编撰的《唐人选唐诗新编》、陶敏《全唐诗人名考证》、佟培基《全唐诗重出误收诗考》、张伯伟《唐人诗格辑考》)。如果李先生健在，在他合作、支援下，这套书肯定会有相当规模的。

我这里谨就学术合作，记述李珍华先生的治学业绩与真切友情。他的学术历迹是很值得探讨的。不幸他于 1993 年去世，未能在学术上更上一层楼，这总使我长期压在心头。写至此，不禁想起杜甫《秋兴八首》中“闻道长安似弈棋，百年世事不胜悲；王侯第宅皆新主，文武衣冠异昔时”，更感到珍华先生之学术情谊，才使我永志不忘。

编辑与学界的情谊*

——编辑工作掇忆

前些日子，中华书局编辑祝安顺同志，把中华书局近期出版的两本书送交我，说："作者在书的后记中提到您，因此交给您，请看看。"我一看，原来是陈星同志所著的《说不尽的李叔同》和《李叔同身边的文化名人》。陈星同志是一位中年学者，现任杭州师范学院弘一大师、丰子恺研究中心教授，浙江省高等学校学报编辑工作研究会理事长。他在这两本书的后记中提及，祝安顺同志曾约他为中华书局写一本关于弘一大师与丰子恺交往方面的书，他因为过去已写过类似的书，婉言辞谢，后双方几经商讨，他终于同意，原因是"早在20世纪的80年代，我就与该社当时的总编辑傅璇琮先生有了交往，此后又几次邀请傅先生写稿发表在我当时主编的学报上。我想，如今傅先生曾经供职过的出版社诚邀我撰稿，应当遵命才对"。我没有想到陈星同志现在撰写此两种新著，还念及20世纪80年代时与我的

* 原载于《中国编辑》，2006年第2期，中国编辑学会编。

交往。

这使我想起北京大学中文系孟二冬教授在其新著《登科记考补正》的后记中，也曾提及我，说："有幸的是，本书的部分内容，曾在成书前投寄刊物时承蒙傅璇琮先生审阅，傅先生提出不少珍贵意见，予皆得以承纳修订。"孟二冬同志近期被授予全国优秀教师、劳动模范称号，报刊、电视台都作了报道。《登科记考补正》是他代表性的学术著作之一，他于20世纪90年代即开始做此项目，有时与我就唐代科举问题磋商。他在后记中如此提及，联系上述陈星同志的后记，我作为一个编辑，能与学术界人士有较真切的交往，并得到学者真情的回应，深有自勉之感，并有所启示。

所谓启示，就是我于1958年，自北京大学中文系助教先后调至商务印书馆、中华书局，那时还不过二十五六岁，就立有一个志愿：要做一个好编辑，当一个有研究水平的编辑。我想，编辑当然首先要把本职工作做好，审读稿件，把住质量，但同时要开阔视野，组织选题，这就需要提高本身的文化素质和学术修养，尽可能使自己在某一专业领域有所发展。现在先举"文化大革命"前的一个例子。

20世纪50年代中期，唐代文学研究前辈陈友琴先生曾编有《白居易诗评述汇编》，在科学出版社出版。后来，他又有所增补，想出一新版，但科学出版社出于分工考虑，不再接受，于是陈友琴于1959年与中华书局接洽。当时中华书局文学编辑室主任徐调孚先生，既是老编辑专家(解放前就在上海开明书店工作)，又是学者(曾为王国维《人间词话》作注，又翻译过外国儿童文学作品)，他很重视陈先生此稿，就征求我的意见，并叫我做责任编辑。我在审读、加工此稿过程中，产生一种想法，即不限于一个作家，可有系统地辑集资料，以便于对古典文学作系统性、历史性的探索，因此提出一个方案，即由中华书局出面组织，搞一套《中国古典文学研究资料汇编》。领导当即同意我的建议，于是把陈友琴先生这部书改名为《中国古典文学研究资料汇编·白居易卷》，后来相继约《陶渊明卷》、《柳宗元卷》、《红楼梦卷》及文学编辑室自己编纂的《李白卷》、《杜甫卷》，我自己则利用业余时间编了两部，即《黄庭坚和江西诗派卷》、《杨万里范成大卷》。这套书陆续出版，对古典文学研究有很大影响。“文化大革命”后，从80年代起直到现在，这套书仍在陆续编印中。自汉魏至宋朝，如《三曹卷》、《王维卷》、《韩愈卷》、《苏轼卷》等，成为中华书局出版的极受海内外关注的品牌。

1959年8月，当时一位宋代文学研究老学者孔凡礼先生，又托陈友琴先生介绍，向中华书局送来他所编的《陆游诗评述汇编》。当时编辑室主任徐调孚先生也交我处理，我们就按统一计划，定名为《中国古典文学研究资料汇编·陆游卷》。不过当时另有一位学者齐治平，也编有陆游诗评述资料稿，送交中华书局。此稿可以与孔凡礼先生稿“互补”，编辑室就叫我做责任编辑，将两稿合为一书，实际上是由我加以重编。当时中华书局还与孔先生联系，希望以他的名义为此书写一前言，而他却感到为难，不能写。徐调孚先生认为既由我统稿，就索性由我起草这一前言，仍用孔凡礼先生的名义。据说，孔先生阅后很满意，但他当时并不知道是谁写的。2002年，中华书局筹办成立90周年纪念，编一本《我与中华书局》，请不少专家学者撰写回忆文章，孔凡礼先生就写有《我和中华书局因陆游结缘》一文，其中便提及当时起草前言一事，说：“我看了这篇文章，不禁拍案叫好。这篇文章给我解了围，帮了大忙。后来才知道，这篇文章出自傅璇琮先生之手。在我写这篇回忆文字的时候，重温了这篇文章，和40年前一样，赞叹不已。这篇文章经住了时间的考验。”他还举了好几个例子，说我

“在当时，把握全局和驾驭这些材料的能力已达到了很高的地步，《前言》对全部陆游资料起到了统率的作用”。我起草这篇《前言》时还不到30岁，现在读到孔凡礼先生这篇回忆文章，对我当时在编辑工作中能为学者服务，能达到一定学术标准，确很自慰。

我任这部《陆游卷》责编，还有一事值得一提。我审阅全稿（约八十余万字），发现所辑集的资料中，于清人陆时化《吴越所见书画录》一书，辑有元朝高明、余尧臣《题〈晨起〉诗卷》两文。高明即高则诚，高则诚是元代南戏名著《琵琶记》著者，《晨起》则是陆游之诗，高明、余尧臣二人在读陆游此诗后写有读后记，孔凡礼先生是把它们作为后人对陆游诗的评论资料而收辑的。而我在阅稿中却注意到两点，一是高明（则诚）的诗文，今人曾有所辑集，但未收有此文，可以作为佚文补辑；二是可以补证高则诚的生平事迹。余尧臣在自己的题记中，讲到高则诚所作题记，时为元至正十三年（1353年）。余尧臣就说，六年后高氏病逝于四明（今浙江宁波）。余尧臣为其友人，时间相近，所记可信，由此则高则诚之卒离明代建国即洪武元年（1368年）还有9年，而过去的记载，从明代的《南词叙录》、《留青日札》、《闲中古今录》，至现代人著作，包括一些文学史著作，都说这位《琵琶记》著者曾应明太祖朱元璋之召征修元史，后以老病辞归，即是由元入明的。我即由此撰写一文，题为《高明的卒年》，后刊于中华书局所编的学术刊物《文史》第一期（1962），定为高则诚卒于元时，非为入明以后。此文刊出，受到学界注意，当然也有异论，后经一些学者进一步考订，确定我的这一说法，并已写入文学史著作。1962年，我正好虚岁30，这篇文章算是我早期较有学术意义的文章。我并不是专门研究戏曲的，而我之所以能由此一破成说，即得益于编辑的阅稿工作；当然这里还得靠自己的文化学识，如果我当时并不注意高则诚生平事迹及可疑之点，也就不会着意于此，错过这难得的机遇。

再举“文化大革命”以后，约七八十年代，我与学界接触并有利于出版工作的三例。

一是关于《万历十五年》。大家知道，美籍华人学者黄仁宇先生，于20世纪八九十年代写有不少有关中国和西方的历史著作，享誉于中国海峡两岸及日、美与欧洲英、法等国。北京的三联书店已出版了他的好几种大部头专著，但他为人所知，实事求是地说，是从中华书局出版《万历十五年》开始的。

我于70年代后期，与书画名家黄苗子先生较有接触。当时中华书局在王府井灯市西口，黄苗子先生仍住南小街，相距不远，由于志趣相近，我们经常相聚，他给我一信，说：“美国耶鲁大学中国历史教授黄仁宇先生，托我把他的著作《万历十五年》转交中华书局，希望在国内出版。”我当时任中华书局古代史编辑室副主任，接到他交来的书稿后，就马上阅读，并于6月16日写了审读意见，对书稿立意之新作了充分肯定，当然也提出一些具体修改意见。当时大陆出版海外之书是非常少的，可能多少有些顾虑，经与几位领导商议，终于接受出版。《万历十五年》最初由黄仁宇先生用英文写成，后由他自己译成中文。因他长期居于海外，所译的中文，颇有隔膜，较费解。我与黄苗子先生商洽，请我在北大求学时的一位同窗好友沈玉成同志对全书作了一次全面的文字加工。沈玉成时在中国社科院文学所，他文笔快，有文采，著者阅后很满意。中美之间距离遥远，当时邮寄也不便，但历尽艰难，这部书稿终于在1982年出版。此书初版就印了27500册，且很快销售于海内外，此后并有日文、韩文、法文、德文等译本，都是据中华书局本翻译的。黄仁宇先生在书前序言中特别提出：“幸经中国社会科学院文学研究所沈玉成先生将中文稿仔细阅读一过，作了文字上的润色；又承中华书局编辑部傅璇琮先生关注，经常就各种技术问题与笔者书函磋商。”以后我每一次翻阅此书，总有编辑工作者的欣慰之情。

另外，是两位年岁比我稍大的古典文学研究专家与我的交往。一位是中国社科院文学所研究员曹道衡先生，他以研究中古时期特别是南北朝文学著称。他曾为中华书局成立90周年纪念集《我与中华书局》(2002年)写有一文，题为《衷心的感谢》，提到他于八九十年代启动对北朝文学的研究，曾草拟有《十六国文学家考略》一文，但担心在当时一些刊物上很难采用，因此如何开展研究，犹豫得很。“正好有一天，我到中国科学院图书馆(当时在王府井大街)去看书，恰巧那天傅兄也在那里看书。傅兄叫我给《文史》写稿，我就把自己的计划和傅兄谈了，得到他的支持，我就回家对初稿进行修改、加工，投寄《文史》。后来在《文史》第二十三和二十四辑上发表。”“当初要是没有傅兄的鼓励，我是没有信心去写这种不大受人注意的课题的。”曹道衡先生提及的具体事情我已记不起来了，读及他的这段回忆，确使我很感动。

另一位是南京大学中文系教授周勋初先生，他也着重于研究汉魏六朝及隋唐文学，“文化大革命”前曾写有两文投寄《文史》。当时中华书局编《文史》，是与《新建设》杂志社合作的，文稿审取，经常两方共同磋商，而“文化大革命”开始后，一切停顿，大部分文稿集中于《新建设》杂志社，很多被烧毁、散失。《新建设》杂志社当时在建国门内大街5号，周勋初先生于70年代后期来北京，特地到该社旧址去访查，有关同志说现在找不到了，不过过去曾与中华书局合作过，中华书局恢复《文史》时，也有同志来这里整理，可向他们问一下。周勋初先生后写一文《我与〈唐宋史料笔记丛刊〉的文学因缘》(也刊于《我与中华书局》一书），即述及当时情况，说："过了一两个星期，亲戚家就来了消息，中华书局寄来了一包东西，我知道稿子来了，赶过去看，正是十多年前先后寄到《新建设》杂志社去的《〈文赋〉写作年代新探》和《王充与两汉文风》二文。经过长期捆扎，稿子皱皱巴巴，已有破损，纸质也已发黄。我很兴奋，这毕竟是我多年构思的结晶，失而复得，太难得了。从稿子的生命来说，可谓绝处逢生，这都得归功于傅先生的大力帮助。这种职业道德，可供业内人士效法，我必须向他当面道谢。"我记得当时得知周勋初先生缺稿的信息后，曾两次去《新建设》杂志社，从一破房间的一大堆乱稿中耙梳、寻找，终于捡出、寄去。后来我曾向周先生开玩笑说："我若不寄给你，作为我的东西，在刊物上发表，你是拿不出证据的。"两人都哈哈大笑。

周勋初先生在此文中又特提及，中华书局当时正在筹划编印"唐宋史料笔记丛刊"，"傅先生来信，希望我为其中的一种——《唐语林》作加工整理"。他最初有为难之感，后来又说："我以前时受到过他的大力帮助，又蒙厚爱，也就决定勉为其难，尝试一下。"这就是他后来所作的《唐语林校证》，1987 年出版。此书出版后被誉为唐宋笔记整理的规范之作，并于 1992 年获得首届全国古籍整理优秀图书二等奖。

周勋初先生在文章结语中特别提出："一家好的出版社，不光能出好书，还能引导读者和研究工作者往新的方向开拓，提高国家的总体文化水平。"此意他早就向我提起过，我也有同感，并受到启示。90 年代我任中华书局总编辑期间，曾为文学编辑室筹划两项较大的选题。一是邀约南开大学罗宗强教授主编"中国文学思想通史丛书"。罗先生研究中国文学思想史，不局限于传统的批评性文论著作，而是扩大范围，将文学作品与文学思想研究结合起来，富有开创性。根据我的建议，他就将自己的《魏晋南北朝文学思想史》、《隋唐五代文学思想史》交给我们，并组织中文系另一年轻学者张毅同志撰写《宋代文学思想史》。这套通史全部出齐，必将极大促进文学批评史、文学思想史学科的发展。另一个是我与当时文学室两位主任徐俊、顾青同志（现为中华书局副总编）商议，编一套“中国古典文学史料研究丛书”，由我任主编。我在总序中曾提及：“这将是古典文学研究可持续发展的基本工程，也是我们这一代学人对于20世纪学术的回顾和总结，对于21世纪学术的迎候和奉献。”现在这套书已出版了七种，去年出版有曹道衡、刘跃进合著的《先秦两汉文学史料学》与王兆鹏的《词学史料学》，颇受好评。

最后我想再略提一下，近几年出版的一些中青年学者著作，如前引述的孟二冬《登科记考补正》，在后记中特说及我几句。又如西北大学文学院院长李浩教授，在其《唐代园林别业考录》（上海古籍出版社，2005年版）后记中也提到我：“1995年开始动笔时，我即征询先生意见，先生一方面肯定本课题，另一方面又提出许多具体建议。本书出版前又蒙先生提出修改意见，谨致恳切谢意。”凌朝栋同志《〈文苑英华〉研究》本为博士学位论文，在答辩完成后曾寄交给我，现在由上海古籍出版社出版（2005年版）。他在后记中说：“傅先生及时来函热心指导，并提出了珍贵的修改意见。”《中国社会科学》编辑部马自力同志的《中唐文人之社会角色与文学活动》，也原为北京大学袁行霈先生指导的博士学位论文，我曾参与答辩，此书也已出版（中国社会科学出版社，2005年版）。他在后记中叙及写作过程：“傅璇琮先生驰函关心我的写作，并以自己的翰林学士研究成果和最新编著的《翰学三书》相赠。”我确已养成编辑的职业习惯，即使有些学者邀我作序，我也总要通阅全稿，有时不止看一遍，还提出一些修改意见。如中山大学中文系吴承学教授请我为其所著《中国古代文体形态研究》（中山大学出版社，2000年版）作序，他在后记中说我“特地挤出时间阅读书稿，赶写序言，还就书稿一些文献和史料方面的问题，提出具体和中肯的意见，又为我寄来相关的参考资料”。浙江大学中文系胡可先教授在其所著《政治兴变和唐诗演化》（中国社会科学出版社，2003年版）的后记中述及我应约为此书写序时，“并对拙稿中的文献资料及理论观点都提出了中肯的意见。”

我并不为此而揄扬自己，而是想说明，编辑在自己长期的工作中会养成工作习惯，就是对书稿负责，不敷衍，不虚夸。而就我自己来说，如我应张世林同志之约，为其所编的《学林春秋》（朝华出版社，1999年版）撰文《我和古籍整理出版工作》，按规定，文前要有两句自勉的箴言，我写为：“我最大的心愿是为学术界办一些实事，我最大的欣慰是得到学界友人的信知。”我想这也可以是本文的结语。

闻一多与唐诗研究*

一

对于闻一多先生的唐诗研究，学术界存有不同的看法。特别是近些年来，闻先生论述过的好几个问题，差不多都有争论；有的虽然没有提到闻先生的著作，但是很明显，其基本论点与闻先生是不一致的。如初唐诗，是否就是类书的堆砌与宫体的延续；唐太宗对唐初的文学发展，是否就只起消极作用；卢照邻的《长安古意》、刘希夷的《代悲白头翁》、张若虚的《春江花月夜》，是否就如闻先生所说的属于宫体诗的范围，它们在诗坛的意义用“宫体诗的自赎”来概括是否确切；“四杰”在初唐诗歌史上的出现，是一个整体，还是两种不同的类型；孟浩然是否就是“为隐居而隐居”而没有思想矛盾；中唐时的卢仝、刘叉，是否是“插科打诨”式的人物；贾岛诗是否就那样的阴暗灰色，等等。

以上的问题涉及闻一多先生关于唐诗的专著《唐诗杂

* 原载于《清华大学学报》1986 年第 2 期。

论》的大部分篇目。闻先生的另一部唐诗著作《唐诗大系》，是一部唐诗选本，书中所选的作家大多标有生卒年。这是闻先生对于唐诗所作的考证工作的一部分，在一个较长的时期内为研究者所信奉，有时还作为某些大学教材的依据。但这些年以来，有不少关于唐代诗人考证的论著，对书中所标的生卒年提出异议，另立新说。

以上这些情况，已经牵涉到对闻先生唐诗研究某些基本方面的估价。①

应该怎样来看待这些问题呢？

科学研究是不断深化、不断发展的认识运动。科学史的实例表明，没有一个大师的观点是不可突破的。新材料的补充和发现，新学说的提出和建立，构成科学发展的最根本的内容。闻先生进行唐诗的研究，是在20年代末到40年代初，过了四五十年，学术界出现了与闻先生意见不相同的新看法，修订了其中某些不大符合文学史实际的论点，这正是学术研究自身发展的正常现象。如果说，过了将近半个世纪，我们的唐诗研究还停留在20～40年代的水平，研究者的眼光还拘束在闻先生谈论过的范围，那才是可怪的了。

对唐代文学研究的迅速进展，要有一个充分的估计。建国以前，

---

① 根据现有的研究资料，我们知道闻先生在唐诗研究方面有一个庞大的计划。但公开发表的只有《唐诗杂论》和《唐诗大系》，分别收载于已经出版的《闻一多全集》第三册和第四册。据说还有不少有关唐诗的手稿有待整理，其数量大大超过已经发表的《唐诗杂论》和《唐诗大系》。从一些回忆录的文章来看，这些手稿大部分属于资料的辑集与考订。由于尚未问世，这里暂不论列。另外，郑临川先生过去曾在西南联大听过闻先生的课，他有《闻一多论古典文学》一书出版(重庆出版社 1984 年 11 月版)，是经过整理的讲课记录。我们要感谢郑临川先生，他的这份记录是很宝贵的，其中唐诗部分可以给人很多的启发。但为慎重起见，本文论述仍以已经出版的《全集》为依据。

我们的一些前辈们对唐代文学做了不少开拓性的工作，我们应当特别提到闻一多先生及郑振铎、罗根泽、李嘉言等已故老一辈学者。但唐代文学研究真正沿着正确的方向，有计划地进行，并做出较大成绩的，是建国以后，特别是近七八年以来。对这些年来唐代文学的突出进展，我曾归纳为四个方面，概括说来就是：(1)填补了不少空白，尤其是注意到了对某一历史时期文学加以综合的考虑和概括，力图从中探求文学发展的带有规律性的东西。(2)拓展了研究领域。(3)对作家作品的考订更加细致精确。(4)对诗歌艺术性分析的加强。我们是站在学术繁荣的新的高度来回视前辈学者的成就的。靠了许多人的努力，我们把学术道路往前延伸了一大段，再回过头来看看前人铺设的一段，我们有理由为自己用汗水(有时还有血泪)开拓的一段高潮，但绝无理由因此而鄙薄前人的那一段，尽管那一段比起现在来似乎并不那么宽阔，或者甚至还有弯路，但我们毕竟是从那一段走过来的。要知道，在崎岖不平的学术道路上，要跨过一段，哪怕是一小段，是多么的不容易，有时看来甚至是不可能的，而这一段或一小段，就是前行者的历史功绩。

我觉得，在唐代文学研究取得相当大进展的今天，我们来谈论闻一多先生的唐诗研究，如果只是扣住某一些具体论点，与现在的说法作简单的对照，以此评论其得失，恐怕是没有什么积极意义的。对我们有意义的是，前辈是在什么样的情况下开拓他们的路程的，是风和日丽，还是风雨交加；他们是怎样设计这段路面的，这段路体现了创设者自身的什么样的思想风貌；我们对于先行者，仅仅作简单的比较，还是努力从那里得到一种开拓者的启示。

这就需要我们思考：闻一多先生是在什么样的观念下来建立他的研究体系的？

二

为了叙述的方便，在具体评论闻先生的唐诗研究之前，我想先概略地回顾一下他的古代研究，以便使我们对问题有一个总体的认识。

朱自清先生在为《闻一多全集》所作的序中，对闻先生作为诗人、学者、民主斗士的三者关系，作了很好的说明：

> 他是一个斗士。但是他又是一个诗人和学者。这三重人格集合在他身上，因时期的不同而或隐或现。……学者的时期最长，斗士的时期最短，然而他始终不失为一个诗人，而在诗人和学者的时期，他也始终不失为一个斗士。

这几句话对于我们认识闻先生的古代研究，包括他的唐诗研究，是非常重要的。这就是说，闻先生并不满足于把自己关在书斋里搞那种纯学术的研究，而是努力把自己的学术工作与当前的伟大斗争相联系，从文化学术的角度对民族的历史命运作理智的思索。综观闻先生关于先秦《周易》、《诗经》、《庄子》、《楚辞》以及远古神话的研究，不难感觉到他的两个鲜明的特点，一是对于民族文化的总体探讨，二是对于传统的严肃批判。

“我是把古书放在古人的生活范畴里去研究”。① 这可以看作是闻先生进行他古代研究的一种基本方法，他总是想透过书本来剖析活的社会。他在抗战时期的一篇文章中说：“二千年来士大夫没有不读儒

---

① 刘煊《闻一多评传》(北京大学出版社 1983 年 7 月版)第 275 页，谓转引自陈凝《闻一多传》第 3 页，民享出版社 1947 年 8 月版。

家经典的，在思想上，他们多多少少都是儒家的，因此，我们了解了儒家，便了解了中国士大夫的意识观念。”(《什么是儒家》)多么精辟的论断！他就是在这种整体观念下建立他的研究格局的。

花了十年左右才成书的《楚辞校补》，出版后被公认为文献研究中的力作，他在书前的“引言”中说：

> 较古的文学作品所以难读，大概不出三种原因。(一)先作品而存在的时代背景与作者个人的意识形态，因年代久远，史料不足，难于了解；(二)作品所用的语言文字，尤其那些“约定俗成”的白字(训诂家所谓“假借字”)最易陷读者于多歧亡羊的苦境；(三)后作品而产生讹传本的讹误，往往也误人不浅。《楚辞》恰巧是这三种困难都具备的一部古书，所以在研究它时，我曾针对着上述诸点，给自己定下了三项课题：(一)说明背景，(二)诠释词义，(三)校正文字。

郭沫若先生在为《闻一多全集》作序时，曾特别注意到了这一段文字，并且敏锐地觉察到其中的第一项“是属于文化史的范围，应该是最高的阶段”。《楚辞校补》的这一段话，实际上是闻先生对自己十余年来学术道路的一个小结，也使他更加明确了学术思想上的追求方向和所要努力达到的境界。

表面看起来，对于先秦，闻先生所做的似乎只是专书整理，实际上他所要努力触及的是“时代背景”与“意识形态”，也就是整个时代的历史文化。我们不妨举几个例子。他著《周易义证类纂》，是想“以钩稽古代社会史料之目的解《周易》”，于是“依社会史料性质，分类录出”，把《周易》的文句主要分成三大类，每一大类又分别几个小类，如：

一、有关经济事类：甲、器用，乙、服饰，丙、车驾，丁、田猎，戊、牧畜，己、农业，庚、行旅。

二、有关社会事类：甲、婚姻，乙、家庭，丙、家族，丁、封建，戊、聘问，己、争讼，庚、刑法，辛、征伐，壬、迁邑。

三、有关心灵事类：甲、妖祥，乙、占候，丙、祭祀，丁、乐舞，戊、道德观念。

这就是从“时代背景”到“意识形态”，对《周易》作社会文化史的研讨。他的《风诗类钞》，体例也与此相似。在《序例提纲》中，闻一多先生首先提出对《诗经》有三种旧的读法，即经学的、历史的、文学的，而他这本书的读法则是“社会学的”。他把《诗经》的国风部分重新编次，分三大类目，即婚姻、家庭、社会。他认为这样重新编排和注释，国风就“可当社会史料文化史料读”，同时，“对于文学的欣赏只有帮助无损害”。闻先生并不抹杀《诗经》的文学性质，他在译注中很好表达了国风作为抒情诗的艺术特点。他是要充分利用文学反映社会生活和时代精神的特殊手段，来揭示那一时代活的文化形态，并把这种形态拿来直接与今天的读者见面，这就是他所说的“缩短时间距离——用语体文将《诗经》移至读者的时代，用下列方法(按即用考古学、民俗学、语言学的方法——引者)带读者到《诗经》的时代”。

显然，闻先生这样做，并不单纯是追求一种学术上的新奇，或者仅仅是一种研究趣味，他是把昨天的历史与今天的现实联结，以古代广阔的文化背景给现实以启示，把他那深沉的爱国主义用对祖国文化的反思曲折地表现出来，来探求我们民族前进的步子。同样，他之所以又从《诗经》、《楚辞》而上溯到神话的研究，用他自己的话来说，是“神话在我们文化中所占势力之雄厚”(《伏羲考》)，是为了探求“这民族、这文化”的源头，“而这原始的文化是集体的力，也是集体的诗，他也许要借这原始的集体的力给后代的散漫和萎靡来个对症下药吧”(朱自清《全集》序)。

闻先生古代研究的另一特点是对传统的批判，而这种批判又植根于他对祖国历史文化的赤子之爱。对于中国的传统文化，他有一个明确的观念，就是："文化是有惰性的，而愈老的文化，惰性也愈大。"(《复古的空气》)他早年有一首题为《祈祷》的诗，其中说：

请告诉我谁是中国人，
启示我，如何把记忆抱紧；
请告诉我这民族的伟大，
轻轻的告诉我，不要喧哗！

诗人出于对自己人民的爱，提出“如何把记忆抱紧”，而且深情似的请求："请告诉我这民族的伟大"。应当说，这种故国乔木之思正是他作为诗人、学者、斗士的根本动力，而作为清醒的爱国者和严肃的学者，他并不沉湎于历史，也不陶醉于传统。经过审视，他愈来愈感到古老文化中的惰性；这种惰性，更由于当时国民党的反动政策而得到加强。批判封建传统，揭露古老文化的惰性和一切不合理成分，在当时的实际意义，就是反对黑暗统治，为民主革命而斗争，这正标志着闻一多先生爱国思想的升华。

在这方面，闻一多先生的态度有时是很激烈的，有些地方甚至使人感到竟有些偏颇。如说："愈读中国书就愈觉得他是要不得的"，

“封建社会的东西全是要不得的”(《五四历史座谈》)。这种有激而发的语句并非出于一时冲动，而是植根于严正学者的冷静思索：

> 周初是我们历史的成年期，我们的文化也就在那时定型了。当时的社会组织是封建的，而封建的基础是家族，因此我们三千年来的文化，便以家族主义为中心，一切制度，祖先崇拜的信仰，和以孝为核心的道德观念等等，都是从这里产生的。(《家族主义与民族主义》)

1943年冬，他在一封信中说到，“经过十余年故纸堆中的生活，我有了把握，看清了我们这民族、这文化的病症”(《给臧克家先生信》)。从这里我们可以看到，闻一多先生那种广阔的文化史研究如何加深他对民族历史文化的认识，又是如何促进他对传统的毫不留情的批判。正如与闻先生共事十余年，深知其治学历程的朱自清先生所说，“是在开辟着一条新的道路，而那披荆斩棘，也正是一个斗士的工作”(《全集》序)。

要知道，闻一多先生是在中华民族正在经历生死存亡的大搏斗中进行他的文学创作和学术研究的，这一严峻的环境不仅影响他的诗作，也影响他的学术著作。他不可能像我们现在那样在一个平和的环境中从事于学术探讨。激烈的政治、思想和文化上的斗争，使他本来具有的那种诗人浪漫气质，强烈影响到论著中去，使犀利的笔锋更带有逼人的气势。这是当时的环境所促成的。事过几十年，当我们在完全不相同的环境来讨论那些问题，会觉得闻先生的某种片面性(当然，从历史主义观点看，这点也不需要讳饰)，但我们首先应当看到这种把学术研究与实际斗争相结合，在近代中国思想文化史上如何放射出永远值得人们珍视的异彩！

三

我们在前一节中用一定的篇幅论述了闻一多先生的古代研究，为的是有助于对他的唐诗研究工作的理解。先从宏观上来把握闻先生的研究格局和学术体系，那么闻先生对唐诗的一些具体看法，才不致被误解。

闻先生对唐诗有一个相当规模的研究计划。1933年9月，刚到清华大学不久，他在给友人饶孟侃的信中谈了近年来从事的学术项目，共有八项，除了《诗经》、《楚辞》各占一项外，其他六项全是唐诗，它们是：

《全唐诗校勘记》：校正原书的误字。

《全唐诗外编》：收罗《全唐诗》所漏收的唐诗。现已得诗一百余首，残句不计其数。

《全唐诗小传补订》：《全唐诗》作家小传最了草。拟订其误，补其缺略。

《全唐诗人生卒年考》。

《杜诗新注》。

《杜甫》(传记)。

从这个项目来看，他的研究格局也如同《楚辞校补》，先做文字校订和字义训释的工作，然后再进行综合的研究。过去一些研究者强调闻先生继承清代朴学家训诂学的传统，这是对的，但仅仅讲这一点是不够的，应当说闻先生是多方面地承受了前代学者的优良学风。譬如清初思想家黄宗羲说“读书不多无以证斯理之变化”，顾炎武主张“博学以文”，闻先生每做一项研究，都尽可能搜罗有关材料，以求彻底解决，都与这些大学者的学术思想有关。至于他的大胆怀疑的精神，敢于立异的新颖之说，更是受清代学风中积极因素的影响。这些，在他的唐诗研究中也可以看得很清楚。

《唐诗杂论》中的《少陵先生年谱会笺》发表于1930年，这是他一系列唐诗研究中所作出的最早的业绩。从这一篇较侧重于资料编排的文章中，我们已经可以看出其眼光的非同一般。譬如他注意辑入音乐、绘画、文献典籍等资料，如开元二年杜甫三岁时，根据《唐会要》、《雍录》等书，记设置教坊于蓬莱宫侧，玄宗亲自教以法曲，称为“梨园弟子”。开元四年、五年，连续记载于洛阳设置乾元院（后改丽正书院），辑集群书。开元十五年，记徐坚纂修文艺性类书《初学记》成。开元二十年，吴道玄作“地狱变相图”。开元二十九年，崇玄学，以《老子》、《庄子》、《文子》、《列子》为“四子”，并作为科举考试明经举的依据。天宝三年，芮挺章选开元初以来的当时人诗为《国秀集》。年谱中又以较多的篇幅记载佛教的活动，如开元七年《华严论》成，八年印度金刚智、不空金刚来华（合善元畏称“开元三大师”），开元十八年僧人智升撰《开元释教录》（此书为我国唐以前佛教经录之总汇），开元二十四年五月名僧义福卒，赐号大智国师，七月葬于洛阳龙门之北，送葬有数万人，大臣严挺之为作碑。宋代以来，为杜甫作年谱者不下几十家，但都没有像闻先生那样，把眼光注射于当时的多种文化形态，这种提挈全局、突出文化背景的做法，是我国年谱学的一种创新，也为历史人物研究作出新的开拓。

在这以后，闻先生继续沿着这一治学方向发展，他的方法运用得更加自如，创获也更加显著。他从不孤立地论一个个作家，更不是死守住一二篇作品。他是从整个文化研究着眼，因此对唐诗的发展就能把握大的方面，着力探讨唐诗与唐代社会及整个思想文化的关系，探究唐诗是在什么样的社会环境中发展的，诗人创作的缺点怎样与其生活环境与文化氛围发生密切的联系，等等。总之，他是站在一个新的高度，以历史的眼光，观察和分析唐诗的发展变化，冲破了传统学术方法的某种狭隘性和封闭性。这是闻先生唐诗研究的极可宝贵的思想遗产，是值得我们很好吸取的。

《唐诗杂论》中的《类书与诗》、《宫体诗的自赎》、《四杰》三篇属于初唐诗的研究。不必讳言，闻先生对初唐诗的具体论述有不够确切、不够全面之处。他对于初唐诗的消极面看得多了些，对初唐诗为盛唐诗歌的发展准备思想和艺术方面的条件估计不够充分。对于唐太宗李世民作用的评价也不恰当，他单以某种欣赏趣味的高低来把唐太宗与隋炀帝作类比，认为唐太宗鉴别诗歌的眼力大大低于隋炀帝，在《类书与诗》的末尾还得出这样结论性的意见："太宗毕竟是一个重实际的事业中人；诗的真谛，他并没有，恐怕也不能参透。他对于诗的了解，毕竟是个实际的人的了解。他所追求的只是文藻，是浮华，不，是一种文辞上的浮肿，也就是文学的一种皮肤病。"近年来，唐代文学的研究，已经纠正了长期以来对唐太宗评价过低的偏向。

我觉得，时过几十年，再来具体讨论某一人物、某一作品评价的得失，并不能对我们的思考有多大的意义。对我们有意义的，是闻先生研究初唐诗的角度，以及他对这一阶段文学变迁审视的眼光，在这里，我们就会发现闻一多先生所特有的气度和魄力。

闻先生始终把文学看作为一种历史运动，他把文学发展作为动态来把握。他并不把诗的初唐看作一个笼统的概念，而把它分成两个阶段，即唐政权建立(公元 618 年)到高宗武后交割政权(公元 660 年)，这是前五十年；在这之后到开元初(公元 712 年)，是另一阶段。闻先生这样描写两个阶段交接的情况：

> 靠近那五十年的尾上，上官仪伏诛，算是强制的把“江左余风”收束了，同时新时代的先驱，四杰及杜审言，刚刚走进创作的年华，沈宋与陈子昂也先后诞生了，唐代文学这才扯开六朝的罩纱，露出自家的面目。(《类书与诗》)

这就是文学发展的动态叙述，正好像前面引述过的《风诗类钞·序例提纲》所说的“带读者到《诗经》的时代”那样，作者也是力求给今天的读者看到那个活的时代。

文章接着说：“所以我们要谈的五十年，说是唐的头，倒不如说是六朝的尾。”这又是把文学放在它自身的历史运动中来考察，而不拘牵于封建王朝的兴替。——要知道，在闻先生的年代，谈中国历史要打破王朝体系真不知道有多少困难。据朱自清先生介绍，闻一多先生抗战时期讲授中国文学史时，曾有一份《四千年文学大势鸟瞰》提纲，将四千年的中国文学分为八大期，其中第五期名为“诗的黄金时期”，系自东汉献帝建安元年至唐玄宗天宝十四载(公元 196～755 年)，五百五十九年。由此可见，初唐第一阶段的五十年，只不过是这一时期的一个极为短的过渡期。

接着，闻先生就展开了他那特有的历史文化的综合研究。对初唐诗，他提出三个动向，一是诗的学术化，以词藻的堆砌作诗，于是发展了类书；二是宫体诗的衍变，诗的情趣怎样由亵渎走向净化；三是由于作家身份的变异，一批新人走上文学舞台，诗的题材也得到了解放，即由宫廷走到市井，从台阁移至江山与塞漠。而前两点，也正是从那“说是唐的头，倒不如说是六朝的尾”的著名论断出发的，指出它们都与六朝诗风紧相关连。他说：“寻常我们提起六朝，只记得它的文学，不知道那时期对于学术的兴趣更加浓厚。唐初五十年所以像六朝，也正在这一点。这时期如果在文学史上占有任何位置，不是因为它在文学本身上有多少价值，而是因为它对于文学的研究特别热心。”然后他举出从太宗时期到开元时所编修的数量众多、篇幅浩繁的类书，写道：

> 《文选》注《北堂书钞》《艺文类聚》《初学记》初唐某家的诗集。
>
> 我们便看出一首初唐诗在构成程序中的几个阶段。

这几句话真是所谓“立一篇之警策”！在这之前，有谁论述初唐诗，会把它与六朝及唐初的学术风气相联系，有谁会想到唐代前期，大量编修类书是出于一种文学风格的需要。读闻先生的这些著作，确定会有一种启人思考的崭新和开拓之感。

《春江花月夜》算不算宫体诗，学术界还有争论。① 闻一多先生在《宫体诗的自赎》中，主要并不在于讨论这首诗是否属于宫体诗的范围，而是从历史变迁的角度，着重探讨了唐初将近一百年的时期，诗人们怎样以自己的努力，来扫除齐梁以来弥满于诗坛的这种恶浊空气。那种“人人眼角里是淫荡，人人心中怀着鬼胎”，“在一种伪装下

① 见程千帆《张若虚〈春江花月夜〉的被理解和被误解》(《文学评论》1982 年第 2 期)，周振甫《〈春江花月夜〉再认识》(《学林漫录》第七集，中华书局 1983 年 3 月版)，吴小如《说张若虚〈春江花月夜〉》(《北京大学学报》1985 年第 5 期)。

的无耻中求满足”的宫廷艳情诗，实际上只不过是“一种文字的裎裸狂”。但这种诗风盛行已久，隋末的政治风暴并没有把它们驱散，在唐初又适应宫廷的需要而得以继续存在，而且“词藻来得更细致，声调更流利，整个的外表显得更乖巧，更酥软”。闻先生在这里揭示了文学上的一条规律，那就是文风的转变有时是相当艰巨的，它不能单靠政治的力量，而是更靠作家们在长时期的创作实践中，经过自我的斗争和提高，才得以逐步完成。冲破齐梁以来诗坛中萎靡不振的那种“虚伪的存在”，开始是卢照邻的《长安古意》，它通过歌唱长安的繁华，教给人们“如何回到健全的欲望”。但这首诗在形式上还不够成熟，感情又过于狂放，好似狂风暴雨，虽有气势，不能持久，不易为许多人所接受。于是接着出现了刘希夷的《代悲白头翁》：“洛阳女儿好颜色，坐见落花长叹息。今年花落颜色改，明年花开复谁在？……年年岁岁花相似，岁岁年年人不同！”闻先生指出这首诗里潜藏着一种“宇宙意识”，这就是从美的暂促性中认识到“永恒”。这已经超过了《长安古意》“共宿倡家桃李蹊”的狂放，一跃而进到对青春年华的圣洁般的赞叹。接着就到了张若虚的《春江花月夜》：

> 江畔何人初见月？江月何年初照人？人生代代无穷已，江月年年只相似。不知江月待何人，但见长江送流水。

这就是“更夐绝的宇宙意识！一个更深沉、更寥廓、更宁静的境界！”因为在这里，已经把宫体诗所散发的一切污浊从诗境中完全排除出去，把男女间刻骨的相思之情，真正用庄严的诗笔表达出来，而且赋予这种真情以哲理的光辉。诗的最后四句：“斜月沉沉藏海雾，碣石潇湘无限路。不知乘月几人归，落月摇情满江树！”闻先生赞叹道：

> 这里一番神秘而又亲切的，如梦境的晤谈，有的是强烈的宇宙意识，被宇宙意识升华过的纯洁的爱情，又由爱情辐射出来的同情心，这是诗中的诗，顶峰上的顶峰。

从这里我们可以看到闻先生怎样把审美活动与哲理研究融汇在一起，怎样把文风的改革放在历史文化的宏大背景下加以观照。可以想见，这在当时国民党统治区的恶浊环境中，在小市民庸俗情调的包围中，对提高人们的艺术鉴赏水平，培养纯真的审美情趣，会有什么样的意义。

另外，从对贾岛的评论中，我们又可看到闻一多先生对传统批判的特点。贾岛是中晚唐之际有独特成就的诗人，明代著名的诗评家胡应麟曾说："曲江之清远，浩然之简淡，苏州之闲婉，浪仙之幽奇，虽初盛中晚，调迥不同，然皆五律独造。"(《诗薮》)这种幽奇的诗风，大行于晚唐五代："唐末五代，……大抵皆宗贾岛辈，谓之贾岛格。"(宋胡仔《苕溪渔隐丛话》)可能有人觉得闻一多先生对贾岛诗评价得太低了。应当说，对贾岛诗的评价，是学术上的百家争鸣问题，可以各抒己见，而且以后还会出现新的争论。值得注意的是，闻先生在《贾岛》一文中提出了一个富有启发性的问题："你甚至说晚唐五代之际崇拜贾岛是他们那一个时代的偏见和冲动，但为什么几乎每个朝代末叶都有回向贾岛的趋势？宋末的四灵，明末的钟谭，以至清末的同光派，都是如此。"这就把问题一下子提高了。作者接着犀利地提出：

> 可见每个在动乱中毁灭的前夕都需要休息，也都要全部的接受贾岛。

这里把贾岛对后世诗人的影响提到某种规律性的高度。闻先生是环绕诗歌与生活的关系这一文学的根本问题来展开的。他把贾岛生活的中晚唐之际，形象地比喻为“一个走上了末路的，荒凉、寂寞、空虚，一切罩在一层铅灰色的时代”。贾岛早年又曾出家为僧，出世超尘的早期经历，养成了“属于人生背面的，消极的，与常情背道而驰的趣味”。中年后还俗，屡考不中，仕途无望。时代还是那个时代，一个以自我得失为中心的诗人只能背对着生活，那种荒凉得几乎狞恶的“时代相”也激发不起他的任何诗情，禅宗与老庄思想又乘虚而入。这就使他爱静、爱瘦、爱冷，爱这些情调的象征——鹤、石、冰雪。贾岛的诗正是使那种远离生活而又陷于苦闷、无所作为的人们得到某种虚幻的满足。在年龄上，比起白居易、孟郊、韩愈以及张籍、王建来，贾岛是晚辈，是青年，然而在诗的情调上，他比起这些前辈诗人来，又是那么阴霾、冷漠，而且显得如此的疲乏。这种评论是否太苛刻了呢？不，要知道，闻一多先生并不单为贾岛而发，而是超越贾岛，把批判的锋芒指向社会：“老年中年人忙着挽救人心、改良社会，青年人反不闻不问，只顾躲在幽静的角落里做诗，这现象现在看来不免新奇，其实正是旧中国传统社会制度下的正常状态。”这是一种畸形，却又是旧制度（包括闻先生所处的国民党统治区）的正常产物。闻一多先生这里把古代研究与现实批判有机地结合起来。

在抗战后期，闻一多先生一方面看到国统区某些文艺作品因脱离生活而显得苍白无力，另一方面又接触到抗日根据地刚健质朴、有丰富生活内容的新作。由此出发，他特别强调生活对文学的重大作用。他称赞田间的诗是时代的鼓手，说“它所成就的那一点，却是诗的先决条件——那便是生活欲，积极的、绝对的生活欲”。又说：“你说这不是诗，因为你的耳朵太熟习于‘弦外之音’……那一套，你的耳朵太细了。”(《时代的鼓手》)他强调诗要有骨骼，“这骨骼便是人类生活的经验”(《邓以蛰〈诗与历史〉题记》)。正是从这点出发，他批判了贾岛，又高度评价了孟郊。他认为孟郊虽没有像白居易那样写过成套的“新乐府”，但是他有穷苦的生活作基础，并不追求闲情逸致，“他的态度，沉着而有锋”(《〈烙印〉序》)。他说，苏轼诋毁孟郊的诗，那是出于苏轼的标准，“我们只要生活，生活磨出的力，像孟郊所给我们的，是‘空螯’也好，是‘蜇吻涩齿’或‘如嚼木瓜，齿缺舌敝，不知味所存’也好，我们还是要吃，因为那才可以磨炼我们的力”(同上)。无论对于贾岛或孟郊，我们现在看来，闻先生的评价或许还有不够全面的地方，但他直探本源，抓住要害，并联系广阔的社会环境，对传统的弊病和现实的症结作犀利的批判，那种眼光与手力，到现在还能给我们以启示。

四

在前面一节中，主要是联系闻一多先生的整个古代研究，就注意于文化史的总体探讨和对传统的批判两点，来探索闻先生在唐诗研究上所作的贡献，目的在于从大的方面把握他的研究体系和研究格局。我想，这可能比讨论一个个具体问题，对我们今天的研究来说要有意义一些。当然，闻先生唐诗研究的建树还不止这些，还可以举出一些问题来谈，如《岑嘉州系年考证》对于盛唐边塞诗人岑参的生平考证，工力深厚，直到现在还可作为依据；又比如《唐诗大系》所选的诗，既能照顾到各种时期，各流派的作家，又能选择其中的艺术珍品，是很有特色的唐诗选本。① 闻先生所作的《全唐诗》的文字校勘和作品辑

① 闻先生的《唐诗大系》也是应该谈的，但这涉及对不少作品的看法，又牵涉不少诗人生卒年等考证问题，我希望以后有机会另写专文评论。

佚，以及作家小传订补，其手稿有待整理，一定还有不少富有成果的学术遗产可借探究。以上这些，本文就不再详细论述了。这里拟简单补充一点的，是闻先生学术文章的艺术美。

闻先生诗人的素养和优美的文笔使得他的学术文章有一种难以企及的诗的境界。关于这一点，朱自清先生曾经谈到过："他创造自己的诗的语言，并且创造自己的散文的语言。诗大家都知道，不必细说；散文如《唐诗杂论》，可惜只有五篇，那经济的字句，那完密而短小的篇幅，简直是诗。"①《唐诗杂论》的这几篇文章，对学术论著如何做到既富有理致，又能给人以艺术享受，很能给人以思考。当然，要做到这一点，须要具备多种条件，要有生活阅历，要像闻先生那样有对传统文化广博的学识，还要有很高的艺术素养，能够品味出艺术美的细致精妙之处。譬如他的《英译李太白》一文，谈到李白诗的翻译成英语的问题，说："形式上的秾丽许是可以译的，气势上的浑璞可没法子译了。但是去掉了气势，又等于去掉了李太白。"又如孟浩然的清逸淡远的风格，说："孟浩然不是将诗紧紧的筑在一联或一句里，而是将它冲淡了，平均的分散在全篇中。"(《孟浩然》)这些都不是一般的鉴赏水平所能说出的。又譬如他讲到庄子时，说庄子"是一个抒情的天才"，然后举出《庄子》中这样的文句："送君者皆自厓而返，君自此远矣！"说果然是读了"令人萧蓼有遗世之意"。把学术文章当作美文来写，这方面，闻先生也给后来者树立了一个不太容易达到的标准。限于篇幅，这个问题只能提一提，其实这是很值得写一篇专文来谈的。

---

① 朱自清《中国学术的大损失——悼闻一多先生》，载《闻一多纪念文集》，三联书店编，1980年8月版。

一种文化史的批评*

——兼谈陈寅恪的古典文学研究

一

陈寅恪先生是一位史学家，同时他对古典文学又有强烈的爱好。读他的全部著作，可以感受到冷静而理智的学术品格与内在的对人生的激情的融合。1953年秋他在广州，这时他早已年过花甲，又因为病目，读书写文十分艰辛，一次听人读清初钱塘才女陈端生所作的弹词体小说《再生缘》，不禁动隔代之悲，满含感情地写上了“高楼秋夜灯前泪，异代春闺梦里词”的诗句(详见《论再生缘》，《寒柳堂集》77页)。他是执着于做学问的，在这首诗的末了，他不无自嘲但却是坚定地表露心意：“文章我自甘沦落，不觅封侯但觅诗。”不论是他因世局的变化而被迫流徙，或暂时觅得一个安定的环境，他总以寒士自命。他晚年不无感伤地写了一篇赠序，自伤长期过着幽居的生活：“此岂寅恪少时

* 原载于《中国文化》创刊号，1989年12月。

所自待及异日他人所望于寅恪者哉?"但他仍然斩钉截铁地说:"默念平生固未尝侮食自矜,曲学阿世,似可告慰于友朋。"(《赠蒋秉南序》,《寒柳堂集》162页)他非常看不惯做学问上一种只求"速效"的"夸诞之人",他讽刺这种学风为"声誉既易致,而利禄亦随之"(《陈垣元西域人华化考序》,《金明馆丛稿初编》238页)。因此,他在抗战时期为邓广铭先生的《宋史职官志考证》作序,极力赞扬邓先生摈弃世务,"庶几得专一于校史之工事",并且不无天真地说:"不屑同于假手功名之士,而能自致于不朽之域"(《金明馆丛稿二编》246页)。

在写"不觅封侯但觅诗"时,陈寅恪已经想要写《再生缘》的研究文章了。他是历史上少有的既能潜心于学术研究而取得大成就又具有博丽深邃的才情在文学创作上自树高格的一代大师。他在长期的史学研究中总是未能忘情于对文学的研究,特别是对诗的研究。抗战刚结束,他远涉重洋,飘泊万里,到英国医治眼疾,却未能治好,这个不幸的消息带给他的失望和打击是可以想见的,但这时那种学术上的渴求似乎更为强烈了。他在《来英治目疾无效将返国写刻近撰元白诗》的七律中,自抒当时的心情:"馀生所欠为何物,后世相知有别传";他要"归写香山新乐府",——这就是他于50年代初初版,后又经他自己两次刊正而重印的《元白诗笺证稿》。他对白居易诗相当精熟,而且一直颇有感情,早年有好几篇史学论文中引用白诗来考证史事,这时在目疾医治无效的景况中又发愤写元白诗的专著。直到七十多岁,他在一首诗中,感慨时势和身世,曾有"十部儒流敢道贫"之叹,但还是寄情于白诗:"文章堆几书驴券,可有香山乐府新?"(《癸卯冬至日感赋》)

我这里引用这位史学家的一些抒情诗文来作为文章的开头,是想说明,我们面对的不是仅仅只在某一专题领域有其特长的学者,而在他的著作中，在它们的繁复征引和绵密演绎的深处，有着诗的才情的潜流，有着超越于史事证述的对人生、对社会的深刻思考。对于这样一位学者的认识，不是一次或一代人所能完成的。它们像世界上为数不多的文学作品和学术专著那样，我们每次阅读它们，都会发现一些过去没有觉察到的有意义的内容。笔者本人就有这样的体验：20岁出头时第一次读《元白诗笺证稿》，为其中考证“七月七日长生殿，夜半无人私语时”的新鲜结论而得到年轻人那种单一的求知心理的满足。年纪稍大一些，在一种左的政治气氛中看到对这位学者的批判；自己在学问路途中偶有所获，也发现书中有些具体的材料和叙述上的疏失，于是就把这部《元白诗笺证稿》束之高阁了。过了二十余年，正如白居易所说的，“年齿渐长，阅事渐多”，再来阅读这部书和陈寅恪的其他一些论著，竟然如读新著，恍然有从未寓目之感，感受到一种巨大的吸引。似乎读的不是多少带有艰涩的学术论著，而是有着一种强烈的艺术魅力的文学创作，使人得到欣悦的、难以忘怀的美的享受。

二

那么，陈寅恪著作的吸引力究竟在哪里呢？

过去有一种误解，就是只把陈寅恪看成为一个考据家。从这个角度来评论，带有褒义的是赞许他详细地占有资料，并且提出在掌握资料上要争取“超过陈寅恪”（郭沫若《文史论集》15页）；而带有贬义的，则认为他的史事考辨繁琐冗长，意义不大。

陈寅恪当然是强调原始资料的重要性，强调对资料和史事进行严密的考证的，但把陈寅恪的学问归结为考据，那只是看到它的极为次要的部分。从考据和资料上超过陈寅恪，应当说并不十分困难，他自己也说过：“夫考证之业，譬诸积薪，后来者居上，自无胶守所见，一成不变之理。”(《三论李唐氏族问题》，《金明馆丛稿二编》304 页)在陈寅恪之后，无论是史学还是古典文学研究，都有一些论著，在材料考证和具体史事的辨析中对他的著作有所修正。科学研究是不断深化、不断发展的认识运动。科学史的实例证明，没有一个大师的学说是不可突破的。新材料的补充和发现，新学说的提出和建立，构成学说发展的最根本的内容。陈寅恪难于超越之处，是他的通识，或用他的话来说，是学术上的一种“理性”(《王静安先生遗书序》，《金明馆丛稿二编》218 页)。这就是经过他的引证和考析，各个看来零散的部分综合到一个新的整体中，达到一种完全崭新的整体的认识。在唐代诗歌与唐代佛教的比较研究中取得卓越成就的复旦大学陈允吉同志，曾称誉陈寅恪的《论韩愈》一文是迄今韩愈研究中写得最好的一篇文章，他从而论述道：“陈寅恪先生的治学特点，主要表现在他具有过人的远见卓识。至于在细密的资料考证方面，倒并不是他最注意的。因此他所提出的一些新见解往往带有某种预见或推导的成分，需要后人根据他提供的线索去发掘、研究有关史料，才能得到实际的证明。”(《韩愈的诗与佛经偈颂》，载所著《唐音佛教辨思录》)这段话实在说得非常好，他准确地说出了对陈寅恪的学问真正有所认识的人的共同体验。

陈寅恪有几处提到过去一些史家只注意史料的排比和简单的归纳，而未能从这些排比和归纳中揭示出历史运动的一般意义。清代史评家赵翼在《廿二史札记》卷十一《江左世族无功臣》一书中掇拾了南朝时期从武功出身位至重臣大将的材料，陈寅恪在《魏书司马叡传江东民族条释证及推论》一文中提到了它，说：“赵氏此条却暗示南朝政治史及社会史中一大问题，惜赵氏未能阐发其义，即江左历朝皇室及武装统治阶级转移演变之倾向是也。”(《金明馆丛稿初编》94 页)他在这篇文章中，从赵翼提供的线索，论证了流徙于江东的中原大族如何一步步腐化，江南一带的寒族甚至少数民族的领袖如何在军事斗争中一步步获胜而进入统治阶级的上层，江南的政权构成又怎样发生新的变化。陈寅恪将这些历史现象提高到政治史和社会史来把握，这就好像一下子把灯点亮了，原来多少还带有朦胧不清的，这时都看得清清楚楚。这也就是他所说的，对历史的认识要摆脱“时间空间之限制”，达到“总汇贯通，了解其先后因果之关系”(《论隋末唐初的所谓山东豪杰》，《金明馆丛稿初编》231 页)。

又如他注意到白居易诗文中多讲到居官时的俸料钱问题。经过细致的探讨和分析，他发现，凡是中央政府官吏的俸料，史籍所载与白居易诗文所记的无不相合，独至地方官吏，则史籍所载与白氏所记多不相合，而白氏诗文所记的额数，都较史籍的为多，由此他推断说：“据此可以推知唐代中晚以后，地方官吏除法定俸料之外，其他不载于法令，而可以认为正常之收入者，为数远在中央官吏之上”(《元白诗中俸料钱问题》，《金明馆丛稿二编》69 页)。他在这篇文章说，关于白居易诗中屡次谈到俸料问题，不是他的首次发现，南宋人洪迈在《容斋五笔》卷八中已经提出来了。但他说：“本文材料虽亦承用洪氏之书，然洪氏《随笔》之旨趣在记述白公之‘立身廉清，家无馀积’，本文则在考释唐代京官外官俸料不同之问题，及证明肃、代以后，内轻外重与社会经济之情势，故所论与之迥别。”同样的材料，八百年前的史学家只从个人的道德修养着眼，赞美白居易作为一名朝廷官员的清廉，而陈寅恪却抓住了中晚唐的社会经济情势，并且还联系诗人杜牧等的仕历，把问题提到“中晚唐士大夫共同之心理及环境”。这就是说，中晚唐时期，由于内轻外重的经济情势，造成京朝官与地方官俸料收入的不等，而这种实际经济利益的差异，就形成士大夫的某种共同心理与立身处世的准则。陈寅恪有一种本领，他能够利用并不很多的常见材料，或者就用前人提供的线索，然后如禅宗那样地直指本性，一下子把具体材料提到历史发展普遍性的高度。他的这种提高或引申，当然并不都很准确，但你在沿着他的思路探寻时，拨开史料的丛林，穿过弯曲的溪流，你好像忽然来到一个山口，面对眼前展现的一片平芜，会有一种豁然开朗的美感。他的著作吸引人的地方就在这里。

陈寅恪还有一段非常精彩的话，但却常常被人所忽视。这段话是：

> 凡著中国古代哲学史者，其对于古人之学说，应具了解之同情，方可下笔。盖古人著书立说，皆有所为而发。故其所处之环境，所受之背景，非完全明了，则其学说不易评论，而古代哲学家去今数千年，其时代之真相，极难推知。吾人今日可依据之材料，仅为当时所遗存最小之一部，欲借此残余断片，以窥测其全部结构，必须备艺术家欣赏古代绘画雕刻之眼光及精神，然后古人立说之用意与对象，始可以真了解。所谓真了解者，必神游冥想，与立说之古人，处于同一境界，而对于其持论所以不得不如是之苦心孤诣，表一种之同情，始能批评其学说之是非得失，而无隔阂肤廓之论。

这是《冯友兰中国哲学史上册审查报告》中的话（《金明馆丛稿二编》247 页）。可能因为讲的是哲学史，史学研究者就未加注意，而研究哲学史的又可能由于陈寅恪是史学家，因而也未加细究了。过去在有关论述陈寅恪的文章中是很少引到这段话的。这段话的要点，在于对古人的学说，或推而广之对古人的生活、思想、感情及其所处的环境，要有一种"了解之同情"。一般来说，了解属于科学认识的范围，同情则属于感情的范围，陈寅恪把这两者结合起来，把了解作为同情的前提，同情作为了解的趋向，因而达到一个新的观念。他提到对古人的思想，要有艺术家欣赏绘画雕刻的眼光与精神，这在今天看来也是很新鲜的。对这点他虽然没有展开来论述，但可以看出，他是既把以往人类的创造作为自然的历史进程，加以科学的认知，而又要求对这种进程应该具备超越于狭隘功利是非的博大的胸怀，而加以了解，以最终达到人类对其自身创造的文明能有一种充满理性光辉的同情。——这，就是贯串在他大部分著作中的可以称为文化批评的学术体系。

三

陈寅恪有没有学术体系，论者不一，有的说有，有的说没有。说没有的并未加以申述，可以不论，说有的，就笔者所接触到的研究论文来看，似乎大多数是唐史学者，他们往往把陈寅恪所提出的"关中本位政策"作为他论述北朝至唐前期史事的支撑点，也就是把这一具体论点作为他的体系来看待的。

"关中本位政策"确是陈寅恪的一个重要学说观点，他认为北魏末期宇文泰在关陇地区(相当于现在陕西关中和甘肃东部一带)建立的北周政权，是由鲜卑族人为主体的胡汉集团所构成，李渊李世民父子代替隋朝建立唐朝，仍然继承宇文泰的"关中本位政策"，以与山东士族为代表的高门贵族相抗衡，这个关中本位政策后来被武则天的一系列用人政策所打破，到唐玄宗以后，关陇、山东两大势力集团又转化为外廷士大夫两个党派的斗争(即所谓牛李党争)。他企图以关陇集团的兴衰和分化为主轴线来说明北朝后期至隋唐数百年间历史演变的原因。

陈寅恪的这个观点对于隋唐史的研究有着深刻的影响，不少历史学著作或明或暗地沿用他的说法。但把它说成是他的整个学术体系，则不免以偏概全。陈寅恪的治学范围是很广的，除隋唐史以外，他还研究魏晋南北朝史、蒙古史、西域民族史，除历史学外，还研究佛学、文学、语言学等等，显然，“关中本位政策”这一具体论点并不能普遍地来说明他所涉猎的这些学术领域，而且，如果我们仔细地研究“关中本位政策”的内容，就不难发现它所包蕴的更深一层的含义。关于这一点，他在其专著《隋唐制度渊源略论稿》中有所阐释。他认为，宇文泰凭借原属北魏的六镇一小部分武力，西取关陇，建立北周政权，与山东、江左鼎立而三。但这时，以物质而论，其人力物力远不及高欢北齐所统辖的境域，以文化而言，则魏孝文帝以来的洛阳及继承洛阳的北齐邺都，其典章制度，实非历经战乱而致荒残僻陋的关陇所可并比，至于江左，虽然武力较弱，却以华夏文化正统自居，而且梁武帝时正是江南政治相对稳定，经济文化较为发达时期。在作了这样比较后，陈寅恪提出：“故宇文苟欲抗衡高氏及萧梁，除整军务农、力图富强等充实物质之政策外，必应别有精神上独立有自成一系统之文化政策，其作用既能文饰辅助其物质即整军务农政策之进行，更可以维系其关陇辖境以内之胡汉诸族之人心，使其融合成为一家，以关陇地域为本位之坚强团体。”(《略论稿》三《职官》)从这一表述中，我们可以看到，他所指的“关中本位政策”实际上是一种文化政策，因此他在另一处即称之为“关陇文化本位之政策”。他认为北周政权的成功，就是由于它的文化政策的成功，陈寅恪把这称之为“维系人心之政策”。由此可见，他提出“关中本位政策”，其着眼点是在文化。他曾谈过自己治学的趣向，说“寅恪不敢观三代两汉之书，而喜谈中古以降民族文化之史”(《陈垣元西域人华化考序》,《金明馆丛稿二编》239页)。在《隋唐制度渊源略论稿》和《唐代政治史述论稿》中,都反复强调种族和文化问题是研究中古史最重要的关键。而种族与文化二者相比较,文化则带有更为本质的属性。他论述了北朝的用人政策,以及当时音乐、建筑等艺术样式所包含的不同民族风格的融合,大胆地提出:“汉人与胡人之分别,在北朝时代文化较血统尤为重要。凡汉化之人即目为汉人,胡化之人即目为胡人,其血统如何,在所不论。”(《述论稿》16 页)他详细考析了北魏时洛阳城的建筑,认为后来高齐修建邺都,隋杨之修大兴也即唐之长安城,都直接受到北魏洛都的影响,而设计邺都的高隆之为汉人,设计大兴城的宇文恺为胡族,“种族纵殊,性质或别,但同为北魏洛都文化系统之继承人及摹拟者,则无少异”。由此他再次申论:“总而言之,全部北朝史中凡关于胡汉之问题,实一胡化汉化之问题,而非胡种汉种之问题,当时之所谓胡人汉人,大抵以胡化汉化而不以胡种汉种为分别,即文化之关系较重而种族之关系较轻。”(《略论稿》71 页)而且这种情况不仅是北朝,南朝也是那样,他在《魏书司马叡传江东民族条释证及推论》中说:“寅恪尝于拙著《隋唐制度渊源略论稿》及《唐代政治史述论稿》中,详论北朝汉人与胡人之分别在文化,而不在种族。兹论南朝民族问题,犹斯旨也。”(《金明馆丛稿初编》106 页)可见,他是认为种族或民族的问题实际上是文化问题,并以此来考察多民族杂处的历史时期所发生的社会现象的。有些西方理论家认为东西方制度的不同,最根本即在于文化。文化在历史发展中地位的重要性,已成为东西方学者的共识。

陈寅恪很自信地说,研究中古史,“若不明乎此(按即种族与文化的关系),必致无谓之纠纷”(《述论稿》18 页)。南北朝与隋唐时期,中国境内各民族的迁徙、冲突、交往十分频繁而且复杂,这是华夏各族大融合的时期，连续数百年的绚烂多彩的文化正是在空前规模的民族大融合的洪炉中熔制而成的。但由于多种民族杂处，又由于几个对立的政权并存，过去的文献中往往强调民族的区别，而没有真正认识在民族融合这一大变动时代文化是怎样起着重大的催化剂的作用。陈寅恪正是抓住文化这一环，使得许多纠缠不清的问题有了清晰的脉络。唐代的统一结束了长期南北分裂的局面，我国各民族的交往和融合也进入了一个新时期，以汉文化为主导，吸取其他民族的优长，使唐文化成为当时世界文化的高峰。这一点在向达先生的《唐代长安与西域文明》中曾有生动的描述。唐代的不少作家虽然冠以汉姓，但其先世实出于其他民族，我们对此可以作必要的探讨，但不必过多地着眼于此。陈寅恪在《元白诗笺证稿》中就明确地指出："而依吾国中古史种族之分，多系于其人所受之文化，而不在其所承之血统之事例言之"，"故谓元微之出于鲜卑，白乐天出于西域，固非妄说，却为赘论也。"(308 页)我们前几年有时对某些唐代诗人的先世、出生地作过多的考索，而对他们所承受的文化却注意不够，陈寅恪的这一论述对我们研究唐代的作家是很有启发的。

笔者认为，作为一代史学大师，陈寅恪是有他的学术体系的，这个体系，不妨称之为对历史演进所作的文化史的批评。无论是他的中国中古史的研究，宗教史的研究，语言学的研究，以及古典文学的研究，在根本观点上，无不与他的这种文化史批评相联系。语言学中的音韵问题，应当说是非常专门的学问，而他在《东晋南朝之吴语》和《从史实论切韵》(载《金明馆丛稿》二编、初编)中，就通过一系列语言现象论证了北方侨姓移居南方后南北文化的交流。他早年所写的宗教史名篇《天师道与滨海地域之关系》(《金明馆丛稿初编》)，详细考证了东南沿海流行的天师道，怎样由民间而进入上层士族社会，从而引起东晋南朝政治与文化一系列的变化。全文始终洋溢着文化史批评的意绪。在这篇长文的末尾，作者似乎还意兴犹浓，由东西晋南北朝天师道为某些士大夫家世相传的宗教信仰，注意到书法也为同一时期相同家族家世相传的艺术，如北魏的崔浩一门，东晋的王羲之、王献之父子，因而论述“艺术之发展多受宗教之影响，而宗教之传播，亦多倚艺术为资用”。又进而推论：“治吾国佛教艺术史者类能言佛陀之宗教与建筑雕塑绘画等艺术之关系，独于天师道与书法二者互相利用之史实，似尚未有注意及世者。”尤其令人感兴趣的，在这篇文章中，还由于天师道多起于滨海地域，而推论这种宗教思想可能受到某种外来的影响，又进一步引申，说两种不同民族的接触，“其关于文化方面者，则多在交通便利之点，即海滨港湾之地”，“海滨为不同文化接触最先之地，中外古今史中其例颇多”。前面说过，陈寅恪的不少论点多带有预测性和推导性，但由于他有深厚的文化素养作底子，这种预测性和推导性往往蕴含合理的因素，其中某些深刻的见解又常能引发新的课题的开拓。他在这里提出中国历史上滨海地区与外来文化交往接触的关系，在当时是空谷足音，到现在也还值得我们思考。

对于陈寅恪来说，文化史批评不是带有偶然性和局部性，而是一种根本观点，那就是对历史、对社会采取文化的审视。他的研究使某一具体历史时期在文化的整体及其运动中得到更为全面的呈现，使人们更易接近于它的本质。在研究方法中，最近几年有宏观与微观的讨论，有一种相当流行的提法，那就是宏观要建筑在微观的基础上，微观要在宏观的指导下，作为二者关系的正确叙述。有些文章还引用陈寅恪的著作作为例子，说陈寅恪的一些带有宏观性质的论点就是建立在对许多细微考证的基础上的。关于宏观和微观，牵涉的问题很多，本文不想多谈，但以陈寅恪为例，笔者倒是认为，与其说宏观建筑在微观的基础上，毋宁说是建筑在理论的基础上，没有理论的支撑，也就没有宏观，没有文化史批评，也就没有陈寅恪在多种学术领域所作出的远见卓识。宏观与微观互有关连，但没有必然联系。如果要求陈寅恪对他所涉及的每一问题的细枝末节都考证得详尽无遗，再来建立起他的理论，那就不可能有陈寅恪了。在唐史的范围内，具体史事的考证，众多材料的掌握，超过陈寅恪的不是没有，陈寅恪却在总体上优越于他们，就因为他有涵盖面广得多的理论体系。他的文化史批评，虽然在某些具体材料考证上还不够精细，甚而或有疏失，但并不妨碍它作为一种历史理论，在近现代历史学和文化学上占有重要的一席。

四

严格说来，陈寅恪并没有关于文学的专门论著，他后期所撰的《元白诗笺证稿》、《论再生缘》、《柳如是别传》，虽然所论多为文人和文学作品，但往往从史的角度考析文学家的生平行事和作品所包含的历史内容，也就是一些研究者所说的以诗证史和以史证诗。这方面影响较大，且较有代表性的是《元白诗笺证稿》，它被称为史文结合的著作。应当说，所谓以诗证史和以史证诗，在陈寅恪论杜甫、庾信等单篇文章中也已运用，不过在《元白诗笺证稿》中用得更为普遍。研究者把这两个“证”作为陈寅恪的独创，评价很高，实际上并没有认识这部《笺证稿》的真正的价值。所谓以诗证史，不过是章学诚“六经皆史”的补充，而以史证诗，则是宋以来就为人所沿用的传统方法，清人在这方面已做出了不少成绩(钱谦益注杜诗就以此为特色)。真正能够体现《元白诗笺证稿》的价值的，就是书中所表现的陈寅恪的文化史批评的基本思想，这也是他对于我国古典文学研究所作的不可忽视的理论上的贡献。

陈寅恪有个基本观念，就是首先要从大的文化背景来考察社会人的行为，包括他们的文学创作。他以元稹的艳诗和悼亡诗作例子，说："夫此两类诗本为男女夫妇而作，故于(一)当日社会风习道德观念，(二)微之本身及其家族在当日社会中所处之地位，(三)当日风习道德二事影响及于微之之行为者，必先明其梗概，然后始可了解。"这就是说，对于艳诗、悼亡诗所表现的男女之间的感情，不能仅仅用诗的本身来说明，也不应简单地以抽象的道德观念来评判，而应该考虑到一个历史时代的整个社会观念，以及这些观念对不同出身、不同处境的作家所产生的不同影响。他在另一篇文章中谈到欧阳修撰写《新五代史》，欧阳修为了表示他对五代藩将跋扈的愤慨，特立"义儿传"一门，"然所论仅限于天性、人伦、情谊、礼法之范围，而未知五代义儿之制，如后唐儿军之类，实源出于胡人部落之俗，盖与唐代之蕃将同一渊源者"。史学家应当客观地考察史事本身的原委，而不应仅限于天性、人伦等等的道德观念，因为这并不能够提供更多的对历史本身的认识。因此他批评欧阳修："若专就道德观点立言，而不涉及史事，似犹不免未达一间也。"(《论唐代之蕃将与蕃兵》，《金明馆丛稿初编》276页)

特别能表现他的文化史批评精神的，是他在《元白诗笺证稿》中关于元稹《莺莺传》的论析。《莺莺传》是唐人传奇中的名篇，写张生与崔莺莺在蒲州普救寺的欢会，后来张生赴长安应试，遂与莺莺离绝。张生不但对莺莺始乱之，终弃之，而且在友朋宴谈之际，还用所谓"恶情说"为自己辩护。对于这篇传奇的思想倾向，历来是有争论的，而争论多立足于道德的评判。作品中的张生是否就是元稹本人，也说法不一，从陈寅恪起，当代学者如孙望先生(见所著《蜗叟杂著》)等，多倾向于这篇《莺莺传》带有很大成分的自叙性质。当然也有不同看法，有的论著批评《元白诗笺证稿》中把文学形象张生与历史人物元稹混同起来。这些问题当然还可继续讨论。不过我认为，首先值得我们注意的，是陈寅恪观察这个问题的角度，这就是他的文化史批评的角度。正因为他从大的文化环境来看待作品中的男女关系，就使我们的认识超出单纯道德的评判，由简单的行为谴责而进入到对那个时期一代知识分子心理的审视。

陈寅恪对这篇作品的分析，一开始即采取他通常的论述方法，就是不作繁细的考证，而是抓住主要的环节，加以推论或引申，并以此作为以后一系列论证的前提。《莺莺传》一名《会真记》，会真一词也见于传中张生所赋及元稹所续《会真诗》。然后考论真字与仙字同义，唐代习称“会真”即是遇仙或游仙，仙字在这里多用作妖艳妇人，或风流放诞的女道士的代称，甚至有以仙字称呼倡伎的。他即由此推断崔莺莺决非出于高门。以此作为前提，论证道：

> 若莺莺果出高门甲族，则微之无事更婚韦氏。惟其非名家之女，舍之而别娶，乃可见谅于时人。盖唐代社会承南北朝之旧俗，通以二事评量人品之高下。此二事一曰婚，二曰宦。凡婚而不娶名家女，与仕而不由清望官者，俱为社会所不齿。……但明乎此，则微之所以作《莺莺传》，直叙其自身始乱之终弃之事迹，绝不为之少惭，或略讳者，即职是故也。其友人杨巨源李绅白居易亦知之，而不以为非者，舍弃寒女，而别婚高门，当日社会所公认之正当行为也。

显然，这里并不把始乱终弃单纯看作张生或元稹个人的道德问题。陈寅恪单刀直入地提出，如果这在当时认为是应该谴责的，那么元稹的友人，像杨巨源、李绅、白居易等世称文雅知名之士，为什么并不以为非呢？杨巨源的诗：“清润潘郎玉不如，中庭蕙草雪销初。风流才子多春思，肠断萧娘一纸书。”李绅诗：“伯劳飞迟燕飞疾，垂杨绽金花笑日。绿窗娇女字莺莺，金雀娅鬟年十八。黄姑上天阿母在，寂寞霜姿素莲质。门掩重关萧寺中，芳草花时不曾出。”他们的诗都对莺莺表示同情，但毫无一字触及张生对莺莺的离异，更谈不上谴责，他们只把张、崔的欢会看作风流才子与绿窗娇女的一场艳遇。与此同时，陈寅恪还对中晚唐时的文人集团作了历史的考察。随着科举制度的发展，由进士、明经科出身的人日益增多，特别是进士科，由于登第后能很快地得到升迁，更加成为士人追逐的目标。中唐以后，由于文化的普及，不仅中原及经济发达的江南地区，就是一些偏远地带，也有士人出来应考，而那时应考者的社会阶层又限制不严，使得出身于地主阶级下层或平民的知识分子大批涌现，并造成士人交往的频繁和思想的活跃，他们比较地不拘守于旧时的礼法，表现一定独立的思想。这些在我前几年写成出版的《唐代科学与文学》一书中有所论述。陈寅恪当然也注意到了士人的这些历史变化，他几次提到新兴词科出身阶级(层)。但他同时指出，这些进士词科出身、以文采自负的年轻士人，还不得不受到现实的社会关系以及与仕途密切相关的门第观念的约束。六朝以来的门第观念并不像有些历史书中描述的那样，经过太宗的《氏族志》和武则天的《姓氏录》而一扫干净。门第观念比起一些具体的制度来要强固得多。正是这一点造成了崔、张爱情的悲剧。但问题的深刻性又恰恰在于，无论是传奇中人物张生，或者元稹本人，以及与元稹一起来欣赏这个故事的杨巨源、李绅、白居易等人，并不把崔、张的结局看作悲剧。这些年轻文士们的行为已经打破旧日礼法的某些樊篱，他们想要尝试真正的爱情的欢乐，但他们的这种觉醒是如此的稚弱，以致一接触社会现实种种利害关系所结成的蛛网，就又马上“自觉地”向现实回归。陈寅恪正是由崔、张的爱情波折揭示出当时一批新兴知识分子思想上的深刻矛盾。他对元稹(张生)当然不无谴责之意，但这种谴责是在对一时代文人的社会观念裂变作整体考察之后的理性的批判，并非追究个人的道义的责任。

中晚唐时有不少作家，他们往往有一种爱情上的失落感。白居易早年有个出身平民的恋人，后来由于种种原因分离了，从此失散，未曾重逢，造成他感情上的沉重负担。李商隐有他所爱的女子，这女子由于生活环境的限制，不能与李商隐有正常的爱情的吐露，李商隐只得在“红楼隔望”的绝望心态中，带着“珠箔飘灯”的失意在风雨中离去。韩偓前期有他所爱的歌伎，歌伎的身份使她与韩偓可以在一段时期内有美好的相处，但社会动乱，韩偓终于流落到闽越海角，从此南北分离，韩偓只能唱出“此生终独宿，到死誓相寻”(《别绪》)的凄苦歌吟。这些并非是个别的、孤立的现象。这时男女之间感情上的悲欢曲折与初盛唐时期显然不同。面对乎此，我们不是应该像陈寅恪那样，从大的文化背景来对他们作整体的考察，使我们的文学史研究有新的突破吗？

正由于陈寅恪所持的是文化史批评的观点，所以他对作家的言行往往能从多种角度进行思考。如他在一篇文章中说：“盖研究当时士大夫之言行出处者，必以详知其家世之姻族联系及宗教信仰二事为先决条件。”(《陶渊明之思想与清谈之关系》，《金明馆丛稿初编》204 页)这是对着东晋南朝的具体环境说的，那时门阀统治盛行，与之联系的，士大夫的进退出处，最重要的是婚、宦二事，特别是婚姻，往往关系到个人的社会地位及政治前途(可参见《文选》所载沈约《弹王源书》)。这点过去历史记载较多，而士大夫与宗教信仰的研究，则要算陈寅恪创获最多了。他关于道教史、佛教史的研究，往往联系着士大夫文人的信仰而进行的，而在这种研究中，又往往触及文士们思想深处的矛盾。如东西晋之间的天师道，作为道教的一支，其教义本来是极为粗浅也十分落后的，但这种愚昧的膜拜鬼神、祈求长生的主张恰正好投合当时日益腐化的上层贵族的需要。“东西晋南北朝时士大夫，其行事遵周孔之名教(如严避家讳等)，言论演老庄之自然，玄儒文史之学著于外表，传于后世者，亦未尝不使人想慕其高风盛况，然一详考其内容，则多数之世家其安身立命之秘，遗家训子之传，实为惑世诬民之鬼道”(《天师道与滨海地域之关系》)。据陈寅恪研究，这种天师道又与当时的门第家族相联结，成为有些家族世代相传的宗教信仰，深刻地影响有些成员的思想。沈约就是典型的例子。

沈约是南朝著名的文学家。他历仕宋齐梁三代。他在齐时即受到宠遇，萧衍代齐，沈约又为之预作诏书。后来受到萧衍的猜忌，因语言得罪，恐惧而死。《梁书》和《南史》本传都记他临死前：“呼道士奏赤章于天，称禅代之事，不由己出。”陈寅恪在上述文章中考证沈氏一门历世信奉天师道的事实，然后论道：“沈隐侯虽归命释迦，平生著述如《均圣论》……，皆阐明佛教之义，迨其临终之际，仍用道家上章首过之法，然则家世信仰之至深且固不易湔除，有如是截。”接着又说：“明乎此义始可与言吾国中古文化史也。”这种把沈约思想深处长期潜伏的道教信仰，在叙述其临死前的举动中揭示出来，并说明佛道两种思想对于南朝文士的交互影响，足以见出陈寅恪作为史学大师的工力。

古代的作家往往接受多方面的思想影响，在他们的言行中经常出现矛盾现象。笔者认为，陈寅恪是较早提出古代文士的内心世界充满矛盾对立的一位学者。他的评论给我们的启示，是他把这种矛盾对立放在社会的客观历史进程中来考察，指出这种矛盾着的内心世界并不能简单地归结为善或恶、是或非。譬如白居易六十三岁时所作的一首《思旧》诗，是回忆他的几位友人的："退之服硫黄，一病讫不痊。微之炼秋石，未老身溘然。杜子得丹诀，终日断腥膻。崔君夸药力，经冬不衣绵。或疾或暴夭，悉不过中年。唯余不服食，老命反迟延。"清代的学者如钱大昕、方举正等人都一再辩称白诗中的退之并非韩愈，而是另一个其字也为退之的友人。陈寅恪则通过有关材料的考析，认为韩愈服食硫黄是有文献可据的，"诸人虽意在为贤者辩护，然其说实不能成立"。韩愈是以独尊儒学、排斥佛老自居的，但他却有服食硫黄以求长生的一面，这里就触及当时士大夫的一种生活情态，即追求声色之好，陈寅恪称之为"当时士大夫为声色所累，即自号超脱，亦终不能免"。他还举出张籍《祭退之》一诗，诗中叙述韩愈病重，张籍前往探视，韩愈乃命两个侍女，弹琵琶与筝以娱客，"临风听繁丝，忽遽闻再更"。陈寅恪说："夫韩公病甚将死之时，尚不能全去声伎之乐，则平日于'园花巷柳'及'小园桃李'之流，自未能忘情。"这就是说，韩愈的这种声色之好，与他的服食硫黄，是他的追求感官享乐生活的组成部分，相互之间是完全合拍的，而这些又与他在《原道》、《原性》中所表现的一副道貌岸然的样子形成强烈的反差，而这又恰好统一在韩愈这样有代表性的人物身上。

陈寅恪又进一步说："明乎此，则不独昌黎之言行不符得以解释，而乐天之诗，数卷之中，互相矛盾，其故亦可了然矣。"按白居易有《同微之赠别郭虚舟练师五十韵》诗，作于他四十七岁被贬江州时（参见朱金城《白居易年谱》元和十三年条）。诗中写他曾听从一位姓郭的道士，搞这炼丹烧药的勾当。这首诗还具体描述了阴阳契合的"姹女丹砂”情形：“二物正䜣合，厥状何怪奇。绸缪夫妇体，狎猎鱼龙姿。”表现了令人难以置信的低级趣味。在他六十六岁时，又有《烧药不成命酒独醉》诗，说：“白发逢秋短，丹砂见火空。不能留姹女，争免作衰翁。”陈寅恪说：“自其题意观之，乐天是时殆犹烧药，盖年已六十六矣。然则其早年好尚，虽至晚岁终未免除，逮丹不成，遂感叹借酒自解耳。”可见他在中年以后二十年中始终留恋于烧药炼丹，但却在另一首诗中说“唯余不服食，老命反迟延”（见上述《思旧》诗）。这倒并不是虚伪，这种内部性格的矛盾恰恰表现了“唐代士大夫阶级风习”。正好像白居易号称香山居士，晚年又自称笃信佛教，而平居总离不开年轻的侍女奉养，怪不得宋朝人叶梦得在《避暑录话》中不无讥刺地说：“然吾犹有微恨，似未能全忘声色杯酒之累。赏物太深，犹有待而后遣者，故小蛮樊素每见于歌咏。”叶梦得仍然从道德的角度作出品评，这是宋人思维的一个特色，而陈寅恪的高明之处，则是看到自相矛盾的性格差异，并不是个别现象，而是那一时代文人群体的一种共性。他把零散的材料统摄起来，综合到一个观念上，如我们前面提到过的他自己的话，像艺术家欣赏古代的绘画和雕刻，抱有了解的同情，这样就使我们的眼光不止触及社会的层面，而且还能深入到一代知识分子的内心世界，察觉他们的欢乐和痛苦，高尚和庸俗，超世和入时。这个时候，我们差不多已经忘记我们所读的，到底是史学著作还是文学作品了。陈寅恪用考证的方法审察了一些内部性格矛盾、精神世界分裂的上层人士，他的笔下这些人物并不使人觉得虚假或空幻，而是显得真实和丰富。他们在中唐社会的出现，是很值得注意的一种文化现象。可惜我们的历史学家和文学史家还没有从这个角度去做进一步的探索。陈寅恪能着力于此，表现了一种可贵的学术追求。

五

从文化史批评的角度来研究陈寅恪，可谈的还很多。譬如他曾以佛教唯识宗在中国传播为例子，论证了外来文化一定要适合本民族的传统特点；他考索了道教在其自身发展过程中怎样吸收其他宗教的长处，与之联系的，谈论了儒佛道三者发展中各自的特性；他在论武则天时的佛教，及明末云南等地的僧人生活时论证了宗教与政治的关系；他考索了敦煌写本《心王投陀经》、《法句经》为“伪经中之下品”，而这两种经却为白居易、元稹所津津乐道，勾稽出当时所谓归心佛门的居士实际上是怎样的一种佛学修养；在论有宋一代的学术和王国维的成就时，又十分强调自由与理性对于学术发展有着怎样重要的意义；特别是本文还未曾涉及的他晚年的一部大著作《柳如是别传》，他是抱着怎样的一种文化心态来估量知识分子的行为价值。

又譬如，我们一直把陈寅恪作为史学家来研究，但是否考虑过他的学术准备和学术经历是如何互相关联的呢？陈寅恪幼年侍奉父兄，受中国的传统教育。13 岁时东渡日本学习，除了中间有短暂的假期返国外，一直到 16 岁。不久，20 岁时又赴德国，入柏林大学学习，后又入瑞士苏黎世大学。23 岁回国，而 24 岁时已在法国就读于巴黎大学。26 岁返国，30 岁到美国哈佛大学，32 岁离美赴德，在柏林大学研究院，这样，直到 36 岁时受聘为清华大学国学研究院导师，返国。如果从 13 岁算起，到 36 岁，共 24 个年头，而他在日本、德国、瑞士、法国、美国等著名学府学习或研究，加起来有十七八年。这就是说，从少年起，经青年而步入中年，他的大部分时间是在资本主义文化为主体的社会中度过的。而那时他所学的，并不是历史学，而是语言学。据同时代人回忆，他在欧美，除了学习欧洲一般语言以外，着重学习梵文、巴利文，以及蒙文、藏文、突厥文、西夏文、波斯文、土耳其文，回国后又学习满文。早年时期的语言研究，这种独特的学术准备给了他什么呢？当然，多种语言的学习和比较，是最容易倾向文化史研究的。语言不仅仅是思维交流的工具，它是人类文化的直接载体。接触语言就是接触文化。这或许是他后来在史学和文学研究中贯串文化史批评的触发剂吧，但具体又如何来说明呢？又譬如，据有些研究者说，他曾受到过德国著名历史学派兰克学派的影响。据他的姻亲暨同窗俞大维回忆，陈寅恪在欧洲确曾受到德、法、俄等国学者的某些启发。但是陈寅恪在论著中却从未提到过他从西方学者那里接受过什么思想或论点。他的叙述方式，或者说他的学术风格，完全是“中土”式的。他似乎不屑于谈论西方的学术，而他的那种文化史批评又非国粹所固有，这样一种观念与表现的矛盾又如何来解释呢？果真是他自己所说的“寅恪平生为不古不今之学，思想囿于咸丰同治之世，议论近乎曾湘乡张南皮之间”吗？生活于20世纪，实实在在地受到过现代西方文明的熏陶，却说自己的头脑还停留在19世纪后期倡导“中学为体、西学为用”的时代，这是故甚其词，还是陈寅恪体系本身矛盾的反映？

以上这些，如果我们都要展开来议论，那就不啻要写一本厚厚的书了。本文的目的实在不是想要详细地讨论陈寅恪学术体系的本身，它实际上只有一个卑小的企图，这就是想对以往的陈寅恪研究提出一个问题。这个问题就是：能不能在已经谈论得很多的关于他的各种具体成就之余，对他的学术思想作一个总的把握？我们自己的学术思维能不能稍微超脱一下，从文化史的角度，来探索一下作为史学家的陈寅恪对人和人生(这个看来不属于历史而实为历史的主体)有怎样的一种思考，而这种思考又能给我们今天以什么？

陈寅恪思想的几点探讨*

陈寅恪是一位史学家，但是他的成就的意义和影响并不限于历史学界。如果我们要探讨中国近现代的文化思想史，要研究自清末特别自“五四”以后，一部分上层知识界人士怎样企求将传统的治学格局与西方近代文明相结合，以开拓一条新的学术途径，希望建立一种新的思维模式，那么，陈寅恪无疑是一个不可忽视的代表人物。

陈寅恪为后人留下了好几部专著和数十篇文章。就他所涉及的专题领域，逐一进行具体的探讨，这是一条路子，也是一种必要的探求的途径。但作为一代大师，陈寅恪的意义绝不限于在专题领域所取得的具体成果，他的著作，作为一个整体，在近现代学术史上，有着超出于具体成果的更值得人们思考的启示。陈寅恪树立了一个高峻的标格，使人们感到一种严肃的学术追求，一种理性的文化心态。如果我们在这些方面进行一些求索，则对陈寅恪研究的深入或许会有所助益。

---

* 原载于《中华文化的过去、现在和未来》，中华书局编辑、出版，1992。

一

对陈寅恪的研究，先要消除一些误解，误解之一是仅仅把他看作为考据家、资料家。1958 年，在中国大陆的思想文化界，有所谓拔白旗的口号，展开了对所谓资产阶级学者的批判，也就在这个时候，提出了在资料的掌握上要“超过陈寅恪”①。言下之意是陈寅恪的思想已不值得一提，他不过在资料的掌握上还胜人一筹。在台湾的学术界，也有类似的看法，譬如前几年出版的一部颇有影响的著作《新史学九十年》，就把陈寅恪归入“史料学派”，并且说，“从著述的实质看”，陈寅恪比傅斯年“更能代表史料学派”，说“他对新史学的贡献，首推史料扩充”(见该书第 4 卷，235 页)。

作为严肃的学者，陈寅恪当然是强调原始资料的重要性，强调对资料和史事进行严密的考证的，但把陈寅恪的学问仅仅归结为考据，那只是看到它的极为次要的部分。陈寅恪曾谈到宋代史学的成就，说“中国史学莫盛于宋”②。又以之与清代相比较，认为“有清一代经学号称极盛，而史学则远不逮宋人”③。有些论著对陈寅恪的这一说法表示不解，并“举证以辟之”④。应该说，陈寅恪对清代史家的实际成就是十分推许的。大家知道，他对同时代的史学家陈垣极为钦佩，并引为同调，抗战时期他为陈垣的《明季滇黔佛教考》作序，这时陈垣孤居于日军侵占下的北平，陈寅恪流徙于西南边徼的昆明，他在序中满

---

① 郭沫若《文史论集》，第 15 页。

② 《陈垣明季滇黔佛教考序》，《金明馆丛稿二编》，第 240 页。

③ 《陈垣西域人华化考序》，《金明馆丛稿二编》，第 238 页。

④ 杜维运《清代史学与史家》，《清代史学之地位》。台湾东大图书有限公司，1984 年版。

含故国山河兴亡之情，以民族气节与学术品格相砥砺，说："先生讲学著书于东北风尘之际，寅恪入城乞食于西南天地之间，南北相望，幸俱未树新义，以负如来。"①可以注意的是，对这位他所极其钦佩并引为知己的学者，他特地将清代的大学问家钱大昕来作并比，说："盖先生之精思博识，吾国学者，自钱晓征以来，未之有也。"②由此可见，他并没有贬低清代的史家。他之所以认为清代史学远不逮宋人，用他自己的话来说，则为"清代之经学与史学，俱为考据之学"③，而他所推崇于宋人的，则在于"宋贤著述之规模"。这里所谓的规模，在陈寅恪看来，就是像他累次称述的如《资治通鉴》、《建炎以来系年要录》那样会通史识与资料，自成体系，而能在当代和后世产生强烈影响的巨著。当然，对于宋清两代史学的比较评价，清代史学是否即等于考据学，有不同的意见尽可展开讨论，本文只想说明，在陈寅恪看来，单是考据之学是不足以成大家的，在自许"平生治学，不甘逐队随人，而为牛后"④的他说来，决不以考据资料自限，自可想见。陈寅恪所强调的，也是他的难于超越之处，是他的通识，或用他的话来说，是学术上的一种"理性"⑤。关于这点，后面还要讲到，简而言之，他所说的通识或理性，就是经过他的多方引证和细密考析，各个看来零散的部分综合到一个新的整体中，达到一种完全崭新的整体的认识，使人有可能从他的带有某种预见或推导出发，拓展出新的学术境域，牵引出一种新的见解，犹如拨开史料的丛林，穿越歧

① 《金明馆丛稿二编》，第 241 页。

② 《金明馆丛稿二编》，第 239 页。

③ 《金明馆丛稿二编》，第 238 页。

④ 《朱延丰突厥通考序》，《寒柳堂集》，第 144 页。

⑤ 《王静安先生遗书序》，《金明馆丛稿二编》，第 218 页。

说的迂回，给人一种豁然开朗的快感。

还有一个似乎不但涉及他的文化观念还涉及他的政治思想的问题，也容易给人误解。1932至1933年间，他作《冯友兰中国哲学史下册审查报告》，其中说："寅恪平生为不古不今之学，思想囿于咸丰同治之世，议论近乎曾湘乡张南皮之间"。① 这几句话，"不古不今之学"是指他的中古史研究，比较清楚，但后二句却不好理解。《陈寅恪先生编年事辑》记1961年其老友吴宓自重庆来广州看望他，吴宓曾在日记中记道："寅恪兄之思想及主张毫未改变，即仍遵守昔年'中学为体，西学为用'之说。"吴宓是他早年留学美国时结交的好友，后又为清华国学院的同事，这次旧友重逢，陈寅恪是十分珍惜的，他在赠诗中有"暮年一晤非容易，应作生离死别看"的沉重的感叹②。因此，吴宓日记中的记载应该说是真实表达陈寅恪当时的见解的。这就是说，他的所谓"思想囿于咸丰同治之世，议论近乎曾湘乡张南皮之间"，具体说来，就是张之洞所概括的"中学为体，西学为用"。

曾国藩、张之洞是近代中国的政治人物，"中学为体，西学为用"主要也是一种政治纲领，那么，陈寅恪是不是也以此来表达他的政治思想呢？有些研究者是肯定这一点的，如认为张之洞的"中体西用"说，"甚至过了几十年，包括像陈寅恪那样有高度西方文化修养的资产阶级学者也仍然自称其政治思想是在'湘乡南皮之间'，这就说明，决不可以低估这种理论的严重影响了。"③

如果说，经过了清末民初政体的变化，又经过1919年"五四"运

---

① 《金明馆丛稿二编》，第252页。

② 《赠吴雨僧》，《诗存》，第46页。

③ 李泽厚：《中国近代思想史论》，1978年所写《后记》。

动对西方民主、科学精神的输入与阐释，到了 20 世纪 30 年代，像陈寅恪这样的学者还恪守封建传统文化与政治体系，并说自己的头脑还停留在 19 世纪后期洋务派中体西用时代，这简直是不可思议的。

这里我们不得不稍稍加以论析。

作为学者，陈寅恪在论著中是从来不谈现实政治的，也从不表露自己的政治见解。除了上述一处引文以外，他再也没有提到过曾国藩。不过从家世渊源来看，他的祖、父两代确与曾国藩、张之洞有过政治上的关联。陈寅恪的祖父陈宝箴，早年入曾氏的两江总督幕，曾调解曾国藩与江西巡抚沈葆桢之间的冲突，得到曾国藩的器识，被誉为“海内奇士”①。陈宝箴与张之洞的关系更深。光绪八年(1882 年)他擢浙江按察使任，为人诬告罢官，至光绪十二年(1886 年)，因当时任两广总督张之洞的奏调，才又重新出仕，到广州任辑捕局。戊戌(1898 年)维新时，陈宝箴任湖南巡抚，在此之前几年他即在湖南设工厂，通汽船，办学堂，积极推行新政。但是他看不惯康有为托古改制的一套，曾上疏请毁其所著《孔子改制考》一书，而主张由老成持重、有经验威望的张之洞来“总大政，备顾问”②。陈寅恪于 1965 年夏至 1966 年春所作的《寒柳堂记梦》，也纪及陈宝箴与荣禄、张之洞的关系：“先祖之意欲通过荣禄，劝引那拉氏亦赞成改革，故推夙行西制而为那拉后所喜之张南皮入军机。首荐杨叔峤(锐)，即为此计划之先导也。”③杨锐即张之洞的学生。陈寅恪父亲陈三立，虽官吏部主

① 参见黄濬：《花随人圣盦摭忆全编》，及陈三立《散原精舍文集》卷五《巡抚先府君行状》。

② 《巡抚先府君行状》。

③ 《寒柳堂记梦》第六：《戊戌政变与先祖先君之关系》，《寒柳堂集》，第 181～182 页。

事，但一直陪侍陈宝箴，特别是维新时期，更在湖南佐其父推行新政，因此也与张之洞相熟。光绪三十年甲辰（1904 年），那时陈宝箴已死，三立闲居南京，曾陪张之洞游燕子矶。时隔十余年，即 1917 年，他率儿孙辈重游燕子矶，所作的诗中，还特别注明："甲辰夏从张文襄游此，回首十四年矣。"①可见对张之洞的感情。《寒柳堂纪梦》中《清季士大夫清流浊流之分野及其兴替》，还特别写到："自同治至光绪末年，京官以恭亲王奕䜣李鸿藻陈宝琛张佩纶等，外官以沈葆桢张之洞等为清流。"陈宝琛为陈三立的座主，沈葆桢、张之洞均与陈宝箴有故，则陈家当时的政治分野也于此可见。

可以说，陈寅恪所谓"议论近乎曾湘乡张南皮之间"，从家世渊源来说，是与其祖、父两代对曾、张的交谊有关的；陈寅恪出身于名门世家，长期受传统教育，他不可能摆脱家庭的影响。而另一方面，这也牵涉到对近代中国如何走向富强之路（也就是如何维新）的不同的主张。陈寅恪曾经述及，晚清之言变法者，"盖有不同之二源，未可混一论之"（《读吴其昌撰梁启超传后》，载《寒柳堂集》）。所谓"二源"，照这篇文中所说，一是郭嵩焘，"颂美西法"；一是康有为，从中国传统的学问着手，"治今文公羊之学，附会孔子改制以言变法，其与历验世务欲借镜西国以变神州旧法者，本自不同"。而陈宝箴是倾向于郭的，文中说宝箴在治军治民的实践中，"益知中国旧法之不可不变"，后结识郭嵩焘，"极相倾服，许为孤忠闳识"。按郭嵩焘曾任清政府的驻英法公使，由于他对资本主义社会有直接的接触，因此他对当时世界的认识，对中国如何向西方学习走富强之路，其见识远超出同辈。他曾说："计数地球四大洲，讲求实在学问，无有能及泰西各

① 见《陈寅恪先生编年事辑》第 41 页。

国者”①，“其强兵富国之术，尚学兴艺之方，与其所以通民情而立国本者，实多可以取法”②。正因为郭嵩焘那时的“颂美西法”，乃遭到一般顽固保守派的攻讦，梁启超在《五十年中国进化概论》中谈到郭的《使西纪程》“一传到北京，把满朝士大夫的公愤都激动起来了”。这确如陈寅恪上文所说，“当时士大夫目为汉奸国贼，群欲得杀之而甘心者也”。之所以目为汉奸国贼，无非郭氏说出了一些守旧者不敢听、也听不懂的话，那就是西洋也有两千年的文明，中国“实多可以取法”，而处于国弱民贫、列强觊觎的环境，“此岂中国高谈阔论、虚骄以自张大时哉”(《使西纪程》)，如此而已。不过，他的言论思想却受到陈宝箴的赞许，陈三立所作其父行状中说：“与郭公嵩焘尤契厚，郭公方言洋务，负海内重谤，独府君推为孤忠闳识，殆无其比。”当时陈三立也曾从郭“论文论学”。陈寅恪由此得出结论说：“据是可知余家之主变法者，其思想源流之所在矣。”

陈寅恪并没有详细论述这两派变法主张的分歧，不过参照有关的文献，仍可测知其旨意所在。康有为确不具备郭嵩焘那样广博的西方知识，他对西方事物和文化的了解是浅薄的，不过他从今文经学的“穷则变，变则通，通则久”的朴素变革原理出发，迫于民族危亡的形势，大胆提出政体改革的方案，要求急切掀起一场自上而下的改革运动。而郭嵩焘则如当时许多洋务派人士，特别是其中的知识分子那样，把重点放在输入西方的学理，以开启民智，同时联合一些封疆大吏和地方士绅，举办实业，以富促强，因此力主稳健，不求急变。在

① 郭嵩焘：《伦敦与巴黎日记》，湖南人民出版社《走向世界丛书》。

② 《清季外交史料》卷四，光绪元年十一月，《请将黔抚岑毓英交部议处疏》。

改革的方案与价值的取向上，两者确实存在明显的差别。也正因为此，如郭嵩焘那样才投向曾国藩，而陈宝箴等也就依傍张之洞。在这方面，陈寅恪受家庭的影响也是很深的。譬如我们还可指出，张之洞在提出“中学为体，西学为用”的同时，在《劝学篇》中还对当时维新派人士鼓吹的民权说大加挞伐，公然说：“方今中华，诚非雄强，然百姓尚能自安其业者，由朝廷之法维系之也。使民权之说一倡，愚民必喜，乱民必作，纪纲不行，大乱四起。”[①]这里把张之洞中体西用的政治含义表露得很清楚，这就是，尽可以兴办轮船铁路等实业，却必须反对西洋输入的民权平等，而维系中国固有的纲纪。过了半个世纪，当1945年陈寅恪著文谈到戊戌维新时，却又对民主学说在中国的实施表示了极大的悲观：“自戊戌政变后十余年，而中国始开国会，其纷乱妄缪，为天下指笑，新会所尝目睹。……自新会殁，又十余年，中日战起。九县三精，飚回雾塞，而所谓民主政治之论，复甚嚣尘上。余少喜临川新法之新，而老同涑水迂叟之迂。盖验以人心之厚薄，民生之荣悴，则知五十年来，如车轮之逆转，似有合于所谓退化论之说者。”[②]应当说，陈寅恪立论的基础与张之洞是不同的，张之洞是说中国根本不能实行民权政治，否则必定大乱，陈寅恪则是说戊戌以后，政体虽然起了变化，但民主之说仅作为当权者玩弄的工具，而他又看不到今后民主政治的真正前途。我们从这里可以感到这真诚的学者对民族命运的关切和忧虑，但也不得不惋惜他过多地承受传统的影响因而限制自己的眼界，缺乏对当时强大的民主运动作足够的估计。

---

① 张之洞《劝学篇内篇·正权第六》。

② 《读吴其昌撰梁启超传书后》，《寒柳堂集》第149～150页。

上面我们从家世渊源方面论析了陈寅恪的“思想囿于咸丰同治之世，议论近乎曾湘乡张南皮之间”的含义。但是从根本上说来，他的“中学为体，西学为用”是与张之洞不同的，张之洞的中体西用说有着强烈的政治内涵，而陈寅恪则是借用，是用来说明他对中外文化相互交流和影响的看法，正是这方面，陈寅恪的思想表现出极大地丰富性，也是构成他可以称之为文化史批评的学术体系的重要组成部分，在近代学术文化史上作出独特的贡献。

“思想囿于咸丰同治之世”这两句话是在《冯友兰中国哲学史下册审查报告》的末了说的，此文的前半篇，陈寅恪主要来说明不同文化互相吸收所产生的积极成果。譬如他说，同样研究朱熹，阎若璩在清初以辨伪观念，陈澧在晚清以考据观念，来治朱子之学，都有所创获，但真正对朱学的研究能“成系统而多新解”的，则为冯氏此书，而其主要原因乃在“取西洋观念，以阐明紫阳之学”。也就是说摆脱传统治学的模式，吸收西方近代科学的成果，以中西两种不同思想参照，才能将古典哲学的研究系统化起来。文章的后半篇又着重谈到佛教输入中国，也同样经历与本土思想相适应的过程：“释迦之教义，无父无君，与吾国传统之学说，存在之制度，无一不相冲突。输入之后，若久不变易，则决难保持。是以佛教学说，能于吾国思想史上，发生重大久远之影响者，皆经国人吸收改造之过程。其忠实输入不改本来面貌者，若玄奘唯识之学，虽震动一时之人心，而卒归于消沉歇绝。”外来的佛教是如此，本土的儒道两家，在长时期的发展中，都有互相吸收的情况。

对于文中这些学术文化方面的论述，白寿彝先生《中国史学史》有很好的分析和概括，说：“这几段话，论述了先秦儒学逐渐演变而成新儒学及儒学与法典相结合而成为支配公私生活的力量；论述了佛教和道教在学说思想方面的影响比儒学要大，而道教以善于吸收因而包罗很广，佛教以外来宗教在得到改造之后才能在中国站住脚跟。陈寅恪先生这些论述的特点，在于纵观中国两千年的历史，阐述了民族文化传统力量的分配和演变、中外文化接触后互相影响的状况。”①

陈寅恪根据上述学术思想史发展演绎的规律，归纳出下面带有通则性的语句：

> 窃疑中国自今日以后，即使能忠实输入北美或东欧之思想，其结局当亦等于玄奘唯识之学，在吾国思想史上，既不能居最高之地位，且亦终归于歇绝者。其真能于思想上自成系统，有所创获者，必须一方面吸收输入外来之学术，一方面不忘本来民族之地位也。

这段话，我们现在看来，似乎也没有什么特异之处，那是因为我们有了近几十年来思想文化界几次重大变化的体验，而陈寅恪则是在20世纪30年代初说的，人们不得不佩服作者以高度概括的语句所表现出来的卓识。陈寅恪首先肯定，处在当今的世界，要真正能在思想上有所创获，必须吸收输入外来学说，那种故步自封、夜郎自大、不知天地之广、龟缩于封闭体系而自欺欺人是不足语于学术开创的。但外来的学说必须为我所用，以我为主，“不忘本来民族之地位”。吴宓日记中在“即仍遵守昔年‘中学为体，西学为用’之说”下加括号注“中国文化本位论”七个字。我们不清楚这七个字是陈寅恪的原话，还是吴宓自己的理解，“中国文化本位论”的概念也还不太明确，它的含义

① 白寿彝《中国史学史》第1册，第133～134页。

需要科学的界定。不过从《冯友兰中国哲学史下册审查报告》一文的主旨来看，以“中国文化本位论”来说明陈寅恪的中体西用说，大体上还是可以使人理解的。这就是说，陈寅恪只不过借用张之洞的术语，来表达他个人对如何接受外来文化的主张，他的这种以我为主、为我所用的文化主张，正是他所倡导的学术理性的表现，对今天也还有极大的认识意义。

二

在近现代中国有影响的史学家中，恐怕没有人像他那样集中注意于文化问题的。我个人认为，对文化作用的重视，对文化发展过程的深入阐发，已构成他的学术体系的核心。笔者另有一篇论文谈到这个问题，即发表在《中国文化》创刊号(1989 年 12 月)上的《一种文化史的批评——兼谈陈寅恪的古典文学研究》。文章认为，作为一代学术大师，陈寅恪有他的学术体系，这个体系，不妨称之为对历史演进所作的文化史的批评。对于陈寅恪来说，文化史批评不是一种偶然性与局部性，而是一种根本观点，那就是对历史、对社会采取文化的审视。他的研究使某一具体历史事件得到整体的呈现，使人们更易于接近它的本质。他是既把以往人类的创造作为自然的历史进程，加以科学的认知，而又要求对这种进程应该具备超越于狭隘功利是非的博大的胸怀，而加以了解，以最终达到人类对其自身创造的文明能有一种充满理性光辉的同情。笔者认为，这就是贯串在他大部分著作中的可以称之为文化史批评的学术体系。

陈寅恪在对历史、社会所作的文化审视中，确实很强调以中国本土文化为立足点，来研究或吸收外来文化。这当是他所一再揭櫫的理性精神的表现。譬如他在 30 年代前期所作的一篇文章中，运用他所特有的多种语言学知识的素养，谈到比较语言学的研究，认为各民族的语言各有其语法、语音上的特点，应当从语言本身的历史发展来掌握各自的特性，并从这些特性的彼此异同来作科学的比较，而不能以某一种语言作为固定的标准，以此来衡定本民族语言之是否合于规则。他郑重地说："从事比较语言之学，必具一历史观念，而具有历史观念者，必不能认贼作父，自乱其宗统也。"(《与刘叔雅论国文试题书》，下同)①正因如此，他对用英语语法理论来套用汉语的《马氏文通》作了尖锐的批评：

> 夫印欧系语文之规律，未尝不间有可供中国之文法作参考及采用者。如梵语文典中，语根之说是也。今于印欧系语言中，将其规则之属于世界语言公律者，除去不论，其他属于某种语言之特性者，若亦同视为天经地义，金科玉律，按条逐句，一一施诸不同系之汉文，有不合者，即指为不通。呜呼！文通，文通，何其不通如是耶？

陈寅恪由此更推广论及文学的比较研究，认为这种比较研究也应当注意历史演变以及不同系统文学观念的异同，"否则古今中外，人天龙鬼，无一不可取以相与比较。荷马可比屈原，孔子可比歌德，穿凿附会，怪诞百出，莫可追诘，更无所谓研究之可言矣"。这些话说于五十多年以前，我们现在读来也还是那么新鲜。陈寅恪确是那样一种学者，对于他们的认识，不是一次或一代人所能完成的，陈寅恪著作中有着超越于具体史事证述的深刻思考，我们每次接触它们，都会

① 《金明馆丛稿二编》，第 223 页。

发现一些过去没有觉察到的有意义的内容。同时，上面的这些话，更是充满对于民族文化的信念，他强调应该首先对本土文化有足够的研究，才能站在平等的地位对外来文化的价值有真正科学的识别和取舍。他在1927年所作《王观堂先生挽词》中称道张之洞“中西体用资循诱”，其实在的含义应即如此。他所借用的中体西用的命题，应该在新的历史条件下，作出符合于陈寅恪学术体系实际的确切的解释。

上述这种民族文化本位的观念，运用到专题研究，确能在旧材料的基础上产生新见解。大家知道，陈寅恪刚到清华国学研究院，研究的重点是佛经与佛教翻译文学，他运用在国外获得的比较语言学这一现代科学知识，潜心于原始资料的寻讨，好比在从未经人开发过的沃土上耕作，随处都能作出令人歆羡的成果。刊载于《清华学报》七卷一期的《莲花色尼出家因缘跋》(1932年1月)就是这方面出色的代表。他查阅当时北平图书馆藏敦煌写本《诸经杂喻因由记》第一篇，有记莲花色尼出家因缘的。佛教故事中写及莲花色尼的颇多，这一写本所述即其中之一。但他发现原来所记七种咒誓恶报，写本只记载六种，最初怀疑七字是六字之误，或写本原有脱文，遗去一种恶报。他从这一极易为人忽略的细节入手，进行考证，得出了一个极富理论价值的科学结论。原来鸠摩罗什译众经撰《杂譬喻经》卷下第三十七节，所载故事情节与此写本适相符合，该处载一人娶两妇，大妇无儿，小妇生一男，大妇心内嫉之，以针把此小儿刺死。小妇乃求僧人相助，立誓报仇，使大妇经受种种烦恼痛苦。所设咒誓恶报，都记有七种。据此，文中认为：“传写之伪误，或无心之脱漏，二种假定俱已不能成立。仅馀一可能之设想，即编集或录写此诸经杂缘喻因由记者，有所恶忌，故意删削一种恶报。”从这一合理的设想出发，他从印度原文资料中找到所缺的一种恶报。他翻检出巴利文涕利伽陀第六四莲花色尼篇第二二四及第二二五偈，述母女共嫁一夫，其夫即其所生之子。又查出其他经文所载此尼出家因缘，与敦煌写本大抵相同，但其中有一事为敦煌写本所无者，即莲花色尼屡嫁，而所生之子女皆离去不复相识，后又与其所生之女共嫁于其所生之子，既经发觉，乃羞恶而出家。

这一故事当然出于佛教宣扬的善恶相报、因缘相循的宗教观念，在原始印度佛教那里，由于社会伦理观念的各异，记述并阐扬这种因果报应并不悖于教化，但这一情节却与汉民族传统的伦理观念相距太远。文中说“佛法之入中国，其教义中实有与此土社会组织及传统观念相冲突者”，这就有逐渐适应的过程。有些适应的过程可以载之于书，如“沙门不应拜俗”、“沙门不敬王者”等，屡见于记载，不必忌讳，“独至男女性交诸要义，则此土自来佛教著述，大抵噤默不置一语”。因为这与汉民族的伦理观念直接相冲突，佛教传译过程中碰到此类记载，只有删削不书。文中说：“莲花色尼出家因缘中聚尘恶报不载于敦煌写本者，即由于此。”

结论下得似乎平淡无奇，通篇也似乎是一篇考证文字，但今天的读者不难看出它的文化史研究的意义。两种不同文化的接触，并不是两水分流，必然有一种拒斥与吸收的过程。这篇文章通过一个实例，指明这种斥与收的过程是怎样交织在一起的，而决定的关键则是本民族的文化心理与传统的道德观念。这种将考证演绎与理论阐发糅合在一起，以一个小的实例阐发文化史发展的大道理，在陈寅恪用起来确是十分得心应手，这除了他具备多种语言修养外，重要的就是他在那时已经逐步形成的文化史批评的学术体系。

文化本位论，或者文化史批评，是陈寅恪历史观的轴心，他讲“从史实中求史识”，讲“理性”、“通识”，都离不开这一点。大而至于民族国家的兴衰变革，小而至于个人命运的浮沉升降，他都认为应从文化这一基因加以解释。他曾谈过自己的治学趋向，说"寅恪不敢观三代两汉之书，而喜谈中古以降民族文化之史"①。在《隋唐制度渊源略论稿》和《唐代政治史述论稿》中，都反复强调种族与文化问题是研究中古史重要的关键。而种族与文化相比较，文化则带有更为本质的属性。这种观念，或这种文化心态，在他论述王国维死因的诗文中，就有深刻的表述。对这个问题稍作一些考析，对于我们探讨陈寅恪思想的不同的侧面，或会有些帮助。

王国维自沉于北京颐和园昆明湖，是 1927 年 6 月。那年王国维 51 岁，陈寅恪 38 岁。两人均为清华国学研究院导师，最初居地毗邻，时相过从。陈寅恪的挽词中说"风义生平师友间"，可见两人的交谊。王国维的死因有种种说法，时隔六十余年，至今似乎还有探讨的兴趣。笔者以为，诸说中唯有陈寅恪的说法最有理论价值，因为他摒弃各种琐细的枝节，直接从王国维所承受的思想负担着眼，而思想负担中又抓住其不堪忍受的文化精神的痛苦，这就超脱于王国维这一具体的研究对象，具有一定的普遍意义。

陈寅恪对王国维死因的分析，集中于两处，一是 1927 年王死后不久所作的《王观堂先生挽词》序，一是 1934 年所作的《王静安先生遗书序》，而以挽词序所论为最详，今节要如下：

> 凡一种文化值衰落之时，为此文化所化之人，必感苦痛，其表现此文化之程量愈宏，则其所受之苦痛亦愈甚；迨既达极深之度，殆非出于自杀无以求一己之心安而义尽也。吾中国文化之定

① 《陈垣西域人华化考序》，《金明馆丛稿二编》第 239 页。

义，具见《白虎通》三纲六纪之说，其意义为抽象理想最高之境，犹希腊柏拉图所谓Idea者。……夫纲纪本理想抽象之物，然不能不有所依托，以为具体表现之用；其所依托以表现者，实为有形之社会制度，而经济制度尤其重要者。故所依托者不变易，则依托者亦得因以保存。……近数十年来，自道光之季，迄乎今日，社会经济之制度，以外族之侵迫，致急剧之变迁；纲纪之说，无所凭依，不待外来学说之掊击，而已消沉沦丧于不知不觉间；虽有人焉，强聒而力持，亦终归于不可救疗之局。盖今日之赤县神州值数千年未有之钜劫奇变；劫尽变穷，则此文化精神所凝聚之人，安得不与之共命而同尽，此观堂先生所以不得不死，遂为天下后世所极哀而深惜者也。

1934年所作的遗书序，说得简短些："寅恪以谓古今中外志士仁人，往往憔悴忧伤，继之以死。其所伤之事，所死之故，不止局于一时间一地域而已。盖别有超越时间地域之理性存焉。而此超越时间地域之理性，必非其同时间地域之众人所能共喻。然则先生之志事，多为世人所不解，因而有是非之论者，又何足怪耶?"话虽然不多，与挽词序仍是同一意思。这里所说的理论，也就是文化的意义，不过文中用"超越时间地域"几个词，容易引起误解，以为此种理性或文化可以脱离时间与地域的条件而抽象存在。从上下文义看，这几句的意思仍是指王氏之死并非某一具体的时地因素，而是一种文化因素，这也就是挽词序中所说的纲纪。

不难看出，无论挽词序还是遗书序，陈寅恪的笔端都是满含感情的。这在长篇歌行体的挽词中表现得更明显。如说："依稀廿载忆光宣，犹是开元全盛年。海宇承平娱旦暮，京华冠盖萃英贤。当日英贤谁北斗，南皮太保方迂叟。”“开元全盛”是用杜甫“忆昔开元全盛日”的典故，杜甫以安史之乱后的残破局面来缅怀开元承平之治，可以使人理解，但陈诗以开元盛世来比光(绪)宣(统)衰朝，却令人费解了。何况还说那时海宇承平，英贤荟萃，而总挈学术思想界全局的则是可比之为司马光的张之洞，这些都留有令人寻思的余地。诗末又说：“回思寒夜话明昌，相对南冠泣数行。犹有宣南温梦寐，不堪灞上共兴亡。”“回思”句，据其弟子蒋天枢先生注，是指“陈先生曾在清华工字厅与王先生话清朝旧事”。明昌是用元好问诗典，乃金世宗年号，那时正值金之盛世。1926 年陈寅恪刚入清华，与王国维同寓工字厅，所居比邻，学问切磋之余相与话清朝遗事，理所当有，但何至以清季与金之盛时相比，并且还至于南冠而泣，这也使人致疑。

笔者以为，要了解陈寅恪的这些话，还应从他的家庭影响来作若干探索。

陈宝箴虽主维新图强，但前面说过，他与康、梁的开议院、变政体，掀起一场政治运动的主张不同，作为地方大吏与富商士绅的政治代表，他更带有对清政府的依赖性。但终于也因顽固守旧派的全面复辟，与其子三立均受到革职永不叙用的处分。父子两人，带着寅恪等儿孙辈，返归于江西故居，表面上超脱不问世事，实际上郁结幽忧之情不能排遣，“往往深夜孤灯，父子相语，仰屋欷歔而已”①。陈宝箴卒于光绪二十六年庚子六月，那时正值义和团起义及八国联军进攻北京，他死前数日，尚给旅居于南京的儿子写信，“勤勤以兵乱未已，深宫起居为极念”②。可见陈宝箴直到死，仍然以清王朝的孤臣孽子

① 《散原精舍文集》卷五，《巡抚先府君行状》。

② 《散原精舍文集》卷五，《巡抚先府君行状》。

自居。

陈三立经历了辛亥武昌起事及清帝逊位、民国建立的大变化，但现在我们翻阅他的诗文集，真会大吃一惊，他的思想感情竟与亡清遗老完全相同。他在为清室旧臣所作的墓志碑传与序跋中，在眷眷不忘前朝的同时大骂辛亥革命为乱臣贼子，说“辛亥之乱兴，绝义纽，沸禹甸，天维人纪，寖以坏灭”①；说“邪说诡行，摧坏人纪，至有为剖判以来所未觏，奋臂群呼，国亦旋复，而祸难汹汹，犹不知所届”②。他把清政府的被推翻，称作“国亦旋复”，可见其感情所系。更甚者，张勋复辟，在稍懂事理的人看来，其是非美丑本可一目了然，而陈三立却为张勋作墓志，其着眼点亦在于张勋之所谓“眷顾君国，忠悃贯终始”③。不过《散原精舍文集》倒是无意中提供了不少资料，反映出清室旧臣的遗老心态。如：“蒿庵先生官安徽巡抚，引归之，越二年武昌难作，率土骚然，寻改国步。于是先生避乱沪渎，僦椽栖息，髯鬓皓然。跼天蹐地之孤抱，无可与语，辄间托诗歌以抒其伊郁烦毒无聊之思，宛然屈子泽畔、管生辽东之比也。”④当时确有一批人在清政府中作过官，辛亥革命后无所依托，只得跑到上海，约集一些故老，吟咏酬唱，所谓“迨国骤变，大乱环起，四方人士暨生平相识亲旧，类辟地羁集沪上”，而散原老人亦与此辈先后俱至，“居久之，无以遣烦忧，始纠侪辈十许人，时时联为诗社”⑤。这些“海滨流人遗老，跼

① 《散原精舍文集》卷十，《俞觚庵诗集序》。按此文作于1913年。

② 《散原精舍文集》卷七，《刘镐仲文集序》。此文亦作于1913年。

③ 《散原精舍文集》卷十三，《张忠武公墓志铭》。

④ 《散原精舍文集》卷七，《蒿庵类稿序》。

⑤ 《散原精舍文集》卷十，《书善化瞿文慎公手写诗卷后》。

蹐番市楼壁之下，足迹不窥境外”，而却“举冤苦烦毒愤痛，毕宣于诗”①。上海当时是列强侵略中国的第一块立足点，也是所谓冒险家的乐园，而这些逊清遗老们却把它视为托身之地，近代中国的复杂也于此可见。

陈三立的政治态度后来有了变化，他在1932年所作的《顾印伯诗集序》、《吴湘筠文集序》等文，对辛亥起义已均持中立立场，称武昌起事为“革命军起”②。不过从整个说来，他的思想情感是与这些海滨流人、清室遗老相通的。我们应当足够估计他所给予陈寅恪的影响。散原老人把这些遗老们的言行比之为“屈子泽畔，管生辽东”，与陈寅恪诗中所述的“回思寒夜话明昌，相对南冠泣数行”，情绪上是十分接近的。这里面很可能也倾注了陈寅恪的家世兴衰之慨。对于这位受传统影响很深的学者来说，这是可以理解的。

但陈寅恪的经历毕竟已与其祖、父两代不同，他在十三岁即随兄东渡日本，整个青少年时期主要是在资本主义国家度过的。他所达到的中西文化修养，已使他对王国维及其死，最终能摆脱感情上的纽结，而以清醒的理性态度，对其学术成就和文化心态作整体的剖析。这是他超越于乃父及风义兼师友间的观堂先生之处。

陈寅恪对于王国维的学术成就与治学方法，曾概括为三点，即：(1)取地下之实物与纸上之遗文互相释证，(2)取异族之故书与吾国之旧籍互相补正，(3)取外来之观念与固有之材料互相参证。陈寅恪概括出的这三点，都表明，王国维之治上古史、民族史、小说戏曲史，都已突破旧的封建思想体系。要达到王国维的学术成就，不但光靠乾

① 《散原精舍文集》卷十，《俞觚庵文集序》。

② 均见《散原精舍文集》卷十七。

嘉考证之学办不到，就是清末民初其他一些学术流派也难以承担。事实表明，王国维在早期曾广泛接触过西方的哲学理论和文艺作品，并经过西方近代自然科学方法的训练。就是说，正因为他接受了当时西方资产阶级意识形态相当的影响，并以其学术思想来治中国的古代文史之学，作出令人注目的成绩，才引起当时中国学术界的巨大反响和深刻变化，这也就是陈寅恪在《王静安先生遗书序》中所说的“转移一时之风气，而示来者以轨则”。

陈寅恪的深刻之处在于，他揭示了在近代新旧交替的中国社会，一个虽然接受过西方资本主义文化和治学训练的知识分子，即使因此他在好几个学术领域作出堪称拓荒的成绩，但由于他所固有的封建主义体系没有变，随着客观的政治斗争与思想冲突的日益发展，他本人的思想矛盾也日益尖锐，最终不但他的学术业绩，就连他本人，也会被他所据以安身立命的文化精神所葬送。在挽词序中，陈寅恪引用《白虎通》的三纲六纪来解释王国维的文化精神，指的就是王国维的政治观和人生观，合起来也就是世界观。在这里，陈寅恪明确地说，王国维是死于他的封建主义文化体系，也就是死于他不能自拔的封建主义世界观。他满含感情地为之惋惜，同时他又冷静地指出这一种必然，即“终归于不可救疗之局”。这样一种分析，即使过了半个多世纪，现在看来，也是十分深刻的。

三

我们在前面说过，陈寅恪的祖、父两代曾是他们那一时代的改革者。他们热切关心国事，深为中华民族受到外国侵略者蹂躏而扼腕愤慨。第二次鸦片战争，英法联军侵占北京城，火烧圆明园，陈宝箴正因参加会试落第，滞留京师。“一日饮酒楼，遥见圆明园火。锤案大号，尽惊其座人。”[①]这种民族危亡感应该是他日后力图振兴实业、维新自强的思想触发剂。陈三立入仕之初，即随侍其父游宦各地，他目睹清朝吏治的腐败，往往“醉后感时事，讥议得失，辄自负，诋诸公贵人，自以才识当出诸公贵人上”[②]。父子二人热心参与政治，但受到政治的牵累，在百日维新失败后受到革职的处分。散原老人在后半生以诗文自娱，有盛名于东南，但仍为中国受到日本军国主义的欺凌而忧心如焚。1932 年 1 月日军攻打上海，十九路军奋起抵抗。这时他正居住在庐山牯岭，闻讯日夜不宁，订阅航空沪报，“报至则读，读竟则愀然若有深忧。一夕忽梦中狂呼杀日本人，全家惊醒”[③]。终于在他晚年移居旧都北平不久，卢沟桥炮声起，日本侵略军进城，老人不胜家国之悲，一气之下，绝食而死。

比较起来，陈寅恪倒是走一条平静的学者道路，长期不太过问政治。即使处在国内战争和抗日战争的激荡年代，他似乎也力争过一种书斋式的生活，搞他的与现实保持相当距离的中古史研究。

但这只是这位学者的表面现象。在灾难深重的旧中国，恐怕没有一个有良心、有正义感的读书人是会真正漠视政治的。我们从陈寅恪留存的旧体诗中，可以真切地感觉到民族的前途，国家的命运，在这位学者心灵上所加的重压。不过对于像陈寅恪那样出身于书香门第，早年又长期留学欧美诸国，直接受到过资本主义文化熏陶，具有相当高深的中西文化修养的人来说，这种重压表现的，不是直接的呐喊怒吼，而是冷静地、从容地对本土文化的观察和体验，对外来文化追求

---

① 《散原精舍文集》卷五，《巡抚先府君行状》。

② 《散原精舍文集》卷一，《故妻罗孺人状》。

③ 《陈寅恪先生编年事辑》，第 78 页。

一种理性的比较和分析。这种学术心态，贯串在他的几乎所有著作中。陈寅恪走着适合自己方式的道路。数十年来，他孜孜不倦于著述和教书，即使在悼念抗战时期因贫病流离而过早逝世的史学家张荫麟的诗中，感叹“九儒列等真邻丐，五斗支粮更殒躯”，或因眼疾久治不愈，而深恨于“天其废我是耶非”①，他都没有想到过要放弃文字生涯。他对学问执着之情正植根于他对祖国历史文化的赤子之忱。

陈寅恪的这种学术心态，似乎还与他早期的求学经历有关。这里试作一些剖析。

戊戌变法失败后的第二年，公元1900年，陈寅恪即随其兄师曾，东渡日本留学。而在此前的一年，陈师曾即已在上海入法国教会学校读书。1904年夏，陈寅恪假期返国，同年冬，又与兄隆恪同考取官费留日，陈三立特地从南京赶至吴淞送别。1909年，陈寅恪又经由上海赴德留学，陈三立又至沪上，赋诗送别，有“分剖九流极怪变，参法奚异上下乘。后生根器养蛰伏，时至倘作摩霄腾”之句②。陈三立当时对西方的认识当然茫然得很，但从诗中可以看出他对儿子出洋留学，确寄予厚望。像陈三立那样，以清室的遗老自居，却力促其几个儿子出国，去接受与故老传统迥异的西学，可以提供我们去进一步认识处于新旧交替中而又急剧变化的近代中国，人们思想面貌的异常复杂性。这之中，可以看出近代某些知识分子的思想脉络。陈三立作于1913年的《庸庵尚书奏议序》，曾谈到甲午战争后，朝野上下，变法之论骤起，但他批评论者“于人才风俗之本，先后缓急之程，一不

① 此处诗句分别见《诗存》第15页《挽张荫麟二首》，第17页《目疾久不愈书恨》。

② 《散原精舍诗续集》卷上《抵上海别儿游学柏灵》，又参见《编年事辑》，第28页。

关其虑"①。他在早期所作的《罗正谊传》②，叙述这位湘潭人尝为郭嵩焘所聘课其子，后又应彭玉麟所聘到暹罗考察，但终不得大用，"乃引归，发愤太息，务张泰西之美，而痛中国之所由蔽，以为富强之术，宜专教育人材，师夷所长，去拘墟之见，除锢蔽之习。"陈三立对此是深表赞同的。

这使我们想起中国近代历史上另一位向西方学习的著名人物严复。严复那时的思想很明确，他认为西方之所以强，乃在于"一一皆本之学术"③。他在《拟上皇帝(光绪)书》中，说要改变中国积弱的局面，重要的是治本而不是治标，"标者，在夫理财、经武、择交、善邻之间；本者，存乎立政、养才、风俗、人心之际"。④ 正因如此，他在康梁等上下奔走、热心议政的时刻，却始终不参加实际政治活动，而埋头于西方学术文化思想的介绍。他在《原强》中说："善夫斯宾塞尔言曰：'民之可化，至于无穷，唯不可期之以骤。'"⑤他就是着眼于用西方的学理，并企求以长期坚韧的努力，来改变处于封建末世的社会习俗和文化传统。严复的思想当然要比陈三立深刻得多，但俩人在这一点上有不少相似之处。由此可见出，近代社会中确有一部分人主张以渐进的方式，力求在学术文化上树立黜伪崇真的风气⑥，藉

① 《散原精舍文集》卷七。

② 《散原精舍文集》卷二。此文作于戊戌前。

③ 《严复集》第 11 页。

④ 《严复集》第 65 页。

⑤ 《严复集》第 25 页。

⑥ 严复曾说，西学之"命脉"，乃在"于学术则黜伪而崇真，于刑政则屈私以为公"。见《严复集》第 2 页。这当然是对西方资本主义文化的不免幼稚的想法，但对照于当时一切处于因袭守旧的晚清社会，他的这些话仍有刺激和针砭的作用。

以发明新义，开启民智，通过长期的努力，造成中国富强的文化上和思想上的坚实基础。这应该是一股客观存在的思想倾向。陈寅恪由于家庭环境的浸染，肯定会受到这方面的影响。

同时，我们不能忽略他早期留学欧美诸国时所受西方近代学术思潮的影响。陈寅恪 13 岁东渡日本学习，除了中间有短暂的假期返国外，一直到 16 岁。不久，20 岁时又赴德国，入柏林大学，后又入瑞士苏黎世大学。23 岁回国，而 24 岁时已在法国就读于巴黎大学。26 岁返国，30 岁到美国哈佛大学，32 岁离美赴德，在柏林大学研究院，这样，直到 36 岁时受聘于清华大学研究院返国。如果从 13 岁算起，到 36 岁，共 24 个年头，而他在日本、德国、瑞士、法国、美国等著名学府学习或研究，加起来有十七八年。这就是说，从少年起，经青年而步入中年，他的大部分时间是在资本主义文化为主体的社会度过的。其间他在德国逗留的时间最长，有 7 个年头。陈寅恪在论著中从未提到过他从西方学者那里接受什么思想或观点，但据他的姻亲暨同窗俞大维回忆，陈寅恪在欧洲确曾受到德、法、俄等国学者的某些启发，并转述陈寅恪的话，说“他研究中西一般的关系，尤其于文化的交流、佛学的传播及中亚史地，他深受西洋学者的影响”。① 19 世纪末、20 世纪初，德国正是著名历史学派兰克学派形成并占据主流地位的地方。本世纪英国著名史学家古奇，在其享有世界声誉的《十九世纪历史学与历史学家》一书中，把兰克在德国史学界的地位与歌德在文学界中地位相并比，盛赞他是“近代时期最伟大的历史家”，正是兰克在历史学上作出的成就，“使德国在欧洲赢得了学术上的至高无

① 台湾《历史语言研究所集刊》：俞大维《怀念陈寅恪先生》。

上的地位，直到今天他仍是我们所有人的师表”①。这部著作出版于1913年，可见直到20世纪一二十年代，西方学术界仍对兰克予以崇高的评价。而那时的德国正是陈寅恪游学的地方。有些研究者曾提到过陈寅恪受兰克学派影响的问题。这方面没有直接证明的材料，不过从治学的路子看，笔者倒是倾向于两者有着一定的关联。

陈寅恪在欧洲，那时他所学的，主要并不是历史学，而是语言学。据同时代人回忆，他在欧美，除了学习欧洲一般语言以外，着重学习梵文、巴利文，以及蒙文、藏文、突厥文、西夏文、波斯文、土耳其文。他是从语言学而转向历史学的。这种独特的学术准备很值得令人思考。而据古奇所述，兰克早年在莱比锡大学，开始学习的是神学和古典语言学，他还学习希伯来文的《旧约全书》。后来，他“从语言学转到了历史的研究”。古奇说：“对于这一漫长的学习时期，他从未感到遗憾，他认为，对于古典知识，年轻人熟悉得越多越好。”②而陈寅恪在德国时，曾寄给他妹妹一封信，说到那时对学藏文甚感兴趣，认为藏文与汉语属同一语系，正如梵文与希腊拉丁及英俄德法等之同属一系。这样，从同一语系在音韵、训诂等的比较，作深入的研究，“则成效当较乾嘉诸老，更上一层”。但他认为，语言的研究毕竟不是他注意的重点，他的注意点乃在一历史，二佛教。③ 我们不敢说陈寅恪与兰克学术道路和学术兴趣一定有传承的关系，那或许是一种偶然的巧合，但其间思想上的联系毕竟是值得作进一步的探讨。

---

① [英]乔治·皮博迪·古奇《十九世纪历史学与历史学家》，耿淡如译，商务印书馆“汉译世界学术名著丛书”，1988年版，第215页。

② 《十九世纪历史学与历史学家》，第176页。

③ 陈寅恪《致妹书》，原载《学衡》第20期(1923年8月)，转引自汪荣祖《史家陈寅恪传》第53页，台湾联经出版社，1984年版。

古奇的书中曾对兰克的史学贡献概括为三点：第一，尽最大的可能把研究过去同当代的感情区别开来，描写事情的实际情况；第二，建立了论述历史事件必须严格依据同时代资料的原则，应当重视并善于利用档案；第三，对权威性的资料应当加以鉴定、比较和分析，从而创立了考证的科学。兰克在柏林，曾在档案馆中发现16和17世纪威尼斯大使的报告四十七册，视为宝藏。这些珍贵的原始资料的发现，使他猛然领悟到：近代欧洲的历史必须借助新鲜的、当代的资料予以重写。兰克的代表作《教皇史》，正是不理会当时社会政治的各种争论，也不带个人的主观热情，“而是平心静气地把教廷作为一个伟大的历史现象来论述”①。《教皇史》的出名正是由于它的客观叙述。正如20世纪前半期意大利著名史学家克罗齐在谈到兰克时所说的：“他觉得他只能表明‘事情真正是怎样发生的’；这就是他的整部著作的目标，他坚守这一目标，从而获得了别人所得不到的声誉。”②

与此相类似，陈寅恪对新资料的利用，一开始就很重视。刊载于1930年《历史语言研究所集刊》第一本第二分册的《陈垣敦煌劫余录序》说“一时代之学术，必有其新材料与新问题”，只有用此种新材料，来研究新问题，才成为时代学术的新潮流。稍后所作的《王静安先生遗书序》，如前面说过的，他把王氏的治学成就归纳为三点，头一个即为取地下之实物与文献记载互相释证。这种不囿于旧有的材料，努力开拓新史料，力求发现前人未曾涉及的新境界，使学术研究能不断有新的生气和转机，也是陈寅恪揭橥的“史识”的重要内容。

---

① 本段所述，皆据《十九世纪历史学与历史学家》第六章《兰克》。

② ［意］贝奈戴托·克罗齐：《历史学的理论和实际》第七章《实证主义的史学》，第232页。商务印书馆“汉译世界学术名著丛书”，1982年版。

不过我认为，在这方面最值得提出的，是陈寅恪对学术研究所抱的严肃认真、不受世事干扰的态度。古奇曾指出兰克的治学倾向，是“竭力使历史研究脱离政治”①。克罗齐也讲到兰克的信仰者，“他们爱慕文化，但不愿沾染党派的激情”②。陈寅恪是否受到这方面的影响，限于材料，本文不敢作进一步的发挥，但从陈寅恪的一生著述看，他确实是把学术看成他一生唯一的追求，而做学问则必须摆脱各种世务的干扰。他在1929年所作的《清华大学王观堂先生纪念碑铭》中，明确宣告：“士之读书治学，盖将以脱心志于俗谛之桎梏，真理因得以发扬。”③俗谛的范围可以包括很广，而陈寅恪最鄙视的是以学问为利禄的工具。他非常看不惯做学问上一种只求“速效”的“诿诞之人”，他把这种人之所谓做学问比喻为画鬼，“苟形态略具，则能事已毕，其真状之果有与否”，可一概不管。他讽刺这种学风为“声誉既易致，而利禄亦随之”④。他认为具体学术成果可能会被后来者所推翻或代替，但他始终相信严肃的学术研究中那种“独立之精神，自由之思想”，将“与天壤而永久，共三光而永光”⑤。限于他当时的思想条件，他当然还不可能对他所谓的“独立”、“自由”作出科学的界说，并且他以“独立之精神”、“自由之思想”来称赞王国维也未免过当，但他把这种“独立”、“自由”与“俗谛”相对而言，明显是表示一个愿以终身奉献学术事业的研究者应有的高洁的志趣。在这方面，他把学术的分量是看得很重的。他在抗战时期的桂林，处于那辗转流徙的境地，盛

① 《十九世纪历史学与历史学家》，第247页。

② 《历史学的理论与实际》，第232页。

③ 《金明馆丛稿二编》，第218页。

④ 《金明馆丛稿二编》，第238页。

⑤ 《金明馆丛稿二编》，第218页。

赞语言文字学家杨树达安于“持短笔，照孤灯”，甘居寂寞不废著述的风概，并有为而发地说：“与彼假手功名，因得表见者，肥瘠荣悴，固不相同，而孰难孰易，孰得孰失，天下后世当有能辨之者。”[①]这使我们想到曹丕极力提高文学创作的地位，以为是经国之大业，不朽之盛事，“是以古之作者，寄身于翰墨，见意于篇籍，不假良史之才，不托飞驰之势，而声名自传于后”(《典论·论文》)。飞驰之势者，即藉功名利禄而能声势赫赫，高车驷马，招摇过市之谓也。曹丕认为文学作者可不凭声势依托而为自己开辟道路，魏晋时期因而被誉为文学的自觉时代。陈寅恪上述称赞杨树达的话，也同样表现了一种学术上的自觉，一种对从事于民族文化研究的自信。同样作于抗战时期的为邓广铭先生《宋史职官志考证》作的序，也极力赞扬邓先生摒弃世务，“庶几得专一于校史之工事”，并且不无天真地说：“不屑同于假手功名之士，而能自致于不朽之域”[②]。也是出于这样一种学术心态。

应当着重提到的是，前些年，海外有些研究者有时抓住片言只语，或根据陈寅恪旧诗中的某些句子，就断定他的一些学术论著隐喻对现实的讽刺，并进而论定陈寅恪对中共政权深致不满。譬如说他成于1951年的《论唐高祖称臣于突厥》一文(刊于《岭南学报》第12卷2期，1951年6月)为影射中共对苏联的“一边倒”政策，希望毛泽东像唐太宗那样，“改弦易辙，独立自主”。又说陈寅恪晚年完成的七八十万字的《柳如是别传》，乃陈氏的忏悔之作，后悔于大陆解放初没有听从他夫人去香港、台湾的劝告，因而以柳如是比其夫人，自比为钱谦益。钱最先在抗清上动摇失节，后在柳如是的鼓动下，联络郑成功，

---

① 《杨树达积微居小学金石论丛续稿序》，《金明馆丛稿二编》第230页。

② 《金明馆丛稿二编》，第246页。

奔走反清，陈寅恪写此书时有引领遥望台湾国民党之意，云云。

如果从事于严肃的学术探讨，那么对于陈寅恪的学术论著和旧体诗作是否有现实寓意，是不妨作深入研究的。但可惜，有些研究者往往先有固定的看法，然后用猜谜式的方法，把不相干的事物硬凑在一起。本文不打算逐一对一些具体论点提出讨论，谨就陈寅恪总的治学态度谈一些看法。

大家知道，在国民党统治时期，陈寅恪对时局是深为不满的。1932 年，他在一篇文章中，曾对友人说："吾徒今日处身于不夷不惠之间，托命于非驴非马之国。"①抗战时，他对读书人颠沛流徙、不免饥寒的处境深为感慨，在诗中屡次表示："著述自惭甘毁业，妻儿何托任寒饥"，"读书渐已师秦吏，钳市终须避楚人"。对于当时国民党统治区物价飞涨，纸币贬值，奸商大发国难财，而作学问的人则不免挨饿，他都在诗中流露出强烈的不满："淮南米价惊心问，中统银钞入手空"，"大贾便便腹满腴，可怜腰细是吾徒。"在那种情况下，国民党还为其最高领袖作九鼎祝寿，陈寅恪对此表示严正的态度，而与一些御用文人划清界限："九鼎铭辞争颂德，百年粗粝总伤贫。"

但即使如此，他还是尽可能安心下来，作他的学问。他在寄杨树达的一首诗中，前一句说"蔽遮白日兵尘满"，是那样的战火纷飞的年代，后一句说"寂寞玄文酒盏深"，自甘于寂寞，在学问的研索中求得自慰。陈寅恪有一种极可贵的自律精神，那就是，不管现实是怎样的使人不满，不管自身的遭遇有怎样的不幸，他对于所从事的祖国文史之学绝不能放弃。他于抗战胜利后远涉重洋，到英国医治眼疾，而终于无效，这时他羁旅异国，想到的是他已经动手而尚未完成的元白诗

① 《俞曲园先生病中呓语跋》，《寒柳堂集》第 146 页。

研究，所谓“余生所欠为何物”，“归写香山新乐府”。在由英赴美，于大西洋中，他又吟道：“去国羁魂销寂寞，还家生事费安排。风波万里又间世，愿得孤帆及早回。”他觉得他的事业是在中国。只有返国，才能安心：“毁车杀马平生志，太息维摩尚有家。”①

前面说过，在灾难深重的旧中国，一个有良心、有正义感的读书人是不可能漠视政治的。事实说明陈寅恪并不是政治上的麻木者和冷淡者。不过他对政治与学术有自己的看法。他在1945年所作的《读吴其昌撰梁启超传书后》中②，说梁氏高文博学，但“论者每惜其与中国五十年腐恶之政治不能绝缘，以为先生之不幸”。陈寅恪历数梁启超政治表现之可为世人效法者，从而指出，是因为世局太黑暗了，使这位本来可以专心于学术的专家，终于“不能与近世政治绝缘”，“此则中国之不幸，非独先生之不幸也”。这话是说得很沉痛的，并明确表示士人之不得不分散心力，不能专志于学术，是由于黑暗腐朽的现实。而就他自己来说，则尽管在诗中明白表示对世局的种种看法，直抒胸臆，无所讳饰，但在学术论著中，他则完全从学术探求的本身出发，不作什么影射譬喻，不受世局变化的影响。他曾以欧阳修著《新五代史》为例，说欧阳修之所以在这部史书中特立《义儿传》一目，只不过受北宋当时“濮议”之刺激，“以发其愤慨”。这种“专就道德观点立言”，而不考虑史事本身的需要，对于历史家来说，“不免未达一间”③。陈寅恪在这里严格注意，不以个人的政治好恶来影响其学术趋向和历史评价。所谓陈寅恪的论著隐喻对现实的讽刺，实在是并不

① 以上两段所引诗皆见《寅恪先生诗存》，不一一列举篇名。

② 文载《寒柳堂集》，第148～150页。

③ 《论唐代之蕃将与府兵》，《金明馆丛稿初编》第276页。

了解他的学术心态，没有理解陈寅恪作为一位自树高格的严肃学者，实没有必要也不屑于作这种浅薄的比附。

理性的思索和情感的倾注*

——读朱东润先生史传文学随想

一

在老一辈的古典文学研究专家中，朱东润先生是我几十年来一直十分敬佩的一位。读朱先生的著作，总会感到一种人格的力量，又能受到做学问的一种极难得的启示和陶镕，那就是对中国古代的历史，既要有理性的思索，又要有情感的倾注，这样才能使传统的研究蕴含一种“秋冬之际”、“山阴道上”的眷恋情怀，又能有一种“仲春令月，时和气清”的舒朗气息。

朱东润先生的治学面是相当广博的。在先秦时期，他有《诗三百首探故》；两汉魏晋南北朝时期，有《史记考索》、《汉书考索》、《后汉书考索》；唐至清，有关于杜甫、梅尧臣、陆游、元好问、张居正、陈子龙等人的传记；古籍整理方面，有《左传选》、《梅尧臣集编年校注》、《陆游诗选》；

* 原载于《文学遗产》1997年第5期。

在文学批评史方面，有《中国文学批评史大纲》；在小说方面，有《宋话本研究》、《水浒人名考》。我觉得，我们的老一辈学者，做学问的面是很宽阔的，博大与精深，往往是造就大学者两个互为联系的条件。在这方面，朱东润先生的著作和治学道路，是很值得我们深思的，在研究20世纪学术史时，我们确实需要从中汲取有益的经验。

朱先生在研究某一领域时，总是先详尽占有资料。我们阅读他的作品，总有一种实学的感觉，觉得他的话是有来头的，不像时下一些好发高论者，总使人有一种“游谈无根”之感。但朱先生治学可贵之处更在于从中表示个人的见解，而这种见解是力求在材料考证和疏理基础上所作的一种拓新。我过去看郭绍虞先生的《中国文学批评史》和罗根泽先生的《中国文学批评史》，都确有所得，它们都有不少材料，可供深入钻研。后来读朱先生的《中国文学批评史大纲》，就突然有一种涉足活水的喜悦，像纪昀、阮元那样学术人物，也列入批评史上来讲，确实拓展了批评史的天地。又譬如我最近才读到《史记考索》等三部书(华东师范大学出版社1996年12月版)，我个人认为写得最好的是《后汉书考索》，其中有不少吸引人的新见。如书中认为，范晔与司马迁、班固不同，并不把开国皇帝即写成少有大志，他认为在《范书》里，“光武只是一位逐渐发展而不是少有天授的人物”，又说“光武只是一个很平凡的人，他底成功，也只是平凡人底成功”。书中又肯定王鸣盛的意见，即《范书》里“宰相多无述”，“公卿不见采”，进而论述：在《范书》列传里面，我们看到后汉这一朝各式各样的人物，而不仅看到一群显宦；“换言之，这是一部人物大观，而不是一部搢绅录。这是《范书》底特色，我们也不妨借此估定《范书》底价值”。在《范晔作书的动机》一章，特别提出范晔认为只有儒家，“才能养成这一批担当国家大事死而后已的人物”。又说：范晔所着重之学，“决不是世儒章句之学，以及曲学阿世之学”，“他所重的，恰是那种把学问见诸事业的人”。这部名为“考索”的著作，却是笔法超脱，思路开阔，十分难得的史评。

我觉得朱先生写书还有一个不大为人注意的，就是他的好几部著作，往往是写成了并不就拿出来，好些是放着，大约是准备再加修改的。如《后汉书考索》写于抗战时期大后方，1942 年，稿成之后，未尝示人，1949 年又重写一过，还是放着；《汉书考索》初稿写于 1951 年，稿本自署“未定稿”。这两部书都一直藏在家中，直至朱先生过世后才得以问世(据朱邦薇同志《后记》)。朱先生对中国古代白话小说颇有研究，但我们过去是不大知道的，只是最近看到复旦大学中文系编、复旦大学出版社出版的《中西学术》(2)，和上海古籍出版社 1996 年 12 月出版的《中华文史论丛》(第 55 辑)，才得读到《宋话本研究》和《水浒人名考》。这两篇文章都写于 50 年代，材料翔实，但朱先生却一直没有拿出来。这里面可以见出老一辈学者做学问的一种内养工夫，他们自己有一种充实感，就不急于以一二部书来炫耀人。我觉得这倒不必以“淡泊名利”来称誉朱先生，我们自能从中受到学术节操的熏陶。

二

我想，朱先生的书最能吸引人的当是他的几部传记文学著作。这一点是得到当代学人公认的。王运熙先生说：“在这方面，朱先生开拓了一个新的研究领域，取得了丰硕成果，值得我们钦佩和学习。”(《道德文章　永留人间》)骆玉明先生明确肯定：“朱先生可以说是中国现代传记文学的主要开创者。”(《百年万从事　词气浩纵横》)，陈谦豫先生引述朱东润先生自己的话：“我的衷心愿望，倒是想当一名忠实的传记文学家”，“到我死后，只要人们说一句：‘我国传记文学家朱东润死了！’我于愿足矣。”(《想当一名忠实的传记文学家》)这些评论道出了当代学人的共识。朱先生在史传文学上留给我们的是一笔丰厚的思想遗产，我们要怀着深挚的感谢之情接受，更要用求索之心研讨。

可以说，朱先生在史传文学方面，早就有一大志，就是如何吸取西方近二三百年来在传记创作上的现代科学精神，以补当时中国本土学术的某些不足，“替中国文学界做一番斩伐荆棘的工作”。朱先生早年留学英国，他在20年代即留心阅读西方名人传记，在《张居正大传》的自序中就重点提到鲍斯威尔的《约翰逊博士传》、斯特拉哲的《维多利亚女王传》、莫洛亚的《狄士莱里传》、勃路泰格的名人传等。这几部书，除了《维多利亚女王传》由卞之琳翻译，40年代初曾在香港商务少量印行，近年又经译者修订，由商务印书馆重印外，其他似尚未有中译本。商务印书馆90年代初开始有计划地编印《世界名人传记丛书》，现在已有两批，共30种，也还没有朱先生提到的鲍斯威尔、莫洛亚、勃路泰格的书。由此也可见朱先生在英国接触西方原著，时间既早，方面又广。

朱先生确是在史传文学研究和创作上做了不少准备工作。他除了阅读西方作品以外，还系统地研究中国古代各种体裁的传记文学，写了好几篇探讨性论文，如《中国传叙文学与人物》、《传叙文学之前途》、《大慈恩寺三藏法师传述论》、《传叙文学与人格》，并于1942年完成十余万字的专著《八代传叙文学述论》。

经过中西比较研究，朱先生当时得出这样的一种认识，即“在近代的中国，传叙文学的意识，也许不免落后”。具体地说，是：“《史》《汉》列传底时代过去了，汉魏别传底时代过去了，六朝唐宋墓铭底时代过去了，宋代以后年谱底时代过去了，乃至最进步的著作，如朱子《张魏公行状》、黄榦《朱子行状》底时代也过去了。横在我们面前的，是西方三百年以来传叙文学的进展。”从这里可以看出，朱先生对中国古代传记文学确是下过工夫的，对其发展脉络具有整体的把握。他说“我们对于古人底著作，要认识，要了解，要欣赏”。朱先生并不是那种浅薄的民族虚无主义者，他在这里并非对我国古代史传文学一概否定。如上面提到的《史记考索》、《汉书考索》、《后汉书考索》，就是同一时期写的。他在提到《维多利亚女王传》时，即特别提及这本书“很有《史记》那几篇名著底丰神”。但朱先生认为，时至20世纪中期，我们要从事于传记文学的创作，毕竟不能只简单的仿效过去时代的列传、墓志、年谱、行状。如果不能摆脱过去时代的局限和束缚，那就是“古人支配今人”。朱先生说“我们决不承认由古人支配我们底前途”。我觉得这表现了朱先生一种独立而清醒的学术意识，在现在看来也是富有启发性的。

正如朱先生所说，“世界是整个的，文学是整个的”，因此对中西作客观的比较，学习和吸取西方有学术价值的创作成就，这应该是文化学术发展在20世纪的必然趋势。王国维早在本世纪初就说过：“异日发扬光大我国之学术者，必兼通世界学术之人，而不在一孔之陋儒。”(《奏定经学科大学文学科大学章程书后》)鲁迅1907年所写的《摩罗诗力说》也说：“国民精神之发扬，与世界识见之广博有所属。”朱先生在传记文学上所作的中西比较，倒是启示我们：研究本国或本民族的文学，必需把目光投向更广泛的领域，要及时吸取国外的新思想新观念，把本国本民族的文学放入世界的大范围中。这应当说已成为本世纪我国好几代学人的共同认识。

三

正如朱先生引佛家语“阅尽他宝，终非己分”，他阅读和研究西方著作，只能是一种准备，一种过渡，终不能代替自己的创作，他希望用自己的实践来作一种开拓。于是从40年代开始，就一连串有好几部传记著作送到中国读者的面前，那就是40年代的《张居正大传》，60年代初的《陆游传》，70年代末的《梅尧臣传》，80年代初的《杜甫叙论》，80年代中的《陈子龙和他的时代》，还有尚未发表的《元好问传》，以及“文革”刚结束不久，写于70年代初期而1996年才出版的现代人传记《李方舟传》。

朱先生在传记文学写作中一个很大的开拓，也即对过去列传、墓志、年谱、行状一个明显的突破，就是着重对传主时代的研究，并用极大的篇幅充分展示时代的特色，特别是当时的政治情势，他认为这是传主所据以活动的场所和施展才能的舞台。这应该说也是他对西方著作长处的吸取而表现的理性的思索。

张居正是明代中期一位大政治家，在过去的一些中国通史著作中讲到明万历时期的政治、经济，总要提到他的一条鞭法。但张居正作为一个人，他如何在那一时期舞台上出没，在朱先生写的《张居正大传》以前，还没有人提供一个完整的既是政治家又是一个16世纪中国特殊环境中人物的形象。正如朱先生自己所说，“居正底一生，始终没有得到世人底了解”。而要了解张居正，就必须了解他的生活的时代，以使今天的人们认识到：“他只是张居正，一个受时代陶镕而同时想陶镕时代底人物。”

《张居正大传》就以很大的篇幅，写出那一时期皇帝的专制与昏庸，朝臣的钻营与争斗，表面上的盛世酝酿着一场大乱的爆发，“到处都是谄谀逢迎的风气，政治的措施只能加速全社会底腐化和动摇”。书中说：“这就是张居正出生的时代。”朱先生说：“最困难的是一般人对于时代大局的认识。”我相信，通过《张居正大传》，人们对明代中后期的政治大局会有一个清楚具体的认识，也从而使人们更能了解这一个张居正。

《陈子龙及其时代》自序，有一段话很值得回味：“历史是无情的，它能培养人才，也能摧毁人才。当然，我们不是说历史是有意识的起这样的作用，而是说在某个特定时期，人才得到很好成长的环境，或是在某个特定时期，人才不但得不到培养而且会遭到压抑或打击。这是每个学习历史的人所经常遇到的问题。当然，任何人没有坐待时代支配的义务，但是在环境对他的成长不利的时候，即使他尽了最大的努力，有时还会遇到打击或挫伤。可是，一个有志之士，即使遇到不断的挫伤以后，决定不悲观失望、灰颓丧气，他得付出更大的努力，纵使遇到十次的失败，他还得争取第十一次的胜利。”

这篇自序写于1983年初，人们不难想见，这一段话是饱含朱先生在“文革”十年所遭受的血泪苦难之情的。但也正由于此，也升华了朱先生对时代的理性思考，而对我们来说，也可更进一步体会朱先生在传记文学创作中为什么如此注重于时代的研索和描述。中国古代固然已有“知人论世”之语，但毕竟过于概括，朱先生对此实是一个巨大突破。

也正因此，《陈子龙和他的时代》，差不多有一半以上的篇幅写明代后期的政治情势与军事斗争，其中尤其详细铺叙建州卫努尔哈赤几代对明代边镇的侵袭，明统治者在昏庸、专制下所表现的连续失策及至最后覆灭。自序中说：“他（陈子龙）是时代中的人物，他的一生的经历都和他的时代息息相关，因此我在这本作品当中，把他的时代写得比较多一些，这样的写法，在国外是经常见到的，不过在国内，由于数百年来八股文字的传统，可能有人认为离题太远，因此我在书名中特别提到他的时代，表示我对这个传统的正视。”西方的传记确是以较多篇幅记述传主时代的，如法国著名作家安德烈·比利(1882～1962年)所写的《狄德罗传》，在书前《告读者》中，就说狄德罗的一生“是符合他的时代，也是为了他的时代”，因此作者认为“很有必要给予他曾生活于期间以及他那高贵灵感所激励的社会以一席重要地位”。作者还幽默地声称：“本书如果称为‘狄德罗和他的时代’也许过于狂妄，但是，如果称为‘狄德罗和他的社会’，还是相当合适的吧。”(商务印书馆，1984年张本译本)这一席话与《陈子龙和他的时代》的提法正好是一个巧合，由此也可见出学术上理性思索的相通之处。

在《杜甫叙论》自序中，朱先生说他曾考虑过写一本关于杜甫的比较完整的传记，但多少年来都没有动手，这是因为有些问题需要解决，其中之一即是“李姓王朝和吐蕃王朝、回纥王朝的关系”。在记叙杜甫生活和诗作时，他总是把这三者的关系作为大背景来处理的。他把唐帝国的动乱视为杜甫走向人民的关键。《梅尧臣传》写于“文革”前夕，出版于“文革”刚结束不久，可能也受到政治环境的影响，朱先生写作此书时，更注意作家身世、作品创作与时代的关系，说：“他的丰富而深刻的感情和他的身世存在着密切的联系。倘使我们对于他的时代和身世，没有切实的体会，怎样理解他的作品呢?”(《梅尧臣传》序)也正因此，书中写梅尧臣在任建德县令时，总是关心朝中的政治斗争。后来无论在京中任小官，还是在湖州任地方官，书中总是详细叙述宋与西夏的战争，以及这一战争的胜败如何萦绕这位看似超脱现实的清寒的诗人，使人更为全面的认识梅尧臣。在《陆游传》为陆游的《南园记》、《阅古泉记》作辨析时，也总是联系当时政治，特别是宋金战事，指出陆游是在关心国情的思想指导下与韩侂胄接近的。这些，都是想通过时代大环境来更好地理解人的内心活动。

四

在重视时代把握的同时，朱先生还强调要掌握传主作为历史人物的分寸，既不能过于颂扬，又不应过分要求。“进行创作的时期，对于传主不会不产生热情，但是这些自发的热情，往往会使我们失去应有的衡量”；“我们进行批判，也不要忘去传主只是数百年以前的人物，我们不应向古人提出现代的要求”。这是写于 1965 年 4 月的《梅尧臣传》自序，那时正处在大动乱的前夕，极“左”思潮已逐步弥漫，朱先生能这样提出自己的看法，确实是很不容易的，表现出极为宝贵的冷静思考与学术良知。

张居正是明代中期有大功的政治家，对他的功绩应该予以充分肯定，但朱先生在书的序言中明确表示：“传叙成为颂扬的文字，便丧失本身的价值。”因此他在叙述张居正的政治生涯时，总是注意当时上层政治斗争的复杂性，在严嵩当权，与徐阶争斗时，张居正的态度有时是暧昧的，他要保护自己。后来徐阶当权，内阁中又有高拱、李春芳等勾心斗角，他更依违其间，因为他是“热恋政权”的。书中说“自隆庆元年入阁以后，直到万历十年身死为止，在这长长的十六年之中，他没有一天不在积极地巩固他底政权，也没有一天曾经放弃他底政权”。这样来看待历史上手操朝政的政治人物，应当说是合乎情理的，因此 40 年代所提供的这一个张居正形象，到现在还保持鲜活。

卞之琳先生在《维多利亚女王传》中译本重印前言中，提到斯特莱切在这本传记中表露了他对传记写作的看法。书中第七章第三节写到维多利亚女王的丈夫死后，她要臣下为其丈夫一再立传，后来出了几本皇皇巨著，表彰他尽善尽美，但问世后并未产生她所预期的效果："世人见陈列出来给他们赞叹的人物倒像是道德故事里的糖英雄，而不像有血有肉的同类，耸一耸肩，一笑，或是轻薄的一哼，掉头而去了。"这当给朱先生以深刻的印象，他在《张居正大传》的序言中虽没有明白提及斯特莱切这段描写，但序中再次强调，如果抱定颂扬传主的宗旨，那么"他们所写的作品，只是一种谀墓的文字，徒然博得遗族底欢心，而丧失文学的价值"。朱先生的几本传记文学作品，总是力求贯彻这一主张的。《陈子龙和他的时代》虽然一再表示他要写出陈子龙先是名士，后是志士，最终成为一名斗士，但在自序中仍然提出："子龙是不是有缺点呢？他不是超人，不可能没有缺点的。因为要忠实于传记文学，我没有权利把他写成超人。"也正因此，已经问世的几部传记，传主都是有血有肉，现代的读者也能充分理解的活人。

在谈到朱先生传记文学的写法时，有一个重要之处决不能忽视，那就是书中对话的运用。这是朱先生特有的艺术手法，是现代中国传记文学的一大创新。他在写作《张居正大传》时，就运用得极为纯熟。他说"对话是传叙文学底精神，有了对话，读者便会感觉书中的人物，一一如在目前"。这在我是有切身体会的。我第一次读《张居正大传》，是在 1948 年，那时我虚岁 16 岁，初中三年级，在宁波读书。因为时常向开明书店的《开明少年》投稿，稿费所得即邮购出版社的书。那时我不自量力的函购了《张居正大传》，一捧到厚厚的四百页的大书，实在不敢读，而且也确实读不太懂，但在大篇记述文字和引文之后，忽然出现几句对话，立刻吸引了我，那几句简短而传神的对白，忽然使我接近了那个时代。这种阅读的喜悦感，至今仍印象深切。

可贵的是，朱先生所写的对话，不像时下一些号称传记佳作的书，加油加醋，凭空捏造，以求得广告效应。朱先生是以严肃的学术准则来对待的，他自己说在写《张居正大传》时，“只要是有根据的对话，我是充分利用的，但是我担保没有一句凭空想象的话”。

作为文学性传记，朱先生经常用抒情性的笔调来写，使人得到美的享受。梅尧臣是皖南人，请允许我抄录一段《梅尧臣传》第一章开头的一段：

> 从皖南峄山山脚宛转北向的宛溪，经过宛陵城下，和绩溪东来的句溪合流，带着欢腾的浪花，直奔小阳镇，这时称为水阳江。水阳江浪涛滚滚，过了黄池以后，再会合青弋江，下至芜湖入江。这一大段地区，是自古以来有名的宣城郡。六朝时候，多少豪门贵族、诗人文士都愿意到宣城当一任地方长官，那时称为宣城太守，他们的主要目的，是到这里来，享受这山水胜景。

人们翻开书本，读到这第一段充满诗情画意的文字，是自然而然地会把这山水佳景与梅尧臣的诗歌风格联系起来。

又如《杜甫叙论》在记叙《旅夜书怀》一诗“细草微风岸，危樯独夜舟，星垂平野阔，月涌大江流。名岂文章著，官应老病休，飘飘何所似，天地一沙鸥”时，写道：

> 杜甫已经到了走投无路的时候了。文章也写，诗歌也写，但是在这茫茫一片的江上，向上是灿烂的群星，向下是一江的皓月，可是自己呢，正是走投无路，不知道到哪里去，也实在没有可去的地方。自己是天地间的一只沙鸥，荒寂、孤独，天地虽大，栖身无所。

这一段真是倾注了朱先生作为学者兼诗人的感情的，不只真切的传达了原诗的情意，而且再创造地显示了特有的艺术美感。

我以为，朱先生的几部传记文学，是有不同的风格的。《张居正大传》以凝重著称，《杜甫叙论》与《陈子龙和他的时代》有一种悲壮的情调，《陆游传》在清丽中带有意气风发，而《梅尧臣传》则确有宋诗风格——淡泊与舒闲。

朱先生的传记作品还有一种神来之笔，那就是在讲述历史时，忽然会把过去的生活拉到现代来，增进人们的时代意识与生活情趣。如《杜甫叙论》第七章讲杜甫在巴蜀因战乱而流徙，东奔西走，非常痛苦，作《严氏溪放歌行》一诗。书中在引了这一首诗后，写道："在读到这首诗的时候，我仿佛听到近代乐曲里的《二泉映月》。在那首曲子里作者只是凄凉地存在，谱奏他那惨痛的生活。他拉的是二胡，但是在那愁苦的一拉一送之间，活活地把他的生活在两条弦子里抒奏出来。"在谈到杜甫《王命》、《征夫》、《西山》、《遣忧》等诗所写吐蕃军队趁地方军阀混战，因而打开松州的大门，从西山打过来，而内地的军队，自己相杀还忙不过来，更顾不到西边人民的生活，书中又插了这样一段话："也许有人还记得关东军占领东北的情况吧！'我的家在东北松花江上！'多少中国人民是流着热泪奏这些歌的！一千二百年后又来一次痛苦的歌声！"朱先生这样把历史与现实叠在一起描写，不但并不使人感到生硬勉强，反而加强人们的历史情怀与现实感受。

他有时还援引外国文学名作。在记述杜甫到江陵，为自己的生计不得不对地方长官作违心歌颂时，书中说："杜甫是不是乐于为此呢？当然不是。对于这样的滑稽悲剧，他是理解的，也是痛恨的，但不是深恶痛绝，他还要靠扮演这幕悲剧吃饭，因此一边是痛恨，一边还要继续扮演，这正如雨果《笑面人》所写的那位主角的独白一样，心上是极端的沉痛，但是脸上还是刻板的喜悦。”这也真是神来之笔。朱先生能达到如此化境，是与他对中外文化的深厚素养分不开的，这也确实激励我们要努力提高自己的文化素质与艺术涵养。

五

末了，我想附带说几句。朱先生确是有儒家风度的学者，一身正气，因此他所选择的传主对象，差不多都是关心国计民生的有为之士。他强调关切现实，拯救危亡，尊崇气节与品格。这都是可以理解的。但可能受特定环境的影响，有时不免太强调某种政治标准。譬如论杜甫《茅屋为秋风所破歌》，诗中的“安得广厦千万间，大庇天下寒士俱欢颜”，说杜甫“只是说寒士，不是广大的饥寒交迫的人民”，又说这个士“只是骑在人民头上的人，士是可以向上爬的”。又指责杜甫把孩子(村童)诬为“盗贼”，因而说：“杜甫只是处在一个阶级社会，他关心的是统治阶级，特别是和他一样的下层的士，而不可能是广大的人民。”这与他把杜甫和李白相比，以杜甫更接近人民而高于李白，看似矛盾，实是一致。朱先生的传记作品，有一种过分重视某种政治参预的倾向，这点如何评价，还可作进一步探讨。

听说朱先生对陈寅恪先生写《柳如是别传》不以为然，认为以80万言为一妓女立传，实在不值得。话虽这么说，朱先生还是读过这80万言的著作的。《陈子龙和他的时代》末尾曾引述《柳如是别传》第三章的文字(虽然他对陈说并不同意)。陈寅恪先生是详细考述过陈子龙于崇祯年间与柳如是的交往的。据陈先生所考，陈子龙最早在崇祯五年即与柳氏相识，后在松江同居，感情甚深，最终则于崇祯八年秋分离，但此后俩人的诗词中仍有深挚的怀念之情。柳如是则因与陈子龙等名士交往，“不仅为卧子之女腻友，亦应认为几社之女社员也”；

“继经几社名士政论之熏习，其平日天下兴亡匹‘妇’有责之观念，固成熟于此时也”(《柳如是别传》第三章，第 282 页，上海古籍出版社 1980 年版)。陈、柳交往，对柳如是是一种识见的提高，对陈子龙也是一种诗情的交流。陈子龙的早年生活应该是多方面的，他与柳如是的合与离，也从一个侧面反映明代末期江南士人的生活风习。朱先生的书只以不到一页的文字作了极为一般的交代，陈寅恪先生则以二百多页的篇幅详作疏证，两位先生的看法实有较大的差距，这一学术现象也是可以探讨的。

下　编

谈《全唐文》的修订*

清代官修的两部唐人诗文总集，一为《全唐诗》，一为《全唐文》。《全唐诗》的修纂，始于康熙四十四年三月，成于四十五年十月，共收诗四万八千九百多首，作者二千二百余人，总九百卷。《全唐文》修成于嘉庆十九年，收文一万八千四百多篇，共一千卷。这两部总集，卷帙浩繁，洋洋大观，前人曾以为“有唐一代文苑之美，毕萃于兹”(俞樾《春在堂杂文》四编卷七《全唐文拾遗序》)。这对于我们研究唐代的文学和历史，无疑会有不少的方便。

但这两部总集，仍然存在不少的问题。关于《全唐诗》，“文化大革命”前，在《文学遗产》以及其他一些刊物上，曾有李嘉言等先生写过文章，论述《全唐诗》需要修订的一些意见，对研究者颇有启发。《全唐文》的情况如何，究竟存在哪些问题，新中国成立以后三十年间，似尚无人涉及。过去岑仲勉先生曾撰有《读全唐文札记》(载前《历史语言研

---

* 原载于《文学遗产》1980年第1期，与张忱石、许逸民合署，傅璇琮撰写。

究所集刊》第十本），谈到一些问题，但岑先生的文章主要还是从治史的角度出发，对《全唐文》所载文章及作家小传作若干史实考证，对于修订本身，论述不多。因为工作关系，我们在近年来曾对《全唐文》翻检一遍，并参考其他一些史籍，对书中存在的问题作了一些记录。我们觉得，《全唐诗》如要修订的话，则《全唐文》也应加以修订，这部书中的问题并不比《全唐诗》少。由于篇幅所限，当然在这篇短文中不可能将存在的问题一一列出，这里只能举一些例子加以说明，以供研究者参考。

我们知道，《全唐诗》的辑集，主要依据明末清初的两大部唐诗总集，即胡震亨的《唐音统签》（一千三百三十三卷）和季振宜的《全唐诗》（七百一十七卷）。嘉庆时修《全唐文》，是否有所依藉，情况还不清楚。据俞樾《全唐文拾遗序》，说“嘉庆时天子右文稽古，出内府所储唐文一百六十册”，似乎这个“唐文”并非专书的名称，但嘉庆“御制”序文，却说是“予近得唐文一百六十册，几暇披阅，觉其体例未协，选择不精，乃命儒臣重加厘定”。《全唐文》的凡例中，每有“原书”如何如何的话，如说“原书制诰别立一门，与全书体例未协，今以见各人文集者归其本人……”；又有“原书批答即载本文之后”、“原书误收唐以前文”等语。由此可见，嘉庆时内府所藏的所谓一百六十册唐文，应当是已经编成的一部全唐文，当时馆臣即根据这一唐文总集，修改其体例，补益其缺漏。但这部《唐文》的情况究竟如何，譬如卷数多少，如何编排，有否作家小传，等等，均不得而知。如果其书尚藏于现在的故宫博物院，那就可以像《唐音统签》那样，拿来作比较研究。

嘉庆时为了修纂《全唐文》，还特地开设了“全唐文馆”，在辑集工作中，除了依据上面所说的一百六十册《唐文》外，还据《四库全书》、《永乐大典》、《古文苑》、《文苑英华》、《唐文粹》等几部大书汇辑。但即使如此，也仍有遗漏，后来陆心源利用他的皕宋楼所藏，补辑了不少遗文，编为《唐文拾遗》七十二卷、《唐文续拾》十六卷。今天看来，还有不少遗文可以辑集，单是近一二百年出土的碑文墓志，就可补进数千篇文章，其中不少篇对文学史研究有极重要的参考价值。如众所周知的靳能所作王之涣墓志铭(《唐故文安郡文安县太原王府君墓志铭》)，就是过去李根源先生《曲石藏志》之一，岑仲勉《续贞石证史》(载前《历史语言研究所集刊》第十五本)曾据此对王之涣的生平有所考证。这一墓志，就不见于《全唐文》和陆心源的《唐文拾遗》和《唐文续拾》。过去对王之涣生平事迹的记载，不是空白，就是错误，如著名的唐代诗歌研究著作宋代计有功的《唐诗纪事》，就说王之涣为“天宝间人”，元人辛文房的《唐才子传》又说王之涣是“蓟门人”。现在据靳能所作墓志，则王之涣于天宝元年二月即已去世，他的郡望为太原，从其五代祖王隆之为北魏绛州刺史起，就占籍绛州(《新唐书》卷三九《地理志》三，河东道有绛州绛郡)。这些都有助于唐诗的研究。《曲石藏志》中还有一篇张阶作的李琚墓志(《唐故河南府洛阳县尉顿丘李公墓志铭》)，根据这篇墓志，可以考见唐朝著名理财家刘晏任夏县令的时间(天宝七载二月以前)，并由此还可考见刘晏与盛唐诗人王昌龄、李颀的交游事迹。这篇墓志也为《全唐文》及过去金石著录所未载的。近代比较著名的藏石，还有“千唐志”等，如果把已知的这些碑传墓志加以辑录印行，一定会大大有助于对唐文的认识以及对唐代文学的研究。另外，《全唐文》纂修时，《文苑英华》曾是重要的依据材料。“凡例”中特别提到除了明刊本外，还据影宋抄本《文苑英华》补配。但即使如此，《文苑英华》中也还有一些篇章为《全唐文》所漏收的(此点可参看清人劳格《读书杂识》卷八)。

这就是说，现在修订《全唐文》，在补辑遗文方面还有不少工作可做，这是一方面；另一方面，《全唐文》本身还有许多错误需要订正，这个订误的工作，或许比辑佚还要费事费时，它要查阅大量的史书，需要详细占有材料，并进行比较的研究。根据我们所看到的情况，大致有以下四点：

一、文章误收。修纂《全唐文》时，这些编修官已经注意到甄别文章的作者。譬如杨炯《彭城公夫人尔朱氏墓志》、《伯母李氏墓志》，过去曾误编入庾信的集子中，这次加以刊正，改入杨炯名下。撰人姓氏歧出的，如《邕州马退山茅亭记》，见柳宗元《河东先生集》，又见于独孤及的《毗陵集》；《卢坦之杨烈妇二传》，见李翱的《李文公集》，又见于李华的《遐叔集》，编《全唐文》时都各加订正，归于一是。负责修纂的徐松等人，对唐宋史事号称精熟，徐松本人曾撰有《登科记考》，是研究唐朝科举制度与文人生活的重要资料书，他又利用编《全唐文》之便，辑修了《宋会要辑稿》一书，保存了宋代不少极有用的史料。但即使如此，《全唐文》中张冠李戴的情况还是不少。这里不妨举一个典型的例子。如卷三五七高适名下收《皇甫冉集序》一文。皇甫冉是中唐时的著名诗人，清人管世铭《读雪山房唐诗抄》曾将他列为大历十才子诗人之一。现存有关皇甫冉事迹的材料，最早要算是独孤及所作的《唐故左补阙安定皇甫公文集序》(《毗陵集》卷十三)，序中说皇甫冉于代宗大历二年(公元767年)迁左拾遗，转右补阙，后奉使江表，省家至丹阳，不幸染疾而死，年五十四。根据其他有关材料，可以大致考知其卒当在大历四五年之间(公元769～770年)。而我们知道，高适则卒于永泰元年(公元765年)。《全唐文》所载《皇甫冉集序》却说："恨长辔未骋，而芳兰早凋，悲夫!"明明是高适比皇甫冉早五六年死，却在所作序文中悼念皇甫冉的有才早死，岂非奇事！细一比较，原来《全唐文》所载的这一篇《皇甫冉集序》，与《唐诗纪事》卷二十七皇甫冉条所引“高仲武曰”完全相同，高仲武即是唐人选唐诗之一《中兴间气集》的编选者，原来这一篇文字即是《中兴间气集》对皇甫冉的评语。据高仲武自序，他这部诗选，“起自至德元首，终于大历暮年”，皇甫冉正好生活其间。现在单刻本的《中兴间气集》，与《唐诗纪事》所引，关于皇甫冉的评语，字句虽有所出入，但大致相同。由此可以断定，这所谓《皇甫冉集序》决非高适所作，而且这个篇名也是修纂者硬加上去的。其所以致误的原因，大约还与《唐才子传》有关，《唐才子传》卷二高适小传就说“适字达夫，一字仲武”，把诗人高适（字达夫）与诗选家高仲武合而为一，编修官徐松不察，也就沿袭其误，将《中兴间气集》的评语作为高适所作的序文（徐松所撰《登科记考》卷九天宝十五载进士登第皇甫冉名下即引“高适《皇甫冉集序》”，误与《全唐文》同，由此可见《全唐文》此处之误，即出于徐松之手）。这是明显的例子，类似的情况还有不少，需要参稽有关史料，加以刊正。

二、人名误。《全唐文》卷三九八载楚冕《对莱田不应税判》文一篇，于“楚”字下注云“一作樊”，小传云开元擢书判拔萃科。按此应作樊晃，是唐代最早为杜甫诗编成集子的人。《新唐书》卷六十《艺文志》四著录《杜甫小集》六卷，注云“润州刺史樊晃集”。《元和姓纂》卷四载樊晃官职为兵部员外、润州刺史。《嘉定镇江志》卷十四“唐润州刺史”条，代宗大历七年樊晃正在任上。《新唐书》卷二百《儒学·林蕴传》说林蕴父林披以福建临汀“多山鬼淫祠，民厌苦之，撰《无鬼论》”。这时的福州刺史为樊晃（樊晃为福州刺史又见元《临汀志》，载《永乐大典》卷七八九三）。樊晃在润州刺史任上，与当时的一些著名诗人颇有交往，如刘长卿有《和樊使君登润州城楼》（《刘随州集》卷八），皇甫冉有《和樊润州秋日登城楼》（《全唐诗》卷二四九）、《同樊润州游郡东山》（同上，卷二五〇）。关于樊晃，又见《宋高僧传》卷十七《唐金陵钟山元崇传》、《唐郎官石柱题名考》卷十四、卷二二。唐人选唐诗之一，芮挺章的《国秀集》卷下录樊晃诗一首，称“前进士”。《国秀集》所收诗为开元至天宝三载，正与《全唐文》小传所谓开元时擢书判拔萃科相合。由上所考，可见《全唐文》的楚冕，即为樊晃的形讹。

另外，如《全唐文》卷九〇二载史徵《周易口诀义序》一文，小传云“河南人”，而据《直斋书录解题》卷一，载史之徵著《周易口诀义》，亦为河南人，当同是一人，则《全唐文》史徵人名缺一“之”字。与此相似的卷九二三有道士史崇，而据《新唐书》卷五九《艺文志》三，载道士史崇玄与崔湜、沈佺期等撰《道藏音义目录》一百十三卷，则史崇名又缺第三字“玄”。又《全唐文》卷四〇二载魏静《永嘉集序》一篇，小传云：“静，开元时官庆州刺史。”按《元和姓纂》卷八有魏靖，云库部郎中、秦州都督。《新唐书》卷五九《艺文志》三著录玄觉《永嘉集》十卷，云“庆州刺史魏靖编次”。《宋高僧传》卷八《玄觉传》亦载有“庆州刺史魏靖”。由此可知，作“靖”是，作“静”非。

再如《全唐文》卷八五六载马裔孙文。马裔孙为五代后唐时中书侍郎平章事，其事迹又见《旧五代史》卷一二七，亦作裔孙。但《新五代史》卷五五、《资治通鉴》卷二八〇及南宋人陈思所作《书小史》皆作胤孙，《全唐文》、《旧五代史》刊作裔，当避清讳改；徐松《登科记考》卷二五、二六则又作“马允孙”，其避清帝讳则更为显然。又如李玄真作李元真、成玄英作成元英、田弘正作田宏正、辛弘亮作辛宏亮、间丘胤作间丘允等等，这些人名误写误刊及避清讳而改名的情况，在《全唐文》中较为普遍，往往造成混乱。

三、小传记事误。《全唐文》凡例中说：“小传无取繁冗，载里居科第后略序历官始末，其事迹见史传及习见之书者概不叙入，惟其人事迹不经见，则搜访遗佚，间采琐事，以备掌故。”看来似乎是很谨严的。但如细加核对，就会发现不少错误。其中有记载时代错误的，如卷五一一裴冕小传，谓裴冕德宗时任剑南西川节度使。按《旧唐书》卷一一三《裴冕传》，冕于肃宗时即为成都尹、剑南西川节度使。《旧唐书》卷十《肃宗纪》载乾元二年(公元759年)六月，“以右仆射裴冕为御史大夫、成都尹，持节充剑南节度副大使、本道观察使”。据本传，裴冕卒于代宗大历四年(公元769年)，而德宗则于大历十四年(公元779年)才即位，已是裴冕卒后十年，怎么说是裴冕于德宗时任剑南西川节度使呢？又如《全唐文》卷九一九僧福琳小传，说福琳为元和时人。经查《宋高僧传》卷二九《唐湖州杼山皎然传》载福琳年八十二卒，“兴元二年四月入塔”。《景德传灯录》卷十三《黄州大石山福琳禅师传》更明确记载“唐兴元二年入灭，寿八十有二”。兴元二年为公元785年，元和为公元806～820年，《全唐文》说福琳为元和时人，时间先后颠倒了二三十年。

另外为世系误。如卷九〇一张随小传：“随，始兴人，徙居韶州曲江，容州司马凤初从孙。”意思是说，张随本为始兴人，后来他又徙居韶州曲江。但据《新唐书》卷七二下《宰相世系表》，于始兴张氏云：“出自晋司空华之后，随晋南迁，至君政，因官居于韶州曲江。”按君政为唐初人(张随为玄宗、肃宗时人)，即张随先世，至其高祖君政时，已徙居于韶州曲江，非张随始。又据《新表》，张随为处闲子，容州司马凤初为允龄子，凤初与随实为同辈，而小传却说随为凤初从孙，大谬。

又如官职误。《全唐文》卷四〇四李丹小传谓字叔南，是。这里应当指出的是，《新唐书》卷一九四《元德秀传》云：“(李)崿族子丹叔、惟岳”；又云“崿字伯高，丹叔字南诚，惟岳字谟道，赵人。”《新唐书》所述，实本李华《三贤论》，而《三贤论》原作：“赵郡李崿伯高，含大雅之素；崿族子丹叔南，诚庄而文；族子惟岳谟道，沉邃廉静。”（见《文苑英华》卷七四四）由此可见，《三贤论》是说李丹字叔南，而“诚庄而文”四字则自成一句，是对李丹的评语，《新唐书》误以“南诚”为字，“丹叔”为名，实大谬。《全唐文》李丹小传改正了《新唐书》的错误，却产生了另一错误。小传说李丹曾任虔州刺史，而据《宰相世系表》，任虔州刺史者乃李岑子李舟，亦即任豪州刺史李丹之兄，这里的李舟、李丹兄弟，都属于陇西李氏姑臧房，而字叔南的李丹，则属于赵郡李氏，完全是两个人。

四、《全唐文》还有合几个人事迹为一人，以及同一人之文分见于两处的。如《新唐书》卷五九《艺文志》三，著录王冰注《黄帝素问》二四卷，又释文一篇，此书前有宝应元年自序（参见近人余嘉锡《四库提要辩证》卷一二《黄帝素问》条），可见这个王冰是唐肃宗时人。另外《新唐书》卷七二中《宰相世系表》载有王冰，为文宗时宰相王播子，官京兆府参军。两者时间相距有六七十年，显系二人。又《唐郎官石柱题名考》卷一六金部员外郎有王冰，约为懿宗、僖宗时人，时间又后于王播子王冰约三四十年，官职也有不同。而现在《全唐文》卷四三三载王冰所注《素问》自序，其文末题宝应元年，则当为医家王冰，而小传谓“宝应中官京兆府参军、金部员外郎”，则误合不同时代、不同官职的三个王冰为一人。

与此刚好相反的，如《旧唐书》卷一一五、《新唐书》卷一四一有《崔瓘传》，谓瓘博陵人，累官至澧州刺史，不为烦苛，人便安之，流亡还归，居二年，增户数万。有司以闻，优诏特加五阶，至银青光禄大夫。大历四年迁潭州刺史，兼御史中丞，充湖南观察使。大历五年，兵马使臧玠作乱，瓘遇害死。按崔瓘为潭州刺史时，杜甫正好在湖南，并在潭州与苏涣相遇，杜甫为此作了好几首诗。臧玠作乱，崔瓘遇害死，杜甫又仓皇从潭州出走，最后终于流落至死。这个崔瓘与杜甫的事迹尚有一定的关系。经查《全唐文》卷四三四载崔瓘文一篇，小传云："瓘，博陵人，累官至澧州刺史，风化大行，优诏特加五阶，至银青光禄大夫，移潭州，兼御史中丞，充湖南都团练观察处置使。大历五年，兵马使臧玠构乱，遇害。"而卷四五九载崔璀文一篇，小传云："璀，博陵人。代宗时为澶州刺史，不为烦苛，人便安之，户流亡还归，居二年，增户数万，诏特进五阶以宠异政。仕终湖南观察使。"两处小传，主要事迹都相同，而且字句也大致相似，显为一人。卷四五九虽云崔璀，其小传实出自《新唐书·崔瓘传》，《全唐文》小传谓澶州刺史，"澶"显系为"澧"字之误。唐人另有崔瓘者，见《旧唐书》卷一五五《崔邠传》，为邠之子，另《新唐书》卷七二下《宰相世系表》则载邠子璜，邠弟酆有子瓘，字汝器，另据《旧五代史》卷五八《崔协传》及《唐郎官石柱题名考》卷八，应从《宰相世系表》作崔瓘为是，《旧唐书·崔邠传》作崔璀误(为节省篇幅，考据文字省略)。由此可见，唐代有两崔瓘，一为大历时任澧州、潭州刺史，湖南观察使之崔瓘，大历五年死，一为字汝器之崔瓘，贞元、元和时人。《全唐文》则将前一崔瓘之文分作两处，一作崔瓘，一作崔璀，初看似为两人，细考实为一人。

同样的情况，又见于卷七六三之沈珣与卷七六七之沈询。沈珣小传谓："珣，宣宗朝官中书舍人，以礼部侍郎出为浙东观察使。"沈询小传谓："询字诚之，赠礼部尚书传师子。会昌初进士，累迁中书舍人，出为浙东观察使，除户部侍郎。咸通四年为昭义节度使，奴结牙将为乱，灭其族，赠兵部尚书。"这两处所载事迹，都可见于《旧唐书》卷一四九、《新唐书》卷一三二的《沈传师传》，并皆作沈询，而《全唐文》却分作二人(承程毅中同志相告，《北梦琐言》卷五有沈询，字仁纬，官至丞郎，卷一二又载沈询曾镇潞州。按《北梦琐言》所载沈询与新旧《唐书》本传合，则当作“询”为是，但仁纬是沈询的儿子，不是他的字，此是《琐言》之误)。经查核《文苑英华》卷四五六沈珣名下收《授纥干泉岭南节度使制》、《授白敏中邠宁节度使制》等篇，卷三八四收沈询《授曹確充翰林学士制》等篇，《全唐文》均与之相同。《全唐文》凡例中曾说：“原书编载《文苑英华》诸文，所据系明刊闽本，其中讹脱极多，今以影宋钞逐篇订正。”似乎修纂时对《文苑英华》的不同版本还作了校勘是正，而从沈询、沈珣的例子，都可以看到《全唐文》因袭《文苑英华》之误，误将一人之文分作两处的例子。

以上，我们从《全唐文》的漏辑、误收、人名误、小传误，及合数人为一、分一人为二等例子，说明《全唐文》存在错误的情况。这并不是说，这部《全唐文》就一无是处了，而是说我们今天利用这部唐文总集时应该持分析研究的态度，而在具备一定条件时，则与《全唐诗》同样，应加以切实的修订。以上这些意见，只是提供一些例子，供修订时参考，并希望引起唐代文学研究者的注意。

关于《全唐诗》的改编*

承蒙《文学遗产》提供宝贵的篇幅，使我得以在这里就《全唐诗》的改编问题作一个学术报道。这个报道的宗旨，一方面是向学术界通报这一长久以来就为人们所关心的这部大书重新整理的最新进展，另一方面也是希望在工作进行的过程中得到海内外学人和有关方面的支持与帮助。

大家知道，清朝于康熙年间以朝廷官府之力编纂而成的《全唐诗》，网罗唐五代将近三百五十年间的诗歌，成书九百卷，载入有传记作家 1893 人，无考作家 353 人，合计 2246 人(不包括联句卷、零句卷和鬼怪诗卷作家数)。《全唐诗》是迄今为止古典诗歌总集中篇幅最大、影响最广的一种，它对于研究我国唐代的历史、文化和文学，有很大的参考价值。但这部巨帙，仅以十人之力，不足两年的时间编成，仓促成书，存在的诸如遗漏、误收等问题也相当严重。在此书编成后，同时期的大学者朱彝尊即写有《全唐诗未备书目》(《潜在堂书目四种》之一)，列出了可以补充的一

* 原载于《文学遗产》1989 年第 4 期。

百四十种左右的集子，虽然朱氏所列大多采自志书，但由此也可见《全唐诗》有待补遗者正复不少。因为是御定的书，所以有清一代的朴学虽然兴盛，但学者们多不愿涉足于此。至近代，治唐代文史者，才渐渐就书中的错讹提出讨论，如刘师培《读全唐诗书后》，闻一多《全唐诗校读法举例》，岑仲勉《读全唐诗札记》等。1956 年 12 月 9 日，《光明日报》的《文学遗产》副刊刊登了河南大学中文系教授李嘉言先生的《改编全唐诗草案》，引起了学术界的广泛注意。在此稍后，中华书局进行了《全唐诗》的校订。不过这次校订仅在扬州诗局刻本的基础上，对某些明显的刊刻错误作若干订正，未涉及全书体例。校订工作由王国维的次子王仲闻先生担任，随后由我写了一篇《点校说明》，当时主持中华书局文学编辑室工作的出版界老前辈徐调孚先生把王仲闻先生与我的姓名各取一字，署名为“王全”(徐先生为浙江人，把“璇”谐音为“全”)。《点校说明》中根据近代学者的考证，大致概括了书中存在的各类缺点，如误收漏收、作品作家重出、小传小注舛误、编次不当以及其他一些文字讹夺，等等，文中指出：“以上仅举其大端而言，其他细节伪舛处尚多。可见这部《全唐诗》实有重新加以彻底整理的必要。但这尚待进一步的努力。”这个说明是 1959 年 4 月写的，中华书局的校订本是 1960 年 4 月出第一版的。弹指之顷，已经是 30 年过去了。但这 30 年来，唐诗研究如同整个古典文学研究一样，有很大的进展，特别是近十余年来，关于唐代诗人与作品的考证，取得令人注目的成就，一些颇见功力的专著和论文问世，若干种有相当学术价值的工具书编成，与此同时，有关《全唐诗》的补遗、订误的专书和单篇论文，也络绎印出。粗略统计，有：

王重民《敦煌唐人诗集残卷》，舒学整理，刊于《文物资料丛刊》第 1 辑；《〈补全唐诗〉拾遗》，刘修业整理，刊于《中华文史论丛》1981 年第4辑。王先生原有《补全唐诗》一文，于60年代前期刊于《中华文史论丛》第3辑。综合三文所得，共有作者五十二人(其中二十一人为《全唐诗》所无)，诗二三一首。中华书局于1982年编印《全唐诗外编》一书，即收入王先生《补全唐诗》、《敦煌唐人诗集残卷》两文，《〈补全唐诗〉拾遗》因时间关系未及辑入。

孙望《全唐诗补遗》二十卷，共得作者二三四人(其中一〇六人为《全唐诗》所无)，诗作完整者七四〇首(其中五十五首因作者不同而与《全唐诗》复出)，断句八十七句。

童养年《全唐诗补遗》二十一卷又附录一卷。共得作者五二一人(其中《全唐诗》所无者一八六人)，诗一一二七首(因作者不同而与《全唐诗》复出者二三三首)，词三十一首，断句二四三题(间有复出)、孙、童两先生所辑，也已收入中华书局的《全唐诗外编》。

我这里的统计是用陈尚君同志《全唐诗补遗六种札记》一文(复旦大学出版社《中国古典文学丛考》第二辑)。据陈文统计，以上五种，加上日本学者上毛河世宁的《全唐诗逸》三卷，综合六种辑本所得，共有作者九三五人(各补辑本重见者未予剔除)，其中三九五人为《全唐诗》所无，共得诗二一七〇首(复出二八八首)，断句近三百题。就作者而言，若剔除其重收者，已相当于《全唐诗》所收的三分之一。

以上是就成书而言的，另以单篇论文发表的，就我个人的闻见所涉，有：蒋礼鸿《〈补全唐诗〉校记》(载甘肃人民出版社编《敦煌学论集》)，刘逸生《全唐诗校补举例》(《唐代文学论丛》第3辑)，张步云《唐代逸诗辑存》(《文学遗产》1983年第2期)，吴企明《〈全唐诗续补遗〉溯源志异》(《苏州大学学报》1983年第3期，后又经补充收入所著《唐音质疑录》一书，书中又收有《论全唐诗中的伪托诗和重出诗》)，项楚《〈补全唐诗〉二种续校》(《四川大学学报》1983年第3期)，陶敏

《〈全唐诗续补遗〉辨证》、《全唐诗、全唐诗外编佚诗抄存》(分别刊于《湘潭师专学报》1984 年第 4 期，1985 年第 1、2 期)，房日晰《〈全唐诗续补遗〉校读》(分别刊于《内蒙古大学学报》1984 年第 4 期、《西北大学学报》1985 年第 2 期)，佟培基《初唐诗重出甄辨》(《文史》第 20 辑)、张忱石《全唐诗无世次作者事迹考索》(《文史》第 22 辑)，张靖龙《唐五代佚诗辑考》(《温州师专学报》1985 年第 2 期)，邹志方《唐诗补录》(《绍兴师专学报》1985 年第 1、3 期)，辛德勇《全唐诗补遗十一首》(《文史集林》1985 年第 2 期)，陈尚君《全唐诗误收诗考》(《文史》第 24 辑)，佟宗颐《唐代僧诗重出甄辨》(《中华文史论丛》1985 年第 3 辑)，孙方《唐诗的辑佚及其问题》(《中华文史论丛》1986 年第 2 辑)，陈耀东《全唐诗拾遗》(《浙江师范大学学报》1986 年第 4 期)，佟培基《晚唐诗重出甄辨》(《文史》第 25 辑)，陶敏、郁贤皓《全唐诗作者小传正补》(分别刊于《湘潭师院学报》1986 年第 1、2 期)，张忱石《全唐诗的佚诗》(《古籍整理出版情况简报》第 156 期)，祝尚书《全唐诗小补》(《四川大学学报》1986 年第 4 期)，张靖龙(《全唐诗拾遗考》)(《文科教学》1987 年第 1、2 期)，《〈景德传灯录〉中的唐五代佚诗考》(《温州师院学报》1987 年第 1 期)，吴汝煜、胡可先《全唐诗人名考》(分别刊于《徐州师院学报》1987 年第 4 期，1988 年第 1 期，《南通师专学报》1987 年第 4 期)，胡可先《〈全唐诗外编〉杂考》(《贵州文史丛刊》1987 年第 3 期)，徐俊《新辑唐人佚诗甄辨》(《古籍整理出版情况简报》第 201 期)，吴劭文、孔庆茂《全唐诗拾遗十七首》(南京师大《文教资料》1988 年第 3 期)。以上粗略统计，约二十七篇。其他还有就某一作家的诗而作辑佚甄辨的，为数当更多。这两方面合计，当有五六十篇。这些文章，或在《全唐诗外编》之外更补辑佚诗，或就《全唐诗外编》所收加以考订，有的纠正《全唐诗》小传之误，有的补叙作家的事迹。近年来中华书局文学编辑室约请陈尚君同志做两项工作，一是采酌诸家之说，对《全唐诗外编》误收者加以订误删除，二是吸收已有成果，并就他个人的积累，对《外编》未收者予以补辑。这两项工作都已完成，将由中华书局出版。据陈尚君同志统计，他的这一次辑集，收作者逾千人，诗四千三百多首，残句千余则，另外移正、重录、补题、补序、存目、附录之诗二百余首，共编为六十卷。以卷数而论，约为清编《全唐诗》的十五分之一，这已是一个相当可观的数目了。

以上的情况可以说明两点，一是清编《全唐诗》确实存在不少问题，这些问题不解决，将会严重影响唐诗研究的科学性，不利于唐诗研究在质量上的进一步提高。二是近十年来唐诗研究确实取得了扎扎实实的成就。我们的不少研究者不怕坐冷板凳，潜心于学术研究，埋首于浩瀚的资料的探寻，一点一滴地积累成果，作出贡献。特别令人欣慰的是，以上一些论著的作者，除了极少数前辈老专家外，绝大多数为中青年研究者，他们当中有些并未居住于通都大邑，他们往往要克服工作上、资料上的种种困难才有所获。这种种表明我们现在的唐诗研究，是有着雄厚的潜在力的，是有一支很可观的力量的。如果加以合理的组织，那就不仅对包括《全唐诗》在内的文献资料的整理，就是在整个唐代文学研究上，也会取得较目前更大的成绩。

近些年来，河南大学中文系为《全唐诗》的改编和出版事，一直与中华书局相联系，双方为此进行了多次协商。也正是在以上所述的唐代文学研究和唐诗考订取得较大进展的情况下，河南大学在与有关各方洽商后，重新提出改编《全唐诗》的建议。今年四月中旬，河南大学邀请一些唐诗研究者至开封聚会，商议此事。与会的，有周祖谟（厦门大学）、周勋初（南京大学）、郁贤皓（南京师范大学）、吴企明（苏州大学）、陈铁民（中国社科院文学研究所）、许逸民（中华书局）、陈尚君(复旦大学)以及笔者，共八人。与会的学者与河南大学的同志们讨论了《全唐诗》改编的计划草案，认为现在提出这个方案是适时的，并赞同以河南大学为基地，适当邀集学术界的有关专家参加纂修工作，内外结合，共同组成编纂委员会，并聘请若干位有声望的唐诗研究前辈作为顾问，这将是把改编工作做好的有成效的组织形式。

河南大学早于1960年10月，即由李嘉言、高文两位教授负责，成立《全唐诗》校订组，着手整理改编工作。三年内完成了《全唐诗首句索引》、《全唐诗重篇索引》等重要资料。李嘉言先生去世后，近十年来，由高文先生主持此项工作，在此期间，他们又完成了《全唐诗简编》、《全唐诗诗句索引》两部篇幅较大的书稿，已交有关的出版社。高文先生是程千帆先生、孙望先生的大学同窗，现虽年逾八十，但仍精力充沛，前几年由他主编，完成《唐文选》一书，已由人民文学出版社出版，最近又有《岑参选集》，由上海古籍出版社出版。河南大学的其他几位先生，如何法周、佟培基、孙方等，都有唐代诗文方面的著述问世。唐诗研究室编著的《全唐诗重篇索引》已由河南大学出版社于1985年出版，全书约四十五万字，我因工作需要，时常翻检，感到这一索引是做得很细的，编排是很合理的。《全唐诗首句索引》因字数太多(约二百万字)，一时未能出版，从他们已装订成册的一部看来，确实是洋洋大观，这是整个研究室花费不少精力作出的贡献。另外，他们还曾影抄了一部《唐音统签》，并从台湾买得一部联经出版事业公司影印的季振宜的《全唐诗稿本》。这些，都为进一步的改编做了良好的资料准备。

李嘉言先生的《改编全唐诗草案》提出了校订、整理、删汰、补正四大类。应当说，这一草案较之前人的一些零星散札，是一大进展，但草案的基本精神还仍是以《全唐诗》为基础，进行修补，而有些提法现在看来，则费功甚大却并无必要，如说对诗篇，拟“根据前人及时人所撰年谱，或就其他资料及本集中自道其行事者，一一为之考订整理”，加以编年，又如辑佚中，说虽无诗句可辑，但如有线索，仍应补辑诗目，等等，这些都不是文学总集应负的任务。李先生在事后的附记中曾说及这篇文章是1945年的旧稿。应该说，这一草案大体上反映了当时的学术情况和研究进度。与会的同志认为，我们今天来讨论《全唐诗》的整理，就应体现当前唐诗学界已经达到的水平，我们对改编的要求，应该说已比李嘉言先生当时的设想前进了一大步。我们现在所说的改编，已不能局限于清编《全唐诗》的范围，也不是以《全唐诗》为基础作若干修补，而是要“重新加以彻底整理”（中华书局《全唐诗》点校说明）。一些新编的文学总集，如《全宋文》、《全宋诗》、《全明诗》、《全清词》等等，它们是白手起家，从无到有。《全唐诗》的改编与它们不同，它已经有篇幅不算小的原书，已经有一个不算低的起点。本文在上面曾列举过不少补订考辨的论著，在此之外，近十余年来唐人别集的校订笺注也有很大的成绩，唐诗中的一些大家名家，很多都出版了今人的整理本。显然，如果不充分吸收学术界的这些成果，只作些小修小补的工作，那就不能适应已经充分发展了的客观情况，满足不了研究者的需求，整个工作也不会有什么意义。

那么，《全唐诗》的改编，应该做哪些工作呢？也就是说，真正要取清编《全唐诗》而代之，编纂出符合于我们这个时代学术水平的唐诗总集，应该有什么样的标准呢？

首先，凡是成集的，都应据宋以来较好的刻本重新整理。总集的校订与别集不同，主要是理清版本源流，选择时代较早的，或校刊较精、搜辑较全的本子作底本，再校以两三种有代表性的本子。如张说文集，自明以来传世者虽有好几种，但世传各本均为二十五卷，而且都出自明嘉靖龙池伍氏刊本，而时代较早、纂辑最全者则为旧写本《张说之文集》三十卷，据《藏园群书经眼录》(卷十二)，这个旧写本所据为宋刊蜀本。我们如果以三十卷本为底本，再校一二种二十五卷本，应当说张说诗集的校订已相当完备了。底本应保持原貌，参校本各注明版本及卷次，那么这部新编的唐诗总集，就为读者提供上百种迄今为止最为可信的本子，面貌就已焕然一新了。另外，周勋初同志曾撰有《叙〈全唐诗〉成书经过》一文(刊《文史》第8辑)，详细研究了清编《全唐诗》如何继承胡震亨《唐音统签》与季振宜《全唐诗》的成果，这是一篇很有分量的论文。据周勋初同志意见，清编《全唐诗》的初盛唐部分基础较好，其中的高适诗，可以说是现存《高常侍集》中最好的一种本子。又据李嘉言先生研究，《全唐诗》中的贾岛诗，乃据明万历朱之蕃校刊《唐贾浪仙长江诗集》十卷本，末又补录十六首，收录最备，校刊也精，他的《长江集新校》即是以《全唐诗》本为底本的。在工作进行中，应将胡、季两书与《全唐诗》所载作细致的比较，凡胡、季两书所收较好，已为《全唐诗》吸收者，即可用《全唐诗》作底本(《全唐诗》在编纂时也并不一味依赖胡、季两书，如张继诗，明末遗民龚贤所编《中晚唐诗纪》所收即多出自胡、季二书，《全唐诗》当即取材于龚书。龚书情况可参郑振铎《中国古典文学论集》)。特别要注意近些年来新印的善本和整理本，如宋蜀刻本《张承之文集》十卷本，《王无功文集》五卷本，充分吸收现有点校工作的成果。

其次，应将所收诗，不管是成集的，还是单篇零句，都注明材料出处。正如有些文章中所说，文学总集所要求的，一是求全，二是存真。注明材料出处是存真的重要步骤。清编《全唐诗》中，成集的不注明版本根据，单篇零句，有注有不注，即使有注的，也只注书名，不注卷次，而且所注出处也多有问题，即一是并非最早出处，二是所注书中有的并无该诗。又如卷八八二至八八八的七卷标明为“补遗”，这所谓补遗大抵可从《唐百家诗选》、《古今岁时杂咏》、《分类唐歌诗》残本等书中找到根源。王安石的《唐百家诗选》自南宋刻后，久未传世，至清康熙中宋荦始加补全刊刻；《分类唐歌诗》残本见阮元《四库未收书目提要》。这三书当为全书已刻印进呈后补阅，不及编入已收各家名下，遂匆促不注出处，聊以塞责。这次新编，一一注明出处，即从“史源”上对所收作品作一次大清理，必能改进我们意想不到的诸多错讹。

其三，是补辑和甄辨。补辑佚诗，是这次改编中的重要一环，本文在前面所列举的专书和文章，大部分都是补辑《全唐诗》以外的诗句。这方面的成绩是显著的。但也应该看到，这些都还是研究者个人就阅读所及而作的一部分发现，今天我们以集体之力有计划地进行搜辑，就应该对以往的文献资料，特别是唐宋两代，作一次“竭泽而渔”的清理，使之能真正符合于一代总集的含义。在这方面，应该提起注意的是，我们不仅要搜辑中国本土的材料，还应借重域外的所藏。陈尚君同志曾告诉笔者，日本大阪市立博物馆编印的“唐抄本”《新纂类林抄》，日本古典文学大系本的《和汉朗咏集》（编成时间相当于我国北宋年间），《唐诗选》，都有唐人逸诗。朝鲜的《东文选》、《东人诗话》、《三国史记》、《三国遗事》等书，也都有唐诗可辑，至于《祖堂集》中有与韩愈交往的大颠诗，白居易诗，此书现经日本及台湾等地印行，已多为研究者所知。唐诗作为唐代灿烂文化的重要组成部分，传播于远东的不少地区，产生过深刻的影响，各国各地区所藏当会有珍贵的资料。我们相信，新编全唐诗歌一事，必将引起海外学人的兴趣，我们期待与他们的合作。

甄辨的工作或许比辑佚更为困难，它是体现一部文学总集学术质量的一个重要标志。《全唐诗》本来就在这方面存在不少问题，正如一些研究者所指出的，《全唐诗》误收了相当数量的唐以前和宋元时期的诗，而在唐代范围内，张冠李戴的现象也所在多有。辑佚应当与甄辨同时进行，才能保证我们工作的科学性。不能贪图求全，以多为贵，而不加必要的甄辨。这里特别要注意的，一是地方志，一是大型类书。从资料的发掘来看，这两类书都有很大的价值，但也不可否认，其中也有种种芜杂错乱的毛病。胡震亨曾认为地志所载前代作品，“诗之伪不可信者，十居七八”(《唐音癸签》卷三三)，可能言之过甚，但错误迭出的情况确实相当普遍，徐俊同志《新辑唐人佚诗甄辨》一文，曾着重就近年辑自地志中的唐诗，辨析作者归属中各种各样的错误，所举的例子，既有宋时的《舆地纪胜》、《咸淳毗陵志》等书，又有明清直至民国时期各地编修的府志县志。就类书而言，从影印的《永乐大典》残本辑集佚文佚诗，已是这些年来的风气，但往往抄集之力居多，辨析之功不足。《永乐大典》中一些明显的错误，有些辑佚者也未曾稍加稽核，遂致因讹传讹。如卷三〇〇六录王维《江上别流人》诗，实为孟浩然作，见影宋蜀刻本《孟浩然诗集》卷下、四部丛刊影明刊本《孟浩然集》卷一、《全唐诗》卷一五九。又如卷二二六七录张说《滍湖作》，此实为张说友人赵冬曦诗，见《全唐诗》卷九八，原附于四部丛刊影明龙池草堂本《张说之文集》卷七，张有《和赵侍御滍湖作》。又如卷八八四四录韦元旦《奉和圣制出苑游瞩应制》，《全唐诗》卷六七已收，作贾曾诗。按《文苑英华》卷一七九、《唐诗纪事》卷一三皆作曾诗，《纪事》注谓：“时为太子舍人，使在东都。”《旧唐书》卷一九〇载玄宗在东宫时，贾曾任太子舍人，韦元旦则未任此职。其他如司空曙诗误作刘长卿，孟郊诗误作孟浩然，柳宗元诗误作韦应物，李频诗误作岑参，等等，陈尚君同志在应中华书局之约，清理《全唐诗外编》

时，都曾逐一复核，检查出不少这样的问题。另一部大的类书《古今图书集成》，错误更多，如书中《山川典·伊水部》收李义府《忆伊川有赋》，《全唐诗》卷三一八作李吉甫诗，是。李德裕《会昌一品集》卷九《平泉山居诫子孙记》提及此诗，称“先公每维舟清眺，意有所感，必凄然遐想，属目伊川，尝赋诗曰”。按李德裕为李吉甫子，所记必无误。又如《山川典·河部》收唐太宗《黄河》诗，《全唐诗》卷五五八作薛能诗，《许昌集》卷三也收入，诗中云“润可资农亩，清能表帝恩”，明明为臣工的口气，怎么能是唐太宗的诗？类似者不少，尚君同志对此也作了核实的工作。

以上三类是改编中的重点。另外，因《全唐诗》的编排问题，如将郊庙乐章及乐府歌诗另立一类，这样就与有作家姓名的重出，又如联句重出，梦诗、谐谑诗重出，作家与作家之间，也有重复收载的诗篇。其中有的有注，有的无注，造成体例杂乱、编排失当等种种缺失。这些都应制订精确的编例，予以统一的考虑。至于作家小传，则更应根据目前已达到的水平，重新撰写，撰写时应当注明立论根据，做到言必有据，无征不信，不但叙述信实的作家事迹，而且提供可以作为进一步研究的线索。这将是唐代诗人传记的综合，合起来应当成为有独立价值的专著。据笔者所知，现在已经有这方面的大的项目，或已完成，或正在进行，如周祖譔先生应中华书局之约，作为《中国文学家大词典》的一部分，“唐五代卷”，已邀集一些有关学者编写，接近完成；黄永年先生正在主持《全唐诗》、《全唐文》作者事迹汇考的工作。吴汝煜、胡可先同志有《全唐诗人名考》，陶敏同志也有同样性质的专书，他们都已完成。这些综合性的作者事迹考著作，必将对这部唐诗总集作家小传的编写提供学术上的支撑。

而如果我们在今后若干年内较顺利地完成以上几项工作，那么，我们所做的确实不仅仅是《全唐诗》的改编，而是重新编纂一部断代诗歌总集。因此，有的同志建议，这部新编的书应当称之为《全唐五代诗》。

在这篇报道的末了，还想附带讲一点意见。前两年，笔者曾与中国社科院文学研究所沈玉成同志、北京大学中文系倪其心同志合写一篇文章，题为《谈古典文学研究的结构问题》，刊于《文学评论》1987年第5期。这篇文章把古典文学研究大体分为两个方面，即分为基础工程和上层结构。这两类的研究各有特点，都是研究工作所必需的，调整好这两者的关系，需要有对古典文学研究进行宏观设想的整体结构观念，以便使研究布局更为合理，力量投入更为适当，各种理论和方法能更加有效地运用。比较起来，基础工程是各类专题研究赖以进行的基本条件，具有相对的长期稳定的特点和要求，具有长远的效益。文学总体的编纂就是基础工程之一。据笔者所知，目前正在进行的，在韵文方面，尚有《全宋诗》、《全金诗》、《全元诗》、《全明诗》、《全明词》、《全清词》，以及具有总集性质的《清诗纪事》，等等。这样，再加上已经出版的逯钦立先生所编的《先秦汉魏晋南北朝诗》，唐圭璋先生所编的《全宋词》、《全金元词》，以及本文所谈的《全唐五代诗》，那么，到90年代中期，我们就将有一系列中国古典韵文断代总集的新编本出现。这是古典文学研究界的大工程，它们的编成和出版，意义是无可估量的。源远流长的中国古典诗歌的丰富内容和独特艺术，将会越来越被中国人民和世界人民所认识。我们希望《全唐诗》的改编或新编，经过我们这一代研究者的努力，能收到预期的效果，在这系列新编本中占有它应有的位置。

关于编纂《全宋诗》、《全宋文》的建议*

两年以前，笔者曾在一个关于古籍整理出版的内部通讯上提出过编辑《全宋诗》、《全宋文》的建议。两年以来，古籍的整理和出版，已经有了很大的进展。中央领导同志对于古籍整理工作的指示，给了文史研究工作者很大的鼓励；国务院古籍整理规划小组的建立，又进一步推动了这项工作的开展。在文学古籍方面，无论诗文、戏曲、小说、文艺批评等，都有一些较为长远的规划正在拟订和进行。听说唐五代词、全元诗、全明词、全清诗、全清词等大部头书的辑集，都在着手进行。文学总集的整理确实应当提到日程上来了。但是，《全宋诗》、《全宋文》的辑集，似乎还没有眉目。因此，我想旧事重提，希望能受到学术界的注意，引起讨论，以征得各方面宝贵的意见，集思广益，期于有成。

在中国诗歌史上，唐诗当然是高峰，但宋诗继唐诗之后，在我国古典诗歌的发展上，有它的特色。自宋以后，

* 原载于《光明日报》1982年12月21日，《文学遗产》专刊第567期。

对于宋诗，褒贬不一，但都不能不承认宋诗有它自己的面目，自己的特色。宋诗是唐诗的发展，而不是停滞或后退。元诗、明诗、清诗当然也有成就，但在宋以后历代评论家中，只有宋诗才能和诗歌史上的高峰唐诗并提，这是文学史上的事实。至于宋文，它在我国古代散文上的地位，就更不待言，“唐宋八大家”，有六家就出在宋代。宋代散文的成就，从整体上来说，是超过唐代的，这恐怕也是文学史上的事实。从文化史的角度看，有宋一朝，是很有值得我们研究的地方的，除了文学以外，史学、经学、金石学等等，都较前代开拓了新局面。文化普遍的发展和繁荣，对于文学当然有直接的影响。

显然，在文学总集的整理中，如果只注意明清的诗文，而忽略其成就远超过明清的宋代诗文，那就未免轻重失次了。

当然，我们应当看到编辑《全宋诗》、《全宋文》所存在的困难。宋代诗文的辑集，比起唐代诗文来，材料多而分散，没有现成基础，需要从头做起，工程浩大，难见成效，以致使人望而生畏。但这些困难都是可以克服的。因此，我们应当有充分的信心来担当起编辑宋代诗文总集的工作。

现在看来，编辑《全宋诗》、《全宋文》，要做这样几项工作：

一、辑集。这是工作的第一步，也是整个总集的基础。我们一方面可以根据现有宋人的专集，同时可以利用前人所编近于总集的书籍。清朝初年吴之振、吕留良等编了《宋诗钞初编》，目录定为一百家，其中未刻者十六家，后来由管庭芳等辑补，撰为《宋诗钞补》。吴之振等所编定名为“初编”，看样子是想编下去的，后来吕留良牵连进文字狱，其事作罢。另外，乾隆年间厉鹗费了 20 年的时间，编著成《宋诗纪事》一百卷，收三千八百十二家(所收作者已远较《全唐诗》为多)；后来陆心源又利用他的皕宋楼所藏，编《宋诗纪事补遗》一百卷，陆氏自己说他这部书较厉书“增多三千余家，得诗八千余首”。钱锺书先生对厉、陆二书曾给予批评，但仍然指出：“没有他们的著作，我们的研究就要困难得多。不说别的，他们至少开出了一张宋代诗人的详细名单，指示了无数探讨的线索，这就省掉我们不少心力。”(《宋诗选注序》)关于宋诗辑集的书，除上述以外，也还有一些，有待我们发掘，如据陆心源《仪顾堂题跋》卷一三，元朝时就有一部《宋诗拾遗》二十三卷，编撰者陈世隆为宋末书贾陈氏的从孙。此书，《四库全书》未收，厉鹗辑《宋诗纪事》时也未曾寓目。类似这样的书，需要我们多方寻求，以获得丰富的材料线索。至于宋文，似材料较多，《宋文鉴》、《南宋文范》以及明黄淮等编的《历代名臣奏议》等都是较为集中的材料。

二、校订。校订大致可分两方面，一是诗篇作者的确定，不要像厉、陆二书那样把唐人的作品误作宋诗。二是文字的校订，总集文字的校订不可能像专集那么细，它只要选择一个较好较全的本子作底本，再校以一二种本子就行，以正是非为主，校异同为次，工作量不是太大的。

三、作者小传。总集的作者小传，字数是并不多的，但却是工夫所在，是一部总集学术水平的重要标志。《全唐诗》、《全唐文》的小传错误较多，近人史学家岑仲勉先生曾作过纠摘。可见这是专业性极强的工作。钱谦益编《列朝诗集》时，对所选录的明代两千家诗人作了小传，其中好多人是没有什么名气的，钱氏此书的价值也就在此。后来其族孙陆灿汇集书中的小传单刻为《列朝诗集小传》，就有四十七万多字，这是钱谦益“发其家所藏故明一代文人之集”(陆灿序语)而撰成的有很高学术价值的书。这里，我想顺便对现在我们一些研究机构体制提些意见。现在各地有一些专业研究机构，高等学校也成立有研究室或研究所，但就古典文学来说，所出的成果似乎还不够理想。其原因之一，是把研究、资料整理、工具书的编制等环节割裂开来。如果我们有一项综合研究的项目，确定几个理论研究的题目，同时着手于系统的而非零散的、长期的而非短期的资料的编集整理，再配合以必要的各类工具书的编制，那么，过了一些年，就会有一批而非单个的、较为扎实的而非单薄的成果产生。环绕着宋人诗文的辑集，同时进行作家资料的汇集，作家生平的考订，小传就自然写成，而这些小传将是建立在研究的基础上，具有历史文献的价值，经得起时间的考验的。

以上几项工作，绝非一人之力所能完成，也决非短时间内所能奏效。需要纳入专门研究机构的工作规划中去。我个人觉得，我们的古典文学研究也要现代化，这个现代化，除了加强用马列主义理论对文学史的一些基本规律以及作家作品进行深入研讨外，还需要对我们的研究方法、工作程序作科学的分析。毋庸讳言，这些方面我们还有不少陈旧之处。应当像地质勘探那样，作综合性的考察。可以考虑，编宋代诗文的全集，除了搞古典文学的人以外，还应当有史学家，及其他一些方面(如版本、书画鉴别、文字音韵等)的专家参加，这不单是有益的，而且是必要的。

如果工作进行得好，那就既能出成果，又能出人才，通过《全宋诗》、《全宋文》的编辑，必然会培养出一批有经验的古籍整理研究人才和宋代文学的专门家，进一步推动整个宋代文学以及宋代历史的研究。

《宋登科记考》札记*

一

关于《宋登科记考》，我们曾先后撰有两文，一是《填补科举史研究的一项空白》，载于北京大学中国传统文化研究中心编的《汉学研究国际会议（1998. 5）论文集》（北京大学出版社，2000 年版），一是《关于〈宋登科记考〉的撰编和出版》，载于《古籍整理出版情况简报》2000 年第 11 期，分别对于此书的立项缘起、主要内容、文献价值及学术意义，作了简要的介绍。此书的起动是在 20 世纪 90 年代初，当时我们考虑到，一是宋代科举，在整个中国科举制史上有其特殊地位，它上接唐代，进一步使考试程序和任职办法规范化，又启示明清两代作合理的调整；二是宋代登科人数是历朝最多的，据初步统计，其每年平均取士人数，约为唐代的五倍，元代的近三十倍，明清两代的三至四倍。

* 原载于《新宋学》第 1 期，宋代文学学会编，上海辞书出版社，2001。与龚延明合署，傅璇琮撰写。

而从整个文化史研究来说，宋代科举更有其丰富的内涵。20世纪后半期，海内外学人对宋代科举制的研究已陆续开展，也取得不少成果，但宋代科举制的研究有个根本的缺陷，就是还没有像清人徐松所编《登科记考》那样全面记载唐代科举发展基本情况的史料书。因此我们立志于此，想仿照徐松之书，作一部有宋一代三百余年的科举编年史。

我在80年代前期撰写的《唐代科举与文学》一书中，曾提到："如果效徐松之书的体例，编撰一部《宋登科记考》，材料一定会是更丰富，但搜辑和排比的工夫一定会更繁重。"(第一章《材料叙说：唐登科记考索》，陕西人民出版社，1986年版)我们在商量编纂体例时，确也估计到《宋登科记考》的工作量是繁重的，但没有想到其繁重之程度竟使这一课题一直延续了七八年，到现在，材料辑集虽已大体完成，但排比、整理还需一定时间。全书的编纂构思，是我们共同议定的，工作的基地则放在杭州大学(现为浙江大学)古籍研究所，由时任古籍所所长的龚延明带年轻教师祖慧和研究生做具体工作，出版则由江苏教育出版社承担。江苏教育出版社十分支持这一项目，并特地作为重点选题向上级申报。

《宋登科记考》工作量之重，一是资料辑集的范围广，二是整理、排比的工夫大，由于宋至明清的史料记载时有疏误，因此还需加以核查、校正。根据我们这几年的工作实践，我们所引用的书，已近千种，大致包括以下各类：第一类是今存的宋登科记。宋代各科各榜，在当时是编有登科名录的，苏轼就说过："观进士登科录，自天圣初讫于嘉祐之末，凡四千五百一十有七人。"(《送章子平诗叙》，《苏轼文集》卷一〇)可见苏轼是亲自见到过仁宗一朝共十三榜的登科录的，因此他有具体的统计数字。但可惜这些最原始的第一手资料，后来绝大部分已经佚失，现在完整保存下来的只有《绍兴十八年同年小录》(内有进士朱熹)、《宝祐四年登科录》(内有状元文天祥)，和元刘壎《隐居通议》卷二七《前朝科诏》所保留的《咸淳七年同年小录》(不全)。另外南宋末马端临《文献通考》中的《宋登科记总目》，也接近于原始记载，我们就一并收录。第二类是有关宋史的基本史书，如《宋会要辑稿》、《续资治通鉴长编》、《宋九朝编年备要》、《皇宋十朝纲要》、《建炎以来系年要录》、《皇宋中兴两朝圣政》、《全宋文续资治通鉴》、《太平治迹统类》，以及《宋史》中的本纪及《选举志》。第三类为人物传记，如《东都事略》、《名贤氏族言行类编》、《通志·氏族略》、《宋史》列传、《万姓统谱》、《宋史翼》、《宋史新编》、《楚纪》等。第四类为方志，如《宋元方志丛刊》、《明天一阁藏方志选刊》初编、续编及诸直省《通志》等。方志类的书，资料价值极大，我们这部书中的历代各榜登科姓名，大部分就是据以辑录的。第五类为文集、笔记，这类书中的内外制、行状、墓志铭，及人物轶事、故事，是对有些历史书的误记加以补正的。第六类为碑刻及出土文物资料，如清人所编的《金石萃编》、《八琼室金石补正》、《两浙金石录》，及近二十年来出版的《中国历代碑刻汇编》、《江西出土墓志选编》、《台州金石录》等。以上史料的检录，等于对两宋登科人进行一次普查。根据我们现在的初步统计，这次收录近四万人。宋代，包括北宋和南宋，共举行过一百十八榜科举试，各种科目登第人数，现在研究者有所统计，当然各有歧异，但大致在十万至十一万之间。现在我们考出近四万人，不到原来的一半，但已经是迄今为止著录最多的了。如台湾学者昌彼得、王德毅等所编的《宋人传记资料索引》(台北鼎文书局，1974 至 1976 年版)，是目前所录人数最多的宋人传记资料工具书，共收两万两千多人，但其中登科人仅六千余，我们的这部《宋登科记考》，所录人数已是该书的六倍多。

由于这部书还未最后完工，我们还不可能对此书所反映的两宋科举情况作全面的研讨，现应王水照先生之嘱，撰此小文，仅将北宋太祖、太宗两朝之大事记，并以宋仁宗嘉祐二年、神宗元丰二年、高宗绍兴十五年登科录为例，略作一些介绍，以札记的体式写出，谨供学术界参考，并请指正。

二

《宋登科记考》的结构，全书按年编排，每年分大事记与登科名录两部分。大事记辑录宋代科举方面的诏令、历届科举试之知举官与考试官，及有关各种规定、考试情况等，资料力求齐全，以省却读者翻检之劳，并据此可通盘了解宋代科举制度的沿革与进展。宋代科举制的改革，主要在北宋神宗熙宁年间王安石执政时，太祖、太宗两朝，发展较为平稳，但一方面继承唐代，一方面仍有革新之措。如太祖开宝三年(公元970年)特奏名的创建，殿试制的建立与确定。又如进士登科人数，太祖一朝，基本上是每年一榜，录取的人数，一般在十至二十人，最多为开宝八年(公元975年)，也不过三十一人，与唐代接近；太宗朝则有较大变化，为两年或三年一榜，所取进士人数大多在二百人左右，淳化三年(公元992年)达到三百五十三人，至于诸科人数，则更多，大多为五六百，淳化三年竟达九百余人。与此相应的，各地所送的贡士，也数量猛增。如太宗太平兴国二年(公元977年)正月记，“诸道所发贡士凡五千三百余人”(《续资治通鉴长编》卷一八、《文献通考·选举考》三、《宋史·选举志》一《科目》)。唐代对各州府所送应举人数，是有明文规定的，如《唐摭言》卷一《贡举厘革并行乡饮酒》，记云：“开元二十五年敕，应诸州贡士，上州岁贡三人，中州二人，下州一人；必有才行，不限其数。”(《通典》卷十五《选举》三《历代制》所载略同)根据《新唐书·地理志》所载开元、天宝时州府设置，则每年举子最多不超过一千人，一般应为六七百人。而中唐时人数有所增加，柳宗元《送辛殆庶下第游南郑序》中说：“朝廷用文字求士，每年布衣束带，偕计吏而造有司者，仅半孔徒之数。”(《柳宗元集》卷二三)这就是说，这时每年集合于长安的举子，大约有一千五百人。而同时的韩愈，则估计较多，他于德宗贞元十九年(公元803年)所作的《论今年权停举选状》说，当时长安人口达百万，前来应试的举子，连同其仆人，占长安人口的百分之一(《韩昌黎文集校注》卷八)。按照韩愈的说法，应试者就有四五千人。韩愈的话可能有所夸张，根据《唐摭言》卷一《会昌五年举格节文》所载国子监及各节镇所送明经、进士的限定人数，总计约二千一百人，再参照所谓“必有才行，不限其数”，也大致为二千四五百人(参见《唐代科举与文学》第三章《乡贡》)。武宗会昌五年为公元845年，过了一百二十几年，也就是北宋初期的太宗太平兴国二年(公元977年)，各地所送的应试者人数就增加了一倍多。这还只是唐、宋之比，值得注意的是，同是太宗朝，过了六年，太平兴国八年(公元983年)正月，两京、诸道州府贡士达一万二百六十人(据《宋会要·选举》一之二《贡举》、《续资治通鉴长编》卷二四)。六年之后，其间仅隔两榜(太平兴国三年、五年)，到京应试者就增加将近一倍。更甚者，太宗淳化三年(公元992年)，“正月六日，诸道贡举人万七千三百，皆集阙下”(《宋会要·选举》一之三《贡举》、三之六《贡举杂录》、十九之二《试官》、《续资治通鉴长编》卷三三)。也就是九年之后，又增加七千多人，为十五年前太平兴国二年五千三百余人的三倍。这恐怕不仅是科举制本身的原由，可以联系当时的政治、经济及文化情况作综合的分析。总之，这一情况是值得研究的。

宋代的贡举常科，除进士外，还有诸科。宋代的诸科，有九经、五经、三礼、三传、学究、开元礼(后改为通礼)、三史、明法等，既包括唐代的诸科，又包括唐代的明经(参见张希清《宋代贡举科目述论》，载《国际宋史研讨会论文选集》，河北大学出版社，1993 年版)。王安石变法，只设进士科，从徽宗朝起，就正式取消诸科取士。但在这之前，特别是太宗、真宗、仁宗几朝，诸科录取的人数是大大超过进士科的，有时竟多至一倍。不过宋代的史籍，著录诸科姓名的极少，太祖一朝几乎连诸科所取的人数也未有著录。我们的这部书，就尽量著录其诸科姓名，如太祖开宝四年(公元 971 年)九经科李符(《宋会要·选举》九之三《赐出身》)，开宝八年(公元 975 年)三礼科纪自成，三传科林松、雷说(《宋会要·选举》七之二《亲试》、《续资治通鉴长编》卷十六)；太宗端拱元年(公元 988 年)王又言(《宋会要·选举》七之四《亲试》)，淳化三年(公元 992 年)九经科王惟庆(《宋会要·选举》七之五《亲试》，《续资治通鉴长编》卷三三)。这些材料虽然不多，但总算可补缺佚。

从史料的整理、比勘来说，书中引录有关记载时，还注意对文字的订正。如太祖乾德元年(公元 963 年)二月据《宋会要·选举》一之一《贡举》，记礼部“奏合格进士苏德详已下八人”。“苏德详”之“详”，据《皇宋十朝纲要》卷一、《续宋编年资治通鉴》卷一，应改作“祥”；又《旧五代史》卷一二七《苏禹珪传》末亦记：“子德祥，登进士第，累历台省。”又乾德二年(公元 964 年)，据《宋会要·选举》十四之十三《发解》、《续资治通鉴长编》卷五，于九月癸未载权知贡举卢多逊上疏，其中有五十一字(“其进士，取文字乖舛、词理纰缪最甚者为第五等，殿五举，其次者为第四等，殿三举，以次稍优者为第三、第二、第一等，并许次年赴举”)为脱文，今据《册府元龟》卷六四二补(《五代会要》卷二二亦有引周显德二年礼部侍郎、知贡举窦仪奏议，也有此数语，可证）。太宗朝也有类似情况，如端拱元年（公元988年），据《宋会要·选举》一之三《贡举》，记三月庚辰下诏放合格进士、诸科程宿以下一百二十人，而据今存的《太宗实录》卷四四、明嘉靖本《文献通考·选举》三及明李濂《汴京遗迹志》所引"宋登科记总目"，登科人数应为一百二十九人。又如《宋史·太宗纪》二，淳化三年（公元992年）三月"戊午，以高丽宾贡进士四十人并为秘书省秘书郎，遣还"。此又见于《宋会要补编》页336《举士》，作"三月丙辰，宾贡王彬、崔罕并授秘书省校书郎，于归高丽"。则"秘书郎"当为"校书郎"之误，《宋史》所云高丽宾贡有四十人，亦恐不至如此之多，《宋会要》只记二人姓名，则较确切。

在大事记中除了一般史书外，还注意辑集宋人笔记，因为笔记虽为个人见闻，但因时代较近，多信实可靠。太祖、太宗两朝，引录的宋人笔记，有《涑水纪闻》、《东轩笔录》、《石林燕语》、《燕翼诒谋录》等。如《宋史》卷四四〇《文苑传》有《柳开传》，称"开宝六年举进士，补宋州司寇参军"。本书于太祖开宝六年（公元973年），引录宋叶梦得《石林燕语》卷六的一段文字，中有云："柳开少学古文，有盛名，而不工为词赋，累举不第。开宝六年，李文正昉知举，被黜下第。徐士廉击鼓自列，诏卢多逊即讲武殿覆试，于是再取宋準而下二十六人，自是遂为故事。再试自此试。然时（柳）开复不预，多逊为言：'开英雄之士，不工篆刻，故考校不及。'太祖即召对，大悦，遂特赐及第。"由此可知《宋史》本传所说的"举进士"，太简单，柳开当为特赐进士及第，非考试合格者。

但笔记所记也偶有笔误者，如司马光《涑水纪闻》卷三，记云："王嗣宗，汾州人，太祖时举进士，与赵昌言争状元于殿前。太祖乃命二人手搏，约胜者与之。昌言发秃，嗣宗殴其幞头坠地，趋前谢曰：‘臣胜之！’上大笑，即以嗣宗为状元，昌言次之。”按王嗣宗为太祖开宝八年(公元975年)状元，而赵昌言则至太宗太平兴国三年(公元978年)始以进士第三人及第(《宋会要·选举》二之一《进士科》记有“十一月辛丑，以新及第进士胡旦、田锡、赵昌言、李蘧为将作监丞”；又《宋史》卷二六七《赵昌言传》也载其为太平兴国三年进士)。

三

登科名录部分，凡收录者，都撰有一小传，包括姓名、字号、籍贯，以及何种科目及第，及第之年，初授何官，最高官或终任官等。小传之下，附有书证；凡所引材料有疑有误者，加按语予以说明。登科录所依据的材料，大部分是地方志书，包括州府志、县志及各直省《通志》；省《通志》因便于查阅，且汇总州府县志的材料，因此是查阅登科人物的一大资源。同时，宋人文集、笔记，所载登科人物的数量虽少，但因时代较近，可信程度较高，我们也尽量予以辑录。登科名录的资料价值，从另一角度看，也可以说是超过大事记的，因为它不但提供大量人名，而且根据登科者的仕历、籍贯，可以对两宋士人的政治经历、宋代地理文化的分布特点等，从更广的领域作新的探索。

仁宗嘉祐二年(1057年)科举试，由欧阳修主持，同考官有韩绛、王珪、范镇、梅挚及梅尧臣等，所录取的有苏轼、苏辙、曾巩等知名文士。通过考试，排除当时流行的行文艰涩的所谓“太学体”，对北宋散文风格的革新与新一代文人群体的形成起了很大作用。现在一般文学史著作都对这一年的科举试作了很高评价，王水照先生有一篇《嘉祐二年贡举事件的文学史意义》专文，更对此作了全面深入的分析(见《王水照自选集》，上海教育出版社，2000年版)。这里拟从文献资料角度作若干补充。

关于这一年的进士登科人姓名，宋代时最早记载的，是南宋彭百川《太平治迹统类》。其书卷二七“仁宗科举取士”条记嘉祐二年：“丁亥，赐进士章衡等二百六十三人及第，一百二十六人同出身。”文中小注引李复圭《纪闻》，记有以下十五人姓名：章衡、窦卞、郑雍、吕惠卿、蒋之奇、苏轼、曾巩、朱光庭、曾布、宋希、史元道、王韶、梁焘、苏惟贤、刘元喻。前面提到的王水照先生文章，曾据福建、江西、浙江、河南、山西、陕西、广东、广西、湖南、湖北等几个省的通志及若干州县志，以及苏轼、苏辙、曾巩的文集，考录出本年被录取者二百零四人的姓名。（王先生自注：“不完全统计。”）由于我们这些年来专门从事登科辑录的工作，资料的面较广一些，因此所得的人也较多一些，据现在所收集到的有二百六十二人。当然，这里恐怕还包括诸科及特奏名，不过据所辑的材料，这二百六十二人绝大部分还是进士科及第的。

这之中有意义的是地域分布。据我们初步统计，按现在的省份，这一年录取最多的前五名，依次为：福建（六十九人），浙江（四十八人），江西（三十九人），四川（三十三人），江苏（二十二人）。十人以下的为：安徽（十人），河南（八人），广东（六人），广西（四人），山东（四人），山西、陕西、湖北、湖南（各二人），河北（一人）。其他则为籍贯不明。如果把福建、浙江、江西、四川、江苏五个地区的人数加起来，则为二百一十一人，超过本年进士及第总数的一半了。这确为我们提供一个信息，即北宋中期，建政后将近一百年，南方几个省的登科人数已大大超过北方。

福建这次登第者人数居于首位，但在唐朝，情况是很不一样的。福建因地处沿海鱼米之乡，经济是富裕的，但唐时本地人士却安于本士，“不肯北宦”(《新唐书》卷二〇三《文艺下·欧阳詹传》)。中唐时德宗初期，常衮由广东潮州迁升为福建观察使，一开始就觉得“闽人未知学”，后来他为设乡校，亲加讲导，“由是俗一变，岁贡士与内州等”(《新唐书》卷一五〇《常衮传》)。随后就有名士欧阳詹，与韩愈同登贞元八年(公元792年)进士第。晚唐时，北方战乱相继，福建相对稳定，文化当也逐渐普及，应举者日渐增多。文人王棨于咸通三年(公元862年)登第，黄璞作《王郎中传》(《全唐文》卷八一七)，中云：“盖七闽之地，自欧阳詹、王棨为之倡首，相继登上第，遂盛于时云。”不过，晚唐五代，福建籍登第者也不是太多，北宋嘉祐二年的情况，确值得研究。

江西也是如此，唐时科举应试，及第者甚少。晚唐文宗时李德裕贬为袁州(治所在今江西新余)刺史时，曾欣赏当地士人卢肇，加以推荐。后卢肇于武宗会昌年间登进士第，却因其为袁州人而受人讥嘲。《唐摭言》卷一二《自贡》条记载：“卢肇初举，先达或问所来，肇曰：‘某袁民也。’或曰：‘袁州出举人邪?’肇曰：‘袁州出举人，亦由沅江出龟甲，九肋者盖稀矣。’”当时在长安的“先达”者，竟对袁州有举人前来应试提出疑问，卢肇虽加以反刺，但也可见江西当时应举者确实甚少。

在省区以下，州县的应试、登第者也有密度很大的，如苏轼《谢范舍人启》说此次其家乡眉山发解“举于礼部者，凡四五十人”，录取者“十有三人”(《苏轼文集》卷四九)。这种情况，在福建、浙江也有。王水照先生文中还提到：“个别进士密集地区和文化家族，也作为一种特殊的文化因子加入这一文化圈，如江西南丰的曾巩及弟曾牟、曾布，从弟曾阜，妹夫王无咎、王彦深一门六人，临川蔡元导、蔡承禧父子及其同里潘洙等同登此榜”；王先生文中还提及，除苏轼、苏辙兄弟外，还有福建林希、林旦兄弟，王回、王向兄弟，林开、林棐兄弟，江西黄湜、黄灏兄弟，蜀人张师道、张师厚兄弟，楚人杨寿祺兄弟。此外，据我们查录，如浙江新昌这样一个小县城，就有石深之、石麟之、石景渊三人；安徽绩溪有汪淇、汪深、汪激三人(同为水字偏旁，似为同一宗族)；福建侯官有陆长倩、陆宪元兄弟(同为陆广之子)，等等。这样同一县区、同一宗族、同一家庭，于同一年登科，在唐代极为少见(似还未见)，可能唐时还有所限制。由此也可见宋代科举试对这方面似较为宽松，这也是一种文化现象。

当然，应该提一下的是，前面所说的登科人数，嘉祐二年以福建、浙江、四川、江西居于前列，及同一州县、宗族、家庭，联袂登科的，也均见于南方数省。这主要是根据方志，而方志的纂修，各地可能是不平衡的，比较起来，北方的方志，不论省或州县，著录登科姓名，不如南方的详细，但并不一定就表明北方几个省登科人就如此之少。不过方志的著录是前后相承的，有一定的文献依据。以福建而言，嘉祐二年居于首列，下面我们所举的元丰二年及南宋的绍兴十五年，也是在前列的，可见并非偶然，而且嘉祐二年殿试所放的第一名章衡，也是福建浦城人。另外，方志还可补其他文献的不足，如嘉祐二年泰州如皋有登科者王观，宋秦观《淮海集》卷三三《李氏夫人墓志铭》，曾提及“海陵王君观及其从弟觌”，曾“相继举进士中第”，但未言何年，而明嘉靖重修《如皋县志》卷八《人物·科贡》则明确记载王观为“开封府解元，嘉祐二年丁酉章衡榜”，清厉鹗《宋诗纪事》卷二二也载有王观，即据此定王观为嘉祐二年进士。可以想见，如没有《如皋县志》这一著录，本年进士就缺一名额了。又如绛州曲沃人史籍，清人所修的《山西通志》只录盖抃一人，无史籍，我们这次查到明嘉靖《曲沃县志》，其书卷四载有宋王居正《左武卫大将军史公神道碑》中有云："公讳绪，字仲昌，绛州曲沃人。二子：籍、符，经举擢第。"后即云史籍于嘉祐初登第居官。虽仅云嘉祐初，嘉祐二年即为嘉祐年间的第一个榜次。

类似的情况还很多，限于篇幅，就不列举了。这里想再提一下宋代文集与笔记的作用，其所记有时可与方志相印证，有时还可补方志之不足。如建州浦城县黄好谦(字几道)，《天一阁藏明代方志选刊》之《建宁府志》及清人所修《福建通志》，均载其嘉祐二年进士及第，不过我们可从宋人文集中找到较早的材料予以印证，即南宋楼钥《攻媿集》卷一〇三《奉议郎黄君(仁俭)墓志铭》有云："曾祖好谦，朝散郎、知颍州……与二苏公为同年，且通婚姻，书尺甚多。"这还提供了苏氏兄弟的一些材料(《苏轼文集》卷六三有《祭黄几道文》)。

有些则是仅有文集所载而为他书所无的，如山东淄川之梁师孟，宋刘挚《忠肃集》卷十三《梁公墓志铭》："君讳师孟，字醇之，淄川人。公嘉祐二年擢进士第，调沂州费县主簿。"另一山东人郭源明，《宋史》卷二九七《郭劝传》曾简单地提及："郭劝……郓州须城人……子源明，治平中为太常博士。"而《苏魏公集》卷五九有《郭君(源明)墓志铭》，明确记其为"嘉祐二年及第"。这两人都是山东人，其登第均未见于方志。另外如《欧阳修全集·居士集》卷二五《河南府司录张君墓表》所记之开封府襄邑县张山甫，吕陶《净德集》卷二《刘公墓志铭》所记之徐州人刘庠，綦崇礼《北海集》卷三四《郑公行状》所记之拱州襄邑(今河南睢县)人郑雍，方回《桐江集》卷四《跋冯抱瓮诗》所记之普州安岳县冯山(初名献能)，皆嘉祐二年登第，均为最早最确切的材料。

宋人笔记中也可找到一些记载，如叶温叟其人，宋《咸淳临安志》卷六一《国朝进士表》及清修《福建通志》均有，但较早之记载则为叶梦得《避暑录话》卷下："叔祖度支讳温叟，与子瞻同年，议论每不相下。

元祐末，子瞻守杭州，公为转运使。”

这次辑录的材料，有的还可纠正清人记载疏误，如清陆心源《宋诗纪事补遗》卷十四记余京为嘉祐三年进士（应为二年）；同卷记李中，谓“官承奉郎，致仕归”，而据《江西出土墓志选编》24页《严矩妻钱氏墓志铭》（熙宁六年十月），称“承事郎、守秘书省著作郎、知开封府韦城县事李中撰”。熙宁六年已自承奉郎迁承事郎，此云官至承奉郎，则不确。

四

本节拟就宋神宗元丰二年（1079年）与高宗绍兴十五年（1145年）两榜再略作一些介绍。前者为熙宁间科举改革后之榜，后者为南宋前期刚由汴京迁至临安不久之榜，都有一定的时代特点。现拟仍就科试本身作一些分析。

元丰二年，《太平治迹统类》卷二八对登第者姓名有所著录：“（元丰二年）二月辛未，知举许将上合格进士朱浚明等。庚辰，御集英殿策试，遂赐时彦、陈瓘、朱濬明、晁补之、家彬、张康国等三百四十八人及第出身。”共三百四十八人，但只举出六人姓名。第一名时彦倒是河南开封府人，但据我们的辑录，河南登第者仅二人。这次我们考出的有二百七十三人，其中当包括少数诸科与特奏名。据统计，福建仍居第一（九十二人），其后依次为：浙江（四十七人），江西（四十四人），江苏（二十六人），四川（二十二人），广东（十一人），安徽（八人），湖南（七人），陕西（四人），山东（三人），广西、湖北与山西均为一人，其他还有赵氏宗室及籍贯不明的。绍兴十五年，情况似稍有变化，进士及第者，以浙江为首，为九十人，其后依次为：江西（七十人），福建（五十八人），江苏（三十六人），四川（十六人），安徽（七人），湖南（七人），广东（六人），广西与河南各一人，北方其他几省则均未见著录。浙江登科人数为第一，且本年状元刘章，亦为浙江之衢州龙游人，这很可能与南宋建都于临安（杭州）有关。福建的名次是下来了，但我们于这一年特地记录了特奏名的姓名，发现福建本年特奏名登录者有五十八人之多，如果与进士登第者相加，就有一百一十六人，则仍居首列。四川较少，这是因南宋时川人来东边，交通不便，当地士子有时在本地得解后即不赴临安省试，这当可以参照后几榜再作考虑。

这两榜也与前述嘉祐二年一样，有同里、同宗以及兄弟共同登第的。元丰二年有：福建兴化县有方公衮、方次皋、方安道、方原道叔侄四人同第；福建光泽县同里有上官行、上官敦复二人；山东东平府有刘跂、刘蹈兄弟二人；江西余干有同里都颉、都随二人；浙江丽水一个小县城，亦有应通、应皓二人。绍兴十五年则有湖南郴州兴宁县同族黄观志、黄观政二人。我们如果把两宋历年登第者作通盘考察，则有关这方面的材料定会提供意想不到的情况。

就文献资料来说，宋人文集仍是必须查考的原始资料。如宋王偁《东都事略》卷一〇〇及《宋史》卷三四五均有《陈瓘传》，但都只说举进士甲科，未记何年，南宋魏了翁《鹤山先生大全集》卷六三《跋陈忠肃公岳山寿守观留题》则明确载其为“元丰已未（二年）擢进士三名”。又陕西人李复，亦为本年进士，《四库全书》有从《永乐大典》中辑集的李复《潏水集》十六卷。其书卷十三有《舟行出峡先寄峡州太守荣子邕同年》诗，卷十六有《答彭同年劝应贤科》诗，这里的荣子邕与彭某，其人不详，但从李复的诗得知其同为元丰二年进士登第，可作为进一步考索的材料。绍兴十五年也有类似情况，如李亮，《永乐大典》卷一〇四二一录宋王灼《颐堂集》之《李教授墓志铭》，载其为邛州大邑县人，后出游至江苏、浙江一带，历述其行迹，并云于绍兴十五年登进士第。按王灼，《宋史》未有传，《四库全书》录其《糖霜谱》一卷，《碧鸡漫志》一卷，其字海叔，号颐堂，绍兴时人。则《永乐大典》之《颐堂集》即此王灼所作，惜清时修《四库全书》时未加辑录，幸亏今存《永乐大典》中尚有此一篇，能考出绍兴十五年登进士第之李亮，虽是孤证，也是难得的。

在辑集古代文献时，还应对资料可靠性加以甄别、订正。现姑举一例。晚清时陆心源著有《元祐党人传》十卷，其卷六有《李积中传》，云，"李积中，广东四会人……元丰元年进士。为御史……历翰林直学士……崇宁三年入党籍，除名勒停，编管洪州，家焉。崇宁五年复宣德郎。建炎元年，以朝请郎知襄阳府……知洪州。四年，坐投拜，除名编管。"李积中其人，一生是很坎坷的，陆心源确撰写得很详细，但神宗熙宁九年(1076年)榜后，即到元丰二年(1079年)榜，元丰元年无进士榜次，清修《广东通志》(卷六六)倒是准确记其为元丰二年的。但《广东通志》与《元祐党人传》都记李积中曾为"翰林直学士"，按宋时无翰林直学士之名，当作直学士院，这是清人不太明白宋代翰林院与学士院之别。又南宋王十朋《王忠文公集》卷三《南昌李氏谱序》，提及李积中"元丰三年进士"。元丰三年也无榜次，这里很可能是版刻之误。

以上只是以札记的体式对《宋登科记考》的编撰略作一些介绍，涉及的也只是其中的一小部分。不过读者也可看到，这部书由于篇幅大，辑集的资料面较广，不管是大事记，还是这一百十八榜的登科名录，我们当可从中发掘出有关政治、文化，特别是士子与文学方面的不少资源。资料搜集的工作确还是应该重视的。文献资料的辑集与整理，与义理的探讨，必能互相启示，这就能促进学科建设有一个求实、创新的进展。这也就是本文对这部书的期望所在。

关于《中国古籍整理出版十年规划和“八五”计划》制订工作情况说明*

现在，我代表第三届全国古籍整理出版规划会议筹备组，对《中国古籍整理出版十年规划和“八五”计划》(讨论稿)的制订工作情况略作一些说明。

这次提供会议审议的讨论稿，在前面“说明”的第一项中，曾提到这一《十年规划和“八五”计划》，是由国务院古籍整理出版规划小组主持，邀请全国各地专家讨论、研究，经过反复修订而制订出来的。实际情况确实如此，讨论稿确是经过一定的调查研究，广泛征求各方面的意见，又经过几次大的修改，才初步确定下来。

匡亚明同志在接受国务院任命为第三届古籍整理出版规划小组组长后，即于1991年9月上旬召开在北京的小组成员、顾问会议，并明确提出：当前急需抓的两件大事，其中之一即是酝酿制订古籍整理出版十年规划和“八五”计划。根据匡老的讲话精神，规划起草小组即着手进行一系

* 此系笔者1992年5月25日于第三届全国古籍整理出版规划会议上的讲话，原载于《古籍整理出版情况简报》第259期，1992年5月。

列的准备工作。

准备工作大致分三个方面，一是了解和研究第二届古籍整理出版规划小组制订的九年规划(1982～1990年)完成的情况，对未完成的部分，分别轻重缓急，选择部分有重要价值的转入“八五”计划；二是向国家教委高校古籍委员会了解各高等学校古籍整理研究机构及一些专家学者正在进行的项目；三是向各地专业古籍出版社以及出版有古籍的其他出版社了解出版计划及有关选题。经过这几方面的调查了解，初步拟订了包括文学、历史、哲学、宗教、语言文字、综合及普及读物等门类的选题书目。

从这一选题书目中可以大致了解目前古籍出版的情况，并且这些项目完成的可能性也较大。但也正由于这一书目主要是据各出版社的现行计划而拟订的，就显得重点不够突出，系统性不强，体现不出新的十年时期对古籍整理出版的更高要求，因而也就不可能很好地反映规划的意义。针对这一情况，匡老及时提出新的规划要努力具有学术性、计划性和指导性。也就是说，规划应列入那些真正具有学术价值的选题，既要突出重点，又要照顾全面，在项目质量的要求上要有高标准；同时，要对古籍整理出版工作的历史和现状作出实事求是的评估，既要保持工作的连续性，将前一规划尚未完成的重点项目继续保留下来，也应淘汰那些并不成熟或价值不大的旧选题，补充一批具有重要价值的、或社会急需的新项目，分别轻重缓急，克服盲目性；而所谓指导性，也就是规划要对今后古籍整理出版的方向起到指导的作用，力求把古籍整理出版工作提高到一个新的水平。

与此同时，在匡老的亲自主持下，草拟了规划的第一部分，即新中国建立以来古籍整理出版的成就和制订本规划应说明的若干问题，从理论和实践的结合上对新中国建立以来的古籍整理出版工作做了系统的、科学的阐述，并进一步指出在新的历史时期古籍整理出版的发展方向和前景，特别强调要加强古籍整理的理论研究。在古籍整理这一传统学科内，我们固然要对前代学者的成就作出全面的总结，弄清其精华所在，并加以继承，但最主要的是我们要充分认识马克思主义对古籍整理的指导意义，以及辩证唯物主义和历史唯物主义方法论在古籍整理出版工作中的作用和价值，从而建立起有时代特色的古籍整理理论基础。

由于提高了对古籍整理工作中的理论认识，因此在进一步修订项目中思想就明确得多。首先是既列入了一些规模较大、价值较高的重点工程，也补充了相当一批真正下过工夫，在整理工作中确实有所突破的中小型项目，使大而全与小而精能更好地配合。其次是增补了一些新的门类和选题。如原来出土文献是分属于历史和语言文字类的，但近些年来考古发现有了巨大的进展，正如有些专家所强调指出的，这些年来的出土文献，其中一些已在相当程度上改变了某些学科的面貌，如云梦睡虎地秦简公布之后，有关秦代及其前后有关的历史文化研究从根本上发生了变化。有鉴于此，在修改过的项目中，就把出土文献单列一类，与文史哲等并立。另外，古籍中蕴藏着相当丰富的科学技术的史料，涉及农学、医学、数学、天文学、物理学、化学和工程技术等自然科学领域。过去在这方面的整理工作是较为薄弱的。如据统计，中医古籍现存有一万二千多种，过去的十年大致出版了五百种，这与现实需要极不相称。至于其他天文历算、土木水利等，出版的更少。修改稿将科技古籍也专立一类，其中有不少大型的重点项目，如《中国科技典籍通汇》、《中国古代科技要籍丛刊》、《中国天文史料汇编》、《农业古籍丛刊》、《中医珍本丛书》，等等，都有相当的规模和较高的学术价值。而将科技古籍列入规划，这也是过去两届古籍整理出版规划所未曾有的，体现了新的时代特色。修改工作的第三点，是注意到项目承担者或主持人的学术准备，这次规划中的不少项目，其承担者或主持人是以功底扎实、成绩卓著的中年学者为主力的，他们在老一辈专家的支持下，带动一些年轻人，以集体的力量从事于一些大项目的整理，说明我们古籍整理工作本身确实已在一定程度上体现了老中青相结合的承先启后的连续性。有些项目，由于一时还没有合适的整理者或出版者，就实事求是地注明待定，以便通过情况的交流，作合理的选择。

应当着重说明的是，在项目修改的过程中，不少专家、学者给了我们热情的关怀和切实的帮助。1992 年 2 月下旬，匡亚明同志与周林同志、王子野同志，曾连续三天邀请在北京的专家学者及部分出版工作者，召开座谈会，分别就文学、历史、哲学、语言文字、科技等项目听取意见，参加座谈会的有近四十位学者，其中有北京图书馆馆长任继愈，中国社会科学院历史研究所研究员林甘泉、李学勤，考古研究所所长徐苹芳，《中国社会科学》杂志编审庞朴，北京大学中文系教授袁行霈、裘锡圭及哲学系主任楼宇烈，中国科学院自然科学史所研究员潘吉星，中国中医研究院医史文献研究所所长余瀛鳌，中华书局编审赵守俨等。《古籍整理出版情况简报》第 256 期刊出了这几次座谈会一些专家学者的发言纪要。在这前后，规划小组办公室还以走访和写信的方式，征求意见，《古籍整理出版情况简报》也连续几期以笔谈的形式，刊载了北京、上海、天津，以及广东、湖南、湖北、陕西、贵州等地学者对规划修订的意见，他们有北京大学教授吴组缃、金克木、金开诚、陈贻焮，广东中山大学教授王季思，中国人民大学教授戴逸，中国社会科学院研究员余冠英，南京大学教授程千帆，武汉大学教授唐长孺，复旦大学教授王运熙，陕西师范大学教授黄永年等著名学者。此外，规划起草小组也曾在南京、西安等地召开小型座谈会征求意见。几十位专家学者和出版工作者积极参与了规划的修订工作，使得规划中所拟的项目有了较为广泛的基础和科学的根据。

在集思广益的基础上，1992年3月下旬，由刘杲同志主持，再次约集北京、上海等几位专家及出版工作者，对规划的项目作了通盘考虑，并作了适当的修订。有的类目，从名称到项目都作了调整。原来各个大类如文学、历史、哲学等都列有“工具书”，这次修订中也都将它们集中归入综合类。这一次修订特别对学术著作和普及读物作了较大的改动。与会者认为，文献整理与学术研究是密切不可分的，没有一定的研究作为基础，整理是做不好的，但古籍整理与专题研究还应有所区别，为了集中力量在一定时期内把我国的一些基本古籍整理出来，我们的这一十年规划和“八五”计划还是以不列研究性著作为好，因此把原来计划中的诸如“中国文化史丛书”、“中国敦煌学史”、“黄河文化”等删去。关于普及读物，参加修订的同志认为，近些年来古籍的普及工作确有很大的发展，其中也确有一部分质量较高的普及读物，但也不可否认，也有不少仓促成书、水平低下的书籍。而且，文学、历史、哲学及科技古籍，如何搞普及，也因学科各异而在具体做法上要有所区别。有些古籍，是否需要全部译成白话，也有不同的看法。总之，古籍的普及工作还需要有一个探索和观察的过程，现在还很难在规划中确定具体的项目。因此，在修订时除极少数情况较明、质量较有把握外，其他大致采取列类目而不列具体整理者、出版者的方式，如历史类列“尚书选译”、“国语选译”、“二十四史(分史)选译”，哲学类列“管子今译”、“墨子今译”，等等。这样做，既能突出重点，起到一定的示范作用，也留有一定余地，以便在实践中使质量较好的读物能经得起时间的考验，而逐渐成为定本。

经过这一次的修订，就形成了现在提供大会审议的这份讨论稿。其中的项目部分共分八个门类，即文学类(177种)，史学类(297种)，哲学类(121种)，宗教类(28种)，语言文字类(61种)，出土文献类(18种)，科技类(256种)，综合类(54种)，共1012种。这是属于“八五”计划的重点书目。“十年规划要点(草案)”中曾提出：“在今后十年内，国务院古籍整理出版规划小组平均每年选列古籍整理出版重点书目150种至200种，十年内共计2000种左右。”这次“八五”计划列1012种，每年平均也即200种或稍多一些。有些规模较大的项目，“八五”期间未能完成的，可以滚动到下一个五年计划中去。“九五”计划则准备在1994年着手制订。

最后应再说明的是，这一十年规划和“八五”计划的制订，虽然经过一定的调查研究，又作了反复的修改，也难免会有不足之处。具体的项目如何能体现前面第一部分阐明的指导思想和整理出版方针，做到真正具有学术性、计划性、指导性和权威性，仍是一个问题。有些项目恐怕还有重复之处，或者价值不大，还可能有应列而没有列入的。总之，这次《规划》(讨论稿)中所有不足和疏漏之处，都恳切希望在座的各位专家、学者同志们充分发表意见。规划起草小组将根据这次全国性会议所讨论和提出的意见，对规划再作修改，使它既符合我们目前整理和出版的实际，又具有一定的指导性，然后按程序报请国务院审批公布，使之能更好地推动整个古籍整理出版和研究工作的发展。

文学古籍整理与古典文学研究*

一

《文学遗产》创刊40年以来，除了刊载古典文学研究的专题论文外，还十分重视文学古籍的整理，发表过不少有关诗文总集、别集、小说和戏曲作品整理以及各类专题资料汇辑的建议与评论。这些文章，已经成为整个古籍整理研究的极其珍贵的资料，对于现在古籍整理出版如何进一步开拓思路、提高质量，仍有积极的参考价值和借鉴作用。特别是一些大项目的建议和设想，经过研究者的多年努力，今天已经见诸行动，有了具体的成果。如1956年李嘉言先生曾提出《改编全唐诗草案》，引起学术界的深切关注和热烈讨论，现在新编《全唐五代诗》，已由苏州大学、河南大学、南京大学等校在全国范围内组织有关专家编纂。有关编纂《全宋诗》、《全宋文》的动议，前几年也由北京大学古

---

* 原载于《〈文学遗产〉创刊四十周年暨复刊十五周年纪念文集》，北京，文化艺术出版社，1998。

文献所的《全宋诗》、四川大学古籍所的《全宋文》的陆续编印问世，得到完满的落实。

40年以来，我们古典文学的研究，虽然几经曲折，但整个来说，还是取得很大成绩的。在这些成绩中，文学古籍的整理和研究，应当说占有显著的地位。

古典文学研究，作为一门独立的学科，应当说有其完整的结构。这种结构，大体如同建筑工程，可分为基础工程和上层结构两个方面。基础工程是各类专题研究赖以进行的基本条件，具有相对的长期稳定的特点。其具体内容，大体有这样三个范围：①古典文学基本资料的整理：包括各类文学作品总集、历代作家别集的点校、笺注、辑佚、新编。②作家、作品基本史料的整理研究：包括作家传记资料的辑集，文学活动的编年，写作本事、流派演变的记述和考证等。③基本工具书的编纂：包括古代文学家辞典、文学书录、题解，诗词曲语词辞典，戏曲小说俗语辞典，文学典籍专书辞典或索引，断代文学语言辞典等。

从以上三方面来看，应当说，文献的整理对文学研究是有很大促进作用的，它不但为深入研究奠定扎实的资料基础，而且有时还能影响研究方法或研究方向的开拓。当然，在这个基础上建筑的上层结构，则能进一步总结文学创作的经验，探索艺术发展的规律，发扬古典文学的精华，使之为当代创作提供借鉴，为建设精神文明作出贡献。

二

40年来，特别是80年代以来，文学古籍的整理和出版，逐步理出了学科或门类发展的脉络和体系，反映出这项工作正逐步具有计划性和系统性，这应当说是当前文学古籍整理研究一个值得重视的趋向。

这首先反映在一些大项目的组织整理上，特别是有关一个时代文学总集的编纂，近十余年来有着引人注目的发展。文学总集的出版，最初仅停留在对过去时代编纂成书的典籍选择较好的版本加以影印或一般性的点校，如五六十年代出版的清严可均的《全上古三代秦汉三国六朝文》，丁福保的《全汉三国晋南北朝诗》，以及《文苑英华》、《全唐文》、《全唐诗》等。在这方面开创一个新局面的是逯钦立的《先秦汉魏晋南北朝诗》，这是著者化了大半生的精力，经多次修改补充方始成书，于1983年由中华书局出版。此书共135卷，除《诗经》、《楚辞》而外，凡先秦汉魏晋南北朝各代的成篇诗歌及零句，都加采录，特别是详注出处及版本异文，不但大大超越了明冯惟讷的《诗纪》及近人丁福保同类性质的书，而且为在这之后的新编总集创立了良好的范例。

在这之后，正在整理或已陆续出版的诗、文、词总集，其编纂方法上大致有这样共同的格局：第一，广泛搜辑现存的各类资料，务求做到搜采广博，涵容繁富，无论名家巨制，或散篇佚作，尽可能汇集，力求减少遗漏。同时对所采辑的作品，一一注明出处，以示确信。第二，在普查的基础上，考清版本源流，然后选择较好的底本和有代表性的参校本。校勘工作则不但校文字的异同、是非，更在于考析作品的真伪和时代归属，这方面的工作更能见出整理者的功力与该书的价值。如正在整理中的《全唐五代诗》，即考出清人所修的《全唐诗》有不少宋人的作品，甚至有成卷的明人诗集混入其中。又如《全宋诗》的编纂，就特别注意防止误收。误收有两方面，一是把其他朝代的诗当作宋诗，二是把他人的诗误列于此一作者名下。如清人厉鹗

《宋诗纪事》卷四寇准名下载《春恨》诗，注谓出自《古今合璧事类备要》前集。而经考核，此诗实为唐人来鹄《寒食山馆书情》七律中的四句，已见于《全唐诗》卷六四二。又如《六一诗话》所谓惠崇“马放降来地，雕盘战后云”，实为北宋另一僧人惠昭《塞上赠王太尉》五律中的二句，见《清波杂志》卷十一。第三，对所收作家，努力在前人已有成就的基础上查检核实，撰写小传，力争做到无征不信，言必有据。

可以想见，新编的文学总集，只要以这三方面作为标准，就必定能大大超越前人，并且能启示当代，树立严谨的学术风气，开创新的研究格局。事实也证明，这些年来一些规模较大的文学总集的编纂，不但出成果，也出人才，培养出不少极有发展前途的、基础扎实的年轻研究者。

就具体成果而言，这些年来计划整理出版的项目也已大为可观。以诗来说，除上面提到过的《先秦汉魏晋南北朝诗》、《全唐五代诗》、《全宋诗》外，有翁独健、陆峻岭主编的《全元诗》(将出版一、二册)，复旦大学古籍所的《全明诗》(已出版三册)，以及正在筹备中的《全清诗》。词总集的辑集，唐圭璋先生创获最巨，他于 30 年代即从事于《全宋词》的编辑，50 年代中华书局又请王仲闻先生订补，于 1965 年出版新的修订本。70 年代又出版其《全金元词》。在宋词之前，上海古籍出版社于 80 年代出版张璋的《唐五代词》，现在湖北大学古籍所又在从事于新的校辑本。宋词之后，则有饶宗颐、张璋的《全明词》(即将由中华书局出版)，南京大学古文献所的《全清词》(中华书局已出顺康卷前二册)。这样，中国古代词的总集，从唐开始，直至清末，都已齐备。文的方面，清人严可均有《全上古三代秦汉三国六朝文》，搜罗颇广，但校辑上有不少问题，现在已有一些研究者在做增补修订的工作。唐五代文的编纂也在进行。四川大学古籍所的《全宋文》已出版五十几册，全书将达一百数十册，是迄今为止最大的新编文学总集。北京师范大学古籍所的《全元文》，将由江苏古籍出版社于今明两年内陆续印出。《全明文》已出版两册（上海古籍出版社）。至于规模更大的清文，也在酝酿筹备中。诗、文、词之外，戏曲方面有王季思先生主编的《全元戏曲》，小说方面有江苏古籍出版社的《中国话本大系》等。

如果总集的编纂以广博著称的话，则古代作家别集的整理当以精深见长。这些年来，我们已有不少颇有研究深度的作家诗文集、戏曲小说集的校辑和笺注，更有正在进行中的几个大作家的汇注汇校汇评本，如詹锳先生主编之李白集、萧涤非先生主编之杜甫集，以及陶渊明、韩愈、柳宗元、王安石、苏轼、关汉卿等作者的诗文集、戏曲集等。可以想见，这些大作家集新的整理本完成问世，必将使研究工作有新的开展。

有关作家作品专题资料的辑集，也是近40年来文学古籍整理的重要组成部分。从五六十年代的《陶渊明研究资料汇编》、《杜甫研究资料汇编》起，已出版的作家作品研究资料，有三曹、李白、白居易、韩愈、柳宗元、李贺、苏轼、黄庭坚和江西诗派、李清照、陆游、杨万里和范成大、《水浒传》、《金瓶梅》、《红楼梦》等。正在编纂中的还有杜牧、欧阳修、曾巩、秦观、辛弃疾、姜夔等。这些专题资料，除了辑集作家传记及文学活动资料外，还大量采录有关作品的考订、评论、释义及版本流传情况，是从经史子集大范围的群籍中，爬梳搜剔，精细采集的。这是一种高水平的著述，也是文学研究的基础性工程。五六十年代，在翦伯赞等老一辈史学家推动和组织下，曾系统地编辑一套《中国近代史资料丛刊》，包括鸦片战争、中法战争、太平天国、中日战争、义和团、洋务运动、辛亥革命等。80年代初，一位美国学者曾说，这一套书培育了美国整整一代研究中国近代史的史学家。这句话是不过分的。我们希望，古典文学研究界和专业古籍出版社共同合作，在已有的基础上，能更全面地规划一下这套专题资料的编纂与出版，这必将使广大研究者特别是年轻一代深受其益。

三

回顾这些年来的文学古籍整理工作，我个人觉得还有些问题值得引起注意。

(一)总结历史的经验。文学古籍的整理，不但与研究，而且与文学创作、文学思潮都有密切的关系。如以宋诗而论，我们知道，宋诗是中国诗歌史上继唐诗之后又一个新的高峰，但这一高峰的形成，是与宋人对唐诗的编集、刻印分不开的。元明以后刻印的唐人别集，几乎都经过宋人的整理。唐代一些大家的集子，如杜诗、韩文的校辑，在宋代都是专学(元好问所见宋人杜诗注即有六七十家，他称之为杜诗学，见《遗山集》卷三六《杜诗学引》)。在年谱学史上，宋人所作的杜甫和韩愈年谱，都是有首创之功。无论北宋和南宋，都编纂有较大规模的诗文总集，如北宋初期李昉的《文苑英华》和姚铉的《唐文粹》，南宋洪迈的《万首唐人绝句》，都对宋人研习前代文学提供详实的资料。据南宋人周必大说，北宋初期唐人集子流传极少，像陈子昂、张九龄等一些名家作品，也是一般人看不到的，正由于此，当时修《文苑英华》时，即把柳宗元、白居易、李商隐、罗隐等人的诗文“全卷收入”(《文苑英华辨证序》)。宋人的这些努力，促进了唐诗的传播，开阔了人们对唐诗的认识，也提高了宋代诗人本身的文学素养。宋诗之所以继唐诗之后有新的开拓和发展，与宋人对唐诗所作的大规模整理、流布有密切的关系。到明代，情况有很大不同。明人尊唐黜宋的观念很盛，有人认为“宋人书不必收，宋人诗不必观”（杨慎《升庵诗话》引何大复语），乃至“苟称其人之诗为宋诗，无异于唾骂”（清叶燮《原诗》）。受这种评论风气的影响，明人编印、刊刻唐集即很多。被誉为“考明一代著作，以此书为最可据”（《四库提要》语）的《千顷堂书目》，著录有关唐诗的编选将近五十种，而有关宋诗的只三种。到了清初，以对明代诗风的反拨为契机，正如《四库全书总目》卷一九三王士禛《精华录》提要所说：“当我朝开国之初，人皆厌明代王、李之肤廓，钟、谭之纤仄，于是谈诗者竞尚宋元。”在这种文学思潮变异的情况下，出现了吕留良、吴之振等的《宋诗钞》，曹庭栋的《宋百家诗存》，以及陈焯《宋元诗会》一百卷，法式善《宋元人诗集》二百七十卷，再后就是著名的厉鹗《宋诗纪事》一百卷。而这些较大规模的宋人诗集的编印，又反过来影响清代宋诗派的形成与发展，乾隆时翁方纲等人的肌理说及后来同光体诗，都莫不与当时宋集的大量刊刻有关。

这只是就宋诗而言，其他如戏曲、小说在元、明时期的发展也都有类似的情况。由此是否可以得到某种启示，即我们现在的文学古籍整理，一方面当然仍须与研究紧密结合，另一方面是否应与现代的创作贴近，更好地利用古籍为现实服务，尽可能用现代人喜闻乐见的形式使文学古籍更好地走向大众。最近漓江出版社出版的几种古典小说评点本，即是请当代作家王蒙、李国文等作的，引起学术界与广大群众的极大兴趣，这是很值得我们思考的。

（二）要处理好几种关系。如大型项目与中小型项目都应重视，都要力争提高质量，出精品。如上所述，这些年来，文学古籍整理中有不少大项目产生，有些项目带动了研究向广度和深度发展。而且大项目由于投入的人力多，有周密的计划和完备的体例，这就更能发挥集体的力量，有助于养成团结合作的学术风尚。但与此同时，我们还应鼓励“小而精”的项目，不能顾此失彼，只看重“大而全”而忽略“小而精”。应使二者保持必要的平衡，满足社会各界不同的需要。各种规模、各种层次的古籍，都要讲究质量。“小而精”固然要讲究精，“大而全”也要讲究精，因为“精”就是高质量，而我们文学古籍整理出版的生命线就在于高质量，就在于精。

文学古籍整理中也有一个普及与提高的关系问题。我们固然要注意对研究者提供有学术价值和文献价值的专书，但同时要选择一些思想健康、艺术优美的古代名作，加以注释或评译，介绍给广大的读者。在这方面也有不少好书产生，如人民文学出版社从 50 年代中期起就有计划地编印一套古典文学读本丛书，80 年代以来，上海古籍出版社出版有古典作家作品选集，巴蜀书社有作品欣赏评论丛书，岳麓书社有韵文三百首系列，浙江文艺出版社有“中国古典诗歌基本文库”，等等。现在的问题是，我们的普及读本在文化层次上有故意向下降的倾向，什么都来个白话今译，有些则认为连白话今译也太高了，索性来个口语拼音翻译，配上连环画。我们的普及应当引导读者向高层次发展，而不应该逐步下降。

这里附带一个问题是目前古籍整理出版的重复现象。重复是难免的，而且重复也并不绝对是坏事。历史上，如《诗经》、《楚辞》，李杜诗、韩柳文，注家不知有多少，其中难免有次品，但也有不少佳作。如现在《红楼梦》的校注本有好几种，各有特色。你整理某一作家作品，并不能限制别人对同一作家作品再进行整理；你编某一时代的作品，并不能禁止别人也做类似的工作，只要各有其特点，各有超越就行。在翻译界也是如此，如果只允许一部翻译作品，那么翻译水平就永远不可能提高。我们应当允许并提倡在高水平上的“重复”，这种“重复”实际上是学术上的竞赛和争鸣。问题出在目前有一些纯粹出于追求经济效益，只赶进度而不顾质量，如重复出版不少明、清时代格调不高的通俗小说，以及千篇一律的所谓赏析性书籍。低水平的重复是无助于学术事业的发展的。

唐代翰林与文学*

——以文史结合作历史—文化的探索

我从事中国古代文学研究，除作家作品专题考证、论析外，总有一种意趣，就是想从不同的角度探讨一个时代知识分子的状况，由此进一步探讨某一历史时期社会特有的文化面貌。古代士子，也就是知识分子，往往是诗文、戏曲、小说描写的对象，而我们现在，也可以并应该将其作为学术研究的对象。正因如此，我于 20 世纪 80 年代前期，就想以唐代科举作为中介环节，把它与文学沟通起来，试图文史结合，选辑有关历史记载与文学描述的材料，来研究唐代士子的生活道路、思维方式和心理状态，想由此重现当时部分的时代风貌和社会习俗，这就是后于 1986 年出版的《唐代科举与文学》(陕西人民出版社)。我想，研究中国社会及其文化形态，我们如能打通文、史、哲等相关学科，着重于探讨知识分子的生活道路及社会处境，这将

---

* 原载于《人文中国学报》第 11 期，香港浸会大学中文系编，上海古籍出版社，2005。

有利于对文学发展作全面的把握与历史的考察。中国大陆自20世纪90年代以来，在这方面已有一定成果，较早如南开大学罗宗强教授的《玄学与魏晋士人心态》(浙江人民出版社，1991年)，今年我所看到的，如有《晚明士人心态及文学个案》(周明初著，东方出版社)、《市民、士人与故事：中国近古社会文化中的叙事》(高小康著，人民出版社)。这一研究动态，确也值得注意。

唐代翰林学士，应该说是当时士人参预政治的最高层次。翰林学士院与翰林学士，设置于盛唐，即唐玄宗开元后期。其与科举制度一样，从唐代开始，一直延续到清代。作为社会政治文化的一种重要现象与封建时代文人的必然求仕之途，翰林学士与翰林院，以及以进士为核心的科举制，是研究唐至清一千二三百年间历史文化所不能回避的。翰林学士与翰林院，可以从史学与文学不同角度进行研究。从史学角度研究，则侧重于制度的建置、人员的构成，以及职能作用、参政方式等等；从文学角度研究，则可以把重点放在当时文人参预政治的方式及其心态，从而以较广的社会角度来探讨这一特殊文学群体的生活方式及文学创作。这样做，其涉及面可能较为广阔，而探索到的东西则可能更有新鲜感。

就研究课题而言，唐代翰林与文学，其容量是相当大的。先是文献的整理，唐代虽有韦执谊《翰林院故事》、元稹《承旨学士院记》、丁居晦《重修承旨学士壁记》，记有一百七十余位翰林学士任职年月与官衔，但所记仍有漏误，且只至懿宗咸通年间，唐末僖宗、昭宗、哀帝三朝，因时已动乱，即未有记。近代前辈学者岑仲勉先生对韦、元、丁三书均有所订补，并对僖、昭、哀三朝翰林学士重加补辑。[①] 但岑

---

① 岑氏所著为《翰林学士壁记注补》《补僖昭哀三朝翰林学士记》，原载《历史语言研究所集刊》，今附载于岑仲勉《郎官石柱题名新考订》，上海古籍出版社，1984年。

氏所著都在20世纪40年代，由于当时条件所限，不免尚有疏失，我们现在还应加以订补。另外，唐代翰林学士中有不少诗文名家，从盛唐至晚唐，历朝都有，如苏源明、陆贽、梁肃、王涯、白居易、令狐楚、李绅、李德裕、元稹、柳公权、吴融、韩偓，等等。在他们一生中，任翰林学士时间并不长，一般只不过几年，但翰林学士的政治经历，对其人生态度与创作思想还是有特殊影响的，而这方面，我们过去往往未加注意。如白居易撰写《新乐府》，一般均将其归属于立足现实，反映民间疾苦的创作观念，实际上这是白居易于翰林学士任内，从翰林学士的职能出发，立意于"时得闻至尊"，将其创作视为反映民情国政的奏议性诗篇。也正因此，他在离职后，因已无此政治职能，即辍笔不写。又如韩偓，我们也可从其生平的前后经历，以及身处于唐末乱世，来研究其任翰林学士对其人生态度与诗风的影响。

这样看来，唐代翰林与文学，是可以写成一本专著的。我现在这一单篇论文，当然不可能对此作全面铺叙。本文拟重点论述当时社会及一般文士对翰林学士特殊地位及身份的看法，由此即从几个方面探索翰林学士的社会处境与文学交往，并就其任职期间与职能有关的文化活动，择要介绍，以为学术界进一步作历史—文化考索提供有关的线索。

一

唐朝有好几位诗文名家，是将翰林学士赞誉为"天上人"的。有唐一朝第一首赠翰林学士诗，是杜甫的《赠翰林张四学士垍》①。张垍本

① 见仇兆鳌《杜诗详注》卷二，中华书局，1979年；又《钱注杜诗》卷九，上海古籍出版社，1979年。

为玄宗开元时驸马，天宝前期入为翰林学士。[1] 杜甫于天宝五载(公元746年)入长安，[2] 不久即写有此诗。此诗前四句云："翰林逼华盖，鲸力破沧溟。天上张公子，宫中汉客星。"学士院在皇宫内，身为学士的张公子，就犹如天上客星。又如王涯于德宗贞元二十年(公元804年)由京畿蓝田县尉入为翰林学士，[3] 诗人刘禹锡特地写了一首《逢王十二学士入翰林因以诗赠》，[4] 有句云："厩马翩翩禁外逢，星槎上汉杳难从。"按：此时刘禹锡任监察御史，秩正八品上，而蓝田县尉仅九品下，刘之官秩要比王涯高好几阶，但因王涯乃以蓝田尉入翰林学士，故刘禹锡则特喻为天上人，自谦为难于随从。另如蒋防于穆宗长庆元年(公元821年)十一月十六日入院，同月二十八日赐绯。[5] 这时诗人王建亦在京师长安，写有《和蒋学士新授章服》诗，云："瑞草唯承天上露，红鸾不受世间尘。翰林同贺文章出，惊动茫茫下界人。"[6]这里也把蒋防与王建自己比喻为天上与下界。

又如张仲素、段文昌同于宪宗元和十一年(公元816年)八月十五

---

① 参见傅璇琮《唐玄宗朝翰林学士传》，《文史》2003年第3辑，中华书局，2003年8月。

② 闻一多《少陵先生年谱会笺》，见《唐诗论丛》，上海古籍出版社《蓬莱阁丛书》本，1998年。

③ 据《旧唐书》卷一三《德宗纪》，卷一六九王涯本传，中华书局点校本，1975年。按：以下引述《旧唐书》、《新唐书》、《资治通鉴》，皆据中华书局点校本，皆不注版本与出版年月。

④ 瞿蜕园《刘禹锡集笺证》卷二四，上海古籍出版社，1989年。

⑤ 据唐丁居晦《重修承旨学士壁记》，宋洪遵《翰苑群书》本，今编于傅璇琮编纂之《翰学三书》，辽宁教育出版社，2003年。按：以下记叙翰林学士任职出入，凡见于韦执谊、元稹、丁居晦三书者，不具注。

⑥ 《全唐诗》卷三〇〇，中华书局点校本，1960年。

日入为翰林学士，杨巨源作诗《张郎中段员外初直翰林报寄长句》[①]贺之，首二句即云：“秋空如练瑞月明，天上人间莫问程。”此时杨巨源在京师任太常博士，后以虞部员外郎出任凤翔少尹[②]，张籍作诗送行，盛赞其诗：“诗名往日动长安，首首人家卷里看。”[③]元稹在《授杨巨源郭同玄河中兴元少尹制》中也有赞誉之辞：“诗律铿金，词锋切玉；相如有凌云之势，陶潜多把菊之情。”[④]元人吴师道《吴礼部诗话》亦称其诗“清新严明，有元、白所不能至者”。有如此声誉的诗家，竟特称自己与这两位友人相比，乃“天上人间莫问程”。

唐朝翰林学士受到如此清高称誉，确为当时风气。但另一方面，翰林学士却另有一种社会处境，这里提供三例，似为一般人未曾注意的。

其一，韩愈《释言》：

> 元和元年六月十日，愈自江陵法曹诏拜国子博士，始进见今相国郑公。公赐之坐，且曰：“吾见子某诗，吾时在翰林，职亲而地禁，不敢相闻。今为我写子诗书为一通以来。”愈再拜谢，退录诗书若干篇，择日时以献。[⑤]

按：韩愈于德宗贞元八年(公元792年)进士登第，后历仕汴州、徐州

---

① 《全唐诗》卷三三三。

② 按：杨巨源，两《唐书》无传，其生平事迹可参傅璇琮主编《唐才子传校笺》卷五杨巨源传(吴汝煜、胡可先笺)，中华书局，1989年。

③ 张籍《送杨少尹赴凤翔》，《全唐诗》卷三八五。

④ 《全唐文》卷六四八，中华书局影印本，1983年。按：此制题中“兴元”当作“凤翔”，以与杨巨源仕历相合，参《唐才子传校笺》卷五杨巨源传。

⑤ 马其昶《韩昌黎文集校注》卷二，上海古籍出版社，1986年。

幕府，贞元十七年(公元801年)冬至长安调选，任国子监博士，贞元十九年(公元803年)冬迁监察御史，因上书《论天旱人饥状》，得罪权臣，被贬为连州阳山令。贞元二十一年即永贞元年(公元805年)八月，宪宗即位，大赦，量移为江陵法曹参军。元和元年(公元806年)六月，又召入京，任国子博士。[①] 韩愈此篇《释言》作于元和二年(公元807年)，文中所称郑公为郑絪。郑絪于贞元八年(公元792年)即任翰林学士。宪宗于永贞元年八月登帝位，于同年十二月迁其为中书侍郎、平章事，至元和四年(公元809年)二月。[②] 郑絪在德宗时任翰林学士有十三四年，地位应是相当稳定的，但他却对韩愈表示，他“时在翰林”，“不敢相闻”，连想索取一个文士的诗作都不敢，乃因“职亲而地禁”。真有如韩愈另一首诗中所谓“深闱密”那种自我拘束之感。[③]

另一例：柳宗元于顺宗时与刘禹锡等随王叔文参预永贞新政。终因得罪宦官，新政失败，柳宗元被贬为永州司马，直至元和十年(公元815年)。他于元和四年(公元809年)致书与李建，题为《与李翰林建书》[④]。按：李建于顺宗时在翰林学士任，元和元年(公元806年)后出院。此文标题仍称其为翰林学士，当为后人编集时所加，所谓“追呼其前官”[⑤]。李建当时在长安朝中任殿中侍御史(《旧唐书》卷一五五本传)。柳宗元特上此书，中称“仆曩时所犯，足下适在禁中，备

① 参见张清华《韩愈年谱汇证》，见所著《韩学研究》下册，江苏教育出版社，1998年；又参傅璇琮主编《唐五代文学编年史·中唐卷》，辽海出版社，1998年。

② 见丁居晦《重修承旨学士壁记》，《新唐书》卷六二《宰相年表》。

③ 韩愈《和虞部卢四汀酬翰林钱七徽赤藤杖歌》，钱仲联《韩昌黎诗系年集释》卷六，上海古籍出版社，1984年。

④ 《柳宗元集》卷三十，中华书局点校本，1979年。

⑤ 见前《柳宗元集》卷三十《与李翰林建书》校记中所引陈景云《柳集点勘》。

观本末，不复一一言之”，后即详叙贬所处境艰苦，“寸步劳倦”，因此“唯欲为量移官”，即使是“耕田艺麻，取老农女为妻”，也可承受，可以见出柳宗元当时的心情。值得注意的是，这封书信的末尾，述及京中几位友人，谓亦已致函，请“求取观之”，但特别提出：“敦诗在近地，简人事，今不能致书，足下默以此书见之。”敦诗为崔群，崔群于元和二年(公元 807 年)十一月入为翰林学士；所谓“近地”，即指学士院逼近于皇上内宫。按：柳宗元与崔群早期即颇有交往，德宗贞元中期，他与崔群同在朝中任秘书省校书郎，有一次崔群赴洛阳探亲，柳宗元与友人饯送，并特地为其作序，说他与崔群“忘言相视，默与道合”①。有如此交谊，柳宗元一旦处于贬谪之地，竟不敢直接致函，而在与其他友人信中，也只能委婉表示“默以此书见之”，可见当时对翰林学士禁忌之处境，是很看重的。

其三例：众所周知，白居易与张籍是诗风相近、早有交往的诗友，但白居易于元和二年(公元 807 年)入为翰林学士后，时任太常寺主簿闲职的张籍就避而不见，只在病中寄一诗给他，中云：“君为天子识，我方沉病缠；无因会同晤，悄悄中怀煎。”②后白居易有诗答之，并稍作解释，称：“君病不来访，我忙难往寻。”③后白居易因母卒，丁忧外出，期满任太子左赞善大夫，此次也为闲职，张籍就常来访谈，白居易于《酬张十八访宿见赠》一诗中抒云：“昔我为近臣，君

① 《送崔群序》，《柳宗元集》卷二二。

② 《病中寄白学士拾遗》。据李建昆《张籍诗集校注》卷八，此诗作于元和四年(809)。台北“中华丛书·历代诗文集校注”本，2001 年。

③ 《酬张太祝晚秋卧病见寄》，朱金城《白居易集笺校》卷九，上海古籍出版社，1988 年。

常稀到门；今我官职冷，唯君往来频。”①这当然如白居易于诗中所称“况君秉高义，富贵视如云”，有张籍的个性，但由此也可见当时人对“步登龙尾上虚空，立去天颜无咫尺”②之近臣，有一种故意避开的心理。

当然以上三例也有其一定的特殊性，如郑絪于德宗时长期任翰林学士，而德宗对朝臣是十分猜忌的，如《资治通鉴》卷二三九元和十年(公元 815 年)六月，记宰相武元衡被盗所杀，宪宗乃重用裴度，征讨淮西，此时记云：“初，德宗多猜忌，朝士有相遇从者，金吾皆伺察以闻，宰相不敢私第见客。”外廷大臣如此，内廷翰林学士也有类似情况，如杜黄裳为翰林学士顾少连所作的神道碑《东都留守顾公神道碑》，就特称其在职时“周密自制”“谨审见称”③；《新唐书》卷一六二本传也称其“阅十年，以谨密称”。又如韦绶于德宗贞元时任翰林学士九年有余，“然畏慎致伤，晚得心疾，故不极其用”，后即自辞出院(《旧唐书》卷一五八本传)。他还告诫其子，切勿任翰林学士。《新唐书》卷一六九其子韦温传，有记云：“(韦)绶在禁廷，积忧畏病废，故诫温不得任近职。”宪宗时，气氛稍有缓和，但柳宗元乃因政治原因贬出，不敢直接致函翰林学士，可以理解。而张籍则出于一种个人自重心愿，也可以理解。翰林学士与外界，主要是文字交往，尽量避开政治交结，这是唐朝廷所定的一种禁制，否则就要严加处分，如僖宗朝郑延昌，就因此而勒令出院，时为中书舍人的刘崇望，在其草制的

① 见上《白居易集笺校》卷六。

② 白居易《醉后走笔酬刘五主簿长句之赠兼简张大贾二十四先辈昆季》，见《白居易集笺校》卷一二。

③ 《全唐文》卷四七八，中华书局影印本，1983 年。

《授翰林学士郑延昌守本官兼中书舍人制》[①]中就称："亲近之地，缜密为先；尔既不能，何爽居外。"因此杜牧论及文宗时翰林学士周敬复时，即特称其"参密命于内庭，众推忠慎"[②]。

二

翰林学士建置于开元二十六年(公元738年)，但编撰于开元二十六年的官方政书《唐六典》却无一字提及；后修成于贞元中期的综合性典章制度专著《通典》，也未述有翰林院与翰林学士。两部正式史书《旧唐书》、《新唐书》，有专节记述，但甚简略，且多不确，如《旧唐书·职官志》将翰林学士的设置延后于肃宗至德时期，而将翰林学士承旨又提前于德宗贞元时期。《新唐书·百官志》虽确切记为"开元二十六年，又改翰林供奉为学士，别置学士院，专掌内命"，又谓"宪宗时又置学士承旨"，纠正《旧唐书》之误，但仍有疏失，对翰林学士的职能，也未提及，只空泛地说"至号为内相"，实则称翰林学士为内相，与唐朝实际情况不合。[③]

本文拟不限于官方史书，而从唐人所作诗文、笔记及后世金石著录中选辑有关史料，对翰林学士的职能及其对社会生活的影响，稍作具体的记述，并作适当的阐释。

前已提及的德宗前期翰林学士顾少连，他于贞元十九年(公元803年)病逝，其友人杜黄裳曾为之作一碑文：《东都留守顾公神道碑》。碑中称其任翰林学士时，"赞丝纶之密命，参帷幄之谋猷"，这可以说

① 《全唐文》卷八一二。

② 《代人举周敬复自代状》，《樊川文集》卷一五，陈允吉点校本，上海古籍出版社，1987年。

③ 近十余年来，有些史学论著对此有不同看法，此可另外讨论。

是对翰林学士职能的概括，即为皇帝起草事关大局的机密性公文，参预皇帝宫中筹划的政事。这也就如晚唐诗人杜牧所说的："岂独唯以文学，止于代言，亦乃密参机要，得执所见。"①又白居易于穆宗长庆年间任中书舍人时，在为中书省起草的制词中，对翰林学士的职能，称述为："予有侍臣，咸士之秀者，或左右以书吾言动，前后以补吾阙遗。"②这就是说，翰林学士除了起草重要诏令文书，值班内廷，还供皇帝咨询，谋议政事。这是唐代翰林学士的特点。后来从宋代开始，翰林学士就逐渐与政事疏离，至清代，则翰林学士完全不能过问政事，与政治完全脱离，只做些举子考试官，及为宫中写春联、书匾额等闲适事务。从翰林学士的角度，研究中国古代士人(即知识分子)参预政治的变迁及心灵波折，还是很有意义的。

宪宗元和时翰林学士杜元颖，在《翰林院使壁记》一文中，说君主"详择文学之士置于禁署，实掌诏命，且备顾问"③，仍将翰林学士的职能概括为掌诏命、备顾问。中晚唐时，社会上对掌诏命、备顾问，是极为重视的。如宣宗时崔嘏《授萧邺翰林学士制》，中云：

> 吾内有宰辅重德，作为股肱；外有侯伯虎臣，用寄藩翰。至于参我密命，立于内庭，即必取其器识弘深，文翰遒丽，动能持正，静必居中，指温树而不言，付虚襟而无隐，此所以选翰林学士之意也。④

① 《庾道蔚守起居舍人李汶儒守礼部员外郎充翰林学士等制》，《樊川文集》卷一七。

② 《高釴等一十人亡母郑氏等赠太君制》，《白居易集笺校》卷四八。

③ 见前《翰学三书》之《翰苑群书》卷二。

④ 见《文苑英华》卷三八四，《全唐文》卷七二六。

此处几乎将翰林学士的地位，与朝中宰相、朝外节镇并提。当然，崔嘏这一制文，文词甚美，立意亦高，但实际上并非将翰林学士提升为“内相”，正如崔嘏另一制文《授宇文临翰林学士制》①所述，主要是“发挥丝纶，参侍顾问”，“以备顾问，以参周旋”。应当说，这是唐代文士参预政事的最高层次。正因如此，文宗时诗人刘得仁，在《上翰林丁学士》诗中，特别提出：

> 时辈何偏羡，儒流此最荣。②

中国古代士人多以入仕为人生首要目标，这也是影响士人心态的重要因素。韩愈就说，如果不从科举应试入手，顺序而上，有一定官位，则“虽有化俗之方，安边之画，不由是而稍进，万不有一得焉”③。就是说，在古代的社会环境，只有具备相应的官位，才能施展其“化俗”“安边”的才略。由此看来，刘得仁认为翰林学士乃“儒流此最荣”，确为当时社会之共识。

也正因此，当时不少诗文名家，多愿与翰林学士作诗文交往。如吴通玄、吴通微兄弟二人于德宗前期召入为翰林学士，“俱博学善属文，文采绮丽”(《旧唐书》卷一九〇《文苑传》下)。宋《宣和书谱》并特记云：“通玄不独以词章照映士林，而字画固自不凡。”“故当时名臣碑刻，往往得其书则以为荣。”(卷九)吴通微也以书法著称，南宋陈思

① 《全唐文》卷七二六。

② 《全唐诗》卷五四五。

③ 《上宰相书》,《韩昌黎文集校注》卷三。

《书小史》卷十有记云："通微工行草书，翰林习之，号院体。"当时以清雅婉丽擅名的诗人韦应物，特作诗与之唱和：《和吴舍人早春归沐西亭言志》[1]。诗中盛称其"一门双掌诰"，并云虽"职密郊游稀"，但仍能"清香肃朝衣"。诗末云："名虽列仙爵，心已遗尘机。即事同岩隐，圣渥良难违。"希望其超脱世尘，但恐难于违拗君情（"圣渥"）。同时另有一诗人顾况，也有《和翰林吴舍人兄弟西斋》[2]，诗中也盛赞吴氏兄弟"两斋何其高，上与星汉通"，但仍期望能"永怀洞庭石，春色相玲珑"。按：顾况于贞元三年（公元 787 年）由江南徵入为校书郎，后任著作佐郎，贞元五年（公元 789 年）夏又出贬为饶州司户参军。[3]则顾况此诗似与韦应物同时前后所作。他们写此二诗，并无个人求荐意愿，完全是一种文情交友之谊。

同样情况，完全出于缅怀友情与交流文思的，还有世外人士。如唐末诗僧贯休有《寄翰林陆学士》诗。[4] 此陆学士为陆扆，于昭宗大顺二年（公元 891 年）入院，乾宁三年（公元 896 年）七月因拜相出院。时贯休在荆南，此前曾与吴融有交往，吴融曾为其集作序，后吴融亦入朝为翰林学士。[5] 由此诗，可见贯休虽在南方，与长安文士也多有交往。此诗后四句，先称赞陆所处之高位："宝辇千官捧，宫花九色开。"但仍期望："何时重一见，为我话蓬莱。"即共叙旧情，爽抒心境。

---

① 孙望《韦应物诗集系年校笺》卷八，中华书局，2002 年。按：孙笺系此诗于贞元五年(789)春韦应物任左司郎中时，似不确。韦应物于贞元三年(787)六月后由江州刺史入为左司郎中，四年七月后即出任苏州刺史，见傅璇琮《韦应物系年考证》，《文史》第五辑，中华书局，1978 年。

② 《全唐诗》卷二六四。

③ 参傅璇琮《顾况考》，见《唐代诗人丛考》，中华书局，1980 年。

④ 《全唐诗》卷八三四。

⑤ 参《唐才子传校笺》卷十吴融传(周祖譔、贾晋华笺)。

可以注意的是，当时翰林学士确也多有主动作诗赠与友人。如元稹因得罪宦官，出贬为江陵士曹参军(元和五年)，时白居易尚在翰林学士任，曾陆续寄予诗作，如《代书诗一百韵寄微之》、《禁中九日对菊花酒忆元九》等。[①] 特别是刘禹锡有《翰林白二十二学士见寄诗一百篇因以答贶》[②]，诗云：

吟君遗我百篇诗，使我独坐形神驰。玉琴清夜人不语，琪树春朝风正吹。郢人斤斫无痕迹，仙人衣裳弃刀尺。世人方内欲相寻，行尽四维无处觅。

按：刘禹锡与柳宗元同时参预永贞新政，刘被贬为朗州司马，长达十年，以“久落魄，郁郁不自聊”(《新唐书》卷一六八本传)，而却于孤僻的贬地接到翰林学士白居易寄以诗百篇，真使他“独坐形神驰”。由此可见，当时白居易还是能不避禁闱，与友人作文学交往的。

以下我们从一些诗题中，可以见出在院的翰林学士如何主动作诗寄赠其他文士。

如韩愈《和崔舍人咏月二十韵》[③]。此崔舍人即崔群。崔群于宪宗元和二年(公元807年)十一月以左补阙入，七年(公元812年)四月迁中书舍人，时仍在院。韩愈于七年二月因事由职方员外郎降为国子博士，[④] 心情不好，崔群当于中秋作《咏月》诗，寄赠、慰勉之。韩愈又

---

① 《白居易集笺校》卷一三、一四。

② 瞿蜕园《刘禹锡集笺证》外集卷一，上海古籍出版社．1989年。

③ 《韩昌黎诗系年集释》卷八。

④ 参张清华《韩愈年谱汇证》，《韩学研究》下册。

有《酬王二十舍人雪中见寄》[1]，此王二十舍人为王涯。王涯于元和九年(公元814年)八月在翰林学士任内为中书舍人，韩愈时任考功郎中、知制诰，心情已较好转。由诗题，可见也是王涯在院中作诗寄予韩愈。

姚合也有好几首诗和答翰林学士友人，如《和李补阙曲江看莲花》[2]。李补阙为诗人李绅。李绅于元和十五年(公元820年)闰正月十三日自右拾遗入为翰林学士，同月二十日迁升为右补阙，长庆元年(公元821年)三月又加为司勋员外郎、知制诰。此当于元和十五年夏秋李绅游曲江观览莲花，特作诗赠与姚合，姚作和诗答之。姚合又有《和高谏议蒙兼宾客时入翰苑》[3]。此高谏议为高元裕。高元裕于文宗开成三年(公元838年)自谏议大夫入为翰林侍讲学士，萧邺《渤海高公神道碑》[4]称其"兼充侍讲学士，寻兼太子宾客"。又姚合《和李十二舍人裴四二舍人两阁老酬白少傅见寄》[5]，此李十二舍人、裴四二舍人为李褒与裴素，二人于开成、会昌时在翰林学士任，裴于开成五年(公元840年)六月迁中书舍人，会昌元年(公元841年)卒官；李于会昌元年五月为中书舍人，则姚合此诗当作于会昌元年夏秋间。时白居易在洛阳任太子少傅闲职，裴、李二位学士当先有诗寄酬白居易，又寄赠姚合，姚合乃作诗和之。可惜的是，这里提及的姚合所和李绅、高元裕、裴素、李褒原诗，均未传存，而现在由姚合和作，可以得知李绅等翰林学士于任职期间与文士交往的信息。这又如同孟郊《奉报

---

① 《韩昌黎诗系年集释》卷八。
② 《全唐诗》卷五〇二。
③ 《全唐诗》卷五〇一。
④ 《全唐文》卷七六四。
⑤ 《全唐诗》卷五〇一。

翰林张舍人见遗之诗》①，此“翰林张舍人”，现未有确考，但由此仍可得知这位翰林学士张舍人，对久处于贫困处境的孟郊，甚表同情，深致慰勉。另如《全唐诗》未收而于童养年《全唐诗续补遗》卷五收辑的张碧《答张郎中与寄翰林贡余笔歌》②，据《唐才子传校笺》卷五张碧传笺，此张郎中为张仲素。张仲素于元和十一年（公元 816 年）八月十五日自礼部郎中入为翰林学士，与张碧同时。由此诗，可知当时翰林学士还主动以贡余之笔书赠友人，张碧特作诗和答之。张碧当时也有诗名，孟郊《读张碧集》，称其“陈词备风骨”③。惜张仲素此诗，亦未见。

翰林学士的诗文唱酬，除上述个别交往外，有时还有类似群体活动。这里可举两个例子，一是翰林学士与其他文士唱和结集，一是学士在院内值班时唱酬，编纂成集。今简述如下：

韦处厚，两《唐书》有传，其生平又见刘禹锡所撰《唐故中书侍郎平章事韦公集纪》④。韦处厚于元和元年（公元 805 年）进士登第，后历任礼部、考功员外郎，元和十一年（公元 816 年）出任开州（今重庆开县）刺史。据刘禹锡《韦公集纪》，他在开州三年，后因其执友崔群（时居相位）之荐，入朝升迁为户部郎中、知制诰，再过一年，即元和十五年（公元 820 年）二月，即召入为翰林侍讲学士。在开州期间，在京的张籍即有诗寄他，题为《答开州韦使君寄车前子》，诗云：“开州午日车前子，作药人皆道有神。惭愧使君怜病眼，三千余里寄闲人。”按：张籍于元和中曾长期患眼病，其所作《患眼》诗有“三年患眼今年

① 华忱之《孟郊诗集校注》卷七，人民文学出版社，1995 年。
② 《全唐诗补编》，中华书局，1992 年。
③ 华忱之《孟郊诗集校注》卷九。
④ 《刘禹锡集笺证》卷一九。

校”之句①。由此可见，韦处厚对一般文士是很关心的，选取开州特产土药车前子远寄张籍，张籍乃特以诗答谢。令人注意的是，韦处厚在开州作有《盛山十二诗》，为五绝十二首，分题为《隐月岫》《流杯渠》《竹岩》《绣衣石榻》《宿云亭》《梅溪》《桃坞》《胡卢沼》《茶岭》《盘石磴》《琵琶台》《上士瓶泉》，② 所写颇有地方风采。他回京后，在任翰林侍讲学士时，遂将此诗转交京中友人，由此而和作者多人。韩愈于长庆二年(公元 822 年)也就特为这次和作之集撰序，题为《韦侍讲〈盛山十二诗〉序》③，谓“于时应而和作者凡十人”，文中具体提及的则为六人，即元稹(时任宰相)、许康佐(时任京兆尹)、白居易(时任中书舍人)、李景俭(时任谏议大夫)、严暮(时任秘书监)、温造(时任起居舍人)。实际上张籍也有和作，见《全唐诗》卷三八六。韩愈于文末特别提出：

> 于是《盛山十二诗》与其和者，大行于时，联为大卷，家有之焉；慕而和者将日益多，则分为别卷。

这就是说，韦处厚此诗及和作大行于时，几乎家家有之。《新唐书·艺文志》四，集部总集类著录有《盛山唱和诗》一卷，可见此集在北宋前期还传存。应当说，《盛山十二诗》在唐长庆时之所以能有名家和作，且能“大行于时”，与韦处厚作为翰林侍讲学士的特殊身份有关。

翰林学士于在职期间，值班或平时闲居，相互作诗唱和，从中唐

① 按：以上二诗，均见于《全唐诗》卷三八六。

② 《唐诗纪事》卷三一，《全唐诗》卷四七九。

③ 《韩昌黎文集校注》卷四。

至唐末，连续不断。如白居易于宪宗元和二年(公元807年)十一月入院，六年(公元811年)五月因丁忧外出，四五年间与在院友人多有唱酬，特别是与同时在院的钱徽，如《同钱员外禁中夜直》("此时闲坐寂无语，药树影中唯两人"，《白居易集笺校》卷一四)，《冬夜与钱员外同直禁中》("夜深草诏罢，霜月凄凛凛；欲卧暖残杯，灯前相对饮"，同上，卷五)，《立春日钱员外曲江同行见赠》("下直过春日，垂鞭出禁闱；两人携手语，十里看山归"，同上，卷一四)以及《和钱员外禁中夙兴见示》(同上，卷五)、《和钱员外早春独游曲江见寄长句》(同上，卷一四)、《和钱员外早冬玩禁中新菊》(同上，卷一四)、《和钱员外青龙寺上方望旧山》(同上，卷一四)，都对我们今天了解唐翰林学士生活提供极为亲切的资料。可惜钱徽这方面的有关诗作都已不存。

稍后，李德裕与李绅于穆宗初立时(即元和十五年，公元820年)闰正月入任为翰林学士；第二年(即长庆元年，公元821年)二月，元稹也由祠部郎中、知制诰入院。《旧唐书》卷一七四《李德裕传》："时德裕与李绅、元稹俱在翰林，以学识才名相类，情颇款密。"《旧唐书》卷一七三《李绅传》更记为"时称'三俊'"。他们三人任职共处时间并不长，不到一年，但他们相互间都有详细回忆之作。李德裕后在浙西观察使任上(宝历元年，公元825年)，作有《述梦诗四十韵》①，追忆翰林时情景，诗前自序特标为"忽梦赋诗怀禁掖旧游"。时元稹在浙东观察使任，就撰有和作，题为：《奉和浙西大夫李德裕述梦四十韵，大夫本题言曾于梦中赋诗以寄一二僚友，故今所和者亦止述翰苑旧游而

① 傅璇琮、周建国《李德裕文集校笺·别集》卷三，河北教育出版社，2000年。

已，次本韵》①。这两篇五言长诗，均详细记述翰林学士院所在地、院内布置及供职情况。使人奇怪的是，刘禹锡未曾任翰林学士，但他得到李德裕、元稹之作，也特地撰一和诗：《浙西大夫述梦四十韵，并浙东相公继有酬和，斐然继声，本韵次用》②。可见当时翰林学士的生活，颇受其他文士的关切。甚至还受宋人的注意，范仲淹也特地撰有《述梦诗序》③，提及："时元微之在浙东，刘梦得在历阳，并属和焉。"作为"三俊"之一的李绅，虽未有此和作，但也有满含深情的回忆诗篇，如《忆夜直金銮殿承旨》《忆春日太液池亭候对》④。元稹另有《寄浙西李大夫四首》，特抒共值翰林的难忘之情："禁林同值话交情，无夜无曾不到明。"⑤

又如唐末著名诗人韩偓、吴融等，于昭宗时同在学士院供职，也多有和作，如韩偓《与吴子华(融)侍郎同年玉堂同直怀恩叙恳因成长句兼呈诸同年》《和吴子华侍郎令狐昭化舍人(涣)叹白菊衰谢之绝次用本韵》⑥；吴融有《中秋陪熙用学士(薛贻矩)禁中玩月》《和诸学士秋夕禁直偶雪》《和韩致光侍郎(偓)无题三十首十四韵》《八月十五日夜禁直寄同僚》⑦。唐末处于乱世的境遇，翰林学士忧虑不安与愤慨之情，在这些唱和诗什中都有曲折的反映。

以上翰林学士在职期间唱和之作，多收于各人文集或总集(即清编《全唐诗》)，未有当时编成合集的。可以注意的是唐宪宗元和时王

① 杨军《元稹集编年笺注(诗歌卷)》宝历二年，三秦出版社，2002年。
② 《刘禹锡集笺证》外集卷七。
③ 《范文正公集》卷七，文渊阁《四库全书》本。
④ 《全唐诗》卷四八〇。
⑤ 见杨军《元稹集编年笺注(诗歌卷)》，长庆四年。
⑥ 《全唐诗》卷六八〇。
⑦ 以上四首，分见《全唐诗》卷六八四、六八五、六八六。

涯、令狐楚、张仲素三人，在院中竟集中精力，作有唱和诗一百多首，这不仅是唐代，就是翰林学士更为增多的宋代，也未曾再有的。按：此唱和诗集，名为《三舍人集》，唐宋两代公私书目均未有著录，最早见于南宋计有功《唐诗纪事》[①]，其书卷四二于王涯、令狐楚、张仲素名下各录有《宫中乐》《圣神乐》《春游曲》等唱和诗，而最后于张仲素条记云："右王涯、令狐楚、张仲素五言、七言绝句共作一集，号《三舍人集》，今尽录于此。"据丁居晦《重修承旨学士壁记》及岑仲勉《翰林学士壁记注补》，令狐楚于元和九年(公元 814 年)十一月自职方员外郎、知制诰入，十二年(公元 817 年)三月迁中书舍人，八月四日出守本官；王涯于元和十一年(公元 816 年)正月十八日自中书舍人入为翰林学士承旨，同年十二月十六日出院任相；张仲素于元和十一年(公元 816 年)八月十五日自礼部郎中入，十四年(公元 819 年)三月二十八日迁中书舍人，后不久卒官。据此，则三人实未曾同时任中书舍人，但三人是于元和十一年八月至十二月同在翰林学士院供职的。唐宋人对中书舍人很看重，因三人在职期间都曾带过中书舍人官衔，故将其唱和集加上"三舍人"之名。

按：《唐诗纪事》所记《三舍人集》，录有八十八首诗，云"尽录于此"，数量确已不少，但实际上《唐诗纪事》所载并不全。复旦大学图书馆藏有明抄本《唐人诗集八种》，其中即有《元和三舍人集》，其书目录完整，正编则有残缺。据目录，全书共收诗一百六十九首，其中王涯六十一首，令狐楚五十首，张仲素五十八首，今所存则多有缺佚，但仍存有一百十九首，较《唐诗纪事》多出三十余首。书中所收，以《宫中乐》《春游曲》《从军辞》《思君恩》等为题，共有二十六题，每题下

---

① 《唐诗纪事》，上海古籍出版社点校本，1987 年。

各人所作篇数不一，如《春游曲》，王涯二首，令狐楚三首，张仲素为三首；《塞上曲》，王涯二首，张仲素一首，令狐楚无。唐代翰林学士在院中唱和之作，有一百六十余首，且编有成集，传于后世，这确为稀例，很值得作进一步研究。

三

翰林学士因其身处宫中，接近帝王，草诏令，备顾问，由于其特殊地位，故前所引刘得仁诗称为“儒流此最荣”。也正因此，社会人士与之交往，往往就有实际目的，也就是求荐的意愿。而对于翰林学士来说，这种对“求荐”的回应，也不仅是一般的个人交际，实含有识拔人才的社会意义。前曾提及的《奉和浙西大夫李德裕述梦四十韵……》诗，有云：“宾亲多谢绝，延荐必英豪。”即一般的宾客亲友，多谢绝，但英豪之才，当荐引。这也可以说是唐朝翰林学士所发挥的社会文化作用，尤其是在科举考试中，提拔和交结人才，更为明显(详后)。

较早期间，可举两例。一为苏源明。苏源明于玄宗、肃宗两朝就文名甚高，与杜甫也交谊甚深。韩愈于德宗贞元年间在《送孟东野序》中提出“物不得其平则鸣”的文学主张，就在这一名篇中，他将苏源明与陈子昂、元结、李白、杜甫并提，云：“唐之有天下，陈子昂、苏源明、元结、李白、杜甫、李观，皆以其所能鸣。”①苏源明就在翰林学士任期内，一次面见肃宗，肃宗“问天下士”，苏乃“荐(元)结可用”；肃宗遂召见元结，“问所欲言”，并即擢元结为右金吾兵曹参军、摄监察御史。② 元结就因此由一普通文士而迈入仕途，由此也可见翰

① 《送孟东野序》，《韩昌黎文集校注》卷四。

② 见《新唐书》卷一四三《元结传》。

林学士在举荐人才中所起的实际作用。

二为吉中孚。吉中孚为“大历十才子”之一，他于德宗兴元元年(公元784年)自司封郎中、知制诰入为翰林学士，至贞元二年(公元786年)正月擢迁为户部侍郎，后即出院。而任职时，就曾“荐(卢)纶于朝”(《旧唐书》卷一六三《卢简辞传》)。卢纶也是“大历十才子”之一，与吉中孚早有交往。他于兴元元年朱泚之乱后，即出于河中节镇浑瑊幕中，未有仕进，故吉中孚特为推荐，后卢纶即入朝。①

正因如此，故韩愈自贬所返回途中，特向朝中三位翰林学士献诗，也就可以理解，这就是韩诗中少见的一篇五言古诗：《赴江陵途中寄赠王二十补阙李十一拾遗李二十六员外翰林三学士》②。前曾述及，韩愈于贞元十九年(公元803年)十二月因上疏言事被贬为连州阳山县令，后贞元二十一年(公元805年)二月大赦，八月宪宗即位，任其为江陵府法曹参军。韩愈本以为政局变更，可以直接返朝，却不料仍留于湖北，所谓“坎坷只得移荆蛮”(《八月十五日夜赠张功曹》)③，心理极不平衡，故特向王涯、李建、李程三位翰林学士献上此诗，称颂“三贤推侍从，卓荦倾枚邹；高议参造化，清文焕皇猷”，从而表达自己的心愿与期盼：“殷勤谢吾友，明月非暗投。”

与韩愈这种向翰林学士求援类似者，中晚唐时还有李翱《与翰林李舍人书》④，薛逢《上翰林韦学士启》⑤，顾云《投翰林刘学士启》⑥

---

① 关于卢纶事迹，可参傅璇琮《唐代诗人丛考·卢纶考》，中华书局，1980年。

② 《韩昌黎诗系年集释》卷三。

③ 《韩昌黎诗系年集释》卷三。

④ 《全唐文》卷六三六。

⑤ 《全唐文》卷七六六。

⑥ 《全唐文》卷八一五。

等，都希望“垂一顾之恩，出陆沈之所；平生进退，决在指纵”（见顾云另一文《上翰林刘侍郎启》），可见当时文士的心情。类似的情况还有不少，见于诗作者，有卢肇《喜杨舍人入翰林》、曹邺《将赴天平职书怀寄翰林从兄》、李山甫《谒翰林刘学士不遇》、张蠙《投翰林张侍郎》、徐夤《献内翰杨侍郎》等。①

值得注意的是，晚唐两位诗文大家杜牧、李商隐，也有向翰林学士求荐之事。按：杜牧于宣宗大中二年（公元 848 年）由睦州刺史内迁为司勋员外郎、史馆修撰；大中四年（公元 850 年）又由司勋员外郎改为吏部员外郎。唐代尚书省郎官，声望是很高的，“尚书郎皆是妙选”（《唐会要》卷五八载开元五年四月九日敕），“郎官最为清选”（《旧唐书》卷一六八《韦温传》）。但京官俸禄不如外地州官，且杜牧此时病弟孀妹又寄居地方，家庭负担过重，因此曾有《上宰相求杭州启》②，随后即又特地写一首诗致时为翰林学士的毕諴（字存之）、郑处诲（字庭美），及京兆尹郑涓（字道一）：《道一大尹、存之学士、庭美学士，简于圣明，自致霄汉，皆与舍弟昔年往还。牧支离穷悴，窃于一麾，书美歌诗，兼自言志，因成长句四韵，呈上三君子》③。诗题很长，婉抒自己穷悴处境，而于诗中则明确表示：“若念西河旧交友，鱼符应许出函关。”果然不久即出守湖州。④

李商隐于武宗会昌二年（公元 842 年）中书判拔萃科，选为秘书省正字，但不久丧母丁忧；后期满服阕，于会昌五年（公元 845 年）入京

① 以上分见《全唐诗》卷五五一、五九二、六四三、七〇二、七〇九。

② 《樊川文集》卷一六。

③ 《樊川文集》卷二。

④ 此事可参胡可先《杜牧诗文人名新考》，见其所著《杜牧研究丛稿》，人民文学出版社，1993 年。

师，待起复。这时孙瑴正任为翰林学士，李商隐就有《上孙学士状》[①]，先赞誉孙学士"奋词锋"，"钧雅音"，"载观扫荡之勋，密见发挥之力"，后即"窃期光价，微借疏芜"，希望依靠孙学士之荣耀身价，予以汲引。不久李商隐即重任秘书省正字。后孙瑴于会昌六年(公元846年)二月由起居郎迁为兵部员外郎，仍在翰林学士任内，李商隐又特为此写上《贺翰林孙舍人状》[②]，中有"某厚承恩顾"之语，则其返任秘书省正字，是有孙学士举荐之力的。

值得一提的是，李商隐不仅为自己，还代笔为他人求汲引。如《为濮阳公与丁学士状》[③]，此丁学士为丁居晦。丁居晦于开成三年(公元838年)十一月入为翰林学士，开成四年(公元839年)正月又自御史中丞改中书舍人。此时李商隐正在王茂元泾州幕府，就代王茂元上书给丁学士，表示不想再驻边地，希望入居京职，文末云："仰望音徽，不胜丹赤。"另还有《为度支卢侍郎贺毕学士启》[④]，为李商隐在徐州武宁节度支使卢弘止幕府时所作。毕学士为毕诚，于宣宗大中四年(公元850年)二月十三日自职方郎中兼侍御史入为翰林学士。卢弘止过去曾受知于毕诚，故毕诚刚充任学士，即特为祝贺，并又表示，他(卢弘止)现在仍"坎坷藩维，淹留气律"，甚不得意，故于文末郑重表示："抃贺之余，兼有倚望。"可见当时地方节镇，也是很看重翰林学士在朝中"击水抟风，一举千里"之作用。[⑤]

---

① 《全唐文》卷七七五。

② 《全唐文》卷七七五。

③ 《全唐文》卷七七三。

④ 《全唐文》卷七七六。

⑤ 按：此处所提及的李商隐文，其撰写时、事，参刘学锴、余恕诚《李商隐文编年校注》，中华书局，2002年。

四

识拔、荐举文士，翰林学士所起的作用，在科举考试方面更为明显。大家知道，科举制的建置与发展，对唐代社会，包括政治、经济、文化，都有极大的促进。科举制采取一整套考试的办法，订立一定的文化标准，打破门阀等级限制，面向社会，招徕人才。柳宗元《送辛殆庶下第游南郑序》中曾说：

> 朝廷用文字求士，每岁布衣束带，偕计吏而造有司者，仅半孔徒之数。①

这就是说，每年集合于长安的举子，总有一千五百人左右。又唐代科举考试，大体分常科与制科。常科主要为进士与明经，一般每年举行，录取人数约为进士二三十人，明经百人左右。如此，则每年各地保送的举子，总体来说，录取者不过十分之一，这样，人才的竞争就很激烈。唐代科试又采取公开的方式，应试的举子可以先向公卿名人投献诗文，公卿名人可向知举者推荐。这当然会出现种种弊病，但总的来说，唐代科举考试确实扩大了当时士人的行踪，开阔了他们的视野，促进了社会各方面的交流，对当时的文人生活与文学创作，都有积极作用。②

唐代翰林学士在科举考试中所起的作用，大致有三个方面：一是

① 《柳宗元集》卷二三。

② 关于唐代科举，可参吴宗国《唐代科举制度研究》，辽宁大学出版社，1992 年；傅璇琮《唐代科举与文学》，陕西人民出版社，1986 年。

出院后主持考试即知贡举，以及在职时协助知举者举荐人才，任通榜；二为覆试；三为制举试草拟策问。今分述如下。

唐初知贡举者为考功员外郎，开元二十四年(公元736年)后，改由礼部主管，一般由礼部侍郎主持，后来也常由他官代替，称权知贡举。据清徐松《登科记考》所载，中唐以后，知贡举者多由中书舍人担任。《文献通考》卷三〇《选举考》三，有云："开元时以礼部侍郎专知贡举，其后或以他官领，多用中书舍人及诸司四品清资官。"这就是说，不论是属于尚书省的礼部、兵部、户部等侍郎，或属于中书省的中书舍人，都是朝廷官，而翰林学士则是宫内"文学侍从之臣"，虽带有外廷官衔，如中书舍人、侍郎、郎中、员外郎及拾遗、补阙等，但如清钱大昕《廿二史考异》所说："学士亦差遣，非正官也。"(卷四四)"亦系差遣，无品秩，故常假以他官，有官则有品，官有迁转，而供职如故也。"(同上，卷五八)正因如此，唐代翰林学士与宋代不同，不能以翰林学士身份知贡举。不过唐时翰林学士还是可以在选拔人才中起作用的，这就是他们往往在考试前一年出院，任礼部侍郎、中书舍人或相关官职，已作好知贡举的安排，第二年年初即知举。

如陆贽于德宗贞元七年(公元791年)八月以兵部侍郎出院，贞元八年(公元792年)初知举，该年为有名的"龙虎榜"(详后)。顾少连于贞元八年四月由中书舍人改户部侍郎出院，贞元九年、十年(公元793年、794年)即以权礼部侍郎连续两年知举，于十四年(公元798年)又知举。这几年进士、明经登第者有柳宗元、刘禹锡、元稹、李建、独孤郁、吕温等，后均为中唐时诗文名家。卫次公于宪宗元和三年(公元808年)秋以中书舍人出院，元和四年(公元809年)知举，《旧唐书》卷一五九本传称其"斥浮华，进贞实，不为时力所摇"。崔群于元和九年(公元814年)六月出院为礼部侍郎，十年(公元815年)知举，

《旧唐书》卷一五九本传称其“选拔才行，咸为公当”。郑澣于文宗大和二年(公元828年)六月以礼部侍郎出院，后于大和三年、四年(公元829年、830年)知举，《旧唐书》卷一五八本传：“典贡举二年，选拔造秀，时号得人。”其他还有，不列举。由此可见，他们知举时虽已为外朝官，实际则仍显示翰林学士在当时社会文化生活中的影响。

唐代知举者一般仅为一人，但另有佐助者，推荐人才，称为公荐或通榜。宋洪迈《容斋随笔·四笔》卷五《韩文公荐士》条：“唐世科举之柄，专付之主司，仍不糊名，又有交朋之厚者为之助，谓之通榜。”[①]当时翰林学士可以不出院，在任职期间作公荐或通榜。在当时举子录取中，有时通榜所起的作用更为实际，社会影响更大。如梁肃于贞元七年(公元791年)由左补阙入为翰林学士，陆贽于贞元八年(公元792年)初知举，即邀在院的梁肃为通榜。《唐会要》卷七六《缘举杂录》：“时崔元翰、梁肃文艺冠时，(陆)贽输心于肃与元翰，推荐艺实之士。”据徐松《登科记考》卷一三，此年录取进士二十三人。[②]宋洪兴祖《韩子年谱》引《科名记》，称“是年一榜多天下孤隽伟杰之士，号龙虎榜”，后人又称为“有唐第一榜”。[③]中唐时古文名家如韩愈、欧阳詹、李观等即此年登第。韩愈后于《与祠部陆员外书》中还特别提出，此年“所与及第者皆赫然有声，原其所以，亦由梁补阙肃、王郎中础佐之，梁举八人，无有失者”[④]。李翱于贞元九年(公元793年)所作的《感知己赋》，称“是时梁君之誉塞天下，属词求进之士，奉文

① 《容斋随笔》点校本，上海古籍出版社，1978年。

② 《登科记考》，赵守俨点校，中华书局，1984年。

③ 明胡应麟《诗薮》外编卷三，中华书局上海编辑所，1958年。

④ 《韩昌黎文集校注》卷三。

章造梁君门下者，盖无虚日”[1]。可见梁肃当时的影响。李观于本年登第后，又特地向梁肃推荐孟郊，其《上梁补阙荐孟郊崔宏礼书》先称未登第时，已蒙梁肃揄扬，故“远迩之人，以观为执事门生”，虽自谦为不敢当，实为自我赞誉，后即向梁肃举荐孟郊、崔宏礼，称“孟之诗，五言高处，在古无二”[2]。孟郊也特地献上一诗：《古意赠梁肃补阙》[3]。梁肃为中唐前期的古文革新名家，前承李华、独孤及，后启韩愈、柳宗元等。《旧唐书》卷一六〇《韩愈传》：“大历、贞元间，文士多尚古学，而独孤及、梁肃最称渊奥。愈从其徒游，锐意钻仰，欲自振于一代。”可见梁肃于贞元八年佐助陆贽主持举试，录取贤才，有助于推动当时的古文运动。

关于翰林学士参预覆试，也有数例。如元和三年(公元808年)制举试贤良方正能直言极谏科，当时应试者皇甫湜、牛僧孺、李宗闵等在策文中对时政多有指责，特别是皇甫湜更将抨击的矛头指向宦官，认为这些宦官“岂可使之掌王命，握兵柄，内膺腹心之寄，外当耳目之任乎”。当时试官吏部侍郎杨於陵、吏部员外郎韦贯之将其列为上策，但为“权幸者”即宦官所诬，于是皇帝又命翰林学士王涯、裴垍覆试，[4] 王涯、裴垍倒也是赞同皇甫湜之说的，却又受宦官诬害，被贬出院。虽结局不佳，但也可见翰林学士虽在院内，必要时可出来参预覆试，并力持正见。

---

① 《全唐文》卷六三四。

② 《全唐文》卷五三四。

③ 华忱之《孟郊诗集校注》卷六。

④ 关于此次制试，过去史书记载不一，甚至以为皇甫湜等乃藉策文攻击宰相李吉甫，并以为这是后来牛李党争的前奏。傅璇琮《李德裕年谱》对此有辨，见元和三年条。《李德裕年谱》，齐鲁书社，1984年；河北教育出版社，2001年新版。

以上是制举覆试，常科进士试也有覆试的，如武宗会昌五年(公元845年)，据《旧唐书》卷一八上《武宗纪》，是年由谏议大夫陈商权知礼部贡举，选进士及第者三十七人，但“物论以为请托”，于是就由翰林学士白敏中覆试，落张渍等七人。徐松《登科记考》卷二二亦载此，并引《册府元龟》云：“敏中覆试落下，议者以为公。”曾为杜牧因欣赏其“长笛一声人倚楼”而称为“赵倚楼”的赵嘏，[①] 先有诗贺张渍及第(《喜张渍及第》，《全唐诗》卷五五〇)，后因其覆试下榜，又赠诗加以安慰：《赠张渍榜头被落》[②]，称“莫向花前泣酒杯，谪仙依旧是仙才”。这也是唐代科试的一段佳话。隔一年，又有一次覆试事件，即魏扶于会昌六年(公元846年)十月由翰林学士任礼部侍郎出院，随即主持第二年(大中元年，公元847年)贡举，其初选进士及第者三十三人，但魏扶特上奏，中云：“其封彦卿、崔琢、郑延休，皆以父兄见居重位，不得令中选。”魏扶这里是较为慎重的，以此三人之父兄正居重位，为避嫌疑，建议不加录选。据《旧唐书》卷一八下《宣宗纪》，“诏令翰林学士承旨、户部侍郎韦琮重考覆”。经覆试，下敕：“彦卿等所试文字，并合程度，可放及第。”结果与会昌五年不同，即维持原选。由此亦可见翰林学士在覆试中确有独立见解。

翰林学士参预科举考试的另一种情况，是为制举试草拟策问。按：制举与常科不同，非每年定期举行，而据实际政局需要，确定具体时间，并名义上由皇帝主持。《通典》卷一五《选举》三，记为：“试之日或在殿廷，天子亲临观之。”[③]不过制举试名义上由天子亲试，实

① 参见《唐摭言》卷七，古典文学出版社，1957年。

② 亦见《全唐诗》卷五五〇。按：此事亦载于《唐摭言》卷一一，《唐诗纪事》卷五六，均作张渍，《旧唐书·武宗纪》作张渎，当误。

③ 《通典》，王文锦等点校，中华书局，1988年。

际上还是委派官员考阅策文，而因制举的策问乃以天子名义发之，故有时即由在宫中任职的翰林学士起草，如同草拟制诰。如陆贽于德宗贞元元年(公元785年)在翰林学士任，是年九月制举试，就由他撰拟《策问贤良方正能直言极谏科》《策问博通坟典达于教化科》《策问识词韬略堪任将帅科》。[①] 这里值得一提的是长庆元年(公元821年)十一月制举试，当时考试官为外廷中书舍人白居易、膳部郎中陈岵、考功员外郎贾餗，而为天子穆宗起草策问的，则为时任翰林学士的李德裕。北宋时宋敏求所编之《唐大诏令集》卷一〇六，载有长庆元年试制科举人敕，题下署为李德裕。[②] 此篇策问一开始即提出："古人有言，当引一代之人，以理一代之务。虽隽贤茂彦，不乏于时，然亦敷纳以言，精核其实。"后又云："当体予衷，不惧后害。"就是劝勉应试者讲实话，不要有顾虑。这样的策问是颇有气度的，正因如此，此年应试者庞严就严责现实："今朝廷用人不以仁，而悯默低柔；进人不以义，而因循持疑。言有不符于行，才有不足于用矣。"[③]沈亚之对策，其质直更有过于庞严，认为"今仕进之风益坏"，所谓天灾之祸，实际上"皆由尚书六曹之本坏而致乎然也"[④]。应当说，如此激发的议论，实受李德裕所谓"当引一代之人，以理一代之务"之启示。由此亦可见翰林学士在参预科举考试中甄别人才的作用。

据上所述，可见唐时翰林学士在科试中的作用与影响，也正因

---

① 《陆宣公集》卷四"制诰"，浙江古籍出版社，1988年。

② 按：商务印书馆1959年点校本《唐大诏令集》题作长庆二年，误，应为长庆元年。中华书局1960年影印明刊本《册府元龟》卷六四四《贡举部》即收有此文，列于长庆元年十一月，是，详参傅璇琮、周建国《李德裕文集校笺》之"新补李德裕佚文佚诗"，河北教育出版社，2000年。

③ 《文苑英华》卷四九〇，中华书局影印本，1996年。

④ 《文苑英华》卷四九二。

此，应试的举子请其推荐、举引就很多，如前引李翱《感知己赋》所云，当时"属词求进之士，奉文章造梁君门下者，盖无虚日"，确实如此。如韩愈、李观、李绛、崔群同于贞元八年(公元792年)登第，而据《唐摭言》卷七《知己》所载，在此之前，他们就已"共游梁补阙之门"，竟"居三岁"。同是中唐时期的符载，在其《送袁校书归秘书省序》中，特别提出：

> 国朝以进士擢第，为入官者千仞之梯。①

这可以说是唐代知识分子对生活道路认识的共识，尤其是中晚唐时更为突出。正因如此，中晚唐，特别是晚唐，向翰林学士进献诗文，以求举荐，就极为繁多。这里仅略举数例，以供研究。

以绝句"洞房昨夜停红烛，待晓堂前拜舅姑。妆罢低声问夫婿，画眉深浅入时无"而为人赞赏一时的朱庆馀，曾长期应试不第，他写此诗，也题为《近试上张籍水部》②，献给时任水部员外郎的张籍，希望张籍能向主考官推荐。而同时前后，他又连续上诗给翰林学士蒋防、李绅，其《上翰林蒋防舍人》③，称赞蒋防"清重可过知内制"，又经常与皇帝游宴："看花在处多随驾，召宴无时不及旬。"朱庆馀自己却长期处于困境，故诗末云："应怜独在文场久，十有余年浪过春。"十余年连续应试不第，真是"浪过春"。又《上翰林李舍人》诗④，首云："记得早年曾拜识，便怜孤进赏文章。"按：朱庆馀为越州(今浙江

① 《全唐文》卷六九〇。
② 《全唐诗》卷五一五。
③ 《全唐诗》卷五一四。
④ 《全唐诗》卷五一四。

绍兴)人，李绅于贞元末、元和初也在东南吴越一带，故云“早年曾拜识”。李绅于元和十五年(公元820年)闰正月自右拾遗内供奉入为翰林学士，后历迁转，于长庆二年(公元822年)二月改为中书舍人，三年(公元823年)二月任御史中丞出院。蒋防于长庆元年(公元821年)十一月自右补阙充，三年(公元823年)三月迁为司封员外郎、知制诰，四年(公元824年)二月出院。此二诗均称为舍人，当作于长庆二三年间。[①] 这样过了几年，朱庆馀终于在宝历二年(公元826年)登进士第，张籍还特作一诗《送朱庆馀及第归越》[②]，以浙东特有的山水美景庆贺之：“有寺山皆遍，无家水不通；湖声莲叶雨，野气稻花香。”

晚唐时期，政治腐败，社会动乱，科举考试弊病更多。宣宗大中七年(公元853年)，崔瑶主举，“以贵要自恃，不畏物议；榜出，率皆权豪子弟”。[③] 又大中十四年(公元860年)，裴坦主举，“中第皆衣冠士子，是岁有郑义则故户部尚书瀚之孙，裴弘故相休之子，魏当故相扶之子，令狐滈故相绹之子，余不能遍举”。[④] 这种情况就使贫寒士人屡次应试不第。同为宣宗时诗人李频，多次不第，困居长安，在《长安书怀投知己》一诗中就感叹“徒随众人后，拟老一生中”[⑤]。懿宗时诗人邵谒，宋人诗话曾誉其诗句“不知天上月，曾照几多人”，以为较李白之“今人不见古时月，今月曾经照古人”，为“造语尤省力”[⑥]。他有《下第有感》一诗，中云：“古人有遗言，天地如掌阔。我行三十

① 按：唐时知制诰为他官代行中书舍人之职，也是中书舍人的前阶，故多称知制诰为中书舍人。

② 《全唐诗》三八四。

③ 《唐语林》卷三《方正》，周勋初校证本。中华书局，1987年。

④ 《册府元龟》卷六五一《贡举部·谬滥》，中华书局影印本，1960年。

⑤ 《全唐诗》卷五八九。

⑥ 宋李希声《诗话》，见郭绍虞《宋诗话辑佚》本，中华书局，1980年。

载，青云路未达。”[①]应举考试竟已有三十年，由此可见晚唐士人蹭蹬失时之境。

正因如此，贫寒士人就多寄望于翰林学士。晚唐寒士群体“咸通十哲”之一张蠙有《投翰林张侍郎》诗[②]，自叹“举家贫拾海边樵”，至此已“十载身辞故国遥”。按：此“翰林张侍郎”既与张蠙同时，当为张裼。张裼于咸通九年（公元 868 年）六月自刑部员外郎入为翰林学士，在职期间历迁工部、户部、兵部侍郎，十三年（公元 872 年）五月受宰相韦保衡之谗，出贬为封州司马。而张蠙则于咸通十一年（公元 870 年）十一月经京兆府试，解送举试，即“咸通十哲”之一。[③] 张蠙此诗当于京兆府试后，上于翰林学士张裼，希望“愿与吾君作霖雨，且应平地活枯苗”。值得注意的是，此诗中已云“十载身辞故国遥”，则咸通十一年之前已辞故乡十年，奔波求试，而其正式登第则在昭宗乾宁二年（公元 895 年），[④] 自咸通十一年至乾宁二年，也已为二十五年，如再加前十年，更可见张蠙应试之苦。

与张蠙同于乾宁二年进士登第的黄滔，也有类似情况。黄滔于唐末五代初与韦庄、罗隐、杜荀鹤齐名，交游颇广，后中原战乱，他就与韩偓共至闽中，为闽国文坛宗主。但他生平前期，也甚坎坷。他于咸通十三年（公元 872 年）春第一次应试，随即落第。自咸通十三年至乾宁二年，有二十几年，多次落第，也多次向公卿名人行卷求荐，如僖宗乾符三年（公元 876 年）九月向刑部郎中郑诚上书乞援（《全唐文》卷八二三《刑部郑郎中启》）；乾符四年（公元 877 年）落第东归前，上

① 《全唐诗》卷六〇五。

② 《全唐诗》卷七〇二。

③ 参《唐才子传校笺》卷一〇《张乔传》笺。

④ 徐松《登科记考》卷二四。

书尚书右丞崔沆，倾述食贫计尽，难寓长安(《全唐文》卷八二四《崔右丞启》)；昭宗大顺二年(公元891年)冬，上书将主贡举之裴贽，请其“曲赐悯伤，直加赏禄”(《全唐文》卷八二四)，但均未如愿。如此，则他于乾宁元年冬、二年初，连续上诗文献翰林学士薛贻矩、赵光逢。薛、赵二人此时均在院内。①《全唐文》卷八二四载黄滔《翰林薛舍人启》、《薛舍人启》二文，称颂薛贻矩“标表士林，梯航陆海”。赵光逢于乾宁元年(公元894年)以户部侍郎为翰林学士承旨，黄滔也特上一诗《投翰长赵侍郎》②，呼吁：“愿向明朝荐幽滞，免教号泣触登庸。”

可能黄滔此次向两位翰林学士求荐，终于在乾宁二年(公元895年)登第，而此次举试，又由翰林学士在覆试中起关键作用。据四部丛刊本《黄御史集》附录《昭宗实录》，乾宁二年主举者为崔凝，初试后，“宣翰林学士承旨、户部侍郎、知制诰陆扆，秘书监冯渥，于云韶殿考所试诗赋”；结果原所取张贻宪等五人，“所试诗赋，不副题目，兼句稍次，且令落下”。又据《唐摭言》卷七“好放孤寒”条，此次录取者“孤寒中唯程晏、黄滔”。黄滔于《成名后呈同年》诗中感叹“二纪如鸿历九衢”③。应当说，经二十余年的波折，此次总算得以如愿，与这几位翰林学士极有关系。由此亦可见，即使在唐末混乱世态中，翰林学士在选拔、举荐中还是能有清醒意识，起积极作用的。

五

翰林学士就其职务本身与文学较有直接关系的，是为皇帝撰写制

① 参岑仲勉《补僖昭哀三朝翰林学士记》，《唐郎官石柱题名新考订》附。

② 《全唐诗》卷七〇六。

③ 《全唐诗》卷七〇六。

诰(或称诏文)。元和时翰林学士李肇所撰《翰林志》，曾把翰林学士所担任撰写的“王言之制”，分列七类，主要则为：赦书、德音、立后(皇后)、建储(太子)、大诛讨、拜免三公将相，等等。研究者一般认为唐代诏文是一种骈体文，而骈文的特点是讲究对偶与声律，注重用典与辞藻。清《四库全书总目提要》即讥刺“唐代王言率崇缛丽，骈四俪六，累牍连篇”(卷四六《新唐书》提要)。而其内容则又纯为官方政令，与文学距离较远，故一般文学史著作也就多不列入研究的范围。

不过我们现在还是可以拓展视野，从文史结合的角度来看待诏文的价值与意义。北宋时欧阳修根据他在翰林院任职期间草制诏文的体验，认为这些诏文“其上自朝廷、内廷宫禁，下暨蛮夷海外，事无不载”，而一般时政记、日历，则“有略而不记”①。清代学者顾炎武也提出：“夫史以记事，诏、疏俱国事之大，反不如碑、颂乎?”②这就是说，这些诏文事涉国政大事，均为第一手材料，较后来重新编修的史书，更有原始史料的意义。宋初编修的《文苑英华》，列于“翰林制诏”的共有五十三卷(卷四二〇—四七二)，其中除皇帝登位赦书，以及册封后妃、任命宰相大臣外，还涉及赈贷灾害、处理税役、改制法令、诫励风俗，以及同国内少数民族政权及周边国家交往的文书，等等，范围极广。至于诏文采用骈体，也有当时的实用性，如前引欧阳修《内制集序》即提及：“而制诏取便于宣读，常拘以世俗所谓四六之文。”后宋人谢伋在《四六谈麈》中也谓骈体“施于制、诰、表、奏、文檄，本以便于宣读，多以四字六字为句”。正因为唐代诏文的影响，两宋时期四六文体即甚盛，南宋时洪迈《容斋随笔·三笔》卷八《四六

① 《内制集序》，《欧阳修全集》卷四二，中华书局，2001年。

② 《日知录集释》卷二六《新唐书》条，花山文艺出版社，1991年。

名对》条，称四六骈俪，“上自朝廷命令诏册，下而搢绅之间，笺、书、祝、疏，无所不用”。《直斋书录解题》卷一八于南宋时翰林学士汪藻《浮溪集》处称“四六偶俪之文，起于齐、梁，历隋、唐之世，表章诏诰多用之”，而北宋绍圣后，“习者益众，格律精严，一字不苟措”①。这是可以从文体学的角度作进一步研究的。

唐朝翰林学士所撰制诰，最具代表性的是德宗时期陆贽，以及穆宗时期元稹，他们都在创作实践与理论阐释上有所改革、创新。这方面，近些年来已有论著探讨，限于篇幅，这里就不重述，现就其历史影响等作些补充。

昭宗乾宁三年(公元 896 年)七月，陆扆由翰林学士承旨升迁为宰相。陆扆为陆贽后裔，故翰林学士杨钜起草的《授陆扆平章事制》特别提及陆贽，称“况尔伯祖贽，昔以才行，尝居禁林”，“书命谏章，流在人口”②。北宋时诗人黄庭坚也特将陆贽与韩愈、杜甫并提，称：“文章韩杜无遗恨，草诏陆贽倾诸公。”③至于与黄庭坚同时的苏轼，其《乞校正陆贽奏议进御劄子》，已多为人引用，不再举。值得一提的是，南宋时专录散文体的真德秀《文章正宗》，因陆贽制诏为骈体，谓“以其词尚偶俪”，故不选录，但于卷三所录两汉诏令后，特加“按”云：“自汉及唐，唯兴元赦令，能兴起人心。”④可见即使古文理论家，对陆贽骈文体制诏，也评誉极高。

《新唐书·艺文志》三，类书类，著录有陆贽《备举文言》二十卷，未有说明。宋晁公武《郡斋读书志》卷一四亦著录为二十卷，谓“总四

① 《直斋书录解题》，上海古籍出版社点校本，1987 年。

② 《全唐文》卷八一九。

③ 《病起荆江亭即事十首》之七，《黄庭坚诗集注》，中华书局，2003 年。

④ 《文章正宗》，文渊阁《四库全书》本。

百五十余门，议者谓大类《六帖》而文辞过焉”①。而南宋末王应麟《玉海》所记较为具体，《玉海》卷二〇一据《中兴馆阁书目》，记云：“陆贽《备举文言》二十卷，摘经史为偶对类事，共四百五十二门。”这当是在翰林学士任职期间，因骈文撰写注重对偶、用典，就特将经史等书，按类摘录，竟有四百五十二门。此书则南宋时尚存，后亡佚。由此也可见翰林学士对类书编纂的重视。

与此相类的有白居易所编的《白朴》，也是翰林学士撰写制诰的参考用书。元稹《酬乐天余思不尽加为六韵之作》，其中有“《白朴》流传用转新”句，自注云：“乐天于翰林中书取书诏批答词等，撰为程式，禁中号曰《白朴》。每有新入学士求访，宝重过于《六典》也。”按：此处“翰林中书”，世所传《元氏长庆集》、《全唐诗》及新近出版的《元稹集编年笺注(诗歌卷)》②，皆同。白居易于宪宗元和前期曾任翰林学士，穆宗长庆初任中书舍人，如此则“翰林中书”一词似与其经历相合。但元稹注文中又云“每有新入学士”，则为专指翰林学士院。今查宋王楙《野客丛书》卷三〇有《白朴》条，记云：

> 仆读元微之诗，有曰“《白朴》流传用转新”，注云：“乐天于翰林中，专取书诏批答词，撰为程式，禁中号曰《白朴》。每新入学，求访，宝重过于《六典》。”检《唐·艺文志》及《崇文总目》，无闻，每访此书不获。适有以一编求售，号曰《制朴》，开帙览之，即微之所谓《白朴》者是也。为卷上中下三，上卷文武勋阶等，中卷制头、制肩、制腹、制腰、制尾，下卷将相、刺史、节度之

---

① 孙猛《郡斋读书志校证》，上海古籍出版社，1990年。

② 《元稹集编年笺注(诗歌卷)》，杨军撰。三秦出版社，2002年。

类。此盖乐天取当时制文编类，以规后学者。①

此段文字提供的材料，首先可订正原元稹注中“翰林中书”之误，“书”应作“专”，即可确定《白朴》一书为白居易在翰林学士任期内所作；其次，可以使后人了解此书编撰的具体内容。白居易此书虽已不存，但从王楙关于制头、制肩等所记，对研究唐代诏文撰写很有史料价值。

又，白居易《余思未尽加为六韵重寄微之》一诗，中有“制从长庆辞高古”句，自注云：“微之长庆初知制诰，文格高古，始变俗体，继者效之也。”②按：元稹于穆宗即位初，元和十五年(公元820年)五月任祠部郎中、知制诰；长庆元年(公元821年)二月入为翰林学士、承旨，同年十月迁工部侍郎出院。他撰作制诰的时间并不长，仅一年余，但却极关心制诰文体改革。白居易在《元稹除中书舍人翰林学士赐紫金鱼袋制》中，即提到元稹自上年任祠部郎中、知制诰时，即“能芟繁词，刬弊句，使吾文章言语，与三代同风”③。后为元稹所作墓志，更有具体记述：“制诰，王言也，近代相沿，多失于巧俗。自公下笔，俗一变至于雅，三变至于典谟，时谓得人。”④据1956年文学古籍刊行社印行的影宋抄本《元氏长庆集》六十卷，元稹所作制诰就有十一卷(卷四〇至五〇)，不仅数量不少，且文体多有革新。陈寅恪《元白诗笺证稿》第四章及朱金城《白居易集笺校》都有所论证，此不赘。我们今天可以从中晚唐制诰写作实践及后世评论来探索元稹、白

---

① 此据中华书局出版之王文锦点校本，1992年。经查，其他各本均同。

② 见《白居易集笺校》卷二三。

③ 《白居易集笺校》卷五〇。

④ 《河南元公墓志铭并序》，《白居易集笺校》卷七〇。

居易这次文风改革的影响。元稹力求语言质朴，文思清新，对中晚唐的确起有示范作用。据笔者比较核阅，中晚唐时，不论是翰林制诏、中书制诰，都出现骈散结合、文词流畅的新风，尤其如穆宗后期庞严，武宗时封敖，宣宗时杜牧，更为突出。这对宋代的制诰撰写也很有影响。如白居易于元稹制词中提出“使吾文章言语，与三代同风”，欧阳修也特别提出“复诰命于三代之风”①。前所引范仲淹《述梦诗序》（《范文正公集》卷七），也认为元稹“书诏雅远，甚有补益之风”。据北宋前期《丁晋公谈录》所记，王禹偁认为“长庆中名贤所行诏诰，有胜于《尚书》者”，特举元稹所行牛元翼制，谓“以此方之，《书》不如也”，于是“众皆伏之”。② 同是北宋时人田锡，也以元稹与韩愈、柳宗元、白居易并提：“锡以是观韩吏部之高深，柳宗元之精博；微之长于制诰，乐天善于歌谣。”③

唐翰林学士在职期间除撰草制诰外，还有多方面的文化活动。如早期即代宗时翰林学士常衮、柳伉，曾奉命参与佛经的翻译。释慧灵《仁王护国经道场念诵轨仪序》载：“乃大兴善寺大广智三藏不空与义学沙门良贲等一十四人，开府鱼朝恩、翰林学士常衮等，去岁夏四月，于南桃园再译斯经，至秋九月，诏资圣、西明两寺各五十人，百座敷阐，下紫微而千官作礼，经出内而万姓观瞻。”④据《旧唐书》卷一一《代宗纪》，永泰元年（公元 765 年）九月，吐蕃进军逼凤翔府、盩厔县，京师戒严：“时以星变，羌虏入寇，内出《仁王佛经》两舆付资圣、

① 《外制集序》，《欧阳修全集》卷四一。

② 据上海师范大学古籍整理研究所编纂之《全宋笔记》第一辑第四册，261 页，大象出版社，2003 年。

③ 田锡《咸平集》卷二《贻宋小著书》，文渊阁《四库全书》本。

④ 《全唐文》卷九一六。

西明二佛寺，置百尺高座讲之。及奴虏逼京畿，方罢讲。”《资治通鉴》卷二二三永泰元年九月也载：“庚寅朔，置百尺高座于资圣、西明两寺，讲《仁王经》，内出经二宝舆，以人为菩萨、鬼神之状，导以音乐卤簿，百官迎于光顺门外，从寺至。”另《贞元续开元释教录》卷上也记有：“爰命……翰林学士常衮等于大明宫南桃园详译《仁王》……至(永泰元年)四月十五日译毕送上。”又《宋高僧传》卷三《唐大圣千福音飞锡传》记：“代宗永泰元年四月十五日，奉诏于大明宫内道场同义学沙门良贲等十六人参译《仁王护国般若经》并《密严经》。先在多罗叶时，并是偈颂，今所译者多作散文。不空与(飞)锡等及翰林学士柳伉重更详定。”①这当与代宗崇信佛教有关，翰林学士作为近臣，不得不参与。

翰林学士应命撰写的，还有宫中宦官和地方节镇的碑传墓志。翰林学士为宦官撰写的这方面材料，据《全唐文》及石刻文献来看，相当多，有些是难得的史料。较早的如肃宗时翰林学士潘炎，曾为高力士作墓志铭：《大唐故开府仪同三司兼内侍监上柱国齐国公赠扬州大都督高公墓志铭并序》，三秦出版社据陕西出土文物编成的《全唐文补遗》第七辑(2000 年 5 月)所载，此志署为“尚书驾部员外郎、知制诰潘炎奉敕撰”，所记有多为史书所未载的。中晚唐时更多，今所见者也多有见于石刻著录，如清《金石萃编》卷一一七录有懿宗时翰林学士刘瞻《刘遵礼墓志铭并序》，卷一一八录有昭宗时翰林学士裴廷裕《大唐故内枢密使吴公(承泌)墓志并序》等。这些墓志均署有撰写者官衔及年月，因此也为考索翰林学士任职时间提供可信史料，有些也为现代

① 《宋高僧传》，范祥雍校点本，中华书局，1987 年。

研究者所未及。[①] 又中晚唐时藩镇势力更强，但他们仍看重翰林学士的声望，无论在世或去世，多请翰林学士为其撰写德政碑或墓志铭。据杜牧为崔郾所作行状(《礼部尚书崔公行状》，《樊川文集》卷一四)，崔郾在敬宗时任翰林侍读学士，仅几个月内，就为郑滑节度使高承简撰德政碑，为魏博节度使田季安及陈许节度使王沛之父撰神道碑。杜牧文中称，“是三者，皆御劄命公，令刻其辞”，且因其出于“师臣之辞”，“恩礼亲重，无与为比”。可见当时翰林学士为地方节镇撰碑立传，社会极为看重。

又《白居易集笺校》卷一八载《太平乐词二首》，题下有白氏自注：“已下七首在翰林时奉敕撰进。”即除此《太平乐词二首》外，尚有《小曲新词二首》、《闺怨词三首》，均为五言绝句。有云：“岁半仍节俭，时泰更销兵；圣念长如此，何忧不太平。”(《太平乐词》)“霁色鲜宫殿，秋声脆管弦；圣明千岁乐，岁岁似今年。”(《小曲新词》)可见是应君王之命，为宫中节日撰行乐之词。这在后世，也多有所见，如宋时所编《岁时杂咏》，其卷四“春贴子・皇帝阁”，即收有苏轼诗六首，中有云：“翰林职在明光里，行乐诗成拜舞中。”“皇太后阁”六首中有云：“边庭无事羽书稀，闲遣词臣进小诗。”可见是苏轼在任翰林学士期内所作乐词。《岁时杂咏》此卷又有欧阳修所作(如“皇帝阁”六首、“皇后阁”六首、“夫人阁”六首、“温成皇后阁”四首)，另又有宋祁、晏殊、夏竦等同类之作。直至清朝，翰林院庶吉士更有撰乐词及为宫中写春联，书匾额等。[②] 这当都是从唐代开始，延续下来的。

---

① 如刘瞻所作《刘遵礼墓志铭并序》，岑仲勉《补僖昭哀三朝翰林学士记》即未引用。

② 此可参近代前辈学者齐如山《中国的科名》第十九章《翰林》，《齐如山全集》八上。

值得一提的是，翰林学士还为皇帝编纂、辑集当时人的诗作。如元和中期任翰林学士的令狐楚，编有《御览诗》一卷，今所传毛晋汲古阁刻本，所署为“翰林学士、守中书舍人、赐紫令狐楚奉敕撰进”。按：令狐楚于元和十二年(公元817年)三月迁中书舍人，同年八月出院，则此书当作于元和十二年夏秋间。此书收有三十位诗人，二百八十九篇诗(主要是大历至元和初期)，诗体基本上为近体五七言律绝。根据书名，虽供皇帝御览，实则提供了中唐大历诗坛情况，其中有不少作家作品，即赖此书以传，后《唐诗纪事》、《全唐诗》多采自此书。①

又此书后附陆游跋语，陆游引有当时所见的卢纶碑文，有云：“元和中，章武皇帝命侍丞采诗第名家，得三百一十篇，公之章句，奏御者居十之一。”又《新唐书》卷二〇三《文艺传下・卢纶传》载：“宪宗诏中书舍人张仲素访集遗文。”按：张仲素于元和十一年(公元816年)八月入为翰林学士，后于十四年(公元819年)三月在任期内迁为中书舍人。此处称其为中书舍人，则宪宗当于令狐楚《御览诗》编成后，又命张仲素专辑卢纶之诗，当时得有三百一十篇，而前《御览诗》所收为十分之一。清编《全唐诗》有卢纶诗五卷(卷二七六—二八〇)，也有三百二十余首。可见卢纶诗之传存，是得力于元和时这两位翰林学士辑集之功的。

翰林学士在职期间所作，除单篇诗文外，还有多类学术专著，这也值得注意。如唐末昭宗时翰林学士裴廷裕所著《东观奏记》，记宣宗曾召翰林学士韦澳，谓他每召见外地节度、观察使，很想事先知道各州郡情况，命韦澳编一部有关诸州境土风物及民俗利弊之书。韦澳就

① 参见傅璇琮编《唐人选唐诗新编》，陕西人民教育出版社，1996年。

广为搜辑，《新唐书·艺文志》史部地理类，就著录有韦澳《诸道山河地名要略》九卷，注云："一名《处分语》。"后薛弘宗被任为邓州刺史，他于受命、退朝后，见到韦澳，谓：皇上处分(即处理)本州事，真使人惊讶。韦澳询之，即其所编书中所记的。① 可惜此书也未传存，否则对后世了解当时唐代各地的社会、经济等情况，就极为有利。又如同为宣宗大中时翰林学士刘瑑，编有《大中刑法统类》一书，六十卷(据《新唐书·艺文志》史部刑法类，一名《大中刑法总要格后敕》)。他从唐初武德时起，至大中时，二百数十年，就有关法令制敕，选二千八百六十五条，分六百四十六门，"类而析之，参订重轻"，可以说是唐朝一部法律条令汇编，故"法家推其详"。②

另，唐自穆宗朝起，设置翰林侍讲、侍读学士。翰林侍讲、侍读学士，由于职能有所分工，在职期间编撰有儒家典籍与史书多种，如穆宗时韦处厚、路随有《六经法言》、《宪宗实录》，敬宗时崔郾、高重有《诸经纂要》，文宗时郑澣有《经史要录》，许康佐有《新注春秋列国经传》，丁公著有《礼志》。③ 这些书专业性较强，当为有唐一代经学、史学、子学方面的代表性著作。应该说，这与一般翰林学士专职于草制诏诰文书，共同构成唐时高层文士具有时代特色的文化职能，很值得从历史—文化角度加以研究。

---

① 按：此事《旧唐书》卷一六九《韦澳传》，《资治通鉴》卷二四九大中九年五月，皆有记，当均本《东观奏记》。

② 见《新唐书》卷一八二本传。

③ 详参傅璇琮《唐翰林侍讲侍读学士考论》，北京，《清华大学学报》2004年第5期。

唐翰林学士史料研究劄记*

一

近数年来我较为集中时间研究唐代翰林学士，曾撰有数篇论文。不过我的研究视角与一般史学家稍有不同，我是想以社会—历史的文化背景来研究唐代这一部分士人的生活道路、思维方式和心理状态，从另一侧面来探索当时的时代风貌和社会习俗。正因如此，我所采用的史料，就不限于正史和职官典制之类，如我在有关李白、白居易及其他几篇论文中，就大量采录诗文别集、笔记小说及金石著录等资料。我感到，我们研究文史，不管是文学史，或哲学史、史学史，其治学结构，或云研究格局，一为史观，二为史料；史观是主体指导，史料是客体基础，二者不能缺一。对史料的认识、掌握和利用，实际上还可以是对史观的推动与整合。

近几年来我在研究实践中，日益感到史料的重要性和

---

* 原载于《文史》2004年第3辑，中华书局。

工作的艰巨性。唐代翰林学士研究史料，面相当广，内涵价值也很高，但问题也相当多。我们在使用中若不加辨析，就会在评议中出现不应有的偏失。如对翰林学士职能与地位的评价，一般多举中唐时陆贽为例，认为可以与宰相分庭抗礼，被目为“内相”①。陆贽与内相相联，虽已见于两《唐书·陆贽传》，但最早提及内相的，是稍后于陆贽不过二三十年的李肇，他在任职翰林学士期间于元和十四年(公元819年)作有《翰林志》，曾特别叙及陆贽上疏。时陆贽为翰林学士，却在疏议中提议应将制诏起草归于中书舍人，不应由翰林学士专掌，认为此乃“事关国体，不合不言”。李肇谓：“疏奏不纳，虽证据错谬，然识者以为知言。”接云：“贞元末，其任益重，时人谓之内相，而上多疑忌，动必拘防。”这里李肇并不把内相归之于陆贽。因陆贽已早于贞元十一年(公元795年)被德宗贬为忠州别驾，直至贞元末，顺宗接位，才于贞元二十一年即永贞元年(公元805年)命陆贽返回京师，但陆贽已卒于贬所。陆贽在翰林学士任期内自作的奏议、文诰中从未自许为内相，当时的史料也未有人称其为内相(如权德舆《陆宣公翰苑集序》还称其“逢时而不尽其道”)。而且他之罢官与贬出，正出于当时宰相赵璟与户部侍郎裴延龄的串谋。李肇虽曰贞元末翰林学士被人目为内相，但接云：“上多疑忌，动必拘防。”德宗后期有几位翰林学士也因此而辞职出院的，史书中也未有记当时翰林学士与宰相分庭抗礼之事。当然，关于此事，还可以专文另论，这里概述，就是想说明史料如实掌握与辨析的必要性。

正因为如此，我想根据这几年来的研索所得与认识，就翰林学

① 这一论点过去相当普遍，近些年来较有代表性的如史念海主编《中国通史》第六卷，上海人民出版社，1997年，第950页。

士史料方面作若干叙说，以供学界对唐代翰林学士作进一步研究之参考。前已提及，翰林学士史料，面广量多，作为专题论文，限于篇幅，不可能全面论述，故本文即以劄记的形式，就一些有代表性的史料酌予记叙和辨析。应当说，《旧唐书》和《新唐书》是这方面的最基本史料，此为众所周知，故这里不予专论。但可提醒一下，两《唐书》的有关记述，有不少错失。老一辈学者严耕望，就撰有长文《旧唐书本纪拾误》，共举出一百五十四条，其中有好几处曾引及唐丁居晦《重修承旨学士壁记》以纠《旧纪》之误。① 当代青年学者武秀成有《〈旧唐书〉辨证》专著②，也有涉及翰林学士事迹者。拙作《唐翰林学士记事辨误》曾谓，两《唐书》无论纪、志、表、传，在记叙翰林学士事迹时，多有舛失，特别是晚唐部分。③ 从严格的整理要求来说，对两《唐书》，就不能只停留在版本对校上；如我们将整理与研究相结合，对原书所记史事加以疏证、辨析，这就会有高质量的点校本，对唐史(包括翰林学士)研究就极为有利。

关于唐人有关翰林学士的专著，《新唐书》卷六〇《艺文志》二，史部职官类，载有三种：《翰林志》一卷，李肇著；《翰林内志》一卷，未注著者；《翰林学士院旧规》一卷，杨钜著。李肇与杨钜两种，今存。《翰林内志》，《玉海》卷一六七引《中兴书目》有记，云："集韦执谊《翰林故事》，李肇《志》，韦处厚、丁居晦、杜元颖《壁记》，元稹《记》，韦表微《学士新楼记》，为一书。"亦云著者不知名。南宋时《郡斋读书志》、《直斋书录解题》皆未有著录，则此书于南宋前中期已佚，但所

① 此文初刊于《新亚学报》第二卷第一期，后经增订，载于所著《唐史研究丛稿》，香港新亚研究所出版，1969 年。

② 上海古籍出版社，2003 年。

③ 文载《燕京学报》新第十六期，2004 年 5 月。

辑诸书，今仍存。北宋初所修之《文苑英华》，于卷七九七“厅壁记”类，载有韦处厚《翰林院厅壁记》、元稹《翰林承旨学士厅壁记》、丁居晦《重修承旨学士壁记》、杜元颖《翰林院使壁记》。① 南宋前期洪遵编有《翰苑群书》三卷，唐代部分有李肇、元稹、韦处厚、韦执谊、杨钜、丁居晦六种，另还有宋人所作记北宋时翰林学士者。由此可见宋人对翰林学士史料的重视。又晁公武《郡斋读书志》卷七职官类，又著录有《翰林杂志》一卷，不题撰人，所辑除韦执谊、元稹、韦表微、杜元颖所著外，唐人还有郑璘《视草亭记》并序。② 按：郑璘，两《唐书》无传，就《文苑英华》卷四四五“翰林制诏”类所载其《皇帝第八男祕第九男祚第十男祺封王制》，于文末署“乾宁四年九月”，当为唐末昭宗时翰林学士。其《视草亭记》既与韦执谊、元稹等所著编于《翰林杂志》，当亦为同类著作，惜未传存。

上述唐人所著有关翰林学士之著，大致可分两类：一是李肇《翰林志》、杜元颖《翰林院使壁记》、韦处厚《翰林学士记》、韦表微《翰林学士院新楼记》、杨钜《翰林学士院旧规》，主要记述翰林学士院之建置、职能；二是韦执谊《翰林院故事》、元稹《承旨学士院记》、丁居晦《重修承旨学士壁记》，虽有前记亦述及建置、职能等，但重点是以壁记的形式记叙唐玄宗至懿宗朝翰林学士名次。③ 这三种壁记提供不少史料，多可补证两《唐书》。但也仍有疏误，前辈学者岑仲勉有所正

① 《文苑英华》，中华书局影印本，1966 年。

② 见孙猛《郡斋读书志校证》，上海古籍出版社，1990 年，第 310 页。

③ 以上两类书，已收入我与施纯德合编的《翰学三书》，辽宁教育出版社，2003 年。

补，即其《翰林学士壁记注补》①。本文拟参酌岑著，重点考论韦执谊《翰林院故事》、元稹《承旨学士院记》、丁居晦《重修承旨学士壁记》，并再就金石、制文、诗文、类书等，记叙其史料价值及某些不足之处。

二

唐代官署，自中央至地方，从唐前期起就有一种风习，即于官厅壁上记叙历届官员姓名，有些并注明任职年月。著于中唐大历、贞元间的封演《封氏闻见记》，卷五有《壁记》一条，特记此事，首云："朝廷百司诸厅，皆有壁记，叙官秩创置及迁授始末。"后引韦述《两京记》："郎官盛写壁记，以记当时前后迁除出入，寖以成俗。"因此下结语云："然则壁记之出，当是国朝已来，始自台省，遂流郡邑耳。"②

《两京记》所说的"郎官盛写壁记"，可以唐玄宗时陈九言所撰的《尚书省郎官石记序》作证，文中盛赞尚书省郎官为"上应星纬，中比神仙"，于是入仕后，"顷朝荣初拜，或省美中迁，升降年名，各书厅壁"。③ 据此，清人劳格《唐尚书省郎官石柱题名考》卷首例言，有更明确的说明："唐尚书省左右司郎中、员外郎，及六部二十四郎中、员外郎，皆有厅壁记，以记其迁任罢斥之年月。"④《文苑英华》卷七九

① 原载于《历史语言研究所集刊》第十五本，1948 年，今附载于岑仲勉著《郎官石柱题名新考订》，上海古籍出版社，1984 年。

② 中华书局，1958 年，赵贞信校注本。按：所引《两京记》之"以记当时前后迁除出入"，《唐语林》卷八所引此条，"当时"作"当厅"，见中华书局 1987 年出版之周勋初校证本。

③ 《全唐文》卷三六三。又中华书局 1992 年之点校本《唐尚书省郎官石柱题名考》所载此序，文末署"开元廿九年岁次辛巳十月戊寅朔二日己卯建"。

④ 见上中华书局点校本《唐尚书省郎官石柱题名考》。

八“厅壁记”类，于尚书省，就录有孙逖《吏部尚书壁记》、杜颇《兵部尚书壁记》、独孤及《吏部郎中厅壁记》、权德舆《吏部员外郎南曹厅壁记》及《司门员外郎壁记》等。其他如御史台、九卿、国子监、秘书省等，均有。

至于地方节镇、州府、县曹，则厅壁之记更多，可以说是有唐一代甚有特色的文体，颇有史学、文学研究价值。马总《郓州刺史厅壁记》谓：“夫州郡厅事之有壁记，虽非古制，而行之已久。”①有些地方州县厅壁记，有起自初唐贞观，直至中唐大历；连续记叙的，如作于德宗贞元五年(公元789年)的顾况《宋州刺史厅壁记》，有记云：“自贞观以来，列名氏者，而房梁公为首，存乎东壁；大历之后，继声躅者，宜司徒公为首，遂刊于座右。”②有些则过去所记有所缺佚，又连续有所补记，如权德舆《京兆少尹西厅壁记》云：“以旧记湮落，虑失其传，今断自太极元年而下，列其名氏岁月。”③又元结《道州刺史厅壁记》：“故为此记，与刺史作戒，自置州以来，诸公改授、迁黜年月，则旧记存焉。”④白居易于德宗贞元十九年(公元803年)所作《许昌县令新厅壁记》，则更提出新编题名记列于厅壁，云：“先是邑居不修，屋壁无纪，前贤姓氏，湮没无闻，而今而后，请居厥位者编其年月、名氏。”⑤这可以说是中唐时地方文献的一大进展，不少地方，如县令、县丞、县尉等官署，都有厅壁记，今存者大多为中唐及晚唐前

---

① 《全唐文》卷四八一，中华书局影印本，1983年。

② 《全唐文》卷五二九。按：《全唐文》所载，此文后尚有顾况另一文《湖州刺史厅壁记》。

③ 见《权德舆文集》卷二一，霍旭东校点本，甘肃人民出版社，1999年。

④ 《全唐文》卷三八二。

⑤ 见朱金城《白居易集笺校》卷四三，上海古籍出版社，1988年，第2742页。

期所作(参《文苑英华》卷八〇四—八〇六“厅壁记”八、九、十)。

中唐时连续撰成的三种翰林学士厅壁记(即韦执谊、元稹、丁居晦所作),以及虽非题名却记叙翰林学士院建置之文(如李肇、杜元颖、韦处厚等),当与唐代这一厅壁文献撰作氛围有一定文化内涵的联系。

比较起来,韦执谊等这三种壁记有一定的优势与特色。这就是,上述的这些中央与地方官署壁记,其记文虽存,但所述任职者姓名却都湮没无闻;尚书省郎官石柱,于清代初期也已佚失一半,且所记仅为姓名,未有任职时间。现存的这三种翰林学士壁记,自唐玄宗开元后期起,至晚唐懿宗末,一百三十余年间,所记姓名基本齐全,且详叙官阶迁转年月,不仅为研究这一时期翰林学士提供基本史料,还可补正唐代两部正式史书(《旧唐书》、《新唐书》)记事的疏失。兹分别考述。

韦执谊,两《唐书》有传,见《旧唐书》卷一三五、《新唐书》卷一六八。《旧传》谓:“执谊幼聪俊有才,进士擢第,应制策高等。拜右拾遗。”进士登第年不可知,其制举登科,据《唐会要》卷七六《制科举》,在德宗贞元元年(公元 785 年),且列于首位(见《全唐文》卷五一德宗《授韦执谊等官诏》)。丁居晦《重修承旨学士壁记》记贞元后十二人,第一个为韦执谊:“贞元元年,自左拾遗充。”此云左拾遗,与两《唐书》本传所记之右拾遗有异,此是小事,可注意的是,韦执谊于贞元元年九月制举登科入仕,旋即于本年内又召入为翰林学士,这是前所未有的。又,《旧唐书》本传在记“拜右拾遗,召入翰林为学士”后,云“年才二十余”,《新唐书》本传也谓“年逾冠,入翰林学士”,这是唐朝士人入为翰林学士最为年轻的,这当与他“幼聪俊有才”有关。且此人有识,在入院后第二年,即撰首创之作《翰林院故事》(文中署为贞元二年十月）。清修《四库全书总目》卷七九史部职官类，于李肇《翰林志》提要中称："今以言翰林者，莫古于是书。"实则李肇《翰林志》撰于宪宗元和十四年（公元 819 年），后于《翰林院故事》三十余年。

《翰林院故事》大致分为两部分，前一部分为概述唐翰林院、学士院之设置，及翰林学士之职能，可为前记；第二部分具体记述唐玄宗开元以来翰林学士姓名及官阶迁转。前记列叙唐自太宗起，即重视将当时"才彦"召入宫中，"内参谋猷，延引讲习，出侍舆辇，入陪侍宴"。至玄宗朝，又明确"选朝官有词艺学识者，入居翰林，供奉别旨"。而"至（开元）二十六年，始以翰林供奉改称学士，由是遂建学士，俾专内命"。关于我国古代建置翰林学士，并于玄宗开元二十六年（公元 738 年）自翰林院分出另设置学士院，《翰林院故事》是首记之作。唐代两部大型典章制度之书，一为《唐六典》，也撰成于开元二十六年，一为《通典》，著者杜佑于德宗贞元十七年（公元 801 年）上奏，使人奇怪的是这两部书都未有一字提及翰林学士。关于开元二十六年建置翰林学士院，《旧唐书·职官志》、《新唐书·百官志》，及修撰于宋初的《唐会要》，都有所记，但就其文字记叙来看，都本于韦执谊《翰林院故事》及稍后的李肇《翰林志》。

《翰林院故事》前记有云："屋壁之间，寂无其文，遗草简略于枡编，求名时得于邦老，温故之义，于斯阙如。"则在贞元初，翰林学士院内文献极少保存，开元以来之学士姓名，就只能向老一辈学人探询。按：唐之京都长安，玄、肃两朝历经安史之乱，德宗初期又有泾州兵变，屡经兵燹，宫廷迭遭破坏，简牍当散佚极多。贞元初，朝政稍为稳定，故前记谓："群公以执谊入院之时最为后进，记叙前辈，便于列词，收遗补亡，敢有多让。"韦执谊就担此重任。当然，由于遗籍多有散佚，"其先后岁月，访而未详，独以官秩名氏之次，述于故事”。这里应予说明的是，唐时翰林学士是一种差遣之职，其初入院，及在院期间，须另带有正式官衔，如《新唐书·百官志》一谓：“自诸曹尚书下至校书郎，皆得与选。”清人钱大昕也指出，唐翰林学士“亦系差遣，无品秩，故常假以他官，官有迁转，而供职如故也”(《廿二史考异》卷五八)。韦执谊即谓，因“访而未详”，年月未能有记，但可以将其所带之官衔记于姓名之后。《翰林院故事》所记官秩迁转，有些颇详，如肃宗朝潘炎，记为：“自左骁卫兵曹充，累改驾中，又充，中人又充，出守本官。”这就是说，潘炎以左骁卫兵曹参军的官衔(正八品下)入为翰林学士，后连续升迁为驾部郎中(从五品上)、中书舍人(正五品上)，都在任职期间，后又以中书舍人出院。按：潘炎，附见于两《唐书》其子潘孟阳传。《旧唐书》卷一六二《潘孟阳传》记潘炎，仅一句：“礼部侍郎炎之子也。”即潘炎曾任礼部侍郎，仅此一记。《新唐书》卷一六〇《潘孟阳传》记潘炎事稍详，但仅起自代宗大历后期，未记肃宗时事。韦执谊所记潘炎于肃宗时在翰林学士任期内所历官阶，正可补两《唐书》之缺。于此也可见《翰林院故事》之史料价值。

除潘炎外，有些名人虽《唐书》等均有所记，但如无《翰林院故事》，则后人皆未能知其曾为翰林学士。如苏源明，是玄、肃两朝的诗文名家，韩愈于《送孟东野序》中，就将苏源明与陈子昂、元结、李白、杜甫等并提，云：“唐之有天下，陈子昂、苏源明、元结、李白、杜甫、李观，皆以其所能鸣。”[①]苏源明，《新唐书》卷二〇二《文艺传》中有传，与杜甫交友甚切，杜甫有好几首诗怀念他，如《怀旧》、《八

① 见马其昶《韩昌黎文集校注》卷四，上海古籍出版社，1986年，第232页。

哀诗·故秘书少监武功苏公源明》、《哭台州郑司户苏少监》;[①] 另梁肃为独孤及所作行状,[②] 颜真卿为元结所作墓碑,[③] 以及李华《三贤论》,[④] 都曾提及苏源明。但不管是《新唐书》本传,以及上述杜甫、梁肃、颜真卿、李华等诗文,都未记苏源明曾任翰林学士。韦执谊《翰林院故事》则明确记苏源明于肃宗至德(公元756年)后以中书舍人入为翰林学士。如无韦执谊所记,则肃宗朝翰林学士就未有这一诗文名家。

当然,从史料的角度来看,韦执谊《翰林院故事》也有不足之处。总的来说,如韦执谊于前记中所说,由于材料散佚,其所能辑集到的学士,仅能记其名氏、官衔,“其先后岁月,访而未详”,不如以后元稹、丁居晦能记有年月日。又,韦执谊于贞元二年作此题名录,而现存的这一《故事》,尚有贞元后所记,计有德宗、顺宗、宪宗三朝学士名录,当为后继者续辑,这也是韦执谊于前记文末所说的“庶后至者,编继有伦”。应当说在贞元二年之后所记的三十余位学士名录,也颇可参考,不过比较起来,这后一部分与元稹、丁居晦两记相较,确有明显的不足:一是丁居晦自德宗朝起,就记有年月,元稹于元和朝的承旨学士,所记年月日更详,韦执谊《故事》则均未记有时间;二是现存《翰林院故事》后一部分,有些记事有缺,有些记事有误。限于篇幅,这里略举数例。如宪宗初期的李吉甫、裴垍,为当时名人,并由翰林学士擢迁为宰相的,史料极多,两《唐书》也均有传,但《翰林院

---

① 分别见清仇兆鳌《杜诗详注》卷一四、一六、一四,中华书局点校本,1979年。

② 梁肃《独孤及行状》,《全唐文》卷五二二。

③ 颜真卿《元君表墓碑铭并序》,《全唐文》卷三四四。

④ 李华《三贤论》,《全唐文》卷三一七。

故事》记此二人，仅列姓名，无一字叙其官秩迁转。又如宪宗时萧俛，《翰林院故事》记为："驾中充，又加知制诰，出守本官。"而据丁居晦《重修承旨学士壁记》，萧俛乃于"元和六年四月十二日自右补阙充"，后历经迁转，至元和九年十一月二十四日加驾部郎中，同年十二月十日加知制诰。丁氏所记有据。《旧唐书》卷一七二本传记其"元和六年，召充翰林学士"。又《旧唐书》卷一四《宪宗纪》，元和六年正月丙申，萧俛时为右补阙。据《旧唐书·职官志》，左右补阙为从七品上，驾部郎中为从五品上，由此知萧俛当先自右补阙入，后才迁为驾部郎中。《旧唐书·萧俛传》也记其于元和七年转司封员外郎(从六品上)，九年改驾部郎中，并知制诰。《翰林院故事》此处所记乃又简又误。

类似情况，如亦为宪宗朝的张仲素，《翰林院故事》记自礼部员外郎充，丁居晦所记为元和十一年(公元 816 年)八月十五日自礼部郎中充。按：清劳格《唐尚书省郎官石柱题名考》曾有考，谓石柱题名于礼部员外郎无张仲素名，礼部郎中则有。又杨巨源有《张郎中段员外初直翰林报寄长句》(《全唐诗》卷三三三)。按：段文昌于元和十一年八月十五日与张仲素同时入，时为祠部员外郎，则杨巨源此诗诗题中"张郎中"、"段员外"，即为张仲素、段文昌。诗题云"初直翰林"，而称张为郎中，可见丁居晦所记为确。由此可见，今存的《翰林院故事》，其后期为他人续作，其史料确切性不如韦执谊所作的前期。我们在研索贞元、永贞、元和时翰林学士在职期间的仕历，当应参据元稹、丁居晦所记及唐时其他史料，作综合的考辨。

三

关于元稹《承旨学士院记》。①

元稹，《旧唐书》卷一六六、《新唐书》卷一七四有传，其生平事迹又见白居易《河南元公墓志铭》②。他于德宗贞元九年(公元 793 年)明经及第，年仅十五；后于宪宗元和元年(公元 806 年)与白居易同应制举登科，元稹仕为左拾遗，白居易任京兆盩厔县尉。元稹于宪宗朝备受朝中宦官的排挤、打击，外贬近十年，至元和末入朝。穆宗因赏识其文才，于即位初，即元和十五年(公元 820 年)五月，便任其为祠部郎中、知制诰，也就是相当于中书舍人，可以入中书省起草政府诏令。长庆元年(公元 821 年)二月，又入为翰林学士，同时并任其为承旨学士。

元稹在任职期间，有两点值得注意：一是与当时在宫中供职的文友多有文学交往，如与同为翰林学士的李德裕、李绅交友，时称“三俊”；与白居易关系更为密切，白居易于《余思未尽加为六韵重寄微之》诗自注云：“予除中书舍人，微之撰制词；微之除翰林学士，予撰制词。”③白居易与元稹都注意于制诰文体的革新，白居易特赞许其为“制从长庆辞高古”④。二是元稹任学士承旨只半年后，即于长庆元年

① 按：《文苑英华》卷七九七、《全唐文》卷六五四，题作《翰林承旨学士厅壁记》，据前所述唐中央及地方官署之厅壁记文体，当以《文苑英华》、《全唐文》为是。宋洪遵《翰苑群书》所收，题为《承旨学士院记》，因《翰苑群书》传刊较广，多为人援引，为方便起见，姑仍作《承旨学士院记》。

② 见《白居易集笺校》卷七〇。

③ 见《白居易集笺校》卷二三。

④ 见前所引《余思未尽加为六韵重寄微之》，及为元稹所作墓志，又见元稹《制诰自序》，《全唐文》卷六五三。

八月作此《承旨学士院记》。关于翰林承旨学士，唐时最先提出的是作于元和十四年(公元 819 年)的李肇《翰林志》，但李肇仅云“元和已后，院长一人，别敕承旨，或密受顾问，独召对”。所述既略，且亦不确。① 元稹所作此记，是唐时记述翰林承旨学士建置、职能最为齐备的，后即为《唐会要》、两《唐书》等所承袭。尤其较韦执谊《翰林院故事》是一个很大的突破，即自首任郑𬘡起，至元稹前任杜元颖，对这十一位承旨学士，都一一记叙其官衔迁转的年月日，这是《翰林院故事》所未有的。如卫次公，《翰林院故事》仅列于德宗朝，只记为“补阙内供奉充”一句。而元稹所记为：“元和三年六月二十五日，以兵部侍郎入院充。七月二十三日，加知制诰。四年三月，改太子宾客出院，后拜淮南节度使。”两《唐书》本传也未有如此确切的记载。《翰林院故事》于李吉甫、裴垍都只列姓名，未记其事，元稹所记则如上述卫次公那样，都有具体的年月日记载。这样做，应当说对后来文宗时的丁居晦有很大的启示(详后)。

又，元稹自署为“长庆元年八月十日记”，并称所记为“十七年之间，由郑至杜”，即永贞元年(公元 805 年)至长庆元年(公元 821 年)，由郑𬘡至杜元颖，共十一人。杜元颖于长庆元年二月十五日出院，任相，元稹接任为承旨学士，而元稹后又于同年十月十九日改为工部侍郎出院，则此《承旨学士院记》所记元稹，非其本人所记。又，现存的《承旨学士院记》，于元稹后，又有李德裕、李绅、韦处厚三人。这三人任承旨之职，都在元稹之后，则正如《直斋书录解题》所说，“盖后人所益”(卷六，职官类)。韦处厚出院在宝历二年(公元 821 年)十二

① 首任承旨为郑𬘡，系于永贞元年(公元 805 年)八月宪宗即位后授予的，为元和元年(公元 806 年)之前一年，李肇云“元和已后”，即不确。

月十七日，则续记此三人当在文宗即位后不久，可能在大和元年(公元 827 年)或稍后。由于距长庆时间较近，故虽非出自元稹之笔，但其史料可靠性还是较强的。如韦处厚《承旨学士院记》有云："长庆四年二月二十三日，以侍讲学士权知兵部侍郎，知制诰，赐紫金鱼袋为翰林学士充。"即韦处厚原为翰林侍讲学士。按唐惯例，侍讲学士是不能直接任翰林承旨学士的，因韦处厚得到敬宗信重，故敬宗于长庆四年(公元 824 年)正月即位不久，即于该年二月，使韦处厚由侍讲学士改为学士，并任承旨。① 而后丁居晦《重修承旨学士壁记》，记韦处厚于长庆三年十月二十三日为兵部侍郎、知制诰时，仍"依前侍讲学士"，后则又记为"四年十月二十三日，加承旨"。这就是说，韦处厚仍为侍讲学士，而于长庆四年十月接为承旨。这一方面与侍讲学士不能任承旨之通例不合，另一方面，又与《旧唐书》有关记载不合。《旧唐书》卷一七上《敬宗纪》，于长庆四年三月记韦处厚奏议，已称为翰林学士。由此则此《承旨学士院记》可订正丁居晦之误。又如李绅，丁居晦《重修承旨学士壁记》记为长庆二年二月十九日以中书舍人为承旨，而后接云："三月二十七日，改中丞出院。"即任承旨只月余。而《承旨学士院记》则记其出院为长庆三年三月二十七日。按：李绅有诗《忆春日太液池亭候对》②，题下自注："长庆三年。"即长庆三年春李绅尚在宫中值班。由此可证《承旨学士院记》为是，丁居晦《重修承旨学士壁记》所记"三月二十七日，改中丞出院"，"三月"前当漏记"三年"二字。

---

① 详参拙作《唐翰林侍讲侍读学士考论》，载《清华大学学报》2004 年第 5 期。

② 见《全唐诗》卷四八〇。

不过元稹所记也有误，如记第一位承旨学士郑絪，谓“贞元二十一年二月，自司勋员外郎、翰林学士拜中书舍人，赐紫金鱼袋充”。按：据《旧唐书》卷一四《顺宗纪》，德宗于贞元二十一年（公元 805 年）正月癸巳卒，顺宗即位，同年八月，顺宗又因病传位于太子李纯，即宪宗接位，并改贞元二十一年为永贞元年。郑絪乃于宪宗接位后首任其为承旨学士的，元稹于前记中也明确记为：“宪宗章武孝皇帝以永贞元年即大位，始命郑公絪为承旨学士，位在诸学士上。”不知何以出现前后矛盾。元稹自己当不会出此错误，可能原作为“贞元二十一年八月”，后传抄、传刻中将“八”字讹为“二”字。

四

关于丁居晦《重修承旨学士壁记》[①]。

丁居晦，两《唐书》无传。清徐松《登科记考》卷一九据《文苑英华》，谓长庆二年（公元 822 年）进士试题为《琢玉诗》，而《全唐诗》卷七八〇于丁居晦名下有《琢玉》一诗，因系于长庆二年进士及第。又据《旧唐书》卷一七下《文宗纪》及卷一六七《宋申锡传》，丁居晦于大和五年（公元 831 年）二月，在拾遗任。其早期仕迹，其他皆不详。此后，即据其《重修承旨学士壁记》（按：下文简称为丁《记》），于大和九年（公元 835 年）至开成五年（公元 840 年）曾先后两次任翰林学士之职。

---

① 按：此题名本宋洪遵《翰苑群书》。陈振孙《直斋书录解题》卷六职官类著录题作《重修翰林壁记》，无“承旨”字，当是，因所载学士，不限于承旨，大部分为翰林学士（及翰林侍讲、侍读、侍书学士等），故岑仲勉评为“名实不符，直应云《重修学士院壁记》也”，见其《翰林学士壁记注补》（见前引述《郎官石柱题名新考订》）。因洪遵《翰苑群书》传刻较广，多为人援引，为方便起见，姑仍沿其名。

可以说，如无此丁《记》，则唐代翰林学士就无丁居晦之名。

据丁《记》，丁居晦于大和九年(公元 835 年)五月三日自起居舍人、集贤院直学士充，同年十月十九日又为司勋员外郎。按：前据《旧唐书·宋申锡传》，丁居晦大和五年时任拾遗，拾遗官阶为从八品上，起居舍人、司勋员外郎为从六品上，则丁《记》所记当与其仕历合。[①] 丁《记》又载其后于开成三年(公元 838 年)十一月十六日以御史中丞出院，而第二年(即开成四年，公元 839 年)闰正月又以御史中丞入为翰林学士，五年(公元 840 年)三月十三日迁为户部侍郎、知制诰，不料于同月二十三日卒，赠吏部侍郎。按：《全唐诗》卷五四五有刘得仁《哭翰林丁侍郎》诗，有云："应是随先帝，依前作近臣。"据《旧唐书》卷一八上《武宗纪》，文宗于开成五年正月四日卒，武宗立，丁居晦既于开成五年三月卒，此前好几年在宫中任翰林学士之职，故刘得仁在悼诗中称"应是随先帝，依前作近臣"。又，丁居晦在任职期间，刘得仁又献有好几首诗，如《山中舒怀寄上丁学士》、《奉和翰林丁侍郎禁署早春晴望》、《上翰林丁学士》(均见《全唐诗》卷五四五)，其《上翰林丁学士》有"官自文华重"、"儒流此最荣"句，可见当时文士对翰林学士极高的赞誉。按：刘得仁多次应举，皆未能及第，其与丁居晦诗，多寄望其为之荐举。又李商隐有《为濮阳公与丁学士状》，乃李商隐于开成四年春代王茂元作。时王茂元为泾原节度使，因久驻边镇，颇想入京任职，故由李商隐代笔，致书与丁居晦，亦请为其助援。[②] 由此可见翰林学士当时在社会上的声望，颇值得注意。

---

① 按：《全唐文》卷七五七小传称："大和中官起居舍人、集贤院直学士，擢拾遗，改司勋员外郎。"与官品迁转不合，误。

② 参见刘学锴、余恕诚《李商隐文编年校注》，中华书局，2002 年，第 331 页。

丁《记》之史料价值，一为时段长，二为记事确，兹分别概述。

元稹的《承旨学士院记》，虽所记官秩迁转较具体，但仅为宪、穆两朝(公元 805 年～公元 824 年)，且只限于承旨，只十五人；韦执谊《翰林院故事》也只到宪宗元和末。丁《记》则自玄宗开元后期翰林学士建置开始，至懿宗咸通末，历时一百三十七年；所记学士虽有缺漏(详后)，但有唐一代所记翰林学士，丁《记》是最多的，约一百八十人。又如文宗大和时袁郁，开成时敬晦，宣宗时严祁，懿宗时张道符、侯备、裴璩、卢深等，他书均未有记，而丁《记》则都记有其入院、出院及官秩之迁转。如无丁《记》，则唐翰林学士皆无其名。丁居晦自谓作此壁记在开成二年(公元 837 年)五月十四日，则文宗后期及武、宣、懿三朝均为后人于壁上续补，即承袭丁氏之例，故仍有齐全、确切的特点。丁《记》史料的确切性，可述者甚多，今略举数例，供参阅。

沈传师，宪宗朝翰林学士，丁《记》所记为：元和十二年(公元 817 年)二月十三日，自左补阙、史馆修撰充；十三年(公元 818 年)正月十三日，迁司门员外郎；十五年(公元 820 年)正月二十三日，加司勋郎中；闰正月二十一日，加兵部郎中、知制诰；长庆元年(公元 821 年)二月二十四日，迁中书舍人。按：沈传师，杜牧曾为其作有行状，即《唐故尚书吏部侍郎赠吏部尚书沈公行状》①，文中叙其制科登第后，“授太子校书，鄠县尉，直史馆，左拾遗，左补阙，史馆修撰，翰林学士。历尚书司门员外郎，司勋、兵部郎中，中书舍人。”丁《记》所记官秩迁转，与杜牧所作《行状》相合。杜牧与沈传师相交甚深，其记事亦当确切，但杜牧于此处所记，皆未系年月，丁《记》又可补正

① 《樊川文集》卷一四，上海古籍出版社，1978 年，第 212 页。

《行状》。又《旧唐书》卷一四九《沈传师传》，于此段仕历，则记为："授太子校书郎，鄠县尉，直史馆，转左拾遗，左补阙，并兼史职。迁司门员外郎、知制诰，召充翰林学士。"将翰林学士列于最后，而据丁《记》与杜之《行状》，沈传师自左补阙、史馆修撰即召入为翰林学士，司门员外郎、知制诰乃在职期间所迁之官秩。由此可见，丁《记》既能与同时人所作之《行状》相印证，又可补正《旧唐书·沈传师传》之差讹。

另一种情况是丁《记》与当时的制文相合。如裴谂，丁《记》有云："会昌六年六月二日，自考功员外郎充，八月十九日，加司封郎中。"于此，崔嘏有《授裴谂司封郎中依前充职制》(《全唐文》卷七二六)，称"翰林学士、考功员外郎裴谂"，也就是裴谂在任翰林学士期间，由考功员外郎升迁为司封郎中，与丁《记》所叙完全相合。据《旧唐书》卷一八〇《李德裕传》，崔嘏于武宗会昌时即任中书舍人，也与丁《记》所记之会昌六年(公元 846 年)合。又如宇文临，附见于《旧唐书》卷一六〇其父宇文籍传，仅一句："大中初登进士第。"未记其为翰林学士事。[①]据丁《记》，宇文临曾两次入院，第一次为："大中元年闰三月七日，自礼部员外郎充；其年四月，守本官出院。"第二次为："大中元年十二月八日，自礼部郎中充。"对此，崔嘏也有制文，即《授宇文临礼部员外郎制》、《授宇文临翰林学士制二首》(《全唐文》卷七二六)。其第二首制文明确称为"礼部郎中宇文临"，即第一次以礼部员外郎入，第二次以礼部郎中入。又如萧寘，两《唐书》无专传。《旧唐书》卷一七九《萧遘传》、《新唐书》卷一〇一《萧复传》仅叙及一二句，且均未提及其

---

① 按：《旧唐书》此一句亦不确，"大中"应作"大和"，见孟二冬《登科记考补正》卷二〇大和元年条引胡可先说，北京燕山出版社，2003 年，第 829 页。

曾为翰林学士。丁《记》记其"大中四年七月二十四日，自兵部员外郎充"，这又与崔瑶《授萧寘充翰林学士制》(《全唐文》卷七五七)合，此制即称其为"朝议郎、行尚书兵部员外郎萧寘"。制文是当时的官方文书，也可以说是国史实录，由此也可见丁《记》史料性之确切。

又一种情况是丁《记》所记与金石类著作合。如柳公权，于穆宗即位初曾被召入为翰林侍书学士，这是唐朝唯一以书法擅长而被召入，并以翰林侍书学士命名的。据丁《记》，他曾三次入院、出院。第三次是文宗大和八年(公元 834 年)十月十五日入，仍为侍书学士，所带官衔为兵部郎中、弘文馆学士；后大和九年(公元 835 年)九月十二日，由侍书再加翰林学士之名。之后又累有迁转，至开成二年(公元 837 年)四月为谏议大夫、知制诰；三年(公元 838 年)九月十八日又迁工部侍郎、知制诰。今查宋欧阳棐所辑《集古录目》卷一〇，有《柳尊师墓志》，署为"翰林学士、谏议大夫柳公权撰并书。……碑以开成二年立，在华原县"；又有《赠兵部尚书李有裕碑》，署为"中书舍人李景让撰，工部侍郎、知制诰柳公权书。……碑以开成四年立"。[①] 其结衔与年份，均与丁《记》相符。金石录也是实录性著作，具有文物考古性质，由此也正可佐证丁《记》之史料价值。

丁《记》所记，大多记有年、月及日，此又可以从史书中得到印证。如文宗时郑覃，丁《记》记其于大和"七年六月十六日，改御史大夫出院"。今查《旧唐书》卷一七下《文宗纪》，大和七年(公元 833 年)六月壬申，"以工部尚书、翰林侍讲学士郑覃为御史大夫"。按：据《旧纪》，该年六月丁巳朔，壬申恰为十六日。又如懿宗时翰林学士路岩，丁《记》记其于咸通五年"十一月十九日，以本官同中书门下平章

---

① 据清缪荃孙辑《云自在龛丛书》第一集。此二文缪辑皆据宋《宝刻丛编》。

事”。按：《新唐书》卷六三《宰相表》，咸通五年“十一月壬寅，翰林学士承旨、兵部侍郎路岩本官同中书门下平章事”。据陈垣《二十史朔闰表》①，咸通五年(公元 864 年)十一月甲申朔，壬寅即十九日。

丁《记》也有缺漏。首先是受当时政事的影响，有意未列几个翰林学士之名。按：丁居晦于开成二年(公元 837 年)作此记，而在此之前，大和九年(公元 835 年)十一月发生甘露事变，当时任相的王涯、李训，凤翔节度使郑注，及时任翰林学士的顾师邕，均为宦官所杀。按：王涯于德宗、宪宗两朝曾任翰林学士，李训、郑注则于文宗大和后期为翰林侍讲学士。开成年间，正如《通鉴》卷二四六开成三年正月所云：“承甘露之乱，人情危惧，宦官恣横。”丁居晦当因忌讳，未列王涯、李训、郑注、顾师邕，这也是史料因受政治事件之牵累而削弱其真实性之一例。

其次可能因一些客观原因，在记叙中有所缺漏。如李绛，于宪宗元和二年(公元 807 年)四月八日入，其间官秩有所迁转，元和五年(公元 810 年)五月五日加司勋郎中，依前知制诰，而后却记谓：“十二日，迁中书舍人。”即仅隔数日，又由司勋郎中迁为中书舍人。而丁《记》之前，元稹《承旨学士院记》已有记，为：“(元和)五年五月五日迁司勋郎中、知制诰，十二月正除。”正除即由知制诰正式转为中书舍人。又《通鉴》卷二三八元和五年十二月，亦记李绛因受宪宗的信重，“己丑，以(李)绛为中书舍人，学士如故”。由元稹《院记》及《通鉴》，可确证李绛转授中书舍人在十二月，丁《记》此处之“十二日”应作“十二月”。又如杜元颖，丁《记》：“元和十二年□月十三日自太常博士充。二十日，改右补阙。□月十八日，赐绯。”有两处空缺。特别是丁

① 陈垣《二十史朔闰表》，中华书局，1962 年。

居晦于开成二年五月作此记，在此之后则缺漏更多，如武宗朝之韦琮、魏扶，有记其入院及迁转，但未记其何时出院；懿宗朝刘承雍，仅云“咸通十四年十月贬涪州司户”，但未记其何时入院。懿宗朝后期，如崔璆、李溥、豆卢瑑，则仅记其姓名，未有记事。可能懿宗之后僖宗时，黄巢起兵，后长安被占，宫中焚毁，翰林学士院中文献当亦有散佚。实则按现有史料，对上述诸人事迹，仍可补辑。现举魏扶为例。

按：魏扶为武宗朝翰林学士，丁《记》记其于会昌二年（公元842年）八月八日自起居郎充，后历经迁转，记云：“（四年）九月四日，拜中书舍人，依前充。”未记出院。岑仲勉《翰林学士壁记注补》也指出：“此未言何时出院，漏也。”但岑氏未有考补。今按：《旧唐书》卷一八下《宣宗纪》大中元年（公元847年）有云：“三月丁酉，礼部侍郎魏扶奏：‘臣今年所放进士三十三人……’”《唐会要》卷七六《贡举》中亦载：“大中元年正月，礼部侍郎魏扶放及第二十三人。”①又宋钱易《南部新书》戊卷：“大中元年，魏扶知礼闱。入贡院，题诗云：‘梧桐叶落满庭阴，锁避朱门试院深。曾是昔年辛苦地，不将今日负前心。’”②徐松《登科记考》卷二二乃据《唐诗纪事》系魏扶于此年知贡举。按唐科举惯例，知举者多于前一年秋冬，任为礼部侍郎或相应官职，第二年初主持考试。③ 而翰林学士不能知举，须先出院，任新职，乃可于明年

① 《旧唐书·宣宗纪》谓及第者三十三人，此云二十三人。据《登科记考》引《册府元龟》，当从《唐会要》，以二十三人为是。

② 此据《学津丛书》本。按：《唐诗纪事》卷五一亦载此事，当承袭《南部新书》。

③ 参傅璇琮著《唐代科举与文学》第九章《知贡举》，陕西人民出版社，1986年。

春初知贡举。如此，则魏扶当于会昌六年(公元 846 年)秋冬由中书舍人改任礼部侍郎出院，于明年即大中元年知举。又李商隐弟羲叟亦为大中元年进士及第(见《登科记考》卷二二)，李商隐特为作诗上献魏扶，题为《喜舍弟羲叟及第上礼部魏公》(《全唐诗》卷五四〇)，中云："国以斯文重，公仍内署来。"内署即翰林学士院。李商隐又有《献侍郎钜鹿公启》[①]，亦有云："窃计前时，承荣内署。"李商隐明确提出魏扶在此次知举前为在翰林学士院供职。由上述诸种材料，可补丁《记》之不足。

五

以下拟分叙石刻、制文等史料。

石刻的史料价值，宋欧阳修在其《集古录目序》中，认为"可与史传正其阙谬者，以传后学，庶益于多闻"[②]。后赵明诚在其《金石录》自序中更进一步提出，过去史书所载君臣行迹，"若夫岁月、地理、官爵、世次，以金石考之，其牴牾者十常三四。盖史牒出于后人之手不能无失，而刻词当时所立，可信不疑"[③]。我们现在考析唐翰林学士生平事迹，除两《唐书》等史书外，自宋至清的石刻书目及近数十年来出土的文献材料，很值得使用。这方面的事例很多，前面在论述丁《记》时已有述及，今再略举数例。

吕向与尹愔是玄宗开元二十六年(公元 738 年)建置的最早两位翰林学士，韦执谊《故事》与丁《记》虽都有记，但均甚简。如吕向，皆云

① 《全唐文》卷七七八。侍郎钜鹿公，即指魏扶，参刘学锴、余恕诚《李商隐文编年校注》，第 1189 页。

② 见《欧阳修全集》卷四二，中华书局点校本，2001 年。

③ 见《宋本金石录》卷首，中华书局影印本，1991 年。

自中书舍人充，后出院为工部侍郎，但何年出院，都未有记。《新唐书》卷二〇二本传也仅云“再迁中书舍人，改工部侍郎，卒，赠华阴太守”。今查宋佚名《宝刻类编》（粤雅堂丛书本）卷三，录有吕向所作碑目五件，其中《龙兴寺法现禅师碑》，天宝元年（公元742年）九月立；《长安令韦坚德政颂》，天宝元年；《寿春太守卢公德政碑》，天宝二年（公元743年）建。又《隋唐五代墓志汇编》（陕西卷）第一册有《大唐故银青光禄大夫太仆卿驸马都尉中山郡开国公豆卢公（建）墓志铭并序》①，署为“正议大夫、行中书舍人、侍皇太子及诸王文章、集贤院学士吕向撰”。据文中所记，豆卢建卒于天宝三载（公元744年）三月二十四日，同年八月葬，则此时吕向既带有中书舍人官衔，则尚在翰林学士任。其出为工部侍郎，当在天宝三载或稍后。又尹愔，韦、丁所记仅一句，即自谏议大夫入。《新唐书》卷二〇〇《儒学传·赵冬曦传》后附载其事，也仅云：“开元末卒，赠散骑常侍。”今查宋佚名《宝刻类编》卷三，于唐韩择木所书诸项，有《左散骑常侍尹愔碑》，下云：“吴巩撰，八分书，开元二十八年，京兆。”其左散骑常侍，即《新唐书》所记卒后赠官，可以互证，由此并可确定其卒当在开元二十八年（公元740年），任翰林学士约两年。由此两例，可见石刻著录是可证实吕向与尹愔确为唐开元时最早的翰林学士。

又如肃宗时翰林学士赵昂，两《唐书》无传，《翰林院故事》记为肃宗至德以后第四人，云：“自太博充，祠外又充，卒于驾外。”丁《记》无，当为缺漏。《全唐文》卷六二二载其文两篇：《浮萍赋》、《攻玉赋》，也看不出时间。清陆增祥《八琼室金石补正》卷五九则录有《故朝议郎行内侍省内侍伯小柱国刘府君（奉芝）墓志铭并序》，下署“宣义

① 天津古籍出版社，1991年。

郎、行左金吾卫仓曹参军、翰林院学士赐绯鱼袋赵昂撰”。据文中所述，刘奉芝卒于上元元年(公元 760 年)十二月十九日，葬于上元二年(公元 761 年)正月十一日。此时赵昂已为翰林学士，则其入院当在此之前。又据《旧唐书·职官志》，仓曹参军官阶为正八品下，而太常博士为从七品上，如此，则赵昂当先由仓曹参军入，再迁为太常博士，后又迁为祠部员外郎(从六品上)。此又可纠正《翰林院故事》记赵昂“自太(常)博(士)充”之误。按：赵昂所撰刘奉芝墓志，《全唐文》未收。又如同为肃宗朝翰林学士的潘炎，《全唐文》卷四四二载其文十七篇，绝大部分为赋。今查三秦出版社于 2000 年出版的《全唐文补遗》(第七辑)收有潘炎所作高力士墓志，对高力士一生及唐玄、肃两朝政事均有研究价值，而《全唐文》亦未收。此文署“尚书驾部员外郎、知制诰潘炎奉敕撰”，文中称高力士卒于宝应元年(公元 762 年)八月八日，二年(公元 763 年)四月十二日葬。则此时潘炎所带官衔与《翰林院故事》所谓“自左骁卫兵曹充，累改驾中，又充，中人又充，出守本官”不合，可进一步考证。①

又如代宗时于益，《翰林院故事》记为：“自驾部员外充，大谏又充，卒。”丁《记》则仅列姓名，未记其事。清王昶《金石萃编》卷九三著录有《大唐故左武卫大将军赠太子宾客白公神道碑铭并序》，下署：“朝议郎、行尚书礼部员外郎、翰林学士、赐绯鱼袋于益奉敕撰。”并记为“永泰元年三月廿四日建”。永泰元年为公元 765 年，为代宗即位后之第四年。按：此文亦载于《全唐文》卷三七一，但未有如《金石萃

---

① 按：宝应二年四月，潘炎既奉敕作高力士墓志，当在院中任职，其所带官衔既为驾部员外部、知制诰，则其入院及迁转当可另考，对韦、丁所记均能补正。

编》所署撰者姓名及官衔。而据《金石萃编》，则可确知于益于永泰元年三月已为翰林学士，所带官衔为礼部员外郎，此又可补正《翰林院故事》。

另如懿宗时李骘，还可将出土资料与书面文献结合，作综合的考察。正如陈寅恪总结王国维的治学成就，概括为三点，其中之一即“取地下之实物与纸上之遗文互相释证”①。李骘，两《唐书》无传，如无丁氏所记，则不知懿宗朝有这一翰林学士。丁《记》记李骘于咸通七年(公元866年)三月自太常少卿入，同年七月迁中书舍人，九年(公元868年)五月十六日出为浙西观察使。按：《千唐志》载有《亡室姑臧李氏墓志铭并序》，署“进士清河崔晔撰并书”，中云：“亡室姓李氏，讳道因，其先陇西成纪人。曾王父侨，官终相州成安令，娶清河崔庭曜女；王父应，官终岳州巴陵长，累赠户部尚书，娶清河崔少通女；显考骘，自中书舍人、翰林学士出拜江西观察使，薨于位，赠工部尚书。”由此可考见李骘望籍与家世。值得注意的是，志文记李骘出院，为任江西观察使，异于丁《记》之浙西观察使。按：《全唐文》卷七二四载有李骘《题惠山寺诗序》，文末署为：“咸通十年二月一日，江南西道都团练观察处置等使、中散大夫、检校左散骑常侍、使持节都督洪州诸军事兼洪州刺史、御史中丞、上柱国、赐紫金鱼袋李骘题记。”此云咸通十年二月一日，正与丁《记》咸通九年五月出院合，而自署则记为在江西任。又唐末昭宗时黄璞，所作《王郎中传》(《全唐文》卷八一七)，记王棨于咸通三年(公元862年)进士及第，后历仕中外，“李公骘时擅重名，自内翰出为江西观察使，辟为团练判官”。晚唐五代时

① 见《王静安先生遗书序》，载《金明馆丛稿二编》，上海古籍出版社，1980年，第219页。

王定保《唐摭言》卷一〇“海叙不遇”条，记有：“胡玢，不知何许人，尝隐庐山，苦心于五七言。玢与李骘旧交，骘廉问江西，弓旌不至。”①直至宋王谠《唐语林》卷四记崔铉事，也提及“江西李侍郎骘”②。《全唐文》及笔记《唐摭言》、《唐语林》等所载，与《千唐志》所录参证，可见丁《记》之“浙西观察使”应为“江西观察使”。

当然，过去的金石文献，也并非全部可信，我们今天作研究，应当说有必要也有条件做综合的考核。如岑仲勉《翰林学士壁记注补》，于柳公权大和二年至五年间任翰林侍书学士时段，曾引《集古录目》：“《唐王播碑》……翰林学士承旨柳公权书……碑以大和四年正月立。”《金石录》卷九亦著录，建立年月同。岑氏考谓，此时柳公权尚为侍书学士，侍书学士与翰林学士有异，不能出任承旨，且此时任承旨可确定者为王源中。岑说是。又宋陈思《宝刻丛编》卷七引《集古录目》，有《唐左威卫将军李藏用碑》，云“唐礼部侍郎翰林学士王源中撰”，“碑以大和四年立”。《新唐书》卷一六四《王源中传》，其仕历从未有礼部侍郎，而在翰林学士任期，则为“累转户部郎中、侍郎”。又据丁《记》，大和二年(公元 828 年)十一月迁为户部侍郎、知制诰，八年(公元 834 年)四月出院。另，宋叶梦得《石林燕语》卷三，有云：“唐制，翰林学士本职在官下。”清叶廷琯曾援引宋李心传《旧闻证误》，谓唐时翰林学士职务有在官上，有在官下，未有定制，其中曾引及王源中所撰《李藏用碑》，称“中散大夫、守尚书户部侍郎、知制诰、翰林

---

① 《唐摭言》，上海古籍出版社点校本，1959 年，第 112 页。

② 见周勋初《唐语林校证》，第 381 页。按：《唐语林》此处记：“崔魏公铉与江西李侍郎同在李相石襄阳幕中。”此云襄阳，误，当为荆南(江陵)。《新唐书》卷一六〇《崔铉传》：“擢进士第，从李石荆南为宾佐。”《全唐文》卷七二四小传亦记李骘“开成为荆南节度判官”。

学士王源中"①。这较《集古录目》所载为详，当为南宋时尚存世的原件。又《全唐文》卷六九三有李虞仲《授学士王源中户部侍郎制》，中称"可尚书户部侍郎、知制诰，依前充翰林学士"，也为一明证。由此可见，书面资料也可订正金石文献。

关于制文，明徐师曾《文体明辨序说》引颜师古云，制书乃"天子之言"②，就是以皇帝的名义所发的公文。李肇《翰林志》称"凡王言之制有七"：即一曰册书，二曰制书，三曰慰劳制书，四曰发白敕，五曰敕旨，六曰谕事敕书，七曰敕牒。唐时这些制文，不一定全由翰林学士撰写，不论是开元前期或开元二十六年建立翰林学士后，有很大一部分还是由中书舍人或他官兼知制诰撰写的。这些制文，以皇帝名义发布，又受当时朝政各种事故、纷争的影响，其内容不一定符合实际，但今天仍可从较广的角度加以研察。宋初编纂大型诗文总集《文苑英华》，对制诰这一文体甚为重视，书中于卷三八〇至四一九，编有"中书制诰"四十卷；卷四二〇至四七二，编有"翰林制诏"五十三卷，可见其含量之重。此外又如《唐大诏令集》、《全唐文》及唐人别集中，还有《文苑英华》所未收的。当然，《文苑英华》关于"中书制诰"、"翰林制诏"的分类也有不确切处，如"翰林制诏"中，有南朝时沈约、徐陵，唐前期有苏颋、孙逖、张九龄等，都不是翰林学士。但其中某些分类，对我们研究翰林学士与中书舍人之职能分工，仍提供有用的史料。如卷三八四，"中书制诰"五，专列授翰林学士制文，其中薛廷珪《授起居郎李昌远监察陆扆并守本官充翰林学士制》，是证实李昌远于昭宗时为翰林学士之唯一材料。按：李昌远，两《唐书》无传，《新

① 中华书局点校本，1984 年，第 39 页。

② 罗根泽点校《文体明辨序说》，人民文学出版社，1962 年，第 114 页。

唐书》卷七二上《宰相世系表》二上，虽亦有李昌远名，但时代不合，非同一人。据《旧唐书》卷一七九《陆扆传》，陆扆于昭宗大顺二年（公元891年）三月以监察御史召充翰林学士，与薛廷珪制文所记“监察陆扆”合，李昌远既与陆扆同制，则当亦于同时入院，此前已任起居郎。

又，《文苑英华》此卷所载授翰林学士制文，不仅为上述薛廷珪所作李昌远制提供具体事迹的史料，我们还能就其对翰林学士职能的评论，见出中晚唐时对翰林学士社会作用的看法。如崔嘏《授萧邺翰林学士制》，前云“吾内有宰辅重德，作为股肱，外有侯伯虎臣，用寄藩翰”，后云“至于参我密命，立于内庭，必取其器识弘深，文翰遒丽”，于是认为“此所以选翰林学士之意也”。把翰林学士的作用、地位与朝中的宰相、外藩的节镇并提。杜牧《庾道蔚守起居舍人李汶儒守礼部员外郎充翰林学士等制》，认为之所以“拔出流辈，超侍帷幄”，并不仅是“以文学止于代言，亦乃密参机要，得执所见”；这才是“禁署之内，用才尤难”（李虞中《授学士路随等中书舍人制》）。正像崔嘏特别提出的那样，翰林学士乃“参宥密之命，处侍从之地”（《授沈询翰林学士制》），“以备顾问，以参周旋”（《授宇文临翰林学士制》）。这也正如杜黄裳为顾少连所作神道碑①，称顾于德宗时为翰林学士，乃“赞丝纶之密命，参帷幄之谋猷”。我们研究翰林学士的职能与作用，确可将制文与碑传、行状等结合起来，加以阐释。另外还可注意的是，《文苑英华》此卷所载白居易《授元稹中书舍人翰林学士制》，文中特别提及元稹在任祠部郎中、知制诰时，即注意制诰文体的改革，“使吾文章言语，与三代同风，引之而成纶绋，垂之而为典训”。这也如同卷元稹《授学士沈传师加舍人制》所提出的，草制时要使“言语与三代

① 《全唐文》卷四七八《东都留守顾公神道碑》。

同风”。这也可与白居易为元稹所作的墓志参看：“制诰，王言也，近代相沿，多失于巧俗。自公下笔，俗一变至于雅，三变至于典谟，时谓得人。”[①]白居易在《余思未尽加为六韵重寄微之》诗中有云：“制从长庆辞高古，诗到元和体变新。”[②]将长庆时制文的演变与元和诗作的革新并提，这可结合元稹《制诰自序》[③]，作进一步研究。

现存制文还有值得注意的，如宣宗时翰林学士沈询，据丁《记》，大中元年(公元847年)五月入，二年(公元848年)十月二日，以起居郎、知制诰出院，后迁为中书舍人。《全唐文》七六七载有其几篇册授宰相的制文，参照《新唐书》卷六三《宰相表》，其《崔铉魏扶拜相制》，当在大中三年(公元849年)四月；《魏謩拜相制》，当在大中五年(公元851年)；《授裴休中书门下平章事依前判盐铁制》，当在大中六年(公元852年)八月。按：李肇《翰林志》及两《唐书》职官、百官志，授相制文应由翰林学士而不应由中书舍人撰作，而沈询连续作此三制，都在出院后中书舍人任上。可与此对照的，是昭宗时翰林学士李磎，《全唐文》卷八〇三载其文一卷，中有制文二十五篇，是唐末僖、昭两朝翰林学士所撰制文存世最多的。这二十五篇，除《授吏部侍郎徐彦若御史中丞制》官阶较高外，其他多为中下阶官，如外地中下州刺史、节度判官，甚至县令、县尉等。由翰林学士草撰这些制文，似也不合通则。又如李肇《翰林志》所论“王言之制有七”，一为“立后建嫡”。立后即册封皇后。《文苑英华》卷四四六“翰林制诏”二十七“皇后册文”，载杨钜《册淑妃何氏为皇后文》。《旧唐书·昭宗纪》载光化元年(公元

① 《河南元公墓志铭并序》，《白居易集笺校》卷七〇。

② 《白居易集笺校》卷二三。

③ 《全唐文》卷六五三。

898年)“四月庚子，制淑妃何氏宜册为皇后”。杨钜此时在翰林学士任。[①] 而《文苑英华》同卷又载有钱珝《册淑妃为皇后文》，钱珝时则为中书舍人。[②] 如此，则册后制文也可由中书舍人撰作。这里提及的几项例子，对研究翰林学士与中书舍人的职能分工与历史变化，很有价值。

六

我们从较广的社会历史背景来研究唐代翰林学士，则可利用的文献史料就更为丰富。尤其是过去往往为人忽视的材料，用新的视角加以探索，更能做出合乎历史实际的评析。如唐五代的笔记，过去往往将其与小说合称，称笔记小说。有些就从单纯的历史角度加以判断，认为不足为据。如岑仲勉《翰林学士壁记注补》白敏中条，曾引及《剧谈录》、《唐语林》的有关记载，评为“说部多误，往往类此，不可轻信”。当然，唐五代时一些杂史、笔记，出于传闻，确有不实之处。如宣宗时有翰林学士韦澳，两《唐书》本传、《通鉴》、《唐诗纪事》(卷五〇)、《登科记考》(卷二一)，及笔记《幽闲鼓吹》、《唐语林》、《东观奏记》等多有所记，可资参证。但《唐摭言》有一处云：“韦澳、孙宏，大中时同在翰林。”(卷一五)后并详记宣宗“在太液池中宣二学士”。实则遍核材料，宣宗时并无孙宏为翰林学士者。又如作于僖宗中和年间的孙棨《北里志》，其郑举举条有记当时翰林学士郑縠与一些文士在长安平康里夜宴欢聚之事，岑仲勉《补僖昭哀三朝翰林学士记》则以郑

① 见《旧唐书》卷一七七《杨收传》，又参见岑仲勉《补僖昭哀三朝翰林学士记》，载见《郎官石柱题名新考订》。

② 见《全唐文》卷八三六钱珝《舟中录序》，《新唐书》卷一七七《钱徽传》附。

瞉为郑縠，定为僖宗时翰林学士。实则无论郑瞉或郑縠，都未记有翰林学士的材料。且按唐时规矩，翰林学士不可能到歌妓所居地。《北里志》此处所记只是一种趣闻。但笔记小说中确也有他处未见的材料，极可注意。如《太平广记》卷一九九“刘瑑”条，记刘瑑于大中时为翰林学士，深受宣宗信重，且录有宣宗所颁的制文，文末注云：“出郑处诲所撰刘瑑碑。”经查《全唐文》，无郑处诲此文，他处也未见。按：《全唐文》卷八〇有宣宗《授刘瑑平章事制》、《授萧邺监修国史刘瑑集贤殿大学士制》，与《太平广记》所载均不同，则郑处诲所作碑文之宣宗制词，还可补唐时诏令。又如僖宗、昭宗朝翰林学士李磎，五代末北宋初孙光宪所著《北梦琐言》，其书卷六谓司空图撰有李磎行状，并录有李磎著作，云：“其平生著文，有《百家著诸心要文集》三十卷，《品流志》五卷，《易之心要》三卷，注《论语》一部，《明无为》上下二篇，《义说》一篇。仓卒之后，焚于贼火，时人无所闻也，惜哉。”按：《新唐书》卷六〇《艺文志》四，集部别集类，载有李磎《制集》四卷，《表疏》一卷，仅此两种。《旧唐书》卷一五七《李鄘传》附记其事，亦有云：“所撰文章及注解书传之阙疑，仅百余卷，经乱悉亡。”但未有如司空图所作行状一一胪列其书名。《李磎行状》，现存司空图文集中未有，如无《北梦琐言》所记，则李磎著述及治学趋向，历史上就一无陈迹。

现有唐人诗文中，有关翰林学士资料则更为繁富，举不胜举，限于篇幅，这里略举一二。唐人所作文中记有翰林学士者，主要为行状、碑传、墓志、书启；唐诗中堪可注意的是学士在院中值班时所作及相互酬唱，另有其他人赠诗，从中可以看出翰林学士的文学活动及交往。如韦处厚于宪宗元和十一年(公元 816 年)曾出任开州刺史，在开州作有《盛山十二诗》(见《唐诗纪事》卷三一，《全唐诗》卷四七九)，为五绝十二首，颇有地方特色(按：开州所治即今重庆开县)。他返朝后，于穆宗长庆元年(公元821年)任翰林侍讲学士，曾将此诗转交京中友人，由此而和作者多人。韩愈于长庆二年(公元822年)作有《韦侍讲〈盛山十二诗〉序》一文(《韩昌黎文集校注》卷四)，谓“于时应而和作者凡十人”，有元稹、白居易等。韩愈特为提及：“于是《盛山十二诗》与其和者，大行于时，联为大卷，家有之焉。”可见当时翰林学士文学交往的社会影响。又如宣宗时翰林学士李淳儒，曾有和于兴宗在绵州所作诗《夏杪登越王楼临涪江望雪山寄朝中诸友》，据《唐诗纪事》卷五三所载，当时和者有十余人。至于翰林学士在院中任职期间唱和之作，则更多，这里可提一下《元和三舍人集》。《唐诗纪事》卷四二录有王涯、令狐楚、张仲素若干首诗，后云：“右王涯、令狐楚、张仲素五言、七言绝句共作一集，号《三舍人集》，今尽录于此。”据丁《记》，此三人于宪宗元和中期曾同时任翰林学士，《唐诗纪事》所录，即在院中唱和之作。《唐诗纪事》云“尽录于此”，所录为八十八首，数量不少，但实际上并不全。复旦大学图书馆藏有明抄本《唐人诗集八种》，其中即有《元和三舍人集》，其书目录完整，正编有残缺。据目录，全书共收诗一百六十九首，其中王涯六十一首，令狐楚五十首，张仲素五十八首，今所存则各有缺佚，但仍存有一百十九首，较《唐诗纪事》多出三十余首。① 唐代翰林学士在院中唱和之作，有一百六十余首，且编有成集，传于后世，这是稀例，很值得作进一步研究。

其他如宋代类书，在史料方面也颇可参考。如宋王应麟《玉海》卷

① 我于20世纪90年代前期曾计划重编唐人选唐诗，约请复旦大学中文系陈尚君教授参与，陈教授即提供此本，并写有前记。后于1996年在陕西人民教育出版社出版《唐人选唐诗新编》，此本未及收入。今据陈教授所录之本及前记，于此略作介绍。

二〇一“词学指南”门，引《中兴馆阁书目》，有陆贽《备举文言》二十卷，“摘经史为偶对类事，共四百五十二门”。此当陆贽在翰林学士任职期间所作，类似于工具书，以供撰制参鉴。这还可以元稹诗佐证：元稹有《酬乐天余思不尽加为六韵之作》，其中有“《白朴》流传用转新”句，自注云：“乐天于翰林中，专取书诏批答词等，撰为程式，禁中号曰《白朴》。每有新入学士求访，宝重过于《六典》也。”①可见《白朴》一书，当时已有流传。宋王楙《野客丛书》卷三〇《白朴》条记云：“仆读元微之诗，有曰（按：见上引，略）。检《唐·艺文志》及《崇文总目》，无闻，每访此书，不获。适有以一编求售，号曰《制朴》，开帙览之，即微之所谓《白朴》者是也。为卷上、中、下三，上卷文武勋阶等，中卷制头、制肩、制腹、制腰、制尾，下卷将、相、刺史、节度之类。此盖乐天取当时制文编类，以规后学者。”由此，则《白朴》一书至南宋尚存，可与《玉海》所记陆贽《备举文言》共参。《玉海》卷二〇二、二〇三“词学指南”门，又备列“制”“诰”“诏”“表”“檄”等文体，有据唐翰林学士所撰文体作例的。另外，宋代类书，如《古今源流至论》、《古今合璧事类备要》及明人《山堂肆考》，均有记翰林学士、中书舍人事例者，可备查检。

① 见杨军《元稹集编年笺注（诗歌卷）》，三秦出版社，2002年，第890页。按：此本及其他各本，自注中“乐天于翰林中专取书诏批答词等”，“专”字作“书”字，则连上为“翰林中书”，白居易元和前期任翰林学士时未曾任中书舍人，此处不应称“中书”。宋王楙《野客丛书》卷三〇《白朴》条曾有引及，引文中“书”作“专”，当是，今据改。

傅璇琮著作目录

专著

《俄罗斯文学史教学大纲　苏维埃文学》（合译，高等教育出版社1956年版）

《杨万里范成大资料汇编》（中华书局1964年版）

《黄庭坚和江西诗派资料汇编》（中华书局1978年版）

《唐代诗人丛考》（中华书局1980年1月版）

《唐五代人物传记资料综合索引》（合著，中华书局1982年版）

《李德裕年谱》（齐鲁书社1984年版；河北教育出版社2001年修订版）

《唐代科举与文学》（陕西人民出版社1986年版）

《宋人绝句选》（合著，齐鲁书社1987年版）

《〈河岳英灵集〉研究》（合著，中华书局1992年版）

《唐诗论学丛稿》（黑龙江人民出版社1992年版；台北文史哲出版社1995年修订版；京华出版社1999年再次修订版）

《唐人选唐诗新编》（陕西人民教育出版社1996年版）

《濡沫集》（湖南人民出版社1997年版）

《当代学者自选文库·傅璇琮卷》（安徽教育出版社1998年版）

《唐五代文学编年史》（合著，辽海出版社1999年版）

《李德裕文集校笺》（合著，河北教育出版社2000年版）

《全图本名家新注汇评唐诗三百首》(合著，辽海出版社 2002 年版)

《全图本名家新注汇评宋词三百首》(合著，辽海出版社 2002 年版)

《翰学三书》(合著，辽宁教育出版社 2003 年版)

《唐宋文史论丛及其他》(大象出版社 2004 年版)

《唐诗精粹解读》(合著，中华书局 2005 年版)

《唐翰林学士传论》(盛中唐卷)(辽海出版社 2005 年版)

《唐翰林学士传论》(晚唐卷)(辽海出版社 2007 年版)

《学林清话》(大象出版社 2008 年版)

主编

《唐才子传校笺》(全五册)(中华书局 1987～1995 年版)

《唐代文学研究》第 1 辑(山西人民出版社 1988 年版；第 2～11 辑，广西师范大学出版社 1990～2006 年版)

《唐代文学研究年鉴(1991～2003)》(1991 年起任主编，两年出版 1 期)，(广西师范大学出版社 1991～2004 年版)

《中国古典文学少年启蒙读物丛书》(陕西人民教育出版社 1991 年版)

《唐诗研究集成丛书》(陕西人民教育出版社 1996 年版)

《中国古典诗歌基础文库》(浙江文艺出版社 1996 年版)

《中国古典文学史科研究丛书》(中华书局 1996 年起陆续出版)

《中国文学大辞典》(合编，上海辞书出版社 1997 年版)

《中国古代小说珍秘本文库》(三秦出版社 1998 年版)

《全宋诗》(合编，北京大学出版社 1998 年出齐)

《中国诗学大辞典》(合编，浙江教育出版社 1999 年版)

《中华古诗文名篇诵读》(三秦出版社 2000 年版)

《中国藏书通史》(合编，宁波出版社 2001 年版)

《续修四库全书》(合编，上海古籍出版社 2002 年出齐)

《唐代文学研究论著集成》(合编，三秦出版社 2004 年版)

《五代史书汇编》(合编，杭州出版社 2004 年版)

《中国古代文学通论》(合编，辽宁人民出版社 2005 年版)

《书林清话文库》(合编，河北教育出版社 2005 年版)

《二十世纪中国人文学科学术研究史丛书·文学专辑》(福建人民出版社 2005 年版)

《三字经修订版》(人民教育出版社 2008 年版)

《宋登科记考》(江苏教育出版社 2009 年版)

《中国古代诗文名提要》(河北教育出版社 2009 年版)

《中国古典散文精选注译》(清华大学出版社 2009 年版)

《宁波通史》(宁波出版社 2009 年版)

《中国古籍总目·史部》(上海古籍出版社 2009 年版)

《中国古籍总目·丛书部》(中华书局 2009 年版)

《智品阁书系》(合编，万卷出版公司 2009 年版)